Matthias Munsch
Psychoanalyse in der englischen Moderne

Juni 2005

Für Nicole Gebauer
mit viel Liebe
M. Munsch

Das Buch ist ein grundlegender Beitrag zur Geschichte der Psychoanalyserezeption in der englischen Literatur der Moderne. Wie die Bloomsbury Group in London mit Sigmund Freud und seinen Schriften umging und welchen Anteil sie durch Übersetzungen und andere Vermittlungsaktivitäten an der Verbreitung der Psychoanalyse und an ihrer Institutionalisierung in England hatte, wird auf der Basis zum Teil neuer Aktenfunde präziser als bisher rekonstruiert und an einem exemplarischen Themenkomplex detailliert aufgezeigt. Matthias Munsch zeigt, wie Virginia Woolf und vor allem Lytton Strachey, der Begründer der "New Biography", psychoanalytisches Wissen in ein neues Konzept biographischen Schreibens integrierten.

Matthias Munsch, geb. 1972 in Frankfurt am Main, studierte Germanistik und Anglistik in Marburg an der Lahn und London. Gegenwärtig unterrichtet er an einem Frankfurter Gymnasium.

Matthias Munsch

Psychoanalyse in der englischen Moderne

Die Bedeutung Sigmund Freuds für die Bloomsbury Group und Lytton Stracheys biographisches Schreiben

LiteraturWissenschaft.de
Marburg 2004

Die Deutsche Bibliothek – CIP-Einheitsaufnahme
Ein Titelsatz für diese Publikation ist bei der Deutschen Bibliothek erhältlich

Bestelladresse:
TransMIT-Zentrum für Literaturvermittlung in den Medien
Wilhelm-Röpke-Straße 6 A
D-35039 Marburg
anz@transmit.de
http://www.literaturwissenschaft.de

Umschlagbild: *Lytton Strachey* (1916) von Dora Carrington, Privatbesitz

Printed in Germany

ISBN 3-936134-07-3

Inhaltsverzeichnis

Vorwort

Das Verhältnis Freuds zur Literatur stand seit den Anfängen der sich entwickelnden psychoanalytischen Theorie und Praxis im Interesse der Öffentlichkeit – nicht zuletzt deshalb, weil die Entstehung der neuen Disziplin eine Debatte in den Reihen ihrer Kritiker auslöste, ob sie den Naturwissenschaften oder den Geisteswissenschaften zuzuordnen sei. Freud verteidigte zeit seines Lebens den Standpunkt, dass es sich bei der Psychoanalyse um eine Naturwissenschaft handele, obwohl er selbst die Nähe seines Werks zur schöngeistigen Literatur bestätigte. In seinen *Studien über Hysterien* (1895) schreibt er: "[...] und es berührt mich selbst noch eigentümlich, daß die Krankengeschichten, die ich schreibe, wie Novellen zu lesen sind und daß sie sozusagen des ernsten Gepräges der Wissenschaftlichkeit entbehren [...].[1]

Als Liebhaber der Literatur und der Naturwissenschaften war Freud ein sehr belesener Mann auf vielen Gebieten. Unter anderem las er die griechischen Philosophen, Rabelais, Shakespeare, Cervantes, Molière, Lessing, Goethe, Schiller und Georg Christoph Lichtenberg.[2] Seine private Bibliothek, die er zum größten Teil in die Emigration nach London mitnehmen konnte, umfasste 701 Titel (1.110 Bücher) zu so unterschiedlichen Bereichen wie Philosophie, Psychologie, Religion, Sozialwissenschaften, Sprachen, Naturwissenschaften, Medizin, Kunst, Archäologie, Reisen, Geschichte und Belletristik in mehreren Sprachen.[3] Dies prägte natürlich auch seinen Stil, den bereits seine ersten Lehrer als "idiomatisch"[4] hervorhoben: "Zweifellos muß man Freud vom Standpunkt des humanistischen Wissens als hochkultivierten, sehr gebildeten Menschen bezeichnen."[5] Freuds Interesse galt nicht nur der deutschen Literatur: "Von Jugend auf waren ihm die lateinischen, griechischen und deutschen Klassiker vertraut, und er las noch viele englische, französische, italienische und spanische dazu. Seine Schriften sind voll von Anspielungen auf sie."[6]

Das Interesse der Literaturwissenschaft und der Historiker der Psychoanalyse galt deshalb zunächst vorrangig dem Verhältnis Freuds zur Literatur, was eine Fülle von Untersuchungen und Veröffentlichungen beweist.[7]

Die Relation Freud – Literatur ist jedoch eine durchaus wechselseitige Beziehung. Nicht nur der Begründer der Psychoanalyse zeigte großes Interesse an Literatur und nutzte sie als Quelle der Inspiration und Veranschaulichung der eigenen Theorien, umgekehrt wurden auch er und sein Œuvre bereits früh von Schriftstellern und Künstlern entdeckt, geschätzt und in deren Werken verarbeitet.[8] Die Forschung hat jedoch erst vor etwa dreißig Jahren damit begonnen, das Interesse der Schriftsteller der literarischen Moderne für Freud und die Psychoanalyse genauer zu untersuchen. Seit den 1970er Jahren erscheinen vermehrt Arbeiten, die sich vor dem Hintergrund der Psychoanalyse mit deutschsprachiger Literatur nach der Jahrhundertwende auseinander setzen. Neben psychoanalytischen Interpretationen von Werken vornehmlich jener Autoren, die in engem Verhältnis zur Psychoanalyse standen, rückt das Verhältnis der literarischen Moderne zur Psychoanalyse ins Zentrum des Interesses.

Zahlreiche Forschungsbeiträge, die sich in unterschiedlichem Maße und Umfang um eine Darstellung des Verhältnisses einzelner Autoren zu Freud bemühen, sind seither erschienen, ein Großteil davon vereinzelt als Aufsätze in Literaturzeitschriften.[9] Eine umfassende und systematische Darstellung des Verhältnisses der literarischen Moderne im deutschsprachigen Raum zur Psychoanalyse steht jedoch noch aus.[10]

Die Psychoanalyse stieß aber nicht nur in den intellektuellen Kreisen des deutschsprachigen Raums auf Interesse. Im europäischen Ausland begann man sich ebenfalls früh für diese neue Wissenschaft zu interessieren, was dem Wunsch Freuds nach einer möglichst weiten Ausbreitung seiner Lehre entgegenkam.

Sigmund Freud hatte ein besonderes Interesse an der Verbreitung der Psychoanalyse auf den britischen Inseln und der wachsenden Wirkung seiner Lehre speziell auf die englische Kultur und Literatur. Freud fühlte sich seit seiner Jugend zu England und seinen Bewohnern hingezogen. Er las mit großem Eifer englische Autoren[11] und dachte ernsthaft daran, sich in England niederzulassen, nachdem er 1875 seine Geschwister in Manchester besucht hatte. Rückblickend urteilte Freud: "Das Erlebnis England hat für mein ganzes Leben maßgebend auf mich gewirkt."[12]

Bereits 1914 glaubte Freud in zuversichtlicher Vorfreude, dass die Psychoanalyse in England großen Erfolg haben würde: "Das Interesse der wissenschaftlichen Kreise Englands für die Analyse hat sich sehr langsam entwickelt, aber alle Anzeichen sprechen dafür, daß ihr gerade dort, begünstigt von dem Sinn der Engländer für Tatsächliches und ihrer leidenschaftlichen Parteinahme für Gerechtigkeit, eine hohe Blüte bevorsteht."[13] In dieser Erwartung sah sich Freud 1923 bestätigt, denn er ergänzt: "Für England scheint sich die oben ausgesprochene Vorhersage stetig zu erfüllen, [...]."[14] Dies ist nicht zuletzt auf die Initiative jener Gruppe zurückzuführen, die im Zentrum der vorliegenden Studie steht: die Bloomsbury Group.

Auch für den angelsächsischen Raum fehlt bisher eine umfassende Darstellung der Bedeutung der Psychoanalyse für die Autoren und Künstler in der ersten Hälfte des 20. Jahrhunderts. Reinald Hoops Studie *Der Einfluß der Psychoanalyse auf die englische Literatur* (1934)[15] und Frederick J. Hoffmans *Freudianism and the Literary Mind* (1957)[16], auf die im Rahmen dieser Untersuchung näher eingegangen werden sollen, gehen über eine erste thematische Annäherung nicht hinaus.

Die vorliegende Arbeit möchte einen Beitrag dazu leisten, die Rezeption der Psychoanalyse innerhalb der englischen Moderne aufzuzeigen und sich dabei auf ein Spezialgebiet der Literatur konzentrieren, das bisher im Zusammenhang mit Freud und der Psychoanalyse wenig Beachtung gefunden hat: die Biographik.

Das Verhältnis Freuds zur literarischen Lebensbeschreibung ist in der Forschung bisher weitgehend unterrepräsentiert geblieben, obwohl zwischen Biographik und Psychoanalyse naturgemäß eine fundamentale Affinität besteht.

Freuds Entwicklung der Psychoanalyse entsprang zunächst der Aufarbeitung eigener Erlebnisse und der Erforschung des eigenen Innenlebens während seiner Selbstanalyse, bevor er sich der Behandlung neurotischer Patienten und Patientinnen widmete. Die Psychoanalyse, deren Grundlage die Lebensberichte der Kranken waren, basierte demnach von Anbeginn auf biographischer Forschung.[17] Die Psychoanalyse ist, "[...] indem sie in jedem einzelnen Falle nach verschütteten lebensgeschichtlichen Zusammenhängen sucht, ein genuin biographisches Unterfangen, biographische Hermeneutik. Freuds Lehre enthält in der Beschreibung der familiären Grundkonstellationen und Grundkonflikte so etwas wie ein Ablaufmodell der Jedermannsbiographie."[18]

Die biographische Fundierung der Psychoanalyse dient der vorliegenden Studie als Ausgangspunkt, um die Wirkung der Freud'schen Schriften auf die Entwicklung der literarischen Lebensbeschreibung aufzudecken. Es soll gezeigt werden, dass die Psychoanalyse daran beteiligt war, eine grundsätzliche Erneuerung der konventionellen Biographik einzuleiten, die Anfang des 20. Jahrhunderts in England ihren Ursprung hatte.

Zeitgleich zur Entwicklung der Psychoanalyse durch Sigmund Freud entstand in England der Keim zu einer neuen Art der literarischen Lebensbeschreibung, die einige Parallelen zu Grundelementen der Freud'schen Lehre aufweist. Initiator dieses Prozesses war Lytton Strachey, Biograph und zentrales Mitglied der Bloomsbury Group, die die moderne zeitgenössische Kultur des beginnenden 20. Jahrhunderts prägte und deren Einfluss auf die englische Kulturlandschaft bis zum heutigen Tage zu spüren ist. Die Bedeutung Freuds für die englische Kultur und Literatur des beginnenden 20. Jahrhunderts soll – fokussiert auf die sich zu jener Zeit neu entwickelnde literarische Lebensbeschreibung – exemplarisch an der Bloomsbury Group, der kulturbestimmenden Gruppe der englischen Moderne, veranschaulicht werden.

Vor dem Hintergrund der Psychoanalyse als biographisch fundierter Wissenschaft soll die auffallende Analogie der sowohl von Sigmund Freud wie Lytton Strachey postulierten Elemente für eine gelungene Lebensbeschreibung, die bisher noch keine Erwähnung in der Sekundärliteratur gefunden hat, herausgearbeitet werden. Eine Darstellung und Analyse des von Freud ausgehenden Impulses für die literarische Lebensbeschreibung des 20. Jahrhunderts, insbesondere durch seinen Einfluss auf Lytton Strachey, wird einerseits Freuds Wirkung auf den Bereich der Biographik erschließen und andererseits das Wissen um die literarische Rezeption der Psychoanalyse in England erweitern.

In diesem Rahmen wird die bedeutende Rolle, die der Bloomsbury Group bei der Vermittlung der Psychoanalyse im angelsächsischen Raum zukommt, herausgearbeitet werden. Die Forschung hat bisher das Verdienst um die Ausbreitung der Psychoanalyse in Großbritannien fast ausschließlich Freuds langjährigem Mitarbeiter und Biographen Ernest Jones zugeschrieben, was im Wesentlichen darauf zurückzuführen ist, dass sie sich dabei hauptsächlich auf die wenig ergiebigen, so genannten "autobiographischen Schriften" Freuds,[19] auf die von Ernest Jones verfasste Biographie Sigmund Freuds[20] sowie auf die veröffentlichte Korrespondenz zwischen Freud und Jones[21] stützt. Die Rolle der Bloomsbury Group – allen voran James Strachey und seine Frau Alix, die 1920 von Freud in Wien analysiert wurden und die Freud als Hauptübersetzer seiner Werke ins Englische einsetzte, sowie der durch das Engagement Stracheys gewonnene Verleger Leonard Woolf – wird lediglich in Einzelstudien erwähnt. Eine umfassende Darstellung der Position der Bloomsbury Group innerhalb dieses Prozesses steht indes noch aus.

Zu Beginn dieser Studie werden zunächst einige Grundlagen geschaffen, auf denen die anschließenden Darstellungen und Untersuchungen basieren. Ein kurzer Exkurs zur Definition der Bloomsbury Group soll über den im Laufe der Jahrzehnte entstandenen Mythos, die Frage nach den zugehörigen Mitgliedern und die Stellung der Gruppe in der Kulturlandschaft Englands aufklären und das Bild einer festen, programmatisch arbeitenden Gruppe ebenso revidieren wie das einer seichten bohemischen Gesellschaft.

Die Darstellung beruht dabei bewusst weniger auf der Flut kontroverser Veröffentlichungen zu Bloomsbury[22], sondern vielmehr auf den (auto)biographischen Schriften der einzelnen Mitglieder und deren Nachfahren, die sukzessive seit den 1960er Jahren veröffentlicht wurden. Dabei werden jene Eigenschaften, Neigungen und Tendenzen der Gruppe herausgearbeitet, die sie innerhalb dieses Projekts ins Zentrum des Interesses stellen.

Anschließend wird das vielschichtige Verhältnis der Bloomsbury Group zur Psychoanalyse detailliert ergründet. Um die herausragende Bedeutung einiger Mitglieder der Gruppe bei der Übersetzung und Veröffentlichung von Freuds Schriften, der therapeutischen Arbeit, der Unterstützung neuerer psychoanalytischer Forschungen und der Institutionalisierung psychoanalytischer Praxis in England darzulegen, wird die bisherige Darstellung der psychoanalytischen Rezeptionsgeschichte in Großbritannien unter Zuhilfenahme noch unbeachteter Materialien sowie unveröffentlichter Dokumente einer Revision unterzogen werden. Die in der Forschungsliteratur dominierende Auffassung, Ernest Jones käme der Löwenanteil am Verdienst der Einführung der Psychoanalyse in England zu, ist so nicht mehr haltbar. Es wird aufgezeigt werden, inwieweit die frühe Auseinandersetzung mit der Psychoanalyse seitens einzelner Mitglieder der Bloomsbury Group und deren zentrale Stellung innerhalb der im England der damaligen Zeit gepflegten Gesprächskultur die Basis für eine weitläufige Rezeption und Verbreitung von Freuds Theorien in den gebildeten Kreisen der englischen Gesellschaft schuf.

In der Forschung dominiert die Auffassung, in Bloomsbury habe keine über das allgemeine Maß hinaus stärkere Auseinandersetzung mit der Psychoanalyse stattgefunden und das Interesse an und die Kenntnis der Psychoanalyse habe sich an dem unter anderem durch Freud geprägten Zeitgeist orientiert. Nach einer kurzen Darstellung des Forschungsstands und dessen vermutlicher Fundierung schließt eine umfangreiche Dokumentation der Beziehung zwischen Bloomsbury und der Psychoanalyse an. Einerseits wird dabei gezeigt werden, wie die Psychoanalyse Einzug in das Bewusstsein der Gruppe gefunden hatte und wie stark sie deren tägliches Leben prägte. Andererseits wird die Beteiligung der Gruppe bei der praktischen Einführung und Verbreitung der Psychoanalyse, durch ihre vielschichtige Involvierung in Theorie und Praxis der Freud'schen Wissenschaft in England, aufgezeigt werden. Diese Ausführungen bilden die Grundlage einer Analyse der zentralen Figuren Bloomsburys und ihr Verhältnis zur Psychoanalyse: Lytton Strachey und Virginia Woolf.

Um die Bedeutung Freuds für die von Lytton Strachey initiierte Wende innerhalb der konventionellen Biographik darstellen zu können, muss zunächst das individuelle Verhältnis Stracheys zu Freud und dessen Werk herausgearbeitet werden. Dabei wird das in der Bloomsbury-Forschung vorherrschende Bild anhand bisher unbeachteter Materialien und einer Neubewertung der vorhandenen Quellen revidiert werden müssen. Die Untersuchung der Beziehung Stracheys und Freuds ist dabei Ausgangspunkt der Analyse einer potentiellen wechselseitigen Rezeption und Prägung. Beide waren im Begriff, Anfang des letzten Jahrhunderts ihren Weg in die Öffentlichkeit zu bahnen und standen zusätzlich durch die Vermittlung James Stracheys in gegenseitigem indirekten Kontakt. Es kam nie zu einer persönlichen Begegnung, das Interesse für das Werk des anderen steht jedoch außer Frage, wie die anschließende Darstellung belegen soll.

Die Anzahl der Publikationen zu Person und Werk Virginia Woolfs übersteigt die der Veröffentlichungen zu ihrem Freund Lytton Strachey bei weitem. Dementsprechend existiert auch eine stärkere akademische Auseinandersetzung mit ihrem Verhältnis zur Psychoanalyse. Trotzdem hält sich in der Virginia-Woolf-Forschung hartnäckig jenes Urteil, das sie selbst bereits zu Lebzeiten intendiert hatte: Eine Prägung durch Sigmund Freud wird kategorisch ausgeschlossen, und Woolfs Kenntnis der Psychoanalyse auf das Maß oberflächlicher Unterhaltungen beschränkt. Auch hier soll nach einer Konstituierung des Forschungsstands eine Neubewertung der Sachlage vorgenommen und gezeigt werden, dass sich auch Virginia Woolf in stärkerem Maße und auf vielfältigere Weise mit Freuds Wissenschaft beschäftigt hat, als bisher angenommen.

Dass die Bloomsbury-Forschung die Bedeutung der Psychoanalyse für die Bloomsbury Group bisher unterschätzt hat, liegt neben der schwierigen Quellenlage auch an den widersprüchlichen Äußerungen der einzelnen Mitglieder hinsichtlich ihrer Kenntnis der Psychoanalyse und deren Verarbeitung in ihren Werken. An diesem Punkt wird ein innerer Konflikt offenbar, der das Verhältnis der Autoren der Moderne zur Psychoanalyse generell zu prägen scheint: "Selbstaussagen der an dem Beziehungsgeflecht zwischen Literatur und Psychoanalyse Beteiligten [sind] oft ungenau, widersprüchlich oder offensichtlich irreführend. [...] Oft verdecken heftige Attacken gegen die Psychoanalyse die eigene Nähe zu ihr."[23]

Die Aussagen Virginia Woolfs und Lytton Stracheys bzw. der Familienangehörigen und literarischen Nachlassverwalter sollen unter diesem Aspekt untersucht werden. Dabei soll aufgezeigt werden, inwieweit der Anspruch auf ursprüngliche Originalität beziehungsweise das Hoheitsrecht über die eigene Kreativität die Einzelnen zu Aussagen motiviert hat, die das Forschungsbild bis heute prägen.[24]

Grundlage der Untersuchung des vielschichtigen Verhältnisses von Bloomsbury zur Psychoanalyse sind neben den veröffentlichten Briefwechseln, Tagebüchern und Memoiren vor allem Auszüge aus der unveröffentlichten Korrespondenz der Bloomsbury Group. Insbesondere die Sammlung der Korrespondenz der Familie Strachey, die unter dem Namen *Strachey Papers* in der *British Library* in London aufbewahrt wird, erweist sich als reichhaltige Quelle für eine Reevaluierung des vorherrschenden Bildes in Bezug auf Bloomsburys Verhältnis zur Psychoanalyse.

1985 veröffentlichten Perry Meisel und Walter Kendrick einen Auszug aus der Korrespondenz des Ehepaares James und Alix Strachey von insgesamt 343 Briefe aus den Jahren 1924/25.[25] Diese Briefsammlung gibt einen Einblick in für die Psychoanalyse ausschlaggebende Entwicklungen dieser Jahre in London und Berlin. Zu dieser Zeit arbeitete James an der Übersetzung der entstehenden *Gesammelten Schriften* (1924-1934)[26] Freuds in London und unterhielt eine psychoanalytische Praxis, während sich Alix zur Lehranalyse bei Karl Abraham in Berlin aufhielt.

Das Schreiben von Briefen wurde im Kreis der Bloomsbury-Freunde neben dem reinen Informationsaustausch als beliebte Freizeitbeschäftigung und Unterhaltung kultiviert. Es waren zwar bereits vereinzelt Telefone verbreitet, aber die schreibgewandten und formulierungsfreudigen Gefährten zogen einen regen Briefwechsel vor, der auch dadurch begünstigt wurde, dass die Postdienste zu dieser Zeit in England sehr schnell waren. Ein Brief aus London, der am Vormittag verfasst wurde, konnte bereits am Abend in Sussex eintreffen, und der Postbote kam generell zweimal pro Tag ins Haus. Die umfangreiche Korrespondenz der "Bloomsberries" beweist deren Liebe zum geschriebenen Wort und gibt einen Eindruck von dem heiteren aber tiefgründigen Geist, der die Gruppe durchdrang. Dem modernen Leser, der sich mit dem unveröffentlichten Material befasst, gibt es je nach Blickwinkel und Untersuchungsgegenstand wertvolle Einblicke in die unterschiedlichsten Lebensbereiche der Einzelnen.

Briefe wurden selbstverständlich nur dann geschrieben, wenn eine örtliche Trennung zwischen den beiden Kommunikationspartnern bestand, so dass sich dem heutigen Forschenden gelegentlich konzentriert viele interessante Hinweise zu einem bestimmten Thema erschließen, aber die Erörterung desselben dann plötzlich abbricht, da eine größere Lücke in der Korrespondenz besteht. Hinzu kommt, dass die existierenden Briefsammlungen zwar sehr umfangreich sind, aber nicht lückenlos vollständig.

Die Briefe der Freunde sind oft ausführlich, geben aber keinen vollkommenen und erschöpfenden Bericht über bestimmte Gesamtinhalte oder Zusammenhänge. Vieles muss gedanklich erschlossen und ergänzt werden. Man kann auch davon ausgehen, dass bestimmte Themen in einem Brief angerissen und nicht weiter schriftlich vertieft wurden, da dies anschließend im persönlichen Gespräch erfolgte. Der Nachwelt ist jedoch nur das Verschriftlichte erhalten, ein Bruchteil dessen, was an Gedankenaustausch zwischen den Kommunikationspartnern stattgefunden hat. Daraus lässt sich schließen, dass die Themen, die immer wieder in der Korrespondenz auftauchen, im persönlichen Umgang der Einzelnen diskutiert wurden. Dass eines dieser Themen die Psychoanalyse war und in vielschichtiger und facettenreicher Weise Korrespondenz, Gedankenaustausch, Interesse, Lebenswelt und Werk in Bloomsbury geprägt hat, soll durch die Verwendung zahlreicher Textstellen aus den einzelnen Briefwechseln verdeutlicht werden.

Dass Bloomsbury offen war für die Auseinandersetzung mit Freuds Theorien und Schriften und sich an der Rezeption sowie Verbreitung der Psychoanalyse beteiligte, ist wenig verwunderlich, wenn man sich den Wertekanon und die Interessen der Gruppe vergegenwärtigt, die in den ersten Kapiteln dieser Arbeit dargestellt werden.

Dabei spielt nicht zuletzt die Parallele zwischen der biographischen Fundierung der Freud'schen Psychoanalyse und der intensiven Beschäftigung der Bloomsbury Group mit Biographik an sich eine Rolle. Jeder aus dem Bloomsbury-Kreis hat sich im Laufe seines Lebens in unterschiedlichem Ausmaß mit literarischer Lebensbeschreibung befasst und sich in direkten Gegensatz zur konventionellen, traditionellen Vorgehensweise der Elterngeneration begeben. Der Geist der Psychoanalyse und das Bedürfnis der Anfang des 20. Jahrhunderts jungen intellektuellen Generation nach einer neuen Art der Geschichtsschreibung und Biographik ergänzten sich zu einer Aufbruchsstimmung, die ihre ersten Früchte in dem Werk Stracheys und den biographischen Versuchen Freuds trug.

Lytton Strachey war der erste Vertreter jener neuen Biographengeneration, die für eine Befreiung von den traditionellen viktorianischen Werten und Vorstellungen kämpfte und der die bis dato hagiographisch verehrten Symbolfiguren jener Epoche mit einem hohen Maß an psychologischer Innensicht als einfache Menschen darstellte. Dies geschah zu einer Zeit, in der die Psychoanalyse in England, nicht zuletzt durch die kooperative Initiative der Bloomsbury Group, auf dem Vormarsch war.

Im Folgenden soll deshalb die These vertreten und belegt werden, dass die neue Art der Biographie, die in Theorie und Praxis in Bloomsbury ihren Ursprung hatte, durch die Kenntnis der Psychoanalyse eine prägende Bereicherung erfahren hat. Zu diesem Zweck wird zunächst die Position Lytton Stracheys in der Entwicklung der literarischen Lebensbeschreibung aufgezeigt werden und im Gegensatz dazu auf die wenig erfolgreichen Versuche der sich zu jener Zeit parallel entwickelnden, selbst ernannten psychoanalytischen Biographen eingegangen werden.

Sigmund Freud hatte nicht nur Interesse an einer möglichst weitläufigen topographischen Verbreitung seiner Psychoanalyse in Theorie und Praxis, sondern auch an deren Wirkung auf verschiedene andere Gebiete der Forschung und geisteswissenschaftliche Disziplinen. Die Biographik lag ihm dabei besonders am Herzen, wie er in einem Brief an Carl Gustav Jung vom 17. Oktober 1909 ausdrückt: "Auch die Biographik muß unser werden."[27]

Freud hatte zeit seines Lebens ein ambivalentes Verhältnis zur Lebensbeschreibung. Einerseits beruhte seine eigene Wissenschaft zu großen Teilen auf Biographik, und er selbst verspürte den Drang, berühmten Personen, die ihm wichtig waren, durch eine biographisch-analytische Studie näher zu kommen und diese zu ehren.[28] Andererseits verurteilte er die blinden Verehrungstendenzen der Biographen und die konventionelle Praxis der damaligen Lebensbeschreibung.

Nachdem im ersten Teil dieser Arbeit das Ausmaß von Kooperation und Konkurrenz zwischen der Psychoanalyse und der literarischen Moderne am Beispiel der Bloomsbury Group vorrangig auf "struktureller Ebene" dargestellt wurde, sollen die kooperativen Elemente im Folgenden auf inhaltlicher Ebene aufgezeigt werden. Es folgt eine ausführliche Darstellung der ambivalenten Beziehung Freuds zur Biographie und eine Dokumentation der theoretischen Prämissen seines biographischen Ansatzes und seiner Postulate an eine gelungene Lebensbeschreibung. Diese Ergebnisse bilden die Basis eines Vergleichs mit den theoretischen Maximen und der biographischen Methode Lytton Stracheys.

In der Darstellung sollen neben Freuds Neigung zur schriftstellerischen Betätigung und dem Feilen an seinem eigenen Stil besonders seine intendierten Ziele und Prämissen in Bezug auf seinen Vorstoß in die Biographik deutlich werden. Neben der Berücksichtigung der sexuellen Konstitution des Menschen legt Freud besonderen Wert auf die autobiographischen Äußerungen seiner "historischen" Analysanden und entwickelt eine Arbeitsweise, die auf exemplarischen Kindheitserinnerungen fußt.

Ein zentrales Element dieser Darstellung wird der Beweis sein, dass Freud in seiner Analyse eine bereits vorgefertigte Meinung zu ergründen sucht. Dieses suggestive, intentionale Vorgehen lässt sich auch in der Verfahrensweise Stracheys nachweisen, mit dem Freud letztendlich dessen Postulate nach Geistesfreiheit des Biographen, einer Selektion der Fakten, einer prägnanten Darstellung und der Interpretation des zur Verfügung stehenden Materials teilt.

Ziel der Untersuchung ist es, die zahlreichen Analogien in biographischer Theorie und Praxis zwischen dem Schöpfer der Psychoanalyse und dem Initiator einer neuen Art der literarischen Lebensbeschreibung aufzuzeigen, um die Kooperation von Psychoanalyse und Biographik zu belegen.

Es soll deutlich werden, dass Sigmund Freud und Lytton Strachey von einem verwandten Standpunkt aus agieren und sich ihre Intention, Vorgehensweise und Geisteshaltung gleichen. Die Analyse ihrer biographischen Arbeit hat das Ziel, den Grad der wechselseitigen Wirkung bzw. Kooperation zu bestimmen.

Zunächst sollen die Analogien hinsichtlich Intention und Methodik unter verschiedenen Gesichtspunkten aufgezeigt werden, bevor im Anschluss jene theoretisch herausgearbeiteten Parallelen am Beispiel ihrer praktischen Umsetzung verdeutlicht werden können. Intention und Methodik manifestieren sich generell in Schreib- und Darstellungsweise des jeweiligen Autors: Der Stil ist dabei die Verkörperung der biographischen Methode. Will man dem Kern der jeweiligen Vorgehensweise auf den Grund kommen, muss man demnach den Stil einer genaueren Analyse unterziehen.

Sigmund Freud war für seinen hervorragenden Stil bekannt. Es gibt zahlreiche Werke, die sich mit Freuds literarischen Qualitäten im Allgemeinen und seinem prägnanten Stil im Speziellen auseinandersetzen. Im Rahmen dieser Arbeit soll deshalb keine Stilanalyse seines Werks geleistet, sondern auf die grundlegenden Studien zum Thema verwiesen werden.

An einigen exemplarischen Beispielen aus Freuds biographischer Studie *Eine Kindheitserinnerung des Leonardo da Vinci* (1910) sollen jene Stilelemente veranschaulicht werden, die er mit Strachey gemein hat und die den Begründer einer neuen Art der Lebensbeschreibung geprägt haben könnten. Eine Untersuchung der Freudschen analytisch-biographischen Vorgehensweise bietet sich im Falle seiner Studie Leonardo da Vincis besonders an, da der Schöpfer der Psychoanalyse sich neben seinen eigenen Methoden bei der Analyse einer Gestalt der Geschichte auch jener Methoden bedienen musste, die der Geschichts- und Literaturwissenschaft zur Verfügung stehen. Anders als bei der Darstellung seiner zahlreichen Krankengeschichten und Analysen anonymer Personen, deren Grundlage die therapeutische Situation in Freuds Behandlungszimmer war und die sich auf seine eigenen Notizen stützten, können die Quellen von Freuds Darstellung und Interpretation im Fall Leonardo da Vincis herangezogen und überprüft werden.

Im Anschluss wird Lytton Stracheys biographische Herangehensweise, die vollends in seinem feinsinnigen Stil aufgeht, einer detaillierten Analyse unterzogen, um die oben angedeuteten Parallelen zu Freuds Intention und Methodik darzustellen. Am Beispiel von *Eminent Victorians* (1918) und *Queen Victoria* (1921), den beiden ersten Hauptwerken seines biographischen Œuvres, werden die signifikanten Merkmale seines Stils und seiner Vorgehensweise aufgezeigt. Ausgehend von den Grundprinzipien seiner Methode (unter anderem der verdeckten Leserführung und Gesamtbildkonzeption, der Figurencharakterisierung und der scheinbaren Distanznahme), werden die variationsreichen rhetorischen Mittel und der Textaufbau bis hinein in die Satzgestaltung und die verwendete Sprache untersucht.

In einem letzten Schritt soll dargestellt werden, inwieweit sich die Kooperation zwischen Bloomsbury und Freud auch inhaltlich im biographischen Werk Lytton Stracheys manifestiert hat. Es soll gezeigt werden, dass die Kenntnis der Psychoanalyse Lytton Strachey in die Lage versetzte, der Analyse und Beschreibung des seelischen Innenlebens der porträtierten Viktorianer und Elisabethaner in seinen biographischen Studien ein besonderes Maß an psychischer Einsicht zu Grunde zu legen. Es soll nachgewiesen werden, dass Strachey nicht nur das Freud'sche Konzept des Unbewussten, sondern auch die sexuelle Determinierung der menschlichen Psyche erkannt hatte und sich diese Erkenntnis im Rahmen seiner neuartigen biographischen Vorgehensweise zu Nutze machte. Anhand ausgesuchter Textbeispiele soll aufgezeigt werden, wie Strachey die wesentlichen Charakterzüge, Triebkräfte und unbewussten Verhaltensweisen seiner Figuren auf deren frühkindliche und sexuelle Prägung zurückführt und somit ein umfassendes Charakterbild der Personen zeichnet.

Die vorliegende Arbeit ist Ende 2001 vom Fachbereich "Neuere Deutsche Literatur" der Philipps-Universität Marburg als Dissertation angenommen worden. Für vielfältige Anregungen und die fachliche Förderung danke ich Prof. Dr. Thomas Anz und Prof. Dr. Claus Uhlig. Den folgenden Menschen danke ich für die vielseitige Unterstützung meines Projekts: Heidrun und H. Philipp Munsch, Hedwig Walter, Margaret Obank, Samuel Shimon, Amaranta Rodini, den Mitarbeitern der *Manuscript Section* der *British Library* und dem Deutschen Akademischen Austauschdienst.

I. The Bloomsbury Group: Definition und Geschichte

1. Die Geschichte der Bloomsbury Group: Legende, Mythos, Wirklichkeit

Möchte man sich jener Gruppe von Schriftstellern, Biographen, Malern, Kunstkritikern, Ökonomen, Verlegern, Übersetzern und Psychoanalytikern nähern, die nach heutiger Einschätzung maßgeblich auf das intellektuelle Leben im Großbritannien des 20. Jahrhunderts eingewirkt haben[29] und als ein bedeutender Teil des britischen Nationalerbes gelten,[30] muss man zunächst den Versuch einer Definition unternehmen.

In der Frage wer und was Bloomsbury war, gehen die Meinungen der Historiker, Biographen und Kritiker weit auseinander. Abhängig von Herangehensweise und Standpunkt kommen die Bloomsbury-Forscher zu den unterschiedlichsten Ergebnissen. Es besteht die Tendenz, die Bedeutung jener Figur für die Gesamtgruppe überzubewerten, die im Zentrum der Untersuchung steht.[31] J.K. Johnstone[32], zum Beispiel, stellt E.M. Forster neben Virginia Woolf und Lytton Strachey in den Mittelpunkt seiner Studie *The Bloomsbury Group: A Study of E.M. Forster, Lytton Strachey, Virginia Woolf, and Their Circle* (1954), die lange Zeit als Standardwerk galt. Die Mehrzahl der wissenschaftlichen Veröffentlichung zur Bloomsbury Group weisen Forster jedoch nur eine Randstellung zu. Des Weiteren neigen einige Bloomsbury-Kritiker dazu, entgegen dem Bestreben der einzelnen Mitglieder zu Lebzeiten als unabhängig schöpferische Individuen wahrgenommen zu werden, dem Werk der Gesamtgruppe ein spezifisches Grundschema zuzumessen. Michael Holroyd kritisiert Johnstones Studie in diesem Punkt, wenn er ihm vorwirft, die individuellen Unterschiede zwischen den Romanen, Biographien und Essays von E.M. Forster, Lytton Strachey und Virginia Woolf sowie Roger Frys Ästhetik-Kritik als "merely superficial variations on a generic pattern"[33] zu behandeln.

Auch die Angaben über die Anzahl der Mitglieder schwanken beträchtlich: Quentin Bell identifiziert sechs Personen als den ursprünglichen Kern der Bloomsbury Group[34], Leon Edel beschränkt sich in seiner Aufzählung auf neun Mitglieder[35], und Jean Guiguet nennt 22 Personen[36].

Um eine möglichst realitätsnahe Darstellung der Entstehung der Bloomsbury Group zu erhalten und die Zugehörigkeitsfrage zu klären, sollen deshalb im Folgenden die Ausführungen der potentiellen Mitglieder selbst herangezogen werden. Dies ist heute durch die Veröffentlichung zahlreicher Memoiren, Briefwechsel und Sammlungen von autobiographischem Material der Bloomsbury Group in den letzten Jahrzehnten möglich geworden. Im Sinne von Vanessa Bell, die sich in einem Vortrag vor dem *Memoir Club* zu den unsachlichen und falschen Darstellungen durch Kritiker und Historiker der Gruppe äußerte, sollen sich dabei die verschiedenen Ansätze und Ausführungen der einzelnen Mitglieder zu einem facettenreichen Ganzen zusammenfügen.[37]

Das Stadtviertel in London

Bloomsbury ist ein Stadtbezirk in London, nordöstlich von *Soho*, das sich westlich bis zur *Tottenham Court Road* erstreckt, im Osten von *Gray's Inn Road* begrenzt wird, südlich bis *New Oxford Street* und *Bloomsbury Way* reicht und im Norden an der *Euston Road* endet.

Bis ins 18. Jahrhundert war *Bloomsbury* ein beliebtes Wohngebiet, bekannt für seine zahlreichen rechteckigen Grünflächen, die *Squares*, welche das Zentrum der umgebenden Häuserreihen bildeten. Im 19. Jahrhundert standen andere Stadtteile Londons besser in der Gunst der höheren Gesellschaft, und es wurde auch für die weniger Betuchten erschwinglich, sich in *Bloomsbury* niederzulassen, worauf das Stadtviertel viele Schriftsteller und Künstler anzog. Das herausragendste Bauwerk des Bezirks ist sicherlich das *British Museum*, dessen Vorplatz vor kurzem umgestaltet und von dem Architekten Norman Foster mit einer aufwendigen Glaskuppel versehen wurde. Der größte Teil der Bibliothek, die bis 1998 in dem Museum beherbergt war, befindet sich heute im Neubau der *British Library* in der *Euston Road*. Das gegenwärtige *Bloomsbury* ist zusätzlich durch einige Institute der *London University*, *The Royal Academy of Dramatic Art*,

The Courtauld Institute Galleries und zahlreiche große Hotels geprägt.

Nicht zuletzt ist das Stadtviertel *Bloomsbury* bekannt geworden, weil es Pate stand für die Namensgebung einer Gruppe von Menschen, die Anfang des 20. Jahrhunderts ihren Lebensmittelpunkt dorthin verlegten und durch ihr Leben und Werk die Kultur Großbritanniens von der englischen Moderne bis in die Gegenwart prägten.

Die Entstehung des Begriffs "Bloomsbury Group"

1910 oder 1911 schrieb Molly McCarthy, die Frau des Literaturkritikers Desmond McCarthy, an Frank Swinnerton einen Brief, in dessen Verlauf sie Virginia Stephen (spätere Woolf) und deren unmittelbare Gesellschaft als "Bloomsberries" bezeichnete.[38] Diese zunächst rein topographische Verwendung des Begriffs wurde bereits kurz darauf von Kritikern außerhalb des Kreises gebraucht, wobei die Bezeichnung jenen pejorativen Charakter bekam, der ihr noch heute teilweise anhängt. Mit "Bloomsbury" verbanden Außenstehende zunächst Snobismus, Elitismus und Hochnäsigkeit.

Auch wenn die in dieser Weise Stigmatisierten, unter ihnen neben Virginia deren Geschwister Thoby und Adrian Stephen, Vanessa Stephen (spätere Bell), Clive Bell, Maynard Keynes, Desmond McCarthy, Saxon Sydney-Turner und Lytton Strachey, die Existenz einer distinguierten Gruppe zunächst dementierten, lässt sich nachweisen, dass auch die stärksten Gegner einer Kategorisierung, allen voran Virginia Woolf, sich selbst dieses Ausdrucks bedienten, um eine Gruppe von Freunden zu beschreiben, die nicht nur zufällig im gleichen Viertel im Nordosten von Zentrallondon lebten oder sich dort trafen, sondern zusätzlich ein großes Maß an gemeinsamen Erfahrungen, Lebensauffassungen und Eigenschaften teilten.

In einem Brief an Ethel Smyth fragte Virginia Woolf: "Why do you call me Bloomsbury? I don't call you Chelsea." Am gleichen Tag jedoch benutzte sie denselben Ausdruck ganz selbstverständlich, ohne dass zusätzliche Erklärungen nötig gewesen wären, wer damit gemeint sei, in einem Brief an ihren Neffen Julian Bell.[39]

Bereits 1910 verwendete Lytton Strachey den Ausdruck in seinen Tagebüchern, zum Beispiel in einem Eintrag vom 8. März 1910, in dem er die durch Abkürzungen gekennzeichnete Aufzählung der Gäste eines Treffens bei Lady Ottoline Morrell kommentiert mit: "No Bloomby".[40] Und auch im direkten Umfeld der Kerngruppe tauchte die Bezeichnung bereits sehr früh auf, wie man dem Briefwechsel zwischen Lyttons Bruder James Strachey und Rupert Brooke entnehmen kann, der zu dieser Zeit Studienkollege von James in Cambridge war.[41] Leonard Woolf äußerte sich rückblickend in seiner Autobiographie über den selbstreferentiellen Gebrauch des Begriffs "Bloomsbury": "We did use the term ourselves before it was used by the outside world."[42]

Innerhalb der Bloomsbury Group verwendete Virginia Woolf den Begriff natürlich und unbefangen. Nach außen gab sie vor, mit dem Terminus nichts anfangen zu können, und war stets darauf bedacht, dass die betroffenen Personen beim Namen genannt und nicht mit dem Oberbegriff "Bloomsbury" kollektiv stigmatisiert wurden. In einem Brief an Stephen Spender vom 25. Juni 1935 fragte sie: "And why say 'Bloomsbury' when you mean Clive Bell or Roger Fry"[43], und in einem Brief vom 20. August 1936 an Vita Sackville-West heißt es: "[...] [I don't complain of abuse]. Not a bit – not a bit– only of young men who insist upon coming to dinner, and then go away and send me articles in which they deride By [Bloomsbury]: but haven't the courage to name names."[44]

Dass Virginia Woolf 1932 die Existenz oder Wichtigkeit von Bloomsbury herunterspielte, hängt mit Faktoren zusammen, die im weiteren Verlauf näher beleuchtet werden sollen: die Bedeutung von Individualität und kreativer Originalität für die einzelnen Mitglieder der Bloomsbury Group und ihr Verhältnis zur Kritik der Außenwelt.

The Memoir Club

Zunächst gilt es festzustellen, dass es in der Bloomsbury Group, im Gegensatz zu den vielen Clubs und Gesellschaften, die das Leben der einzelnen "Bloomsberries" begleiteten, keine offizielle Mitgliedschaft gab, keine strikte Organisation und auch kein Regelwerk.

Im März 1920 gründete sich auf Initiative der bereits erwähnten Molly MacCarthy aus dem *Novel Club*, den sie ursprünglich ins Leben gerufen hatte, um ihren Mann Desmond mit Inspiration und Motivation für sein langjähriges Roman-Projekt zu versorgen, eine neue Organisation: der *Memoir Club.* Am 6. März 1920 trafen sich zur ersten Sitzung am *Gordon Square* jene dreizehn Gründungsmitglieder, die Leonard Woolf als den Kern der Bloomsbury Group bezeichnet[45]: Vanessa Bell, Virginia Woolf, Adrian Stephen, Lytton Strachey, Clive Bell, Leonard Woolf, Maynard Keynes, Duncan Grant, E.M. Forster, Saxon Sydney-Turner, Roger Fry, Desmond und Molly MacCarthy.

Man kam überein, dass während der Treffen reihum kleine autobiographische Abhandlungen verlesen werden sollten, die gemäß eines alten Bloomsbury-Prinzips durch absolute Ehrlichkeit und Offenheit gekennzeichnet sein sollten. Während die ersten Vorträge innerhalb dieses Rahmens sehr kurz waren, wurden die Beiträge im Laufe der Jahre länger und ernsthafter, und es wurden gewöhnlich zwei solcher Memoiren pro Abend vorgelesen und diskutiert. Die Zusammensetzung des Clubs veränderte sich in den 36 Jahren seines Bestehens beträchtlich. Einige Mitglieder starben, die neue Generation wuchs hinein, und bei seinem letzten Treffen 1956 befanden sich unter den 10 Anwesenden nur vier Gründungsmitglieder.[46]

Einige dieser Vorträge wurden mittlerweile veröffentlicht und können zusammen mit anderen Aufsätzen, Tagebucheintragungen, Memoiren und Autobiographien der Bloomsbury-Group-Mitglieder als Quelle dienen, um das Selbstbild der Gruppe zu skizzieren.

Die Ursprünge in Cambridge

Es scheint Einigkeit darüber zu bestehen, dass die Wurzeln dessen, was man später Bloomsbury nennen sollte, in Cambridge liegen. Clive Bell, Kunstkritiker und Autor der einflussreichen Werke *Art* (1914) und *Civilization* (1928), verfolgt die Wurzeln der Gruppe in seinem Aufsatz "Bloomsbury"[47] bis in die ersten Tage ihrer Studentenzeit:

> I think it was in our first term that we founded the Midnight Society. The date can be of interest only to those indefatigable searchers after truth who concern themselves with the small beginnings of things; but of them one or two may be glad to know that probably in the late autumn of 1899 was laid the foundation of Bloomsbury.[48]

Die *Midnight Society* traf sich samstags um Mitternacht in Bells Zimmer des *Trinity College* in Cambridge, um sich bei Whiskey und Punsch bis in die Morgenstunden gegenseitig aus Werken wie *Prometheus Unbound, The Cenci, The Return of the Druses, Bartholomew Fair* oder *Comus* vorzulesen. Die Gesellschaft bestand aus Lytton Strachey, Saxon Sydney-Turner, Leonard Woolf, Thoby Stephen und Clive Bell.[49]

Auch Leonard Woolf sieht die Ursprünge der Bloomsbury Group in der gemeinsamen Cambridger Studienzeit, betont jedoch die Wichtigkeit einer weit einflussreicheren Gesellschaft: *The Cambridge Conversazione Society*, besser bekannt unter dem Namen *The Apostles.*[50] *The Society*, wie sie auch oftmals genannt wurde, wurde 1820 von George Tomlinson und Freunden gegründet. Die Mitglieder konnten andere Studierende, hauptsächlich von *King's College* und *Trinity College*, zur Mitgliedschaft nominieren und wenn die ausgewählten Kandidaten ("embryons") nach einer Zeit der Probe den intellektuellen und persönlichen Ansprüchen der Gesellschaft entsprachen, wurden sie zum "Apostle" ernannt. Die Gesellschaft war offiziell geheim[51] und akzeptierte nur etwa drei neue Mitglieder pro Jahr. An den regelmäßigen Treffen der *Apostles* samstagabends im *Secretary's Room* nahmen auch gelegentlich langjährige Mitglieder ("Angels") teil, die die Universität bereits verlassen hatten. Zu den *Apostles*, die später auch mit der Bloomsbury Group in Zusammenhang gebracht wurden, gehörten in der Reihenfolge ihrer Ernennung: Roger Fry (1887), Desmond MacCarthy (1896), E.M. Forster (1901), Lytton Strachey (1902), Saxon Sydney-Turner (1902), Leonard Woolf (1902), John Maynard Keynes (1903), James Strachey (1906), Harry Norton (1906) und Gerald Shove (1909).

Während der geheimen Treffen hinter verschlossenen Türen trug jeweils ein *Apostle* eine selbst verfasste Abhandlung über ein frei gewähltes Thema vor, über das im Anschluss diskutiert wurde. In Henry Sidgwicks Memoiren, welcher 1856 zum *Apostle* gewählt wurde, findet sich eine der wenigen Stellen, die die Zielsetzung und Atmosphäre der geheimen Gesellschaft beschreiben. In seiner Autobiographie bestätigt Leonard Woolf, dass die Ausführungen Sidgwicks exakt seine eigenen Erfahrungen und die seiner Freunde widerspiegeln:

> [...] I can only describe it [the spirit within the Society] as the spirit of the pursuit of truth with absolute devotion and unreserve by a group of intimate friends, who were perfectly frank with each other, and indulged in any amount of humorous sarcasm and playful banter, and yet each respects the other, and when he discourses tries to learn from him and see what he sees. Absolute candour was the only duty that the tradition of the society enforced. The gravest subjects were continually debated, but gravity of treatment, as I have said, was not imposed, though sincerity was. In fact it was rather a point of the apostolic mind to understand how much suggestion and instruction may be derived from what is in form a jest – even in dealing with the gravest matters. [...] It came to seem to me that no part of my life at Cambridge was so real to me as the Saturday evenings on which the apostolic debates were held; and the tie of attachment to the society is much the strongest corporate bond which I have known in life.[52]

Über die Jahre gab Lytton Strachey fast zwanzig Vorträge vor den *Apostles*, wobei er gemäß der apostolischen Tradition seinen Ausführungen eine Portion Witz zufügte und die gewichtigsten Themen mit einem Hauch Ironie versah. Hier begann er jene Taktiken und jene spezifische Darstellungsweise zu entwickeln, die er später perfektionieren sollte und die seine Werke so charakteristisch machten.[53]

Thoby Stephen, der es liebte, seinen Schwestern stundenlang lebhafte Berichte über seine Freunde in Cambridge zu geben,[54] arrangierte ein erstes Zusammentreffen in seinem Zimmer in Cambridge, als Vanessa und Virginia Stephen, in Anwesenheit einer Anstandsdame, ihrem Bruder einen Besuch abstatteten.[55] Lytton Strachey hatte später erneut Gelegenheit, Thobys Geschwister und dessen Familie kennen zu lernen, als die beiden Familien Strachey und Stephen im Sommer 1901 auf dem Land zehn Meilen von Southampton unweit voneinander die Ferien verbrachten. Die Stracheys und Stephens gehörten jener höheren Gesellschaftsschicht an, die Leonard Woolf als die intellektuelle Aristokratie der *middle class* bezeichnete.[56]

Der familiäre Hintergrund

Lyttons Vater, General Sir Richard Strachey (1817-1908), hatte eine abwechslungsreiche Karriere hinter sich, als er sich 1872 letztendlich in London niederließ und im Alter von 70 Jahren Vater seines zehnten Kindes, James Beaumont, wurde. Das Familienoberhaupt der Stracheys hatte zunächst *Addiscombe* absolviert, eine Schule, die auf eine Militär- und Ingenieur-Laufbahn vorbereitete, bevor er der *East India Company Engineers* beitrat und im Zuge seiner Karriere neben zahlreichen Verwaltungsaufgaben an der Einführung des Kanal- und Eisenbahnsystems in Indien maßgeblich beteiligt war und finanzielle Reformen zur Stützung der Rupie durchführte. Eine botanische Expedition nach Tibet bescherte ihm einen guten Ruf unter britischen Wissenschaftlern, zu Hause in London vertiefte er sich dann in meteorologische Berechnungen und Aquarellmalerei. Leonard Woolf beschreibt den General als einen herzlichen, älteren Herren, der das ganze Jahr über in einem Sessel vor dem Kamin seines Hauses in *Lancaster Gate*, nördlich des *Hyde Parks*, zu finden war, ein Buch lesend: "The atmosphere of the dining-room at Lancaster was that of British history and of that comparatively small ruling middle class which for the last 100 years had been the principal makers of British history."[57]

1862 heiratete Richard Strachey die damals 18-jährige Tochter des Stadtrats von Kalkutta, Jane Maria Grant (1840-1928). Lady Strachey war eine hochgebildete Frau, die sich hauptsächlich für Literatur und Politik interessierte. In England machte sie Bekanntschaft mit Browning, den Carlyles und George Eliot und engagierte sich jahrelang aktiv für die Einführung des Wahlrechts für Frauen. Lyttons Mutter hatte einen großen Einfluss auf ihren Sohn, was seine Ausbildung und Liebe zu französischer und englischer Literatur betrifft. Nach dem Tod ihres Mannes zog sie mit ihren beiden Töchtern Marjorie und Philippa nach *Bloomsbury* an den *Gordon Square 51*, wo sie trotz ihrer zunehmend schlechter werdenden Sehkraft ihre Memoiren schrieb.[58]

Die Familie Stephen hatte eine ebenso eminente Stellung in der Geschichte Englands wie die Stracheys. Leslie Stephen (1832-1904) wurde in Eton und Cambridge ausgebildet und unterrichtete zehn Jahre lang als Dozent für Mathematik in *Trinity Hall*, Cambridge. Anschließend ging er als Literaturkritiker nach London und heiratete 1867 Harriet Thackeray, die älteste Tochter des Schriftstellers W.M. Thackeray. Bis 1882 gab er dessen Zeitschrift *The Cornhill Magazine* heraus und wurde 1889 hauptverantwortlicher Herausgeber des

Dictionary of National Biography (1882-1891), für den er insgesamt 380 Einträge verfasste.

Seine erste Frau starb bereits 1875 und hinterließ ihm eine geistig labile Tochter. Er heiratete 1878 Julia Duckworth, die zwei Söhne und eine Tochter mit in die Ehe brachte: George, Gerald und Stella. In den ersten sechs Jahren ihrer Ehe mit Leslie gebar Julia Stephen vier weitere Kinder: Vanessa, Thoby, Virginia und Adrian. Die Stephens waren unter anderem mit dem Schriftsteller Henry James und dem US-Außenminister James Russell Lowes bekannt, der sie alle zwei Wochen in die Botschaft zum Dinner einlud. Julia Stephen war hauptsächlich damit beschäftigt, ihren Mann in seinem literarischen Schaffen zu unterstützen und seine seelische Wankelmütigkeit zu pflegen.

Die Stephens wohnten ähnlich wie die Stracheys in einem jener großen, vielstöckigen Häuser, die auf Grund ihrer Bauweise im Inneren dunkel und beengend wirkten und einer Großfamilie wenig Raum für individuelle Privatsphäre ließen.[59]

Leslie Stephens Arbeit und die damit verbundenen Launen dominierten den Haushalt. Er versuchte, seine Töchter zu Hause zu unterrichten, brachte aber nicht die nötige Geduld auf. Seine Gefühle ihnen gegenüber schwankten zwischen großer Zuneigung und rasender Eifersucht, wenn er die dominante Rolle in ihrem Leben zu verlieren drohte. Virginias Emotionen gegenüber ihrem Vater waren ebenfalls geteilt. Einerseits verehrte sie ihn wegen seines hohen Intellekts und den Anregungen, die er ihr gab, und andererseits verabscheute sie sein kühles Verhalten gegenüber seinen Kindern.[60] Leslie Stephens Einfluss auf Virginia im Zusammenhang mit biographischem Schreiben in Bloomsbury war bereits Gegenstand einiger Untersuchungen.[61]

Leonard Woolf beschreibt den späten Leslie Stephen als einen eindrucksvollen Mann mit großem Charme, der bei Besuchen seines Sohnes Thoby in Cambridge das Gespräch mit den jungen Leuten suchte, sie ernst nahm und ihnen zuhörte, unter Zuhilfenahme seines Hörrohres, auf das er wegen seiner zunehmenden Schwerhörigkeit angewiesen war.[62]

Die Stephens, Stracheys und MacCarthys waren Familien mit Verbindungen zur Aristokratie Englands und durch Heirat und Freundschaft in ihrem Stammbaum mit einer Großzahl an viktorianischen Familien verbunden. Die Stracheys und Grants (Lady Strachey, geborene Grant, war Duncan Grants Tante) hatten eine lange Familiengeschichte, deren Spuren sich bis in die schottischen Highlands, die amerikanischen Kolonien und das imperialistische Indien verfolgen lassen.

Auch die anderen Mitglieder der Bloomsbury Group hatten einen *upper-midddle-class*-Hintergrund. Desmond MacCarthy war der Sohn einer anglo-irischen Banker-Familie und wurde in *Eton* ausgebildet, bevor er 1894 an das *Trinity College* in Cambridge ging, wo er Geschichte studierte. John Maynard Keynes' Vater war Lektor für *Moral Science* und *Economics* am *King's College* in Cambridge, seine Mutter graduierte am *Newnham College* und wurde die erste weibliche Stadthalterin und Bürgermeisterin von Cambridge (1932-33). Saxon Sydney-Turner war der Sohn eines Arztes, und Clive Bells Eltern wurden als Besitzer einer Kohlemine in Wales vermögend. Leonard Woolf sieht sich angesichts seines Familienhintergrunds in Opposition zu den anderen: "I was an outsider to this class, because, although I and my father before me belonged to the professional middle class, we had only recently struggled up into it from the stratum of Jewish shopkeepers."[63]

Bloomsburys Wurzeln liegen zwar nicht in den höchsten Rängen der britischen Gesellschaft, ruhen aber auf der Basis gut situierter viktorianischer Familien. Sie lebten nicht in *Mayfair* oder *Belgrave Square*, sondern in *Kensington* und *Bayswater*. Sie wurden gut ausgebildet, wenn auch nicht in *Eton* oder *Harrow*. Sie waren nicht reich, aber ihre Familien konnten ihnen ein eigenes, regelmäßiges Einkommen sichern.

Der Neubeginn in *Bloomsbury*: Absage an Konventionen

Nach Beendigung ihres Studiums verließen die meisten der Freunde Cambridge. Thoby Stephen kehrte in sein Elternhaus nach London zurück, wo er zusammen mit der Familie den im Sterben liegenden Vater betreute, Clive Bell ging nach Paris, um dort eine Dissertation über die britische Politik während des Veroner Kongresses zu schreiben, und begann sich verstärkt für Kunst zu interessieren, Saxon Sydney-Turner wurde Staatsbeamter im *Somerset House* in London, und Leonard Woolf leistete ab 1904 sieben Jahre Dienst als *Colonial Civil Servant* in Ceylon. Maynard Keynes, der erst 1902 nach Cambridge kam, um am *King's College* Mathematik zu studieren, war ebenso noch vor Ort wie einige andere jüngere *Apostles*, die sich im späteren Umkreis der Bloomsbury Group bewegen sollten, unter anderem James Strachey, der das Zimmer seines Bruders Lytton am *Trinity College* bezog.

Desmond MacCarthy arbeitete als freier Journalist für den *Spectator*, heiratete 1906 Molly und wurde im darauf folgenden Jahr Herausgeber des *New Quarterly*. Lytton Strachey pendelte zwischen Cambridge und London, um seine Dissertation über Warren Hastings zu schreiben, mit der Hoffnung dadurch eine Dozentenstelle (*Fellowship*) zu bekommen und eine akademische Karriere am *Trinity College* einschlagen zu können. Seine Mühen wurden nicht belohnt und 1905 kehrte auch er in den Schoß der Familie und das elterliche Haus nach London zurück, wo er von da an, ebenso wie MacCarthy, Rezensionen und Essays für die Zeitschrift *Spectator* seines Cousins St. Loe Strachey schrieb.

1904 starb Leslie Stephens, und damit zerbrach der Familienzusammenhalt der Stephens und Duckworths. George hatte kurz zuvor geheiratet und zog mit seiner Frau Lady Margaret zusammen, während Gerald sich allein eine Wohnung in London nahm. Stella war kurz nach ihrer Heirat an den Spätfolgen einer Bauchfellentzündung gestorben und Laura wurde in eine Nervenheilanstalt in York gebracht.

Während sich Virginia von dem anlässlich des Todes ihres Vaters erlittenen Nervenzusammenbruch bei der befreundeten Familie Dickinson erholte, löste Vanessa den Hausstand auf und begab sich auf Haussuche in *Bloomsbury*. *Bloomsbury* war für die Stephens attraktiv, weil erstens die Mietpreise in diesem Stadtgebiet erschwinglich waren, und sie zweitens dort niemanden kannten und es ihnen daher als ein angenehmer Ort für ihren geplanten Neuanfang erschien. Befreit von der dunklen und depressiven Atmosphäre des *Hyde Park Gates*,[64] unter der besonders Virginia gelitten hatte,[65] lebten die Geschwister auf in ihrem neuen Zuhause mit weißen Wänden, großen Fenstern und der Sicht auf Bäume und Rasen. Sie konnten plötzlich ihre Zeit frei einteilen und hatten jeder "a room of one's own", ein Umstand, dessen Wichtigkeit Virginia Woolf in ihrem gleichnamigen Essay[66] gepriesen hat.

Als sich die Stephens entschlossen, Kensington zu verlassen, und in einen Distrikt Londons zogen, der nach Auffassung ihrer bisherigen Gesellschaft nicht ihrer Herkunft und ihrem Stand entsprach, war dies auch eine bewusste Entscheidung, sich den Normen und Konventionen eines ihnen vorgezeichneten Lebenslaufs zu widersetzen. Dies betraf besonders die Schwestern Vanessa und Virginia, die in den letzten Jahren vor dem Tod ihres Vaters unter den Erziehungsversuchen ihrer Halbbrüder Gerald und vor allem George gelitten hatten. Die Art des Benehmens, der Kleidung und Konversation außer Haus waren permanentes Streitthema innerhalb der Familie gewesen:

> All that tremendous encumbrance of appearance and behaviour which George had piled upon our first years vanished completely. One had no longer to endure that terrible inquisition after a party – and be told, "You looked lovely." Or, "You did look plain." Or, "You must really learn to do your hair." Or, "Do try not to look so bored when you dance." Or, "You did make a conquest", or, "You <u>were</u> a failure."[67]

Der Umzug der Stephens an den *Gordon Square* in *Bloomsbury* bestimmte nicht nur topographisch die Wiege ihres späteren Freundeskreises, er war auch motiviert durch Charakteristika, die die spätere Bloomsbury Group ausmachen sollten: Sie entschieden sich gegen Tradition, Konvention und den Einzug in die höhere Gesellschaft und damit für das Recht auf persönliche Freiheit und Entfaltung.

Das Eis bricht: Die Bloomsbury Group entsteht

Auf Einladung von Thoby Stephen, der wie Lytton weiterhin häufig die Versammlungen der *Apostles* als *Angel* besucht hatte und sich nach der gemeinsamen Zeit in Cambridge zurücksehnte, versammelten sich von März 1905 an jeden Donnerstagabend nach dem Dinner neben Lytton Strachey, Saxon Sydney-Turner und Clive Bell eine bunte Mischung von Leuten am *Gordon Square*, die sich bis Mitternacht nach und nach einfanden und manchmal bis in die Morgenstunden in Konversation vertieft blieben.

Hier fanden die intellektuelle Auseinandersetzung und enge Freundschaft der Cambridger Studentenzeit ihre Fortführung – mit dem großen Unterschied, dass sich zu der Männerriege zwei Damen gesellten. Obwohl Thoby zunächst nicht daran gedacht hatte, seine Schwestern in den Kreis zu integrieren,[68] nahmen diese schon bald eine bedeutende Stellung ein: "These two beautiful young women, with a house of their own, became the centre of a circle of which Thoby's Cambridge friends were what perhaps I may call the spokes."[69] In Bloomsbury herrschte von Anbeginn eine für damalige Zeiten ungewöhnliche Gleichberechtigung der Geschlechter, deren Charakter die Stephen-Schwestern zunächst verblüffte: "The young men I have named had no 'manners' in the Hyde Park Gate sense. They criticised our arguments as severely as their own. They never seemed to notice how we were dressed or if we were nice looking or not."[70]

Die Zusammensetzung derer, die sich bis 1906 jeden Donnerstagabend am *Gordon Square* einfanden, variierte in den ersten Monaten stark und umfasste neben den erwähnten Personen unter anderem Molly und Desmond MacCarthy, James und Marjorie Strachey, Hilton Young und viele andere Cambridge *Apostles* und Bekannte.[71]

Die ersten Treffen muteten Vanessa und Virginia höchst sonderbar an, weil sie eine solche Gesellschaft bisher nicht gewohnt waren. Keiner der Herren schien auf ihre äußerliche Erscheinung zu achten, und die üblichen allgemeinen Themen von Abendgesellschaften stießen auf taube Ohren und einsilbige Antworten. Die mühsame Konversation nahm erst an dem Punkt eine entscheidende Wendung, an dem Vanessa zum Beispiel von einer Gemäldeausstellung erzählte und unbedacht das Wort "Schönheit" verwendete. Plötzlich wurden die Anwesenden hellhörig, und einer der jungen Männer eröffnete die anschließende Debatte mit der Feststellung: "It depends what you mean by beauty."[72]

War das Eis jedoch einmal gebrochen und drehte sich die Konversation um abstrakte Begriffe wie "Schönheit", "das Gute" oder "Realität", waren die Versammelten nicht mehr zu bremsen:

Now Hawtrey [ein weiterer *Apostle*] would say something; now Vanessa; now Saxon; now Clive; now Thoby. It filled me with wonder to watch those who were finally left in the argument piling stone upon stone, cautiously, accurately, long after it had completely soared above my sight. One had glimpses of something miraculous happening high up in the air. Often we would be sitting in a circle at two or three in the morning. Still, Saxon would be taking his pipe from his mouth as if to speak, and putting it back without having spoken. At last, rumpling his hair back, he would pronounce very shortly some absolutely final summing up. The marvellous edifice was complete, one could stumble off to bed feeling that something very important had happened. It had been proved that beauty was – or beauty was not – for I have never been quite sure which – part of the picture. [...] And part of the charm of those Thursday evenings was that they were astonishingly abstract. It was not only that Moore's book had set us all discussing philosophy, art, religion; it was that the atmosphere [...] was abstract in the extreme.[73]

Freundschaft, Intuition und Individualität: Der Einfluss G.E. Moores

Mit "Moore's book" meint Virginia Woolf *Principia Ethica* (1903) des Cambridger Philosophen und *Apostles* George Edward Moore, das die philosophische Grundhaltung und Denkweise von Bloomsbury nachhaltig beeinflusst hat. Lytton Strachey zeigt sich voll entbrannt für die Ideen Moores. In einem Brief vom 11. Oktober 1903, kurz nach Erscheinen von *Principia Ethica* (1903), schreibt er an Moore, dieser habe nicht nur die gesamte moderne Philosophie in den Schatten gestellt, sondern mit seinem Werk die wahre Grundlage der Ethik geschaffen: "The truth, there can be no doubt, is really now upon the march. I date from Oct. 1903 the beginning of the Age of Reason."[74]

In seinem Vortrag vor dem *Memoir Club* "My Early Beliefs" beschreibt John Maynard Keynes den Einfluss Moores auf die Gruppe als "exciting, exhilarating, the beginning of a renaissance, the opening of a new heaven on a new earth, we were forerunners of a new dispensation, we were not afraid of anything"[75] und Leonard Woolf sagt über die Ideen Moores: "they suddenly removed from our eyes an obscuring accumulation of scales, cobwebs, and curtains, revealing for the first time to us, so it seemed, the nature of truth and reality, of good and evil and character and conduct, substituting for the religious and philosophical nightmares, delusions, and hallucinations, in which Jehova, Christ and St. Paul, Plato, Kant, and Hegel had entangled us, the fresh air and pure light of plain commonsense."[76]

In *Principia Ethica* (1903) versucht Moore die Prinzipien der Ethik im Sinne einer systematischen Wissenschaft zu begründen. Zu diesem Zweck müssen nach Moore zwei Fragen unterschieden werden: "Was ist gut an sich?" und "Was ist moralisch gutes Handeln?". Der Philosoph erklärt "gut" für undefinierbar, da der Begriff nicht auf natürliche Eigenschaften reduzierbar sei. Den Versuch, "gut" durch andere Prädikate zu bestimmen, lehnt Moore als "naturalistic fallacy" ab. Nur durch die Analyse eigener Denk- und Bewusstseinsprozesse könne man nach Moore einen Begriff wie "gut" als Idee bestimmen.

Manche Schlussfolgerungen Moores in *Principia Ethica* (1903) schienen direkt das Lebensgefühl und die Selbsteinschätzung der Gruppe widerzuspiegeln, wie zum Beispiel folgende Grundannahme: "[...]personal affections and aesthetic enjoyments include *all* the greatest, and *by far* the greatest, goods that we can imagine [...]."[77] Besonders die Doktrin der Undefinierbarkeit abstrakter Phänomene und die damit verbundene Konzentration auf die Intuition des Einzelnen betonte die Selbstbestimmung des Individuums und dessen Urteilskraft. Die Macht der Urteilskraft liegt dabei im zivilisierten Individuum. Dieser Glaube beflügelte Bloomsbury, allgemeine Regeln und Konventionen in Frage zu stellen:[78]

> We entirely repudiated a personal liability on us to obey general rules. We claimed the right to judge every individual case on its merits, and the wisdom, experience and self-control to do so successfully. This was a very important part of our faith, violently and aggressively held, and for the outer world it was our most obvious and dangerous characteristic.[79]

Für die meisten der Gruppe wurden die Prämissen des Moore'schen Werks zu Grundelementen ihres Denkens. Leonard Woolf beschreibt das Absorbieren dieses Gedankenguts eindrucksvoll in Freud'scher Weise: "Principia Ethica had passed into our unconscious and was now merely a part of our super-ego; we no longer argued about it as a guide to practical life."[80] Auch Virginia Woolf ist voller Bewunderung für Moores Werk, selbst wenn sie sich eine kritische Distanz bewahrt und es im Original erst 1908 liest.[81]

"Old Bloomsbury": Das Ende der ersten Phase

Im Herbst 1906 unternahmen die Stephen-Geschwister zusammen eine Reise nach Griechenland. Nach ihrer Rückkehr brach bei Thoby eine Krankheit aus, die sein Arzt zunächst als Malaria behandelte. Zu spät wurde festgestellt, dass es sich in Wirklichkeit um Typhus handelte, und Thoby starb am 20. November 1906.

Dieser plötzliche Tod war ein Schock für den gesamten Freundeskreis und markierte das vorläufige Ende ihrer unbeschwerten Zusammenkünfte. Virginia erlitt ihren mittlerweile vierten Nervenzusammenbruch. Das Trauma von Thobys Tod verband die Freunde jedoch auf eine andere, noch tiefere Weise. Die Stephen-Schwestern lernten neben den geistigen Qualitäten der Freunde ihres Bruders jetzt auch deren gefühlvolle Seite näher kennen und duldeten in der ersten Zeit der Trauer nur diese um sich herum. Im Laufe der nächsten Wochen entstand eine neue Art der Vertrautheit, und der Kreis, der sich bisher respektvoll nur beim Nachnamen anredete, sprach sich jetzt ganz selbstverständlich mit Vornamen an.[82]

In dieser Zeit entschloss sich auch Vanessa Stephen, den (mittlerweile dritten) Heiratsantrag von Clive anzunehmen, und wurde im März 1907 Vanessa Bell. Diese Entwicklung brachte auch eine Veränderung in der Wohnsituation mit sich: Adrian und Virginia überließen dem frisch vermählten Paar das Haus am *Gordon Square* und zogen nach *29 Fitzroy Square* in *Bloomsbury*, wo sie nach einigen Wochen erneut begannen, die Tradition der Donnerstagabende aufzunehmen.[83]

Dieses zweite Kapitel in der Geschichte der Bloomsbury Group markiert auch eine Veränderung oder Erweiterung innerhalb der regelmäßigen Treffen. Im Zentrum stand zwar immer noch das Gespräch: "Conversation; that was all."[84] Worüber man an jenen Abenden redete, war seinerzeit wie heute von großem Interesse. Lady Ottoline Morrell[85] nahm einige Male an den berüchtigten Donnerstagstreffen teil und berichtet darüber in ihren Memoiren:

I was beginning to see more of Virginia Stephen and her friends and to go to her Thursday evenings in Fitzroy Square, where long-legged men would sit in long basket-chairs smoking pipes and talking almost inaudibly in breathless voices of subjects that seemed to me thrilling and exciting.[86]

Doch dadurch, dass sich die Beteiligten mittlerweile vertrauter geworden waren, erweiterte sich der Bereich der möglichen Gesprächsthemen, und die Anwesenden redeten fortan über alles, was sie bewegte: Neben Literatur und Kunst sprach man über die alltäglichen Dinge des Lebens und endlich auch über einen Bereich, der bisher völlig ausgeklammert wurde, dessen Behandlung die Gruppe später in Verruf brachte und sie in den Augen vieler Kritiker berüchtigt werden ließ: Sex. Virginia Woolf berichtet rückblickend: "When all intellectual questions had been debated so freely, sex was ignored. Now a flood of light poured in upon that department too."[87] Ausschlaggebend war eine Situation, die sich an einem Abend im Frühling[88] im Haus der Bells am *Gordon Square* zugetragen hat, und die Virginia Woolf wie folgt beschreibt:

At any moment Clive might come in and he and I should begin to argue – amicably, impersonally at first; soon we should be hurling abuse at each other and pacing up and down the room. Vanessa sat silent and did something mysterious with her needle and scissors. I talked, egotistically, excitedly, about my own affairs no doubt. Suddenly the door opened and the long and sinister figure of Mr. Lytton Strachey stood on the threshold. He pointed his finger at a stain on Vanessa's white dress.
"Semen?" he said.
Can one really say it? I thought and we burst out laughing. With that one word all barriers of reticence and reverse went down. A flood of the sacred fluid seemed to overwhelm us. Sex permeated our conversation. The word bugger was never far from our lips. We discussed copulation with the same excitement and openness that we had discussed the nature of good.[89]

Die zweite Phase der Vorkriegs-Bloomsbury-Ära zeichnete sich zusätzlich dadurch aus, dass der Kern der Gruppe durch weitere Mitglieder erweitert wurde. 1910 stieß Roger Fry, ebenso Cambridge-Absolvent und *Apostle*, auf Einladung von Clive Bell hinzu und wurde sofort begeistert aufgenommen. Fry organisierte zu dieser Zeit auf Anfrage der *Grafton Galleries* in London zusammen mit Desmond MacCarthy als *Secretary* eine Ausstellung, welche 1910-11 die

Maler Cézanne, van Gogh, Gauguin und Matisse unter dem Titel "Manet and the Post-Impressionists" dem britischen Publikum vorstellen sollte. Entgegen der Begeisterung innerhalb Bloomsbury erzeugte die Ausstellung bei der Mehrheit der Besucher jedoch eine Reaktionsbandbreite von Belustigung über Ablehnung bis hin zu offener Feindseligkeit.

Neben Maynard Keynes, der seit 1908 Dozent am *King's College* in Cambridge war, wurde ebenso Duncan Grant, Cousin der Stracheys, fester Bestandteil der Gruppe. Grant studierte an der *Westminster School of Art* und unternahm mehrere Studienreisen nach Italien und Frankreich, bevor er sich als freier Maler in London niederließ und zusammen mit Keynes am *Gordon Square* wohnte.

Auch E.M. Forster war sporadischer Gast in Bloomsbury. Virginia Woolf erinnert sich jedoch nur an ein einziges Mal, dass Forster an einem Donnerstag kurze Zeit am *Fitzroy Square* einkehrte: auf dem Weg zum Bahnhof.[90] Dennoch wurde er als Mitglied der Gruppe eingeschätzt, wie Leonard Woolf in einem Brief an Gerald Brenan schreibt: "Desmond [McCarthy] and Morgan [E.M. Forster] were certainly regarded by all of us as 'Bloomsbury' by the way."[91]

Bloomsbury war nie in der Gefahr zu erstarren, durch innere wie äußere Anstöße wurde die persönliche wie die intellektuelle Auseinandersetzung am Leben erhalten. Durch das Hinzutreten der neuen Mitglieder bekamen die Gespräche frischen Schwung und eine neue Richtung. Moore trat in den Hintergrund und gab den Weg frei für neue Einsichten, wie Vanessa Bell dem *Memoir Club* berichtete:

> It was in these years from 1909 or -10 to 1914 that there came the great expansion and development of Bloomsbury, that life seemed fullest of interest and promise and expansion of all kinds. Most of the members were writers or civil servants, only two in the earlier part of this time, Duncan Grant and myself, were painters. But when Roger Fry came bringing in his train painters both English and French the general attention was more directed to painting and less perhaps to the meaning of good.[92]

Variations on a Theme: Die Darstellung Leonard Woolfs

Den Mitgliedern der Bloomsbury Group war bewusst, dass die Wahrnehmung und Einschätzung der damaligen Vorgänge, die zur

Entstehung der Gruppe geführt hatten, von jedem Einzelnen subjektiv und dadurch unterschiedlich dargestellt werden könnten. Vanessa Bell schreibt dazu: "Perhaps some other original member (for not all of us are dead yet) will be induced to write his or her account, and though no doubt we should see the whole from different angles yet possibly with luck each might paint one true facet of the whole."[93] Ein solches Mitglied war jener *Apostle* und eminente Charakter der Cambridge-Vergangenheit, der nicht an den regelmäßigen Treffen im Haus der Stephen-Schwestern teilnahm, obwohl er später eine wichtige Rolle in deren Leben spielen sollte: Leonard Woolf.

Woolf, der nach seinem Abschluss in Cambridge in den Dienst des *Colonial Civil Service* trat, kommt in seiner Autobiographie aufgrund seiner persönlichen Erfahrung zu einer eigenen Einschätzung, was die Entstehung der Bloomsbury Group angeht. Nach seiner Rückkehr im Juni 1911 von Ceylon, wo er sieben Jahre als *Civil Servant* gearbeitet hatte, suchte Woolf seine Freunde in Cambridge und London auf und stellte fest, dass er trotz seiner langen Abwesenheit nahtlos an die intellektuelle und freundschaftliche Verbundenheit der Vergangenheit anknüpfen konnte.

Leonard Woolf kommt zu dem Schluss, dass das, was man später Bloomsbury nennen sollte, zu jener Zeit begann, als er nach seiner Rückkehr Lytton Strachey, Maynard Keynes, G.E. Moore und Desmond MacCarthy bei einem Dinner der *Society* getroffen hatte und kurze Zeit später bei Vanessa und Clive Bell in *46 Gordon Square* zu Abend aß, wo er Virginia Stephen, Duncan Grant und Walter Lamb traf. Woolf datiert die Entstehung der Bloomsbury Group auf die Zeit zwischen 1912 und 1914 und nennt die folgenden Mitglieder, welche seinerzeit in und um Bloomsbury wohnhaft waren:

Vanessa Bell, Virginia Woolf, Adrian Stephen, Lytton Strachey, Clive Bell, Leonard Woolf, Maynard Keynes, Duncan Grant, E.M. Forster, Saxon Sydney-Turner, Roger Fry, Desmond und Molly MacCarthy. In Abgrenzung zu der erweiterten Anzahl von Mitgliedern in den 1920er und 1930er Jahren bezeichnet Woolf die dreizehn Personen als "Old Bloomsbury" und nennt als Neuzugänge Julian, Quentin und Angelica Bell sowie David Garnett.

Vanessa Bell datiert den ursprünglichen Kreis auf den Zeitraum von 1904 bis zum Ersten Weltkrieg und ergänzt zu den von Woolf erwähnten Personen Lyttons Geschwister Oliver, Marjorie und James Strachey, Harry Norton und Gerald Shove.[94] Ihr Mann Clive kommt zu dem gleichen Ergebnis, weist E.M. Forster und den MacCarthys jedoch nur eine marginale Stellung zu. Zur jüngeren Generation von Bloomsbury zählt er zusätzlich David Garnett, Francis Birrell, Raymond Mortimer, Ralph Partridge, Stephen Tomlin, Sebastian Sprott, F.L. Lucas und Frances Marshall.[95]

Es ist nachvollziehbar, dass Woolf in seiner Autobiographie die Dinge aus seiner persönlichen Sicht darstellt. Es mutet jedoch etwas egozentrisch an, dass er als einziger der Beteiligten den eigentlichen Beginn von Bloomsbury auf die Zeit nach seiner Rückkehr aus Ceylon verlegt, zumal ihm 1964, durch die Veröffentlichung zahlreicher autobiographischer Schriften, die Einschätzung der anderen Mitglieder bekannt gewesen sein muss.

Dem Urteil der anderen Beteiligten nach war Woolf nach seiner Rückkehr aus Ceylon regelmäßiger Gast am *Gordon* und *Fitzroy Square* und wurde sehr schnell in den bereits existierenden Bloomsbury-Kreis eingebunden.[96] 1911 zogen Adrian und Virginia Stephen zusammen mit John Maynard Keynes, Duncan Grant und Leonard Woolf in ein Haus am *Brunswick Square*. Woolf entschied sich, nicht mehr nach Ceylon zurückzukehren und beendete seine Laufbahn beim *Civil Service*, um eine Karriere als Journalist und Schriftsteller zu beginnen. Er wurde außerdem *Secretary* der zweiten Post-Impressionisten-Ausstellung von Roger Fry. 1912 heirateten Virginia und Leonard Woolf.

Zur Gruppenfrage: Zivilisierte Individuen in Freundschaft verbunden

Die Frage, ob Bloomsbury eine Gruppe war, wer zu ihr gehörte und welchen Einfluss sie auf das gesellschaftliche Leben Englands Anfang des 20. Jahrhunderts hatte, beschäftigte nicht nur die Kritiker und Historiker des Phänomens "Bloomsbury", sondern auch die einzelnen Beteiligten selbst.

Bell näherte sich der Frage nach der Existenz der Bloomsbury Group und deren Mitgliedern in seinem Essay "Bloomsbury" von leicht ironischer Seite. Er forderte die selbst ernannten Bloomsbury-

Kritiker und Historiker auf, eine konkrete Namensliste jener Gruppe zu veröffentlichen, die sie bisher eher unscharf definierten als "the sort of thing we all dislike"[97] und äußerte sich zur Gruppenfrage wie folgt:

All one can say truthfully is this. A dozen friends [...] between 1904 and 1914 saw a great deal of each other. They differed widely, as I shall tell, in opinions, tastes and preoccupations. But they liked, though they sharply criticised, each other, and they liked being together. I suppose one might say they were 'in sympathy'. Can a dozen individuals so loosely connected be called a group?[98]

Dass Bloomsbury eine Gruppe war, ist den Beteiligten sehr wohl bewusst, jedoch pochen sie darauf, keine organisierte Gesellschaft gewesen zu sein, wie Vanessa Bell betont: "When I talk of members I do not mean that there was any sort of club or society."[99] Sie verstanden sich als eine Gruppe von Freunden, deren Zusammengehörigkeitsgefühl genährt wurde durch gegenseitige Wertschätzung und ein gemeinsames Interesse an der Auseinandersetzung mit Literatur, Kunst, Philosophie, Politik und den ganz alltäglichen Dingen ihres Lebens. Auch die moderne Bloomsbury-Forschung erkennt größtenteils diese Individualisierungstendenz innerhalb der Gruppe an. Williams urteilt: "Thus the final nature of Bloomsbury as a group is that it is indeed, and differentially, a group of and for the notion of individuals."[100]

Im Gegensatz zu anderen Gruppen von Schriftstellern und Künstlern, die eine gemeinsame Doktrin hatten oder ein künstlerisches oder soziales Ziel verfolgten, wie z.B. die *Utilitarians, the Lake Poets*, *the French Impressionists* oder *the English Pre-Raphaelites*, sieht Leonard Woolf als Basis der Gruppe Freundschaft, "which in some cases developed into love and marriage."[101]

In dem Bemühen, Bloomsbury zu definieren oder kategorisierbar zu machen, wurde die Gruppe oftmals als Jünger von Vordenkern wie G.E. Moore oder Roger Fry bezeichnet. Dies deckt sich jedoch nicht mit der Selbstwahrnehmung der Beteiligten. Woolf sieht die Mitglieder der Gruppe zwar beeinflusst durch G.E. Moores Philosophie und ihren Cambridge-Hintergrund, "[b]ut we had no common theory, system, or principles which we wanted the world to convert to; we were not proselytizers, missionaries, crusaders, or even propagandists." Auch Clive Bell mahnt zu einer differenzierteren Beurteilung. Seiner Meinung nach hat nur ein Teil der Gruppe die Ideen Moores absorbiert und in ihren Werken umgesetzt. Bell bezweifelt, dass der andere Teil, unter ihnen Vanessa Bell und Virginia Woolf, nachhaltig von Moore beeinflusst wurde.

Bloomsbury folgte keiner Doktrin und verfolgte keine Mission, doch sie fühlten sich persönlich als aktiver Teil einer Bewegung, die sich zu Beginn des 20. Jahrhunderts abzeichnete und die Leonard Woolf in seiner Autobiographie wie folgt beschreibt: "In the decade before the 1914 war there was a political and social movement in the world, and particularly in Europe and Britain, which seemed at the time wonderfully hopeful and exciting. It seemed as though human beings might really be on the brink of becoming civilized."[102] Die jungen Männer aus Cambridge waren beflügelt von dieser Aussicht und stürmten mit jugendlichem Elan dieser Entwicklung entgegen:

> We found ourselves living in the springtime of a conscious revolt against the social, political religious, moral, intellectual and artistic institutions, beliefs and standards of our fathers and grandfathers. [...] We were out to construct something new; we were in the van of the builders of a new society which should be free, rational, civilized, pursuing truth and beauty.[103]

Zu dieser Zeit entwickelten sich die ethischen Grundlagen der Einzelnen, die den Geist von Bloomsbury prägen sollten. Bloomsbury war gegen Hypokrisie, Ignoranz, sexuelle und rassistische Diskriminierung, Militarismus und Imperialismus. Sie waren für uneingeschränkte Aufrichtigkeit, Gleichberechtigung und Selbstbestimmung und trugen diese Haltung in ihre verschiedenen Betätigungsfelder: Leonard Woolf und John Maynard Keynes auf politischer und wirtschaftlicher Ebene, Virginia Woolf durch ihr Engagement für die Rechte von Frauen und den Unterricht von Arbeiterkindern, Roger Fry und Clive Bell im Bereich der Kunst usw. Aber sie haben nie programmatisch gearbeitet oder sind als politische Körperschaft aufgetreten. Bloomsbury war ihr Heimathafen, wo sie gemeinsam, jeder für sich, intellektuelle, kulturelle Eigenständigkeit entwickeln konnten. So verkörperten sie ihr Ideal des "zivilisierten Individuums".

Dass der Aspekt Freundschaft als Grundlage ihres Zusammenhalts sowohl von Mitgliedern der Gruppe als auch von deren Kritikern und

Historikern immer wieder betont wird, heißt nicht, dass es keine Unstimmigkeiten, Neid und Ablehnung innerhalb der Kerngruppe und ihrem Umfeld gab. In einem Brief an Vanessa Bell vom 11. April 1932, kurz nach Lyttons Tod, schreibt Virginia Woolf: "James is Lyttons executor, and has found masses of poems and plays, mostly unfinished, also box upon box of letters. We advised him to have the letters typed and circulated among us. He says Lytton said very unpleasant things about us all. But as we all do that, I don't see that it matters."[104]

Bloomsbury war keine "mutual admiration society"[105], wie Desmond MacCarthy in seinen Memoiren betont. Sie schätzten einander sehr, behielten aber genügend kritische Distanz, um der Person des anderen und seinem Werk nicht blindlings lobzuhudeln. Leonard Woolf, zum Beispiel, war sehr kritisch gegenüber Clive Bells Veröffentlichungen; Bell respektierte Roger Fry als Kunstkritiker, schätzte seine Malkunst jedoch wenig; Lytton Strachey fand Forsters Romane langweilig, während Virginia Woolf sie bewunderte, aber mit Forsters Theorie des Romans nicht einverstanden war etc.[106]

Die Bereitschaft zu gegenseitiger Kritik auf der Basis absoluter Offenheit, einer der Grundprämissen der Gruppe, bildete die Basis von Bloomsbury und verstärkte ihr Zusammengehörigkeitsgefühl. In der konstanten Auseinandersetzung miteinander entstand eine gemeinsame Lebensanschauung, die die Basis der Gruppe untermauerte, wie Virginia Woolf bereits 1925 hervorhob:

> Where they [Bloomsbury] seemed to me to triumph is in having worked out a view of life which was not by any means corrupt or sinister or merely intellectual; rather aesthetic and austere indeed; which still holds, and keeps them dining together, and staying together after 20 years; and no amount of quarrelling or success or failure has altered this. Now I do think this rather creditable.[107]

Bloomsbury: Kern und erweiterter Kern

Neben den Personen, die bisher im Zusammenhang mit "Old Bloomsbury" genannt wurden, gehörten die Lebensgefährten, Geschwister und Freunde der Kerngruppe ebenso zum Bloomsbury-Kreis. Die Grauzone des "Einzugsbereichs" ist innerhalb der

Bloomsbury-Forschung relativ breit und umfasst teilweise auch die Nachkommen der ersten Generation.[108] Mit Sicherheit kann man Lyttons Bruder James Strachey und dessen Frau Alix, Virginias Bruder Adrian und dessen Frau Karin sowie Lyttons Lebensgefährtin, die Malerin Dora Carrington, zum inneren Kreis der Bloomsbury Group zählen. Sie nahmen teilweise ebenso häufig an den Donnerstagabenden teil wie die "Kernmitglieder"[109] und gehörten zu den langjährigen Bewohnern der Häuser in und um den *Gordon Square* in Bloomsbury.

Die enge Bindung der Strachey-Geschwister und die enge Freundschaft ihrer Lebensgefährtinnen sowie das Verhältnis Virginia Woolfs zu ihrem Bruder Adrian und dessen Frau und zu James und Alix wird Gegenstand der Untersuchung in den nächsten Kapiteln sein, um die Vorraussetzungen der Rezeption und Verbreitung der Psychoanalyse innerhalb der Gruppe darzustellen.

Liebes- und Beziehungskonstellationen

Leonard Woolfs Beschreibung der Basis Bloomsburys als Freundschaft, die sich in manchen Fällen zu Liebe und Heirat entwickelte[110], spielt auf eine Facette der Bloomsburywelt an, die den Kreis in den Augen der Öffentlichkeit berüchtigt gemacht hat und seit jeher die Historiker und Kritiker der Gruppe beschäftigte. Die komplexen Liebes- und Beziehungskonstellationen innerhalb und außerhalb des Kreises, die hetero- wie homosexuelle Bindungen umfassten, brachten der Gruppe den vielzitierten Ruf ein, sie sei ein Kreis "who lived in Squares and loved in triangles".[111]

Das Thema ist erschöpfend in der Bloomsbury-Forschung dargestellt worden und soll deshalb nur in Hinsicht auf ein Verständnis der inneren Verbundenheit einiger der Mitglieder behandelt werden.

Exemplarisch für die Komplexität der Beziehungen kann man Duncan Grant erwähnen, der zu Keynes' und Lytton Stracheys Cambridge-Zeiten zu beiden eine Beziehung unterhielt, später mit Vanessa Bell eine Tochter (Angelica) hatte und zusammen mit Clive und Vanessa im Landhaus *Charleston*, Sussex, wohnte. David Garnett, der bei der Geburt Angelicas anwesend war, heiratete diese im Jahre 1942. Virginia Woolf kokettierte zeitweise mit Clive Bell, dem

Mann ihrer Schwester und fühlte sich später leidenschaftlich zu Vita Sackville-West hingezogen.

Lytton Strachey lernte die Malerin Dora Carrington 1915 kennen und lebte seit 1917 bis an sein Lebensende 1932 mit ihr zusammen in wechselnden Landhäusern außerhalb von London. Carrington liebte Lytton leidenschaftlich, doch dieser konnte ihre Liebe nur auf platonische Weise erwidern. Lytton fühlte sich zu Ralph Partridge hingezogen, der wiederum Carrington liebte. Um diese Form der Dreisamkeit aufrechtzuerhalten, willigte Carrington ein, Ralph zu heiraten, und sie lebten zusammen mit Lytton Strachey in *Ham Spray House* bei Hungerford.

Carrington hatte eine leidenschaftliche Affäre mit Ralphs Kriegskameraden und Freund Gerald Brenan, die zu einem Bruch in ihrer Ehe führte. Partridge seinerseits unterhielt daraufhin eine Beziehung zu Francis Marshall und lebte ab 1926 mit ihr zusammen am *41 Gordon Square*, dem Haus von James und Alix Strachey. Um die ursprüngliche Lebenssituation der drei Freunde Strachey, Carrington und Partridge weiterhin aufrecht zu erhalten, kam man überein, dass Ralph und Francis die Wochenenden gemeinsam mit Carrington und Lytton in *Ham Spray* verbringen sollten. Nach dem Tod von Lytton und Carrington 1932 zogen sie sich ganz nach *Ham Spray* zurück und heirateten 1933.

Carrington und Alix Strachey verband eine lebenslange Freundschaft, die auf ihre Studienzeit an der *Slade School of Fine Arts* in London zurückging. Auch ihre Beziehung war nicht frei von sexuellen Konnotationen. Carrington verehrte die Freundin nicht nur intellektuell und in inniger Freundschaft, sondern fühlte sich zuweilen auch sexuell zu ihr hingezogen. Am 9. Oktober 1920, beispielsweise, schreibt sie: "But Alix I miss you badly & grim [?] – I wish sometimes you had been a Sappho, we might have had such a happy life without there [sic] Stracheys!"[112]

2. Die Stellung der Bloomsbury Group in der englischen Kulturlandschaft

In einem Artikel für die amerikanischen Zeitschrift *The Dial* versuchte Raymon Mortimer[113] die Anfänge von Bloomsbury nachzuzeichnen, nachdem die Gruppe über England hinaus auch in Deutschland, Frankreich und den USA bekannt wurde. Mortimer, literarischer Herausgeber des *New Statesman* und Literaturkritiker der *Sunday Times*, der selbst mit der jüngeren Generation der Bloomsbury Group in den 1920er und 30er Jahren in Verbindung gebracht wurde,[114] sagte der Gruppe bereits im Februar 1928 (in einem fiktiven Rückblick von 1960) eine einflussreiche Zukunft voraus: "It thus appears that from one small band of friends have come the subtlest novelist, the most famous economist, the most influential painters, the most distinguished historian, and the liveliest critics of the post-war period in England."[115]

Dass sich diese Prophezeiung bewahrheitet hat, soll im Folgenden kurz skizziert und damit die Stellung der Bloomsbury Group innerhalb der englischen Kulturlandschaft verdeutlicht werden.

"New Bloomsbury": Entwicklung, Bedeutung, Karriere

Der Ausbruch des Ersten Weltkrieges war sicherlich der größte Einschnitt in der Geschichte der Bloomsbury Group und markiert nach Einschätzung der Beteiligten das Ende jener Ära, die sie als "Old Bloomsbury" bezeichneten.[116] Für Bloomsbury an sich bedeutete der Krieg jedoch nicht das Ende, sondern leitete vielmehr eine Zeit höchster Produktivität ein. Darum soll an dieser Stelle kursorisch die Karriere einzelner Mitglieder der Bloomsbury Group verfolgt und deren Bedeutung für die Kultur Englands aufgezeigt werden.

Vanessa Bell und Duncan Grant fertigten zahlreiche Gemälde an, zuerst in Wissett, Suffolk, wo Grant zusammen mit David Garnett Ersatzdienst als Landarbeiter auf einer Farm verrichtete und ab 1916 in *Charleston House* in Sussex, das sie malerisch gestalteten und das zu ihrem permanenten Wohnsitz werden sollte. Charleston wird heute vom *Charleston Trust* verwaltet und steht der Öffentlichkeit von

Mai bis Oktober zur Besichtigung offen. Zahlreiche kulturelle bzw. künstlerische Veranstaltungen und Ausstellungen rund um die Bloomsbury Group werden in dieser Zeit des Jahres organisiert.

Nach dem Krieg arbeiteten Bell und Grant weiter zusammen und organisierten Ausstellungen in London, wo Grant auch ein Atelier unterhielt. Obwohl er sich Zeit seines Lebens zu jungen Männern hingezogen fühlte, hatte er ein Liebesverhältnis mit Vanessa, aus dem die gemeinsame Tochter Angelica hervorging. Seit 1920 bis heute werden seine Werke in zahlreichen Museen ausgestellt und in den 1920er und 30er Jahren dominierten er und Vanessa die *London Group of Artists* und *London Artists Association.* Grant und Bell arbeiteten zeitweise zusammen mit Roger Fry, dessen Unterstützung der Post-Impressionisten auch auf ihr Werk großen Einfluss hatte. Seit 1913 waren sie Co-Direktoren von Roger Frys *Omega Workshops.*

Roger Fry, anerkannter Experte alter italienischer Meister, schrieb Artikel für das *Burlington Magazine* und *The Athenaeum* und war Kurator des New Yorker Metropolitan Museum, bevor er sich der modernen französischen Kunst verschrieb. Seine eigenen Werke nahmen Stilmittel und Farben impressionistischer Maler wie Cézanne und van Gogh auf, und er entwickelte eine eigene Kunsttheorie, in deren Zentrum die Form stand. Nach Fry liegt die emotionale Bedeutung der visuellen Künste mehr in der Form als im Inhalt und sollte vom Betrachter direkt erfahrbar sein.

Fry organisierte in den *Grafton Galleries* London zwei Ausstellungen (1910-11/1912) mit modernen impressionistischen Werken von Künstlern wie Cézanne, van Gogh, Gauguin, Matisse und Manet. Das britische Publikum zeigte sich zunächst erschrocken bis entsetzt, doch die bildenden Künstler Bloomsburys waren enthusiastisch. Frys Interesse an angewandter Kunst führte 1913 zur Gründung der *Omega Workshops* am *33 Fitzroy Square* in *Bloomsbury.* In diesen Werkstätten wurden neue Designs für Stoffe und Inneneinrichtungen entwickelt und Möbel, Haushaltsgegenstände und Geschirr von Künstlern und Kunsthandwerkern hergestellt. Neben seiner eigenen Malerei und zahlreichen Ausstellungen schrieb Fry unter anderem das richtungsweisende Buch *Vision and Design* (1919), in dem er seine ästhetische Theorie und die Bedeutung der Form für die Künste darstellte.

Clive Bell wirkte unterstützend bei der Organisation der beiden post-impressionistischen Ausstellungen mit und war zusammen mit Roger Fry einer der führenden Ästhetik-Theoretiker der englischen Moderne. Mit der Veröffentlichung von *Art* (1914), in dem er sein berühmtes Konzept der "significant form" darstellt, legte Clive Bell die Grundlage für seine weitere Karriere als Kunstkritiker. Analog zu Fry bestimmte Bell die Form als essentielle Qualität eines jeden Kunstwerks und stellte sie über den Inhalt. Bell schrieb zahlreiche Essays und Bücher, unter anderem: *Since Cézanne* (1923), *Landmarks in Nineteenth Century Painting* (1927) und *An Account of French Painting* (1931).

Leonard Woolf brach seine Karriere als *Civil Servant* nach seiner Rückkehr aus Ceylon 1911 ab und betätigte sich seitdem als Journalist, Autor und Verleger. Woolf war Herausgeber zahlreicher Magazine und Zeitschriften und machte sich als politischer Beobachter und Journalist einen Namen. Neben belletristischen Werken wie *The Village in the Jungle* (1913) und *The Wise Virgins* (1914), in denen er eigene Erfahrungen aus Ceylon und Bloomsbury literarisch umsetzte, verfasste er auch drei Bände politischer Philosophie: *After the Deluge* (1931/1939) und *Principia Politica* (1939). Neben seiner Tätigkeit als Sekretär der beiden beratenden Komitees der Labour Party "on Imperial Questions and on International Questions" leitete er die *Hogarth Press*, die er 1916 zusammen mit Virginia gegründet hatte.

Virginia Woolfs Karriere als Schriftstellerin begann mit der Veröffentlichung ihres ersten Romans *The Voyage Out* (1915), gefolgt von *Night and Day* (1919). Sie entwickelte eine eigene Technik impressionistischer Erzählweise, die zum ersten Mal in *Jacob's Room* (1922) deutlich wurde und deren bekanntestes Stilmittel der "stream-of-consciousness" ist, der in *Mrs. Dalloway* (1925) besonders deutlich wird. Neben zahlreichen Romanen schrieb Woolf ebenso Buchkritiken und Essays, die in gesammelter Form erschienen, z.B.: *The Common Reader* (1925 und 1932). Richtungsweisende feministische Essays finden sich in den Veröffentlichungen *A Room of One's Own* (1929) und *Three Guineas* (1938). Die Möglichkeiten der Kombination von Fiktion und Biographie erforschte Woolf in *Orlando* (1928) und *Flush* (1933), bevor sie eine "realistische" Lebensbeschreibung ihres langjährigen Freundes *Roger Fry* (1941) in Angriff nahm. Woolf war bereits zu Lebzeiten eine anerkannte Schriftstellerin, Essayistin und Kritikerin; ihre Werke erreichten hohe Auflagen und wurden seit 1922 in der *Hogarth Press* veröffentlicht.

Lytton Strachey hatte bereits ein in Fachkreisen anerkanntes "Standardwerk" zur französischen Literatur geschrieben, *Landmarks in French Literature* (1912), und war jahrelang als Kritiker der Zeitschrift *Spectator* aktiv, bevor ihm der Durchbruch auf dem literarischen Markt gelang.

1918 erschien Stracheys *Eminent Victorians*, das ihn mit einem Schlag zu einem berühmten Mann machte. Seine neuartige biographische Herangehensweise und die Wahl seiner Analysanden machte ihn gleichzeitig zum Gegenstand harscher Kritik und außerordentlicher Verehrung. Strachey hatte durch die Beschreibung von vier herausragenden Viktorianern, wobei er im Gegensatz zur herkömmlichen Lebensbeschreibung auch deren menschliche Seite und ihre Schwächen beleuchtete, einen Gegenentwurf zu dem hagiographischen Bild der viktorianischen Epoche vorgelegt. Sein nächstes Buch, *Queen Victoria* (1921), stellte die Hauptfigur jener Epoche in den Mittelpunkt und beinhaltet eine Verfeinerung seiner biographischen Technik. *Elizabeth & Essex* (1928) bedient sich zusätzlich vieler dramatischer Effekte und stellte Stracheys finanziell größten Erfolg dar. Als Begründer der "New Biography" sicherte er sich bereits zu Lebzeiten einen festen Platz in der Geschichte der Biographie.

John Maynard Keynes, der während des Krieges im Finanzministerium der Regierung gearbeitet hatte, wurde als Vertreter der britischen Delegation zur Friedenskonferenz nach Paris gesandt. Dort versuchte er, die hohen Reparationsforderungen an Deutschland abzumildern, um den Frieden auf eine stabile finanzielle Basis zu stellen. Als er absehen konnte, dass seine Bemühungen scheitern würden, verließ er die Konferenz und kehrte nach England zurück, wo er mit der literarischen Verarbeitung seiner Erfahrungen in Paris beschäftigt war. Am Ende des Jahres 1919 veröffentlichte er *The Economic Consequeces of the Peace*, in dem er die Fehler der an der

Friedenskonferenz beteiligten Regierungen aufzeigte, die seiner Meinung nach bereits den Keim eines neuen Kriegs in sich trugen. Keynes veröffentlichte weitere Bücher über Ökonomie und Politik und galt bald als einer der führenden zeitgenössischen Wirtschaftswissenschaftler.

Bloomsbury in der Kritik: Stationen einer Hassliebe

Das *Oxford English Dictionary* definiert Bloomsbury als "a school of writers and aesthetes living in or associated with Bloomsbury, that flourished in the early twentieth century; a member of this school".[117] Diese unzureichende Definition illustriert das Problem bei der Bestimmung von Bloomsbury, wie S.P. Rosenbaum ausführt.[118] Mit "aesthetes" und "writers" kann man kaum eine Gruppe beschreiben, die neben Biographen und Schriftstellern unter anderem aus Malern, Kunstkritikern, Ökonomen und politischen Theoretikern bestand.

Bloomsbury war seit dem Moment, in dem die Gruppe und das Werk der einzelnen Mitglieder in das Bewusstsein der Öffentlichkeit trat, ein für die Kritik schwer fassbares Phänomen gewesen und erzeugte eine Flut von gegensätzlichen Beurteilungen, die innerhalb der Gruppe unterschiedlich aufgenommen wurden. Virginia Woolf, zum Beispiel, war sehr empfindlich gegenüber Kritik und erwartete die Rezensionen zu ihren Romanen mit banger Schwermut.

Bloomsbury schied die Geister in extremster Form. Die Bloomsbury-Kontroverse nahm Ausmaße an, die aus der heutigen Sicht eine schwer verständliche Aggression und Parteinahme beider Kritikerseiten einschloss und ein hohes Maß an Schwarzweiß-Denken und mangelnder Objektivität aufwies. Die Kritik ließ sich zur Manifestierung einiger Stereotype hinreißen, die Bloomsbury im Negativen wie im Positiven lange anhafteten und die bis heute nicht völlig aus den Köpfen derer verschwunden sind, die sich mit dem Kreis beschäftigen.

Es gibt wenig Negatives, das der Gruppe von der zeitgenössischen Kritik nicht angelastet worden wäre. In Verbindung mit der von den einzelnen Mitgliedern der Gruppe monierten Tendenz, keine eindeutige Definition des angegriffenen Personenkreises zu geben, stand Bloomsbury oftmals für "the sort of thing we all dislike"[119], wofür

Clive Bell eine adäquate Antwort gefunden hatte: "Thus Bloomsbury is always fair game because it can stand for whatever prey the sportsman wishes to kill and easy game because he can 'fire into the brown'."[120] Auch Vanessa Bell fand eine passende Erklärung für die zahlreichen Anfeindungen: "Any kind of clique is sneered at by those outside it as a matter of course and no doubt our ways of behaviour in our own surroundings were sufficiently odd, according to the customs of the day, to stir criticism."[121]

Bloomsbury wurde angegriffen als eitle, selbstgefällige, überernste Boheme, ein Kreis heuchlerischer Dilettanten, die sich in der Rolle hypersensibler Märtyrer gefielen, welche unter der barbarischen Welt des 20. Jahrhunderts litten. Man kritisierte sie für ihre pseudogriechische Kultur und ihre Verachtung gegenüber den weniger Gebildeten. Snobismus, Elitismus und Arroganz präge ihren Kreis, der sich durch Selbstbeweihräucherung und Promiskuität auszeichne. Sie wurden einerseits für ihren politischen Liberalismus attackiert und andererseits paradoxerweise für ein Festhalten am Geist des britischen Klassensystems kritisiert.

Bloomsbury-Befürworter kehrten die plakativen Angriffe ihrer Gegner ins Gegenteil und verteidigten die Gruppe als eine aufgeweckte und originelle Gruppe von Menschen, die mit einem eigenen ästhetischen und moralischen Lebenskonzept die moderne Gesellschaft beobachteten und durch ihre Lebensweise und ihr Werk positiv prägten. In Zeiten gesellschaftlicher Barbarei während des Ersten Weltkriegs, zum Beispiel, hätten sie durch ihre engagierte Friedenshaltung Rationalität und Zivilcourage bewiesen und jene Zivilisation personifiziert, zu deren Verteidigung dieser Krieg angeblich geführt wurde. Eigenheiten und Exzentrik werteten die Anhänger als Merkmale einer ungewöhnlichen, aber herausragenden Gruppe, die das kulturelle Leben Englands bereichere.[122]

In den 1950ern setzte eine Wende in der Bloomsbury-Kritik ein. Einerseits wurden seitdem zahlreiche autobiographische Werke und Briefwechsel der Mitglieder und ihres erweiterten Kreises veröffentlicht und damit die Grundlage zu einer objektiveren und fundierteren Auseinandersetzung mit den einzelnen Personen geschaffen. Andererseits begann Bloomsbury Gegenstand des akademischen Interesses zu werden, und es entstanden wissenschaftliche Studien der literarischen und künstlerischen Werke. Seit den 1950ern wurde über Bloomsbury nicht mehr ausschließlich im Allgemeinen und Abstrakten gesprochen, sondern fundierte Studien angefertigt, die sich auf das neugewonnene Quellenmaterial stützten. Dadurch wurde die Emotionalität in der Bloomsbury-Forschung durch eine gewisse Sachlichkeit ersetzt. Zu diesen ersten Untersuchungen gehörten Irma Rantavaaras *Virginia Woolf and Bloomsbury* (1953) und J.K. Johnstones *The Bloomsbury Group* (1954).

Seit den 1960er Jahren entstand eine wahre Flut an Veröffentlichungen zu Leben und Werk der Mitglieder der Bloomsbury Group.[123] Die Publikationen lassen sich grob in zwei Kategorien teilen. An dem einen Ende des Spektrums gibt es Arbeiten zu einzelnen Werken und spezialisierten Teilaspekten und am anderen Ende Bücher zu Leben und Werk Bloomsburys im Allgemeinen, die leichte Lektüre darstellen, welche teilweise sogar ins Anekdotenhafte reicht.

Prinzipiell lässt sich feststellen, dass der aggressive Ton aus der Bloomsbury-Kritik verschwunden ist und eine Neubewertung der Gruppe und ihrem Werk stattgefunden hat.

Die Bedeutung Bloomsburys für die englische Kultur: Mikrokosmos des intellektuellen Lebens

Zeitgenossen sprachen der Gruppe in der Retrospektive bereits früh einen bedeutenden Rang zu. Stephen Spender spricht von "[...] the most constructive and creative influence on English taste between the two wars"[124] und E.M. Forster hält Bloomsbury für "[...] the only genuine *movement* in English civilization [...]."[125]

Heute gilt die Bloomsbury Group als wichtigste kulturbestimmende Bewegung der englischen Moderne, deren Bedeutung für Kunst, Literatur und kulturelles Leben bis in die Gegenwart geschätzt wird.[126] Als Kern und Initiator einer kulturellen Bewegung wird die Bloomsbury Group als innovative Fraktion der gebildeteren Bevölkerung Englands[127] und prägender Einfluss in den 1920er und 30er Jahren gesehen, der bis in die Gegenwart spürbar ist:

For Bloomsbury had its ramifications in most branches of English cultural life. A socio-literary-intellectual phenomenon, it had a powerful influence in the between-wars period, an influence which remains to this day although the name has disappeared. [...] Bloomsbury changed as it developed, becoming a microcosm of English intellectual life, weaving its strands of influence in a dozen places and arousing those diversified feelings which made its name such a two-edged epithet between the two wars.[128]

Vor diesem Hintergrund kann man davon ausgehen, dass neue Theorien und Ideen im Bereich der Kunst, Kultur, Geisteswissenschaft und angewandter Naturwissenschaft ein höheres Maß an Akzeptanz innerhalb des gebildeten Bürgertums und den intellektuellen Kreisen Englands erfahren konnten, wenn sie von der Bloomsbury Group rezipiert wurden und dort auf Interesse, Unterstützung und Förderung stießen. Die Verbreitung der Psychoanalyse und die Akzeptanz Freuds in der englischen Gesellschaft hing somit zu einem bedeutenden Teil von der Einstellung der Bloomsbury Group gegenüber der Psychoanalyse ab.

Diese Tatsache und das Verhältnis der Bloomsbury Group zur Psychoanalyse waren bisher noch nicht Gegenstand intensiver Untersuchung. Im Folgenden soll deshalb die Auseinandersetzung Bloomsburys mit Freud und dessen Werk dargestellt werden, um die Bedeutung der Gruppe bei der Verbreitung der Psychoanalyse in England zu verdeutlichen.

II. Bloomsbury und Psychoanalyse

Das wechselseitig förderliche Verhältnis zwischen der Psychoanalyse und der Bloomsbury Group ist bisher sowohl von historischer, biographischer als auch von literaturwissenschaftlicher Seite weitestgehend ignoriert worden. Die tief greifende Wirkung der Bloomsbury Group auf das moderne Denken in England ist vielfach dargestellt worden, der Beitrag der Gruppe zur Einführung und Verbreitung der Psychoanalyse im Speziellen jedoch unterrepräsentiert geblieben. Die Forschung geht gemeinhin davon aus, dass die Rezeption der Freud'schen Theorien innerhalb Bloomsburys das allgemeine, dem Zeitgeist des beginnenden 20. Jahrhunderts entsprechende Maß nicht übertroffen hat.

Am Anfang meiner Ausführungen soll zunächst der Stand der Forschung nachgezeichnet werden, der das vorherrschende Bild des Verhältnisses von Bloomsbury und Psychoanalyse begründet. Dabei ist die Erörterung der Frage notwendig, wie eine solche Einschätzung zustande kam und auf welche Quellen sie sich stützt.

1. Der Stand der Forschung

Bloomsbury im Sog des Zeitgeistes des beginnenden 20. Jahrhunderts?

Außer dem erwähnten Auszug aus der Korrespondenz zwischen James Strachey und seiner Frau Alix, der in Deutschland unter dem Titel *Kultur und Psychoanalyse in Bloomsbury und Berlin* (1995)[129] veröffentlicht wurde, gibt es keine Publikation, die sich ausschließlich der wechselseitigen Beziehung von Bloomsbury und der Psychoanalyse widmet.

Diejenigen Werke, die die Bloomsbury Group zum Thema haben oder sich auf einzelne Mitglieder aus dem Kreis konzentrieren, sehen entweder gar keine Beziehung zu Freud und der Psychoanalyse und eine etwaige Prägung oder behandeln lediglich die äußeren Eckdaten der Verbindung, wenn sie die Psychoanalyse in Zusammenhang mit dem Kreis erwähnen. Zu Letzteren gehören neben der Übersetzertätigkeit von James Strachey vor allem die Herausgabe der Schriften Freuds durch die *Hogarth Press* der Woolfs. Ein maßgeblicher Einfluss wird dabei jedoch nicht konstatiert.

Meist wird die Meinung vertreten, in Bloomsbury habe keine stärkere Auseinandersetzung mit der Psychoanalyse existiert als in anderen Gruppierungen auch und sich das Interesse an und die Kenntnis der Psychoanalyse in dem durch den Zeitgeist Anfang des letzten Jahrhunderts abgesteckten Rahmen bewegt, zu dessen Prägung eben auch Freuds Schriften beigetragen hätten.

Studien, die die Verbreitung und die literarische Rezeption der Theorien Freuds im angelsächsischen Raum untersuchen, berücksichtigen die Bloomsbury Group und deren einzelne Mitglieder entweder gar nicht oder räumen ihnen lediglich marginale Rollen ein. Eine nennenswerte Bedeutung wird auch hier in keiner Weise festgestellt.

Reinald Hoops, der in seiner Studie *Der Einfluß der Psychoanalyse auf die englische Literatur* (1934)[130] lediglich Virginia Woolf aus dem Kreis von Bloomsbury behandelt, schließt eine Beeinflussung durch die Psychoanalyse aus: "Untersuchen wir ihre Romane nach der Möglichkeit eines Einflusses dieser Lehre [Psychoanalyse] auf den Inhalt und die Charakterzeichnung, so müssen wir feststellen, daß nicht die geringste Spur einer solchen Einwirkung zu erkennen ist."[131]

Er sieht die theoretische Möglichkeit, die Charaktere in *Night and Day* (1919) "a posteriori" psychoanalytisch zu erklären, schließt aber aus, dass diese aufgrund von psychoanalytischer Kenntnis dargestellt worden sind. Vielmehr konstatiert Hoops: "In den übrigen Romanen von Virginia Woolf, bis zu ihrem letzten, *The Waves* (1931), sind psychoanalytische Einflüsse noch viel weniger zu finden."[132]

In seiner viel zitierten, umfassenden Studie *Freudianism and the Literary Mind* (1957)[133] untersucht Frederick J. Hoffman den Einfluss der frühen Schriften Freuds auf die westliche Kultur und den Effekt auf die Kreativität einer Vielzahl von Schriftstellern in den Vereinigten Staaten und Großbritannien.

Bei der Analyse einzelner Autoren auf eine mögliche Prägung durch Freuds Schriften bleibt Bloomsbury jedoch unbeachtet. Es findet sich lediglich eine vage, kurze Referenz auf Virginia Woolf im Zusammenhang mit der Analyse von Autoren, die die "Stream-of-Consciousness"-Methode einsetzen: "Perhaps the technique of internal analysis comes closest in the fiction of Virginia Woolf to the margin of conscious attention."[134]

In dem Kapitel "The Problem of Influence" sucht Hoffman die Schwierigkeiten schematisch zu erfassen, die die Verbreitung der Psychoanalyse Anfang des 20. Jahrhunderts begleiteten, in einer Zeit, in der die Ausformung der endgültigen Terminologie der verschiedenen Inhalte noch nicht abgeschlossen war. Dabei wird ein möglicher Ort erwähnt, der Anlass zu einem Austausch über die Psychoanalyse gegeben haben könnte: "a tea at the Woolfs".[135] Auf die Tatsache, dass Leonard und Virginia Woolf als Kernmitglieder der Bloomsbury Group durch ihr verlegerisches Engagement großen Einfluss auf die Verbreitung der Psychoanalyse in England hatten, geht Hoffman nicht ein. Auch die Rolle James Stracheys bei der Frage der Übersetzung in diesem Zusammenhang bleibt außen vor. Die Bloomsbury Group spielt in seiner Untersuchung grundsätzlich keine Rolle.

Ernest Jones' Einfluss auf die Forschung zur Geschichte der Psychoanalyse

Die Tatsache, dass die Bloomsbury Group und deren Werk in der Forschung nicht mit der Person Sigmund Freuds in Verbindung gebracht wird, ist hauptsächlich auf Ernest Jones zurückzuführen, der als Hauptchronist der Geschichte der Psychoanalyse über viele Jahre in Deutschland und England die weitreichendste Rezeption erfahren hat und die Verbindungen zwischen Bloomsbury und der Entwicklung der Psychoanalyse in seiner Darstellung weitestgehend ignoriert.[136]

In seiner Biographie Freuds, die über lange Jahre für die Forschung richtungsweisend war und vielen Historikern und Biographen als Standardquelle diente, erwähnt Jones[137] weder die Bloomsbury Group als kulturelles Phänomen noch Leonard Woolf, dessen Verlag (*The Hogarth Press*) hauptverantwortlich für Druck und Distribution der *Collected Papers* (1924-1950) in fünf Bänden war und unter dessen verlegerischer Schirmherrschaft die *Standard Edition of the Complete Psychological Works of Sigmund Freud* (1953-1966) herausgebracht wurde. Noch heute gilt die *Standard Edition* trotz zahlreicher grundsätzlicher Kritik an einzelnen Übersetzungsansätzen als editorische Meisterleistung und diente der Neuauflage der *Gesammelten Werke* in Deutschland oftmals als Leitbild und direkte Vorlage.[138] Jones übergeht in seiner Darstellung die Komplexität der involvierten Vorgänge und Zusammenhänge und konstatiert verkürzt: "Nachher, im Jahre 1924, konnte das London Institute of Psychoanalysis ein befriedigendes Arrangement mit der *Hogarth Press* treffen, und seitdem publizieren sie gemeinsam."[139]

Eine solche defizitäre Darstellung legt die Vermutung nahe, dass Jones absichtlich Zusammenhänge ignorierte, um sich in der Meinung der Öffentlichkeit und Wertschätzung der Nachwelt jenen Platz zu sichern, der ihm zu der gegebenen Zeit gefährdet schien, wie es Meisel und Kendrick andeuten:

> Thanks only to James's absolute lack of administrative ambition, Jones continued to maintain the helm [after James' return from Vienna in 1922] until his death in 1958. Jones's envy of the privileges of membership in Bloomsbury and Freud's trust in James's ability to render him an English writer shows us the two distinct kinds of priority that James held in British psychoanalysis.[140]

Jones' Karriere innerhalb der psychoanalytischen Bewegung und sein Bestreben, sich als vorrangiger Wegbereiter der Psychoanalyse in England zu etablieren, begann nach seiner zweimonatigen Lehranalyse bei Sándor Ferenczi in Budapest. Er ließ sich als praktizierender Psychoanalytiker in London nieder und gründete im November 1913 die Londoner Psychoanalytische Vereinigung.[141]

Nachdem er diese selbst wieder aufgelöst hatte, gründete Jones 1919 die *British Psycho-Analytical Society* und begann sich für die Veröffentlichung der Freud'schen Schriften in Englisch einzusetzen. Erste Übersetzungen von Freud erschienen im *International Journal of Psycho-Analysis* (gegründet 1920) und der *International Psycho-Analytical Library* (gegründet 1921).

Die Forschung zur Geschichte der Psychoanalyse in England ist den von Jones vorgegebenen Bahnen gefolgt und sah bisher keine Notwendigkeit, die Rolle der Bloomsbury Group intensiver zu beleuchten, wie im Folgenden exemplarisch veranschaulicht werden soll.

In seiner um Jones zentrierten Darstellung der Entstehung und Entwicklung der *Britischen Psychoanalytischen Gesellschaft* erwähnt Gregorio Kohon, der "Historiker der britischen Psychoanalyse"[142], die Bemühungen der *Hogarth Press* ähnlich nebensächlich wie Jones selbst in einer Aufzählung von Initiativen, die Ernest Jones ins Leben gerufen hat.[143] Kohon konstatiert den Einfluss einer "powerful intellectual élite"[144] unter den ersten englischen Psychoanalytikern, zu denen er unter anderem auch die Bloomsbury Group zählt. Seine offensichtliche Geringschätzung dieses Einflusses macht er unter anderem durch die Erwähnung von Adrian Stephen und dessen Frau Karin deutlich, denen er einen laienhaften intellektuellen Hintergrund bescheinigt,[145] obwohl beide über eine medizinische Ausbildung verfügten, was in den führenden Kreisen der psychoanalytischen Bewegung immer wieder als Grundvoraussetzung für die Analytikerausbildung gefordert wurde.

Den gleichen laienhaften Eindruck versucht Kohon zu bestätigen, wenn er James Stracheys Ausführungen anlässlich des 50. Jubiläums der Britischen Psychoanalytischen Gesellschaft zitiert, in denen der zu diesem Zeitpunkt bereits renommierte und von engsten Vertrauten Freuds für seine Verdienste um die Psychoanalyse hoch geschätzte Übersetzer der Werke Freuds in Englische[146] über die Umstände berichtet, die ihn – auch ohne eine medizinische Ausbildung absolviert zu haben – in den Kreis der praktizierenden Psychoanalytiker geführt hatten: "[...] there I was, launched on the treatment of patients, with no experience, with no supervision, with nothing to help me but some two years of analysis with Freud."[147]

Ferner macht Kohon eine grundsätzlich feindliche Einstellung gegenüber der Psychoanalyse innerhalb der kulturellen Gruppe aus, zu der James zählte, der Bloomsbury Group, und sucht dies ausgerechnet an der Person Leonard Woolfs zu belegen. Dabei kommt ein Argument ins Spiel, das in der Auseinandersetzung mit dem Verhältnis von Bloomsbury und der Psychoanalyse innerhalb der Forschung oftmals herangezogen wird.[148] Nach Kohon habe Leonard Woolf nicht im Traum daran gedacht, seine Frau zu einem Psychoanalytiker zu bringen[149], und Virginia Woolf selbst sei nicht gewillt gewesen, psychoanalytische Hilfe in Anspruch zu nehmen. Im Kapitel "Virginia Woolf und die Psychoanalyse" wird auf die Hintergründe der Entscheidung der Woolfs, keine psychoanalytische Hilfe zur Behandlung Virginias in Anspruch zu nehmen, ausführlich eingegangen werden.

Edith Kurzweil folgt in ihrer Abhandlung über die Geschichte der Psychoanalyse in England[150] vor allem der auf Jones konzentrierten Darstellung Kohons, stellt jedoch heraus, dass es James Strachey war, auf den die Übersetzung und die Herausgabe der Freud'schen Schriften bei der *Hogarth Press* zurückzuführen ist.[151] In ihrem Kapitel "Literatur und Literaturwissenschaft" bleiben die Mitglieder der Bloomsbury Group in Bezug auf Freuds Auswirkungen auf die Literatur und die literarische Lebensbeschreibung jedoch unerwähnt.[152]

2. Die Rezeption der Psychoanalyse innerhalb der Gruppe

Im Folgenden soll dargestellt werden, dass die Psychoanalyse bereits geraume Zeit unabhängig von Jones' Aktivitäten einem Teil der britischen Gesellschaft, zu dem auch Bloomsbury gehörte, bekannt war. Es soll gezeigt werden, wie die Psychoanalyse Einzug in das Bewusstsein der Gruppe gefunden hat und wie stark sie deren tägliches Leben prägte.

Dabei soll deutlich werden, dass das Maß der Auseinandersetzung mit der Psychoanalyse innerhalb der Gruppe (und die Präsenz Freuds in den Gesprächen und Gedanken der einzelnen Mitglieder), das des intellektuellen Umfeldes, des "Zeitgeistes", bei weitem übertroffen hat. Eine Untersuchung der autobiographischen Schriften und der Briefwechsel liefert der Darstellung ausreichend Material, um einen Bereich zu beleuchten, der bisher in der Bloomsbury-Forschung vernachlässigt wurde.

Der Fokus der Ausführungen liegt dabei auf dem näheren Umfeld von Virginia Woolf und Lytton Strachey, dessen Werk im weiteren Verlauf Gegenstand der Untersuchung sein wird.

Erste Berührungspunkte: The Society for Psychical Research

James Strachey studierte ab Herbst 1905 – wie Lytton vor ihm – am *Trinity College Cambridge* und folgte in groben Zügen den Fußstapfen, die ihm durch den Werdegang seines Bruders vorgegeben waren. Er bezog dessen ehemalige Räumlichkeiten und wurde bereits im Februar 1906 in den Kreis der *Apostles* berufen. Die tiefe Verbundenheit zwischen den Geschwistern wurde auch durch die erneute örtliche Trennung nicht untergraben, wie ihr reger Briefwechsel in diesen Jahren beweist.[153]

Anders als sein großer Bruder fiel James in Cambridge weniger durch seine charismatische Aura und geistreichen Beiträge auf als vielmehr durch sein Interesse für Bereiche, die außerhalb des Lehrplans lagen. Lytton, der dies erkannt hatte, riet seinem Bruder, Deutsch zu lernen, weil es ihm später nützlich sein könnte.[154] Wie gut dieser Ratschlag war, konnten wahrscheinlich beide zu diesem Zeitpunkt noch nicht absehen. Strachey entwickelte bereits früh einen ausgebildeten Sinn für das Theater, das Ballett und vor allem für die Musik, ein Umstand, der es ihm ermöglichte, nach seinem Studium wie sein Bruder Lytton Rezensionen für den *Spectator* zu schreiben.[155]

Für den *Spectator* war ebenfalls F.W.H. Myers tätig, der als einer der Ersten in England die Publikationen Freuds zur Kenntnis nahm und im Rahmen einer Tagung der *Society for Psychical Research (S.P.R.)* über die "Vorläufige Mitteilung"[156] von Freud und Breuer berichtete, die drei Monate zuvor im *Neurologischen Centralblatt* (Januar 1893) veröffentlicht wurde. Der Beitrag Myers' ist im Sitzungsbericht der *Society* vom Juni 1893 abgedruckt worden.[157]

James Stracheys Interesse an der Psychoanalyse wurde zunächst durch einen Vortrag über Breuers und Freuds "Studien über Hysterie" geweckt, der in F.W.H. Myers' posthum veröffentlichten *Human Personality* (1903)[158] publiziert wurde.[159]

Die *Society for Psychical Research* war auch in Cambridge aktiv und wurde von Arthur Woolgar Verrall geleitet, der zur gleichen Zeit wie Myers zu den *Apostles* zählte. Verrall war neben G.E. Moore einer der einflussreichsten unter den Gelehrten der *Cambridge Uni-*

versity, die auf die junge Generation Anfang des letzten Jahrhunderts Eindruck machten. Zu ihren Hörern zählten Lytton Strachey, Leonard Woolf, John Maynard Keynes und James Strachey.[160]

Leonard Woolf schreibt über seine Verbindung zur *S.P.R.* in einem Brief an Miss White vom 14. April 1967: "I knew intimately Mrs. Verrall and her daughter Helen, who was secretary of the Psychical Research Society and have talked for hours with them about psychical research. […] Of course I agree that the conclusions of [Frederic] Myers, [Sir Oliver] Lodge &c have to be considered and I have considered them and read their books."[161]

Auch Lytton Strachey war mit den Inhalten und Tätigkeiten der *S.P.R.* vertraut. Er las die Werke des ehemaligen Präsidenten der *Society*, Henry Sidgwick,[162] und tauschte sich mit seinem Bruder James über deren Publikationen aus. Am 10. Juli 1908 schreibt James an Lytton: " I spend these days […] in reading the extraordinary narrative just published in the S.P.R. Proceedings of Mrs. Holland and Mrs. V[errall]. They say that very soon the most remarkable of all – Mrs. V[errall] and Mrs. Piper – will come out.[163]

James vergleicht Freud in einem Brief an Lytton mit Verrall, wobei G.E. Moore unübersehbar mitschwingt: "The Prof himself is most affable and as an artistic performer dazzling. He has a good deal rather like Verrall in the way his mind works. Almost every hour is made into an organic aesthetic whole."[164] Verrals Nichte, Joan Riviere, war eine der ersten Übersetzerinnen von Freuds frühen Schriften und wurde später Psychoanalytikerin. James und sie arbeiteten bei verschiedenen Gelegenheiten zusammen.

1910 verfasste Strachey im Auftrag seines Cousins St. Loe für den *Spectator* einen Beitrag, der einen Überblick über die Tätigkeiten der *Society for Psychical Research* liefern sollte.[165] Sein Interesse für psychologische Fragen war ungebrochen, er trat der Gesellschaft bei und galt bald im Kreise seiner Freunde als notorisch "psychologisiert", wie ein Brief von James an John Maynard Keynes vom 17. Juli 1912 belegt:

Dear Maynard,

It's very nice of you to ask me. Do you really think I'd better come, though? It might make your party psychological – which is always a thing to be avoided. And I' ld be very sorry if it were at all uneasy ... Of course I' ld do my best to behave, but I'm not always good at that sort of business. [...] [166]

1912 wurde Freud zum Ehrenmitglied der *Society for Psychical Research* gewählt und gebeten einen Beitrag zu deren *Proceedings* zu verfassen. Freud nutzte die Gelegenheit, um seinem Wunsch, die Psychoanalyse auch in anderen Ländern zu etablieren, ein Stück näher zu kommen und schrieb eine Abhandlung in englischer Sprache über das Unbewusste mit dem Titel "A Note on the Unconscious in Psychoanalysis".[167] In einem unveröffentlichten Brief vom 12. Februar 1912 an Ernest Jones schreibt Freud, er habe versucht "to explain our point of view to English readers in English words".[168]

Spätestens dieser Aufsatz hatte James Stracheys Interesse für die Psychoanalyse entflammt und er begann sich intensiv mit der neuen Wissenschaft auseinander zu setzen. In einem unveröffentlichten Brief an Ernest Jones vom 18. Juli 1945 schreibt James: "It was the first thing of his [Freud's] I ever read. It was because of it that I got hold of your *Papers on Psychoanalysis*."[169] Er begann die bis dato auf Englisch übersetzten Schriften Freuds zu lesen, und während er weiter für den *Spectator* arbeitete, um seinen Lebensunterhalt zu finanzieren, reifte in ihm der Entschluss, die Psychoanalyse zu seinem Berufsziel zu machen.

Auch andere Mitglieder der Bloomsbury Group, deren Interesse an Freuds Schriften über James oder direkt durch die *Society* geweckt wurde, setzten sich mit der Psychoanalyse auseinander. In seiner Autobiographie bemerkt Leonard Woolf dazu: "In the decade before 1924 in the so-called Bloomsbury circle there was great interest in Freud and psycho-analysis, and the interest was extremely serious."[170] Leonard Woolf selbst las Freuds *Traumdeutung* (1900) und Freuds frühe "pathological writings" und rezensierte 1914 die in der autorisierten Übersetzung von A.A. Brill erschienene *Psychopathologie des Alltagslebens* für das Magazin *New Weekly*.[171] Dies war die erste Veröffentlichung zu Freud in einem nicht medizinischen englischen Magazin.

In seiner Rezension preist Woolf einerseits den profunden Wahrheitsgehalt der wissenschaftlichen Erkenntnisse und Theorien Freuds und andererseits seine Imaginationskraft und Darstellungsweise, die man gewöhnlich eher bei einem Dichter oder Schriftsteller anzutreffen vermute als bei einem Wissenschaftler und Mediziner. Woolf stellt fest, dass den Werken Freuds eine gemeinsame Art der Interpretation und Darstellungsweise zu Grunde liege. Freuds Stil und Vorgehensweise in *Psychopathology of Everyday Life* (1914) sowie deren immanenten Erkenntnisse begegneten dem Leser bereits in Freuds *Traumdeutung* (1900).

Auch Roger Fry setzte sich mit den Ausführungen Freuds und deren Anwendbarkeit auf die Kunstwissenschaft auseinander. Sein Vortrag *The Artist and Psycho-Analysis*, den er vor der *British Psychological Society* hielt, wurde 1924 in der *Hogarth Press* veröffentlicht.[172]

Virginia Woolf zeigte sich über die Ausführungen Frys begeistert:

> My dear Roger, I have just finished your pamphlet [The Artist and Psycho-Analysis], so I must write off at once and say how it fills me with admiration and stirs up in me, as you alone do, all sorts of bats and tadpoles – ideas, I mean, which have clung to my roof and lodged in my mind, and now I'm all alive with pleasure. At the same time, I'm much annoyed about Clive.[173] The truth is, one forgets Clive so quickly even at his most vivacious, that though I read him in the Nation, he has left no impression on me – except as a mere snap shot of your argument; and I don't think for a moment any reader of yours will confuse the two.[174]

Die Psychoanalyse hält Einzug in den Diskurskanon von Bloomsbury

Seit spätestens 1912 hielt Sigmund Freud Einzug in die Gespräche der Bloomsbury Group, und die Psychoanalyse begann einen festen Platz in ihrem Erfahrungshorizont einzunehmen. Die Auseinandersetzung mit der Psychoanalyse wurde Bestandteil jenes Kanons an Gesprächsthemen, der in ihrem täglichen Austausch präsent war. Dadurch finden sich in der Korrespondenz zwischen den Bloomsberries immer wieder Referenzen auf Freud, die auch belegen, dass dieses Interesse nach außen getragen wurde. Dora Carrington, zum Beispiel, schreibt an Lytton Strachey: "On Saturday night I alarmed them [Howard Hannay and his wife] considerably by starting a conversation on Freud, and the complexes of children. Howard admitted he was very interested in the theories of Freud but knew if he once started reading those sort of books it would become an obsession with him."[175]

Die Psychoanalyse begann zu dieser Zeit das Interesse einer breiteren Bevölkerungsschicht zu wecken, und es gründeten sich verschiedene Gesellschaften, die sich in unterschiedlichster Weise mit der Psychoanalyse und Sexualität im weitesten Sinne auseinander setzten. Auch Bloomsbury nahm die Möglichkeit war, die Psychoanalyse in einem anderen Rahmen als dem geschlossenen Kreis zu diskutieren. Am 21. Januar 1918 berichtete Lytton Virginia von einer Sitzung der *British Society for the Study of Sex and Psychology*, die 1914 gegründet wurde, und hielt sie in ihrem Tagebuch fest: "50 people of both sexes & various ages discussed without shame such questions as [...] incest – Incest between parent and child when they were both unconscious of it, was their main theme, derived from Freud. I think of becoming a member."[176]

Neben der Mitgliedschaft in der oben erwähnten *Society* nahm James Strachey an den unterschiedlichsten Diskussionskreisen zum Thema teil und hielt selbst Vorträge. Ende April 1918 informierte er Lytton: "On April 30th I open a discussion before the Education Group of the 1917 Club[177] on Sex Education."[178] Lytton sendete James postwendend ein eigens ausgearbeitetes Konzept zur Examinierung verschiedener Altersgruppen in Sexualkunde, das James als Anregung oder Diskussionsgrundlage dienen sollte: "I enclose some special Examination Papers for Schools in which Sex Education forms part of the Curriculum. Perhaps your study circle would find them helpful – or at any rate suggestive."[179]

Zu dieser Zeit war der Bereich der Sexualität im Bewusstsein der gebildeten Schichten bereits fest mit den wissenschaftlichen Erkenntnissen Sigmund Freuds verbunden. Dass auch Lytton sich mit dem Phänomen der Psychoanalyse auseinander setzte und es seiner Meinung nach in einer Abschlussprüfung zu Sexualkunde nicht fehlen durfte, zeigen Auszüge seines humorvollen Prüfungskatalogs. In Abschnitt III entwickelte er für fortgeschrittene Schüler unter anderem die folgenden Prüfungsaufgaben:

[...]

3. Elucidate, on the basis of Dr. Freud's teaching –
The Conversion of St Paul
The Channel Tunnel project.
The European War
The growing popularity of tooth-picks in the United States.

[...]

5. What evidence of inversion can you point to in the works of
either Sophocles,
or Rupert Brooke?

6. Subjects for an Essay. (One only to be chosen.)
Anus v. Vagina
The Influence of the Stool upon Social Institutions.
The Pleasures of a Single Life.
Dr. Freud analysed by himself.[180]

Von der Theorie zur Praxis: Ausbildung zu Psychoanalytikern

Im November 1918 schreibt Virginia Woolf in ihr Tagebuch über einen weiteren Vortrag James Stracheys: "James billed at the 17 Club to lecture on 'Onanism', proposes to earn his living as an exponent of Freud in Harley Street."[181] James' Entschluss, Psychoanalytiker zu werden, stand fest, und auf Anraten von Ernest Jones begann er zunächst ein Medizinstudium, das er jedoch bereits nach drei Wochen abbrach. Strachey suchte den direkten Kontakt zur psychoanalytischen Praxis und hatte sich in den Kopf gesetzt, bei Freud persönlich in Analyse zu gehen. Erneut versuchte er den Kontakt über Ernest Jones herzustellen. Jones antwortete auf Stracheys Anfrage am 19. Mai 1920:

Dear Mr Strachey:
I have just heard from Professor Freud and am sorry to say that he is quite unable to take anyone fresh before the beginning of next October.

The man I would next best recommend in the circumstances would be Dr Hanns Sachs, Neptunstrasse 20, Zurich VII, who is really excellent; his fees would be Fr. 20, and I know he has a vacancy at present.
yours very sincerely

Ernest Jones [182]

Damit konnte sich James jedoch nicht zufrieden geben, denn sein erklärtes Ziel war es, eine Lehranalyse zu absolvieren, wie sie Freud durchführte und die nicht in erster Linie darauf abzielte, psychische Blockaden zu ergründen und zu beheben, sondern eine Ausbildung zum Psychoanalytiker darstellte. Deshalb wendete er sich erneut an Jones, um seinem Anliegen Nachdruck zu verleihen. Jones antwortete schließlich am 28. Mai 1920:

Dear Mr Strachey:
It would be much better for you to write to Professor Freud yourself (Wien IX, Berggasse 19). He will know you by the account I gave. If you will allow me to make a suggestion I would recommend that you ask him if he could take you at one guinea (for I understand that funds would not last for a full analysis at two guineas) and if he cannot, then decide on Dr Sachs, who is exceedingly good. [...] [183]

Am 31. Mai 1920 wendet sich Strachey direkt an Freud, um seinem Anliegen Ausdruck zu verleihen. In den *Strachey Papers* der *British Library* ist sein Entwurf des Briefes an Freud erhalten:

Dear Sir,

I believe that Dr Ernest Jones has mentioned to you that I am anxious if possible to arrange to go to Vienna to be analysed by you. He will, I expect, have explained that my object in doing so is to try to obtain the essential empirical basis for such theoretical knowledge of psychoanalysis as I have been able to derive from reading. For this purpose I should be prepared to remain in Vienna for at least a year. I understand from Dr Jones that you will not in any case have a vacancy until the autumn; but I am venturing to write to you on his advice to enquire whether you will then be willing to take me. I fear however that the financial question may prove an obstacle. In face of the possibility and (from my point of view) the desirability of a prolonged analysis, my situation would not, I am afraid, allow me to afford a fee of more than one guinea an hour in English currency.

I do not know whether a satisfactory arrangement would in these circumstances be possible; but I must add the expression of a desire, which it would not be easy to exaggerate, that I may be fortunate enough to obtain the benefits of your personal teaching in psychoanalysis.

Yours faithfully,
James Strachey [184]

Am 4. Juni 1920 antwortete Freud:

Dear Mr Strachey
I am not sure if you know and read German, therefore I will try my best English however bad it be.
It is true I have no vacancy before autumn. Nor would it prove desirable to begin an analysis which had to be broken off a few weeks later. The obstacle you mention so frankly is not an absolute one. In fact, it would not have existed at all before the war. But now you know, things have changed much for the worse, I have become very poor and must work hard to make the two ends still meet. So I would not accept a patient for the fee of one guinea, but the case of a man who wants to be a pupil and to become an analyst is above these considerations. As long as the English pound continues to be equivalent to 600 Kr or about to, I am ready to take you as you propose and I am glad you are allowing yourself so spacious a term for the work as most people who want analysis do sin against this postulate.
Pray do not forget to apply again at the end of Sept when I come back to Vienna.
Sincerely yours
Freud [185]

Aus verschiedenen Gründen war Freud zu jener Zeit sofort bereit, ausländische Patienten anzunehmen, und antwortete Strachey postwendend. Die Auswirkungen der miserablen wirtschaftlichen Situation nach dem Ersten Weltkrieg hatte auch die Familie Freud nicht verschont. Sigmund Freud befand sich in der Lage als Alleinverdiener, der die gesamte Familie unterhalten musste. Im Sommer 1919 schrieb Freud an Jones:

[I am] sending away all I can spare to my children at Hamburg, bereft of their subsistence by the war. Of my boys only Oli, the engineer, has found some work for a time, Ernest is working at Munich for no salary and Martin whom we expect back in a few weeks, would find himself on the street despite his many medals and decorations, if he had not an old father still at work.[186]

Freud war auf Patienten angewiesen, die in harter Währung zahlen konnten, und bevorzugte diese gegenüber "Mittelmächte-Patienten".[187] An Leonard Blumgart, einen New Yorker Arzt, der 1921 eine Lehranalyse bei Freud absolvieren wollte, schrieb er, er berechne "10 Dollar für die Stunde (in effektiven Dollar, nicht Scheck)".[188] Die Banknoten verlange er deshalb, erklärte er dem amerikanischen Psychiater und Anthropologen Abraham Kardiner, der sich zu dieser Zeit bei ihm in Analyse befand, weil er Schecks nur gegen Kronen einlösen könne.[189]

Aber die bevorzugte Annahme von Patienten aus England und Amerika hatte noch andere Gründe. Freud war sehr daran interessiert, einerseits sein Englisch zu verbessern und andererseits Kontakte zu Menschen zu knüpfen, die die Psychoanalyse im englischsprachigen Raum verbreiten konnten. Die Annahme Stracheys als Analysand sollte sich in dieser Hinsicht durchaus lohnen, wie im weiteren Verlauf gezeigt werden soll.

Die Hauptsprache in Freuds Praxis wechselte zu jener Zeit von Deutsch zu Englisch, und Freud konnte seine bereits guten Englischkenntnisse weiter verbessern. Die Briefe an Strachey und Jones, zum Beispiel, bezeugen seinen sicheren Umgang mit der fremden Sprache und zeigen ein hohes Maß an Stilgefühl, Idiomatik und Vokabular. Trotzdem war er mit seiner Sprachkenntnis nicht zufrieden, wie aus einem Brief an seinen Neffen im Juli 1921 hervorgeht: "Ich höre täglich, und spreche 4-5 Stunden mit Engländern, aber ich werde nie ihre verd... Sprache korrekt erlernen."[190]

Zur Zeit seiner Korrespondenz mit Freud lebte James bereits ein Jahr zusammen mit Alix Sargant-Florence am *41 Gordon Square* in *Bloomsbury*. Die beiden verband über ihre Liebe hinaus die Begeisterung für die Psychoanalyse, und sie beschlossen, gemeinsam nach Wien zu gehen. Auch Alix' Bekanntschaft mit den Schriften Freuds geht auf ihre Studienzeit in Cambridge zurück, wie ihr Bruder bekundet, der zur gleichen Zeit in Cambridge Wirtschaftswissenschaften studierte.[191] James und Alix heirateten im Juni 1920 und bereiteten sich auf ihren Aufenthalt in Wien vor, wo sie sich im September 1920 niederließen. Wie vereinbart, meldete sich Strachey bei Freud Ende September und bekam folgende Bestätigung:

Dear Mr Strachey
I have just come back from abroad and found your letter of the 25th Sept. If you will call on me Monday Oct 4th 11 o'clock we could begin at once.
Yours sincerely
Freud [192]

Von der Praxis zur Theorie: Austausch innerhalb der Gruppe über Ausbildung und Inhalt der Psychoanalyse

Der Aufenthalt der Stracheys in Wien und ihre Therapie und Ausbildung zu Psychoanalytikern sorgte im Kreis der Bloomsbury-Freunde für eine Intensivierung des Austauschs über die Psycho-analyse. James' zahlreiche Briefe aus Wien dienten Bloomsbury als erschöpfende Informationsquelle. Bereits kurz nach Aufnahme der Sitzungen bei Freud gibt James Lytton einen ausführlichen Bericht über den Verlauf der Analysestunden und geht auch auf die Umstände ein, die dazu führten, dass auch Alix von Freud analysiert wurde:

[…] Did you hear the whole story of Atty [Alix Strachey]? How she re-developed her palpitation attacks at a performance of Götterdämmerung, and subsequently couldn't face theatres or concerts without awful qualms? At last I poured it all out to the Prof., who said he'ld like to "sondieren" her case, as he had an hour free for 2 or 3 weeks, & would then if advisable send her on to someone else.
After a certain number of hours he became fascinated, partly by her case, & partly by the effect of the actions & re-actions caused by his taking both of us at once. (He had in fact begun by thinking it almost a technical impossibility.) Unluckily he then became full up, so he had to drop her for the time; but he appears most unwilling to hand her over, and expects to be able to take her on again shortly.
Meanwhile we've been given one or two short articles written by miscellaneous people to translate into English – with such success that the Prof. has now promised to hand over to us a new & important paper of his own, not yet published in German. We've also been invited to attend the meetings of the Wiener Psychoanalytische Vereinigung – so we seem fairly well launched. […] [193]

James' Bericht zeigt, dass die Stracheys schon nach sieben Wochen in der psychoanalytischen Szene in Wien Fuß gefasst hatten und bereits das Vertrauen Freuds genossen, was ihre übersetzerischen Fähigkeiten anbelangte. Die Lehranalyse von Alix wurde später von Freud persönlich wieder aufgenommen, fand jedoch letztendlich keinen gebührenden Abschluss, da Alix im Februar 1922 schwer an Rippenfellentzündung erkrankte und ihre Sitzungen mit Freud aufgeben musste, um sich auszukurieren.

James' Frage in der Einleitung zur "Götterdämmerungs-Episode", ob Lytton bereits die ganze Geschichte von Alix gehört habe, zeigt deutlich, dass es James bewusst war, inwieweit alle Neuigkeiten über ihren Aufenthalt in Wien bzw. hinsichtlich der Psychoanalyse im Kreis der Bloomsbury Group Verbreitung fanden. Besonders durch die enge Verbindung von Alix und Carrington konnte James davon ausgehen, dass Lytton bereits über die Geschichte informiert war.

Alix und Carrington lernten sich an der *Slade School of Fine Arts* in London kennen, wo Alix auf Wunsch ihrer Mutter, der Malerin Mary Sargant-Florence, begonnen hatte, Kunst zu studieren, bevor sie sich in Cambridge dem Studium moderner Sprachen widmete. Die beiden gehörten zu jener Gruppe junger Damen, die sich entgegen der damaligen Konventionen eine Kurzhaarfrisur zulegten und im *1917 Club* verkehrten. Alix und Carrington verband eine lebenslange enge Freundschaft, die in Zeiten der örtlichen Trennung durch ein hohes Maß an Korrespondenz aufrechterhalten wurde.

Auch während Alix' Aufenthalt in Wien standen die beiden in intensivem Briefkontakt, und Carrington nahm rege Anteil an den Geschehnissen rund um die Psychoanalyse. Sie interessierte sich sehr für diese neue Wissenschaft und hielt auch Lytton ständig auf dem Laufenden. Sie gaben einander die Briefe von Alix und James zu lesen oder unterrichteten sich gegenseitig ausführlich über deren Inhalt. Die folgenden Auszüge sollen als Veranschaulichung ihres regen Austauschs über alles, was die Psychoanalyse in Wien betraf, dienen. Am 3. November 1920 schreibt Carrington an Lytton: "A long letter from Alix which I'll send on to you tonight."[194] Und in dem folgenden Brief heißt es: "Here is Alix's letter for you. How industrious their life sounds."[195] Umgekehrt schreibt Lytton am 17. November 1920 an Carrington: "A letter has come from James, painting life at Vienna in the most roseate hues. Also other interesting information – chiefly about the Doctor [Freud]."[196]

Man muss davon ausgehen, dass Carrington Lytton auch über die inhaltliche Auseinandersetzung mit der Psychoanalyse unterrichtete, die einen zunehmenden Platz in der Korrespondenz zwischen Alix und Carrington einnahm. Bereits im Oktober 1920 beschreibt Carrington Alix einen Fall aus dem gemeinsamen Bekanntenkreis und bittet sie, diesen mit Freud zu diskutieren und eine Art Ferndiagnose zu stellen:

> I went to tea with Faith last week. You know it really is awful about Gee. I had no idea it was so bad. Shall I give you the case – Really if Freud could throw any light on the subject I think it would be a great relief to Faith who is terribly upset & depressed by it. I will try to give you a lucid account of what happened. You know Gee, she was ordinarily very dull & methodical. She has had to have a nurse night and day as she was so wild. Every they was removed [sic] [Every time she was removed] from the room, she constantly lathed [?] of "Saxon". Sometimes of being "neuter" & apparently in a temper with no control. She occasionally has lucid intervals now. About ½ hr to 2 hrs in the day, & sleeps & eats better. But otherwise she is much the same. She is very upset when she does become sane, & miserable at her state. Their doctor puts it down as Dementia Praecox, & suggests sending her to Bethleham asylm [sic]. But Mrs Bagenal is very reluctant to send her away, in case she is ill treated in the home. She is at present being treated [by] a Christian Science woman with suggestion, as Gee herself is a C.S. also Mrs Bagenal. The important thing is obviously her lack of any sexual development. The doctors have a theory, she has no ovaries. But this hasn't be[en] ratified yet.
>
> Perhaps if Freud would give an opinion you might write to Faith & procure a fee for his advice. In any case it might interest him. She is of course too mad to be treated by Jones or anyone here. Faith seemed terribly upset by it. I have just come up from Tidmarsh. I spent the weekend alone with Lytton there. He read Victoria to me. Its [sic] very good.
>
> [...] Do I understand you to say you also are under the great Doctor's thumb?[197]

An Lytton schreibt sie daraufhin: "But I have not told you about yesterday, have I, perhaps it's all dull ... I went to Lia with Faith. She is dreadfully upset about her sister Gee going mad. It did apall [sic] me also. Faith seemed quite broken by the horror of it. She has lucid moments very seldom, & they fear for her recovery. […]"[198]

Carringtons Brief an Alix zeigt auch deutlich die Einschätzung des Bloomsbury-Kreises gegenüber Ernest Jones. Offensichtlich schätzt Carrington Jones als nicht kompetent genug ein, schwierige Fälle der in dem Brief beschriebenen Art zu behandeln. Es liegt nahe zu vermuten, dass Jones dieses Vertrauensdefizit gespürt hat, was seine beschriebene Abneigung der Gruppe gegenüber nur bestärkt haben mag.

Die Diskussion über aus psychoanalytischer Sicht interessante Fälle bildete offensichtlich einen Teil der Auseinandersetzung mit Freuds Wissenschaft innerhalb der Bloomsbury Group. Carrington berichtete Alix immer wieder in ihren Briefen über solche "Krankengeschichten", auch zu der Zeit, als sich Alix in Berlin zur neuerlichen Analyse, diesmal durch Karl Abraham befand:

> [...] Brett came to tea yesterday. She is interesting. From your Freud point of view. She has just been (Do not repeat it as she is very sensitive about it) to a Doctor because she slept so badly & was rather 'unnerved' & felt she had an obsession about the horror of copulation. He examined her, & found her vagina was very inflamed. Simply xxxx [unleserlich] maintained through nerves & also because secretions which ought to have passed away got glued to the wall of the vagina. So he has given her a douch[e] to sinrige [sic] with to clean the inside, & also Brett said to get her accustomed to the idea of intercourse as he especially said: "a xxxx [unleserlich] with a large nozzell [nozzle]." That amused Brett very much. But do you know the difference in her was quite immense. She already could talk quite calmly about it, & with humour, & seemed very relieved that she has faced it. [...] [199]

Carringtons Interesse an Alix und ihren Erfahrungen mit der Psychoanalyse ist sehr groß. Die Briefe während der Zeit, in der sie örtlich getrennt sind, bezeugen dies. Im September 1924, kurz nach Alix' Abreise nach Berlin, schreibt Carrington: "In a few days James will be with us and you engulfed in the upholstery of Dr Abraham's couch. [...] Tell me what is Dr Abraham like?"[200]

Carrington gewann großes Vertrauen in die Kenntnisse und Fähigkeiten von Alix im psychoanalytischen Bereich. Sie bewunderte Alix für das Interesse an ihrer Arbeit und ihre Konzentration auf diese[201] und beschreibt sie gegenüber Lytton als eine Frau mit dem Potential einer Madame Curie.[202]

Aber auch Carrington eignete sich im Laufe der Jahre und nicht zuletzt durch die Korrespondenz und Gespräche mit Alix sowie Adrian und Karin Stephen einiges Wissen über die Psychoanalyse an. Dieses versuchte sie in ihren zahlreichen Selbstanalysen in Bezug auf ihre vermeintliche Beziehungsunfähigkeit anzuwenden. Zunächst blieben ihre Ansätze im Bereich des Hypothetischen und Spielerischen: "Alix would say I've a complex about you."[203] Doch schon bald erhärteten sich ihre Vermutungen, unterstützt durch die zunehmende

Vertrautheit mit der Psychoanalyse: "I see my complexes only bring out your worst features. [...] Gerald, I think I am unfitted as a human being to have a relation with anyone. Sometimes I think my obsessions and fancies border on insanity. As I haven't 2 gns [guineas] a day to spare to be analysed I had better put up with my complexes alone, by myself. In any case I think *you* are too decent a human being to be dragged into my mire."[204]

Carrington ist von der Wirksamkeit der Psychoanalyse als Analyse- und Behandlungsmethode überzeugt und rät auch ihren Freunden gegebenenfalls, diese Hilfe in Anspruch zu nehmen. James berichtet an Alix: "Tommy [Stephen Tomlin] is in a terrible state, and Carrington is sending him to me for analysis – [...]"[205]

Wie gut Carrington über die Vorgänge und Hintergründe rund um den Aufenthalt von Alix und James in Wien und deren Analyse bzw. Ausbildung zu Psychoanalytikern informiert war, zeigt dabei ein Detail aus dem oben zitierten Brief. Sie gibt den Anfang der 1920er Jahre üblichen Preis einer Behandlungsstunde bei Sigmund Freud mit zwei Guineas an, so wie ihn Ernest Jones in dem oben zitierten Brief an James Strachey beziffert hat.[206]

Auch die Elterngeneration schien sich über die Aktivitäten und das Interesse der Jüngeren an Psychologie im Allgemeinen und Psychoanalyse im Speziellen nicht zu wundern. Diskussionen über Psychologisches schienen auf der Tagesordnung zu stehen, so dass Lytton 1921 ohne größere Erklärung an seine Mutter schreibt: "James writes asking for the "exact date" of Andrew's (Rendel) birth – for psychic purposes. Could you send it to him?"[207]

Zur gleichen Zeit wie James und Alix entschlossen sich auch Adrian Stephen, Virginias jüngerer Bruder, und seine Frau Karin Psychoanalytiker zu werden. Adrian brach sein Studium des mittelalterlichen Rechts ab und schlug zusammen mit Karin den "klassischen" psychoanalytischen Ausbildungsweg ein. Sie studierten Humanmedizin am *University College Hospital* in London von 1919 bis 1926 und absolvierten eine studienbegleitende Kontrollanalyse. Adrian und Karin waren Analysanden bei James Glover, dem älteren Bruder von Edward Glover, bis zu dessen Tod 1926.

Auch dieser Ausbildungsprozess und die spätere Praxis der beiden Stephens bewirkte, dass die theoretische Auseinandersetzung mit der

Psychoanalyse und deren tägliche Anwendung das Bewusstsein der einzelnen Mitglieder der Bloomsbury Group prägte. Im November 1920 berichtet Carrington an Lytton:

At eight o'ck we [Ralph and Carrington] went into Karin's. We started at once discussing Psycho-analysis & the topic never varied once! Ralph got on very well with them. Adrian is certainly less grim than he used to be whether it's the result of P.A. [Psycho-Analysis] or not I don't know. They both swear Mr Glover (The doctor who anylises [sic] them. PS. I have a complex about spelling this Word.)[208] has improved their characters enormously, their memories, & their spirits. I almost believed them. [...] [209]

Virginia Woolf stand der Psychoanalyse-Ausbildung ihres Bruders zunächst negativ gegenüber. Sie glaubte nicht, dass Adrian und seine Frau Karin das medizinische Studium durchhalten würden, um dann im Alter von 35 und 41 Jahren eine psychoanalytische Praxis zu eröffnen: "Halfway through, I suppose, something will it all make impossible [...]."[210]

Doch ihr Interesse an der Analyse ihres Bruders nahm mit der Zeit zu, zumal sie sich bald selbst als Teil jener Vergangenheit erlebte, die er aufarbeiten musste. Dass ein Teil ihrer Abneigung der neuen Wissenschaft gegenüber sich aus der Angst begründete, eigenes Verhalten in der Vergangenheit als schuldhaft anerkennen zu müssen, zeigt der folgende Eintrag ihres Tagebuchs:

Adrian is altogether broken up by psycho-analysis. His soul rent in pieces with a view to reconstruction. The doctor says he is a tragedy: & this tragedy consists in the fact that he can't enjoy life with zest. I am probably responsible. I should have paired with him, instead of hanging on to the elders. So he wilted, pale, under a stone of vivacious brothers & sisters. […] Had mother lived, or father been screened off – well it puts it too high to call it a tragedy. […] For my part, I doubt if family life has all the power of evil attributed to it, or psycho-analysis of good.[211]

Doch entgegen späterer Aussagen hatte sich auch Virginia Woolf zu jener Zeit bereits ausreichend mit der Psychoanalyse auseinander gesetzt und ließ diese Kenntnisse in ihre unermüdliche Arbeit als Rezensentin neuer Bücher einfließen. In ihrer "Freudian Fiction" betitelten Kritik[212] von J.D. Beresfords Roman *An Imperfect Mother* (1920)[213] befasst sich Woolf mit der Anwendung der Kenntnisse der "new psychology" durch die schreibende Zunft. Sie beanstandet, dass Beresford die Freud'sche Psychoanalyse zu offensichtlich einsetze, um das Verhalten seiner Charaktere zu erklären: "all characters have become cases".[214] Sie kritisiert, dass Beresford die Psychoanalyse als Schlüsselpatent verwende, wobei die Darstellung in ihrer vermeintlich diagnostischen Klarheit die Inhalte eher vereinfache als bereichere.

3. Praktische Förderung der Psychoanalyse durch Bloomsbury

Die Übersetzertätigkeit von James und Alix Strachey

Bei dem im oben zitierten Brief erwähnten ersten Aufsatz, den James und Alix von Freud zur Übersetzung bekamen, handelte es sich um die Studie "Ein Kind wird geschlagen" von 1919. Die Übersetzung erschien zunächst im *International Journal of Psycho-Analysis*.[215] Im Anschluss erhielt James den Auftrag, zusätzlich die *Massenpsychologie und Ich-Analyse* (1921)[216] ins Englische zu übertragen. Freud war mit dem Ergebnis so zufrieden, dass er daraufhin die Stracheys bevollmächtigte, seine fünf zentralen Fallgeschichten zu übersetzten: eine Arbeit, die sie die nächsten vier Jahre beschäftigten sollte. Die Stracheys empfanden diese Aufgabe jedoch als große Ehre und gleichzeitig als Herausforderung an ihre Übersetzungskünste. An Lady Strachey schreibt James am 9. März 1921, dass sie eine Reihe "klinischer" Arbeiten übersetzten:

> There are five of them, each giving a detailed history of a specially interesting case and an account of the treatment. They were written at intervals during the last twenty years – the first in 1899 and the last quite recently – so that they give a very good idea of the development of his views. Altogether the book will probably be about 500 pages long. It is a great compliment to have been given it to do. And he thought of the plan on purpose to be of help to us in two different ways. First of all, it'll give us a specially intimate knowledge of his methods, as we are able to talk over with him any difficulties that occur to us in the course of the translation; and we now go on Sunday afternoons specially to discuss whatever problems we want to. In the

second place, our appearance as official translators of his work into English will give us a great advertisement in psychological circles in England.[217]

Im Laufe der Lehranalyse und der beginnenden Arbeit an den Übersetzungen waren sich die Stracheys und die Freuds auch persönlich näher gekommen. In der Zeit, als Alix erkrankte und sich ihr Zustand von einer einfachen Mandelentzündung und Grippe zu einer gefährlichen Rippenfellentzündung entwickelte, standen ihr die Freuds mit Rat und Tat zur Seite. Im Februar 1916 schreibt James an Lytton: "Everyone is amazingly kind & devoted, from Freud downwards."[218] Zu dieser Zeit berichtet Lytton über die Situation in Wien und die Unterstützung, die Carrington von den Freuds erfuhr:

Rather grim news arrived today in a letter from James to Pippa. Alix was ill, with tonsillitis, and unpleasantly high temperature, keeping on and on. James had been ill, the cold was terrific, so that he couldn't go out. He sounded wretched and rather nervous. But the doctor declared it was simply tonsillitis – no complications – so it is hoped things are improving, though when he wrote (Saturday) she was still bad. A great thing is that they have several friends who visit them daily, & are very kind. Two doctors (English & American) students of Freud – and especially Miss Freud, who lives quite close, & brings a pint of milk (a great luxury) daily. It sounds pretty appalling. Tomorrow I hope there'll be another letter, with better news. [...] If there's more news of James & Alix, I'll send word.
Yours with love
Lytton.[219]

James beendete seine Lehranalyse und bekam zusammen mit Alix, die ihre Analyse nicht hatte abschließen können, im Frühjahr 1922 von Freud die Bestätigung, in Zukunft als Psychoanalytiker praktizieren zu dürfen, wie James an Lytton berichtet: "We' ve seen Freud & said farewell. He says […] that we' re quite ready to start practice & indeed that it'll be good for us."[220]

Zurück in London, kehren James und Alix in den Schoß von Bloomsbury zurück und beziehen *41 Gordon Square*. James eröffnet eine psychoanalytische Praxis und behandelt unter anderem D.W. Winnicott, einen Kinderarzt, der im Laufe der Jahre als zweimaliger Präsident der Britischen Psychoanalytischen Gesellschaft eine prominente Stellung innerhalb der Psychoanalyse in England erwarb.

Auch die Stracheys begannen zu dieser Zeit ihren Platz in der Geschichte der Psychoanalyse einzunehmen. Im Juli 1922 wurden sie zu außerordentlichen Mitgliedern der Britischen Psychoanalytischen Gesellschaft ernannt und setzten gemeinsam ihre Übersetzungsarbeit an den Fallstudien Freuds fort. Mit diesem Projekt waren sie insgesamt fast fünf Jahre beschäftigt. Am 14. Mai 1925 wurden die "Case Studies" schließlich in Band III der *Collected Papers* veröffentlicht, welcher insgesamt mehr als 600 Seiten umfasste. Freud war froh, die Stracheys für die Psychoanalyse gewonnen zu haben und hochzufrieden mit ihrer übersetzerischen Leistung. Offiziell bringt Freud diese Wertschätzung unter anderem in einem Zusatz zu dem in den *Collected Papers* aufgenommenen Fall *Dora* (1901)[221] zum Ausdruck, wo er angibt, Flüchtigkeiten und Ungenauigkeiten verbessert zu haben, "auf die meine ausgezeichneten englischen Übersetzer, Mr. und Mrs. Strachey, meine Aufmerksamkeit gelenkt haben."[222] Aber auch in direktem Kontakt zollt Freud der Arbeit Stracheys höchste Anerkennung. In einem Brief an James vom 27. November 1927 spricht er von dessen "ausgezeichnete[r] Übersetzungsarbeit".[223]

Ernest Jones hatte bei der langwierigen Korrektur der Druckfahnen der Fallstudien mitgearbeitet und war bereits seit einigen Jahren damit beschäftigt, die Schriften Freuds in Englisch zugänglich zu machen.

Die Hogarth Press

Doch Ernest Jones' Bemühungen, Freuds Schriften in England herauszubringen, waren nicht von Erfolg beschieden. Jones hatte ursprünglich geplant, die *Collected Papers* in der eigens gegründeten *International Psychoanalytic Press*, einem Zweig des *Internationalen Psychoanalytischen Verlages*, zu veröffentlichen. Doch unüberwindbare finanzielle Schwierigkeiten zwangen ihn zur Aufgabe dieses Vorhabens. Jones scheiterte auch bei dem Versuch, größere Verlage für die Herausgabe der Schriften zu gewinnen.[224] Freud selbst zeigte sich gelegentlich unwirsch gegenüber Jones und dessen Schwierigkeiten, die Veröffentlichung von Freuds Werken voranzutreiben. In einem Brief an Jones vom 15. Januar 1924, in dem Freud seine Sicht der Sachlage darzustellen versuchte, heißt es: "Ich kann also nicht verstehen, was sie da für Schwierigkeiten machen, ich möchte sagen, durch Missverständnisse künstlich schaffen, mit denen Sie dann die Schwierigkeiten der Press [*The International Psychoanalytic Press*] erklären wollen. Kurz, ich verstehe sie nicht."[225]

In dieser Situation nahm sich James Strachey des Problems an und trat an Leonard Woolf heran. In seiner Autobiographie *Downhill all the Way* (1975) beschreibt Woolf die Situation wie folgt:

> Some time early in 1924 James asked me whether I thought the Hogarth Press could publish for the London Institute. The Institute he said, had begun the publication of the International Psycho-Analytical Library in 1921 and had already published six volumes, which included two of Freud's works, *Beyond the Pleasure Principle* and *Group Psychology and the Analysis of the Ego*. They had also signed an agreement with Freud under which they could publish his *Collected Papers* in four volumes. The Institute had hitherto been their own publisher, printing and binding their books in Vienna and having them "distributed" by a large London publishing firm. They did not find this system satisfactory and they wished to hand over to a publisher the entire business of publishing the International Psycho-Analytical Library in which they hoped regularly to publish a considerable number of important books by Freud and other analysts.[226]

Für Leonard Woolf war die Veröffentlichung der Werke Freuds in dieser Größenordnung ein gewagtes Unternehmen. Doch trotz der Warnungen einiger Verlegerkollegen, des Risikos einer potentiellen Geldbuße gemäß der "obscenity laws" wegen Veröffentlichung von Pornographie, wie die Schriften Freuds von bestimmter Seite eingestuft wurden, und der zunächst schlechten Aussichten auf rentablen Profit hielt Woolf an seiner Entscheidung fest.[227] Virginia Woolf verfolgte die Bemühungen ihres Mannes und nahm an den einleitenden Schritten teil. In ihrem Tagebuch findet sich ein Eintrag vom 26. Mai 1924, der besagt, dass sie auf Dr. James Glover warten, "to discuss the P.S.S."[228]

Ernest Jones hält Sigmund Freud über die Entwicklungen rund um die Veröffentlichung der *Collected Papers* auf dem Laufenden. Er modelliert seine Darstellungen jedoch in der Form, dass es Freud erscheinen musste, als sei es hauptsächlich Jones' Leistung gewesen, einen Verleger gefunden und damit den Grundstein gelegt zu haben für eine langfristige Grundlage zur Verbreitung der Psychoanalyse in

England. Am 16. November 1924 schreibt Freud an Jones: "Ich sehe, daß Sie Ihre Absicht erreicht haben, die psychoanalytische Literatur in England sicherzustellen, und beglückwünsche Sie zu diesem Resultat, das ich beinah nicht mehr erhofft hatte."[229]

Dies ist ein weiteres Indiz für die Bemühungen von Jones, den Verdienst der Bloomsbury Group in den Schatten zu stellen. Die Herausgeber des Briefwechsels zwischen James und Alix Strachey in den Jahren 1924/25, Meisel und Kendrick, unterstreichen in ihrer Einleitung, dass es Stellen in den Briefen gibt, die belegen, inwiefern Jones' Einstellung gegenüber der Bloomsbury Group durch Neid und Eifersucht geprägt war und er seine Stellung in der Britischen Psychoanalytischen Gesellschaft Anfang der 1920er Jahre durch James gefährdet sah.[230] De Clerk stellt fest, Jones habe aufgrund seiner Herkunft aus kleinbürgerlichen Verhältnissen in Wales keinen Zugang zum Kreis dieser gesellschaftlichen Elite erlangen können. In seiner Darstellung versuche er, die Bloomsbury Group für die Gleichsetzung von Psychoanalyse und Sexualität in der öffentlichen Meinung in England verantwortlich zu machen.[231]

Ungeachtet der zu vergebenden Lorbeeren setzte sich Leonard Woolf für den Druck und Vertrieb der übersetzten Schriften Freuds ein. Dabei trug er nicht nur das oben beschriebene Risiko einer Investition in die neuen Veröffentlichungen, sondern übernahm auch die "Altlasten" des Verlags des *Institute of Psycho-Analysis* in Form des Bestands von sechs bereits veröffentlichten Bänden. Die verlegerischen Aktivitäten des Instituts waren bis dato nicht unbedingt von starkem Realitätssinn geprägt. Man hatte 10.000 Exemplare eines Buches drucken lassen, wovon innerhalb der ersten 12 Monate nur 500 Stück verkauft wurden.[232]

Auch Freud ging sehr fahrlässig mit den Konventionen des Buchmarktes um, was während der Vorbereitungen zur Herausgabe der *Gesammelten Werke* in England durch die *Hogarth Press* langwierige Komplikationen verursachte. Sein vorderstes Ziel schien die möglichst weite Verbreitung seines Werks gewesen zu sein, und deshalb ging er sehr freigiebig mit den Übersetzungsrechten seiner Schriften um. Ernest Jones gibt in seiner Freudbiographie ein Beispiel dieser Sorglosigkeit Freuds und deren Folgen:

Ein kompliziertes Problem stellte auch die Sicherstellung der Druckrechte für die "Collected Papers" dar. In bezug auf die Verlagsrechte seiner Übersetzungen war Freud ausgesprochen sorglos, und sein Sohn Ernst hatte dadurch jahrelange Rechtsstreitigkeiten, um die Herausgabe von Stracheys "Standard Edition" zu ermöglichen. Freud machte es nichts aus, uns die vollen Rechte für das Englische zu erteilen, die amerikanischen Rechte seinem Neffen Edward Bernays zu übertragen, sie wieder uns für eine beschränkte Zeit zu übergeben, und dann Rank, als er sich während des Krieges in Amerika aufhielt, frei darüber verfügen zu lassen usw. All dies führte bei der Anbahnung von Vertragsabschlüssen mit Verlegern, die an solche Willkürlichkeiten nicht gewöhnt waren, zu entsetzlichen Schwierigkeiten.[233]

Die Gesamtrechte an den ersten Bänden der *Gesammelten Schriften* (1924-1934) verkaufte Freud für 50 Britische Pfund an das Londoner Psychoanalytische Institut ohne Anspruch auf Honorarbeteiligung. Sobald Leonard Woolf, der die Rechte beim Kauf der Restbestände erworben hatte, diese Investition aus den Verkaufserlösen erwirtschaftet hatte, zahlte er Freud von da an freiwillig die üblichen 10 Prozent "author royalties".[234]

Die Verlagsarbeit der Woolfs

Während der Arbeit in der gemeinsam gegründeten *Hogarth Press* hatte auch Virginia Woolf ausgiebig mit den Schriften Freuds zu tun: sowohl inhaltlich als auch physisch. An Marjorie Strachey, eine von Lyttons älteren Schwestern, schreibt sie im Juli 1924 mit Bezug auf die oben erwähnten Bestände des *Institute of Psycho-Analysis*: "all the psycho-analyst books have been dumped in a fortress the size of Windsor castle in ruins upon the floor", und in einem Tagebucheintrag vom 18. November 1924 beschreibt sie kurz, wie sie damit beschäftigt ist, die Bände I und II der *Collected Papers* abzuwickeln: "[...] doing up Freud. I in two jackets, for it is freezing, & hair down [...]."[235] Bei ihrer Arbeit für die *Hogarth Press* hat sie auch immer wieder Gelegenheit, Einblick in die Werke Freuds zu nehmen, wie zum Beispiel einem Brief an Molly McCarthy vom 2. Oktober 1924 zu entnehmen ist:

I shall be plunged in publishing affairs at once; we are publishing all Dr Freud, and I glance at the proof and read how Mr A.B. threw a bottle of red ink on to the sheets of his marriage bed to excuse his impotence to the housemaid, but threw it in the wrong place, which unhinged his wife's mind, – and to this day she pours claret on the dinner table. We could all go on like that for hours; and yet these Germans think it proves something – besides their own gull-like imbecility.[236]

Der letzte Satz zeugt von Woolfs zeitweise vorhandener starker Abwehrhaltung gegenüber der Psychoanalyse, die viele Literaturwissenschaftler zu der Annahme geführt hat, Virginia Woolf habe eine grundsätzlich negative Haltung gegenüber Freud gehabt und ein Einfluss seinerseits auf Virginia Woolfs Werk sei deshalb ausgeschlossen. Virginias zahlreiche und höchst unterschiedliche Äußerungen zu Freud und seinem Werk kann man jedoch nicht losgelöst von ihrem Kontext interpretieren. Deshalb soll Virginia Woolfs komplexes Verhältnis zur Psychoanalyse in einem der folgenden Kapitel Gegenstand einer intensiveren Untersuchung sein.

Leonard Woolf war einer der Ersten in England, der Freuds Werk ernst nahm und wollte, dass seine Schriften Verbreitung fanden, auch wenn er Freud im Laufe der Entwicklung seiner Wissenschaft nicht in allen Punkten blindlings folgte und einen kritischen Abstand zum Gesamtœuvre wahrte, wie ein Brief an Lyn Irvine Newman vom 1. August 1957 belegt. Newman hatte Woolf zuvor in einem Schreiben in verschiedenen Punkten kritisiert, unter anderem seine Auswahl an Autoren, die er im Rahmen der *Hogarth Press* veröffentlichte. Woolf verteidigte seine Entscheidung, Sigmund Freuds Werk zu veröffentlichen, und führte aus: "I think Freud made remarkable contributions to knowledge and wrote first class books, but there is much of his which I don't agree with and some of it I think is nonsense. He went on giving us his books to publish from 1924 until his death, almost certainly knowing this or at any rate not thinking about it, because he knew that we took him seriously (which very few did in 1924) and were competent publishers."[237]

In einem Antwortbrief an Minna Green, seiner ehemaligen Sekretärin bei den Magazinen *International Review* und *Contemporary Review* in den Jahren 1919-1922, formuliert er weniger scharf, da er sich nicht in der Defensive befand: "[...] I personally think that Freud is a very great man and that he discovered things about the human mind which are quite new and very important. Of course he was wrong about a lot of things which great men and pioneers must be and some of his followers talk complete nonsense. But there is a tremendous lot of truth in what he says."[238] Welchen Stellenwert Woolf den Werken Freuds gab, kann man auch aus der Tatsache erschließen, dass Freuds Werke in der *International-Psycho-Analytical-Library*-Reihe neben Virginia Woolfs Büchern die einzigen waren, deren Druck während des Zweiten Weltkriegs fortgesetzt wurde, als sich die *Hogarth Press* auf Grund der begrenzten Papierressourcen trotz vieler anstehender Arbeiten für einige wenige Titel entscheiden musste.[239]

In seiner Autobiographie schreibt Leonard Woolf später: "The greatest pleasure that I got from publishing the Psycho-Analytical Library was the relationship which it established between us and Freud [...]. He was not only a genius, but also, unlike many geniuses, an extraordinarily nice man."[240] Woolf entwickelte sich im Laufe der Jahre zu einem "Freudianer", was man auch daran erkennen kann, dass seine Autobiographien vom Geiste der Psychoanalyse durchtränkt sind und Freud'sche Konzepte und Theorien immer wieder zur Erklärung bestimmter Situationen, Motive und Zustände herangezogen werden.

In *Growing* (1977), zum Beispiel, bezieht sich Woolf auf Freuds "A Child is Being Beaten" (1919), wenn er schildert, wie er "Captain L." davon überzeugte, sein bettnässerisches Kind nicht mehr zu schlagen.[241] Freuds "Jokes and their Relation to the Unconscious" (1916) wird herangezogen und zitiert, um zu erklären, warum ein sozial tiefer stehender Geschäftsmann Leonard Woolf und einem Kollegen einen Streich spielte.[242]

Die Woolfs veröffentlichten neben den fünfbändigen *Collected Papers* (1924-1950) sieben weitere separate Publikationen Freuds (unter anderem die *New Introductory Lectures on Psycho-Analysis* (1933) in der Übersetzung von Sebastian Sprott) und eine Vielzahl von psychoanalytischen Büchern anderer Autoren in der von Ernest Jones unter Mitarbeit von James Strachey herausgegebenen Reihe *The International Psycho-Analytical Library.*

Zu den weiteren Autoren zählten unter anderem J.C. Flügel (*The Psycho-Analytic Study of the Family*, 1921), Sándor Ferenczi (*Fur-*

ther Contributions to the Theory and Technique of Psycho-Analysis, 1926), Karl Abraham (*Selected Papers of Karl Abraham*, 1927), Theodor Reik (*Ritual Psycho-Analytical Studies*, 1931), Melanie Klein (*The Psycho-Analysis of Children*, 1932), Helene Deutsch (*Psycho-Analysis of the Neuroses*, 1932), Ella Freeman Sharpe (*Dream Analysis*, 1937), Anna Freud (*The Ego and the Defence Mechanism*, 1937) etc.[243]

Die Verbindung von Sebastian Sprott und Freud, die zur englischen Übersetzung der einführenden Vorlesungen Freuds führte, kam auf Initiative Lytton Stracheys zustande. Im Juli 1922 bat Lytton seinen Bruder James, für Sebastian Sprott den Kontakt zu Freud herzustellen. Sprott wollte Freud in Wien besuchen, um ihn für eine Vortragsreihe an der Universität in Cambridge zu gewinnen. Lytton schreibt:

> A hurried note to ask whether you could write a short letter of introduction to Prof. Freud for Sebastian (Sprott) who is going to Vienna to ask him to come & lecture in Cambridge. If you could just say that he was a friend of mine & a student of psychology at Cambridge, it would be enough. S[ebastian] does not know his address – so you might add that, and send it to him at the Wien poste restante.[244]

Die Verbindung zweier psychoanalytischer Metropolen: Berlin und London

Nachdem die übersetzerische Arbeit rund um die Fallgeschichten Freuds beendet war, beschloss Alix ihre Analyse, die seinerzeit in Wien auf Grund ihres Gesundheitszustandes abgebrochen werden musste, fortzusetzen. Freud empfahl ihr, nach Berlin zu Karl Abraham zu gehen, der auf dem Gebiet der Melancholie spezialisiert war und einer psychoanalytischen Poliklinik vorstand, die den besten Ruf genoss.

Ende September 1924 ging Alix nach Berlin in Analyse, und James blieb in London, wo er seine psychoanalytische Praxis führte und an der Korrektur des übersetzten Bandes der *Collected Papers* arbeitete. Die Verbindung der beiden Stracheys, wie sie sich in ihrem Briefwechsel zur Zeit der örtlichen Trennung widerspiegelt, repräsentiert und veranschaulicht die Verbindung der beiden psychoanalytischen

Metropolen Berlin und London, die Mitte der 1920er Jahre wegweisende Entwicklungen durchschritten. Dabei waren die Stracheys nicht nur passive Elemente einer Strömung, sondern aktive Mitgestalter dieser Entwicklung.

Die Unterstützung der Kinder-Psychoanalytikerin Melanie Klein durch die Stracheys

Ein weiteres Beispiel für den Einfluss der Bloomsbury Group auf die Verbreitung und Entwicklung der Psychoanalyse in England ist die Unterstützung der Stracheys von Melanie Klein und deren Werk. Das Werk Melanie Kleins, die sich in Theorie und Praxis der Psychoanalyse von Kindern angenommen hatte, ist ein wichtiger Meilenstein in der Entwicklung der Psychoanalyse. Obwohl Klein in psychoanalytischen Kreisen nicht unumstritten war (vor allem zur Zeit der großen Kontroverse zwischen Anna Freud und Melanie Klein in den Jahren 1943/44) und ihr Freud zu manchen Zeiten eher ablehnend gegenüberstand, kann es keinen Zweifel geben, dass Klein das Profil der Psychoanalyse um einige wesentliche Punkte erweitert hat.

Alix und Klein lernten sich in Berlin kennen, wo sie sich zur gleichen Zeit in Therapie bei Karl Abraham befanden. Melanie Klein war gebürtige Österreicherin und lebte mit ihrem Mann in Budapest, als sie 1914 zum ersten Mal mit Freuds Schriften in Berührung kam. Die Beschäftigung mit der Psychoanalyse veränderte ihr Leben völlig. Etwa 1916 ging sie zu Ferenczi in Budapest in Therapie und begann daraufhin ihre Forschungen im Bereich der Kinderanalyse. 1921 trennte sie sich von ihrem Mann und zog nach Berlin, wo sie ihre analytischen Forschungen vertiefte und Vorträge hielt. Anfang 1924 setzte sie ihre Analyse bei Karl Abraham fort.

Alix Strachey und Melanie Klein freundeten sich an, und Alix lernte die neuartigen Theorien Kleins im Bereich der Analyse von Kindern schätzen, die im Umkreis der etablierten Psychoanalytiker zunächst auf Abwehr gestoßen waren. 1925 schreibt Freud an Jones: "Melanie Klein's works have been received with much scepticism and opposition here in Vienna. As you know, I myself don't have much of an opinion on pedagogical matters."[245] Klein forderte den Unwillen vieler Psychoanalytiker heraus, da sie unter anderem die

Erscheinung des Ödipuskomplexes und des Über-Ichs viel früher ansetzte, als es Freud für möglich hielt. Sie proklamierte das Spiel als beste und oft einzige Methode, die Phantasien des Kindes dem Therapeuten zur Analyse zugänglich zu machen. Ihre Kritik der Arbeiten Anna Freuds beschwor eine regelrechte "Klein-Freud-Kontroverse" herauf und brachte auch Sigmund Freud, der in dieser Frage zunächst neutral bleiben wollte, in Loyalitätsschwierigkeiten.[246]

In seiner *"Selbstdarstellung"* (1925) zollt er den Arbeiten Kleins dennoch Respekt, in einem Zusatz von 1935: "Seither hat gerade die Kinderanalyse durch die Arbeiten von Frau Melanie Klein und meiner Tochter Anna Freud einen mächtigen Aufschwung genommen."[247] Bis zu dieser Anerkennung war es für Klein jedoch ein langer beschwerlicher Weg, auf dem die Stracheys ihr helfend zur Seite standen.

Alix erkannte in Berlin bald das Potential des Klein'schen Werks und ermutigte Klein, ihre Arbeit einem Publikum vorzustellen, das ihr aufgeschlossener gegenüberstehen würde. Sie übersetzte Kleins Vorträge ins Englische und half ihr zusammen mit James, einen Aufenthalt in London zu organisieren. Im Sommer 1925 hielt Melanie Klein dort vor der Britischen Psychoanalytischen Gesellschaft sechs Vorträge, die mit großem Interesse aufgenommen wurden. Organisiert von Alix und James Strachey, fanden die Vorträge im Herzen Bloomsburys statt: am *50 Gordon Square*, in den Räumlichkeiten von Adrian und Karin Stephen.[248]

James brachte Melanie Klein mit M.N. Searl zusammen, die ihrerseits seit 1920 auf dem Gebiet der Kinderanalyse arbeitete und die Vorträge Kleins als "große Hilfe" empfunden hatte.[249] Aufgrund der positiven Erfahrungen in London entschloss sich Klein 1926, nach England zu wechseln, und wurde ein aktives Mitglied der Britischen Psychoanalytischen Gesellschaft. Alix blieb ihre Hauptübersetzerin, und die *Hogarth Press* veröffentlichte die progressiven Werke Kleins, unter anderem *The Psycho-Analysis of Children* (1932).

Während sich Alix in Berlin aufhielt, wohnte Adrian vorübergehend zusammen mit James am *41 Gordon Square*. Die Ausbildungszeit verlief für Adrian nicht reibungslos. Er lebte getrennt von Karin und war zeitweise von tiefen Krisen geplagt. James schreibt im Sep-

tember 1924 an Alix: "Other gossip: Adrian is said now to be in the most awful condition & threatens to shoot himself. (That' ld be a good ad[vertisement] for Glover.) [...] – If he shoots himself in our sitting-room it'll not only spoil the carpet but also damage our professional careers – so I suppose I shall have to try and avert it."[250] Doch nicht Adrian schied aus dem Leben, sondern James Glover starb 1926 überraschend, und Adrian beendete seine Analyse bei der Glover-Schülerin Ella Sharpe.

Kurz darauf begann Adrian in der gemeinsamen Wohnung am *50 Gordon Square* zu praktizieren. Karin arbeitete ab 1927 im *Sheppard and Enoch Pratt Hospital* in der Nähe von Baltimore und setzte ihre Analyse bei Clara Thompson fort. Karin Stephen schrieb eine Reihe von psychoanalytischen Artikeln und hielt im Laufe ihrer Karriere eine Vielzahl von Vortragsreihen. Sie hielt die ersten öffentlichen Vorträge über Psychoanalyse an der Universität Cambridge, welche 1933 in Buchform[251] veröffentlicht wurden mit einem Vorwort von Ernest Jones, der ihre Qualitäten herausstrich. Das Buch gilt seither als eine der besten Einführungen in das Werk Freuds in englischer Sprache.[252]

In ihren Vorlesungen ergänzte Karin Stephen die Freud'schen Konzepte mit Beispielen Melanie Kleins zu *oral desire*, *fear* und *rage*. Dass Freud die Klein'schen Ausführungen unbeachtet ließ, kommentierte sie wie folgt: "a very important omission indeed".[253]

Dass sie sich als überzeugte Aktivistin für die Psychoanalyse in England einsetzte, beweist auch ihr Mut, sich gegen die zu erhärten beginnenden Strukturen innerhalb der britischen Psychoanalyse zur Wehr zu setzen. Jones versuchte seine Machtstellung auszubauen und nahm sich das Recht heraus, zu bestimmen, dass kein qualifizierter Psychoanalytiker ohne seine ausdrückliche Zustimmung Vorträge über Psychoanalyse halten dürfe. Karin Stephen hielt sich bei einigen Vorträgen an der *Tavistock Clinic* in London nicht an diese Bestimmung, worüber sie mit Jones in Streit geriet.[254]

The Standard Edition: Freuds Lebenswerk in englischer Übersetzung

James Strachey war mittlerweile fest in der britischen Psychoanalyse verwurzelt. Neben seiner analytischen Praxis und dem Besuch zahlreicher Kongresse und Konferenzen übersetzte und überarbeitete er bis Kriegsende Dutzende von Freuds Aufsätzen und arbeitete an der Herausgabe der *Collected Papers*, deren fünfter und letzter Band 1950 veröffentlicht wurde.

In den 1930er Jahren verfasste James selbst einige theoretische Artikel, die in der Fachwelt teilweise große Beachtung fanden.[255] Besonders "The Nature of the Therapeutic Action of Psychoanalysis" wird als wichtiger Beitrag für die Theorie der psychoanalytischen Technik mit nachhaltiger Bedeutung für die klinische Praxis gewürdigt.[256]

Die Britische Psychoanalytische Gesellschaft wollte Freud, der 1939 gestorben war, ein Denkmal setzen und beschloss, dass dieses Werk der Erinnerung die Herausgabe einer englischen Gesamtausgabe der Werke Freuds sein sollte. Im Juni 1948 schrieb Strachey im Namen des *Institute of Psycho-Analysis* die Mitglieder der Gesellschaft sowie einige potentielle Förderer an und machte die Beweggründe des Projekts transparent:

Freud Memorial

Sigmund Freud died in London in September, 1939. There was a strong desire at the time to establish some memorial to his work and the outlines of the present scheme were then drawn up. It was felt impossible, however, so soon after the outbreak of the War, to embark upon this plan. But there no longer seem any adequate grounds for postponing it.
Freud left in his writings the fruits of nearly half a century of research and achievement in the science which he himself created – the science of psycho-analysis. But just as Darwin's discoveries had effects far beyond the field of biology, so too Freud's work has had a powerful fertilizing influence in almost every branch of knowledge relating to man – in medicine, psychology, anthropology, sociology, comparative religion, folklore, aesthetics – and he showed the interdependence of these often too separate disciplines. His work was also applied in more practical spheres such as education, child guidance, delinquency and not least to the treatment of mental illness.

In all these fields there is a constantly exceeding interest in Freud's ideas, and it is therefore highly necessary that students should have easy access to trustworthy translations of Freud's own writings. Though most of these have already appeared in English, many now unobtainable and several of the most important exist only in unsatisfactory and inaccurate versions which stand in need of thorough revision.
In these circumstances, therefore, it is proposed that the memorial to Freud's memory should take the form of a complete English standard edition of his writings. It is particularly desirable that the work of translation should be carried out now, while many of Freud's pupils, who discussed the details of the translation with him, are still active.
The proposed new edition (which is planned to occupy twenty-four volumes) will be under the General Editorship of Miss Anna Freud and Mr. James Strachey. It will be sponsored by the Institute of Psycho-Analysis, which is making an appeal to various foundations for the substantial sum of money required, and which will be responsible for its administration. [...] [257]

Bereits im Juli 1946 hatte man sich darauf verständigt, dass James die Leitung des Projekts übernehmen sollte. Ernst Freud setzte Leonard Woolf davon offiziell in Kenntnis: "Mr. Strachey is prepared to function as Editor and Translator of the 'Collected Works'. He rightly believes it to be essential that the translation of the whole should bear the imprint of one personality and he has detailed plans how to proceed."[258]

Die ersten Bände der *Standard Edition* wurden 1953 veröffentlicht. Ab 1956 zogen sich James und Alix ganz nach *Lord's Wood* zurück und arbeiteten an der Edition der übrigen Bände.[259] Der letzte Band kam 1966 einige Monate vor James' Tod heraus. In seinem letzten Lebensjahr wurde Strachey mit dem *Schlegel-Tieck-Preis für Übersetzung* für seine Übersetzertätigkeit und Herausgabe der *Standard Edition* ausgezeichnet. Sein langjähriger Analysand D.W. Winnicott nahm die Auszeichnung im Auftrag Alix' für ihn entgegen.

Die *Standard Edition* gilt seit Erscheinen als die größte Leistung dieser Art im zwanzigsten Jahrhundert.[260] Sie stellt im wahrsten Sinne des Wortes die Standardausgabe der Freud'schen Schriften dar, da sie an Vollständigkeit und Genauigkeit von keiner anderen Ausgabe übertroffen wird. Auch die deutschen *Gesammelten Werke* Freuds oder die *Studienausgabe* stehen der englischen Version in einigem nach. Ilse Grubrich-Simitis beschreibt die Situation aus deutscher Sicht wie folgt:

Als der S. Fischer Verlag, selbst aus der Emigration zurückgekehrt, 1960 die Rechte an Sigmund Freuds Werk von dessen Londoner Exilverlag Imago Publishing Company übernahm, bestand eine paradoxe Situation: die in London unter Kriegsbedingungen begonnenen, zwischen 1940 und 1952, also nach Freuds Tod erschienenen siebzehnbändigen *Gesammelten Werke* waren, was Textbestand und editorischen Apparat betraf, der Anfang der sechziger Jahre noch nicht abgeschlossenen englischen *Standard Edition of the Complete Psychological Works of Sigmund Freud* unterlegen. Deren Herausgeber, James Strachey, hatte, unterstützt vom Londoner Institute of Psycho-Analysis, in jahrelanger Arbeit eine Freud-Editionskultur gegründet, für die es hierzulande keine Entsprechung gab.[261]

Die Herausgabe einer deutschen historisch-kritischen Ausgabe der gesammelten Schriften Freuds nach englischem Vorbild steht bis zum heutigen Tage aus.

Freud hatte den Stracheys große Freiheit in der kritischen Kommentierung seines Werks gegeben, was sie in vorbildlicher Weise umsetzten. Einige Male führte die Aufmerksamkeit James' zu Erweiterungen oder Textänderungen, wenn er Freud davon überzeugen konnte, dass der genaue Sinn seiner Ausführungen missverständlich sein könnte.

Die *Standard Edition* und vor allem Stracheys Übersetzungskonzept ist jedoch auch seit vielen Jahren Gegenstand anhaltender Kritik, was sich hauptsächlich auf Stracheys Entscheidung bezieht, technische Begriffe aus dem Griechischen zur Übertragung komplexer Worte zu verwenden, um den wissenschaftlichen Charakter der Psychoanalyse zu betonen. Wenn es im Englischen kein entsprechendes Äquivalent gab, entschied sich Strachey dafür, ein Wort aus dem Griechischen herzuleiten und neu zu kreieren. So entstanden die Wortschöpfungen *parapraxis* für "Fehlleistung", *scopophilia* für "Schaulust", *anaclisis* für "Anlehnung" oder *cathexis* für "Besetzung".[262]

Die Reputation Bloomsburys nützt Freud

Welchen Einfluss die Bloomsbury Group dank ihrer Stellung in der Öffentlichkeit hatte, um Freud und die Psychoanalyse bei dem Kampf um Beachtung und Anerkennung zu unterstützen, und dies nicht nur in England, sondern auch darüber hinaus in Freuds Heimatland, kann das folgende Beispiel verdeutlichen.

Anfang der 1920er Jahre stand Freuds großer Durchbruch zu fachübergreifender Bekanntheit in Wien noch bevor, während einzelne Mitglieder der Bloomsbury Group durch ihre Werke bereits zu internationaler Berühmtheit und Würdigung gekommen waren. Da die Bloomsbury Group zu dieser Zeit bereits vom Geiste Freuds und seiner Psychoanalyse durchdrungen war und sein Einfluss begann, sich in ihrem Werk bemerkbar zu machen, konnte ein Teil ihres Renommees zurück auf Freud reflektieren. James berichtet im Februar 1921 an Lytton von einem solchen Fall:

> In Vienna, of course, he's [Freud is] entirely unknown. I went and asked for one of his books in a large book-shop, & they'd never heard his name. And there on the counter was lying a large pile of copies of "Die Wissenschaftliche [sic] [Wirtschaftlichen] Folgen des Frieden[s]vertrags". A distinguished-looking Viennese who was looking round the shop laid his hand on the pile & exclaimed dramatically: "Das ist ein Meisterwerk!"
> By the way, apparently Maynard mentions Freud somewhere, and the Prof. said he'd never enjoyed so much local celebrity as in consequence of this; he received several letters to congratulate him.[263]

1920 hatte John Maynard Keynes das Buch *The Economic Consequences of the Peace*[264] geschrieben, das 1921 in deutscher Übersetzung auch auf dem Kontinent Verbreitung fand.[265] Auf Seite 54f. der englischen Ausgabe heißt es bei der Charakterisierung des Präsidenten Wilson: "In the language of medical psychology, to suggest to the President that the treaty was an abandonment of his professions was to touch on the raw a Freudian complex. It was a subject intolerable to discuss, and every subconscious instinct plotted to defeat its further exploration."[266] Die angenehmen Folgen für Freuds Reputation und Bekanntheitsgrad in Wien lassen sich offensichtlich auf Keynes Erwähnung Freuds in dem genannten Werk zurückführen.

Eine noch deutlichere ideelle Unterstützung und offizielle Bekundung der Wertschätzung Freuds und seines Werks durch die Bloomsbury Group stellt die Tatsache dar, dass sich einige Mitglieder und Personen aus dem Einzugsbereich der Gruppe 1928 durch ihre Unterschrift an der Kampagne für die Verleihung des Nobelpreises an Freud beteiligten, z.B.: Virginia Woolf, Lytton Strachey und Bertrand Russell.[267]

III. Lytton Strachey und die Psychoanalyse

1. Der Stand der Forschung

Keine nennenswerte Prägung durch Sigmund Freud?

Lytton Stracheys Kenntnis der Psychoanalyse und seine Adaption der Schriften Freuds war bisher kein zentraler Gegenstand der literaturwissenschaftlichen und biographischen Forschung. Die ersten wissenschaftlichen Studien über Lytton Stracheys Werk und Stil enthalten zwar vereinzelte Erwähnungen seiner psychologischen Einfühlungskraft, aber keine Referenz auf die psychoanalytische Fundierung seines Werks.

Strachey hatte sehr früh erkannt, dass die Sexualität eines Menschen determinierend auf die Entwicklung seines Charakters wirkt und den Lebensweg des Einzelnen stark prägen kann. Die Betonung des Bereichs der Sexualität in moderaten Andeutungen brachte ihm die Kritik vieler Literaturwissenschaftler und Rezensenten der damaligen Zeit ein.[268] Hier deutet sich eine Parallele an zu den Widerständen, die Freud bei der Anerkennung seiner Wissenschaft zu überwinden hatte. In seinem *Kurzer Abriß der Psychoanalyse* (1924/1928)[269] wehrte sich Freud gegen den "irrigen Vorwurf des Pansexuellen", der so häufig gegen die Psychoanalyse erhoben wurde und besagt, dass "die psychoanalytische Theorie keine anderen seelischen Triebkräfte als bloß sexuelle kennt, und macht sich dabei populäre Vorurteile zunutze, indem er 'sexuell' nicht im analytischen, sondern im vulgären Sinne verwendet".[270]

Strachey ging es nicht um eine Provokation durch Anspielungen auf die Sexualität seiner Figuren, sondern, im Freud'schen Sinne, um eine Motivierung ihrer Handlungen, die im Bereich des Sexuellen und des Unbewussten zu finden waren.

Martin Kallichs *The Psychological Milieu of Lytton Strachey* (1961)[271] ist die einzige umfangreiche Arbeit, die sich mit der möglichen Prägung Stracheys durch die Psychoanalyse auseinander setzt. Kallichs Versuch, Stracheys Interesse an Sexualität und dem Unbewussten im Zeitalter Freuds darzustellen und eine Motivierung der porträtierten Figuren im psychoanalytischen Sinne in den biographischen Werken Stracheys nachzuweisen, wurde von der nachfolgenden Forschung jedoch weitestgehend ignoriert. Zehn Jahre bevor Holroyd seine bahnbrechende Biographie über Lytton Strachey veröffentlichte, in der er zum ersten Mal die homosexuellen Neigungen des Autors thematisierte und die Komplexität seiner homoerotischen Liebesverhältnisse einem breiten Publikum zugänglich machte, hatte Kallich bereits die Relevanz des Verhältnisses Stracheys zur Sexualität für eine Interpretation seines Werks erkannt.

Die Brisanz einer Auseinandersetzung mit dem homosexuellen Subtext der Strachey'schen Werke und dem diesbezüglichen massiven biographischen Material war Lyttons Bruder und literarischem Nachlassverwalter James Strachey voll bewusst, was er bereits 1956 in einem Brief an Kallich zum Ausdruck brachte:

> As is generally known, my brother was to a very large extent homosexual. Traces of his views on that subject are to be found in his published works; but in those days nothing more open would have been permissible. His attitude to sexual questions more generally was strongly in favour of open discussion. But he was never inclined to undue solemnity. There is a large amount of unpublished material – including a very great deal of delightful correspondence – which I hope will become accessible with the gradual advance of civilized opinion.[272]

Dieser Wunsch ist bis heute noch nicht in der Form einer umfassenden Veröffentlichung der Korrespondenz Lytton Stracheys in Erfüllung gegangen. Dennoch zeichnete sich schon wenige Jahre nach der eben zitierten Aussage die Aufarbeitung des unveröffentlichten Materials im Rahmen eines großen biographischen Projekts ab, das in seiner Sprengkraft zum Prüfstein der "zivilisierten Meinung" im Sinne James Stracheys werden konnte. Michael Holroyd trat mit dem Anliegen, eine umfassende Biographie Lytton Stracheys schreiben zu wollen, an James Strachey heran, um sich dessen Unterstützung zu sichern und die Erlaubnis zu erhalten, den literarischen Nachlass Lyttons zu sichten.

Michael Holroyds Biographie als Standardwerk der Strachey-Forschung

James Strachey unterstützte Holroyd in dessen Bemühen eine Biographie über seinen Bruder Lytton zu schreiben, indem er ihm Zugang zu den Briefen und unveröffentlichten Manuskripten gewährte, die er als Nachlassverwalter seines Bruders in den Räumlichkeiten des Anwesens *Lord's Wood* in Marlow Common in Kisten und Truhen verwahrte.[273]

Zu jener Zeit war Strachey zusammen mit seiner Frau Alix damit beschäftigt, die letzten Übersetzungen für die englische Gesamtausgabe des Freud'schen Werks anzufertigen. Nachdem Holroyd 1964 den ersten Teil seiner umfangreichen Biographie als Manuskript fertig gestellt hatte, gab er ihn Strachey zu lesen. Dieser zeigte sich wenig begeistert von dem Ergebnis[274]: "James did not say much while he was reading the typescript, but when he had completed it his reaction was devastating. I had, he felt, been far too hostile to his brother. He suspected that I harboured an unconscious dislike of him, probably on moral grounds. [...] For my own part, I had come to feel that James resented any criticism of Lytton, to whom he had been intimately attached." Man einigte sich, dass sie von nun an Holroyds Werk Satz für Satz durchgehen würden, um einen Text herauszuarbeiten, der von beiden Seiten akzeptiert werden würde.[275]

Diese Bedingungen beeinflussten natürlich auch das weitere Schaffen Holroyds und legen die Vermutung nahe, dass er sich in Fragen, die den direkten Einflussbereich von James betrafen, übergenau an dessen Ausführungen hielt, was bis zur wortwörtlichen Übernahme von Quellenmaterial ging, wie im weiteren Verlauf gezeigt werden soll.

Der Einfluss James Stracheys auf die Forschung

Holroyds Biographie[276] wurde begeistert aufgenommen und dient seit ihrer Veröffentlichung als Standardwerk und Quelle für all jene Geisteswissenschaftler, die sich mit Lytton Strachey im Speziellen und der Bloomsbury Group im Allgemeinen auseinander setzen.

Holroyd widmete der Frage nach Lytton Stracheys Kenntnis der Psychoanalyse und dem möglichen Einfluss Freuds auf Stracheys biographische Methode keine umfangreiche Untersuchung. Die sparsamen diesbezüglichen Aussagen sind jedoch so bestimmt formuliert, dass sie von nachfolgenden Literaturwissenschaftlern nicht grundlegend hinterfragt und als Quelle gesicherter Ergebnisse inhaltlich übernommen wurden. Holroyd stellt die Sachlage in seiner Biographie von 1967/68 bzw. 1971 wie folgt dar:

> [...] Strachey did not read German at all proficiently, and until well into the 1920s Freud's writings were available in English only in extremely indifferent – and even incorrect – translations. Strachey had read a very few of these, and to begin with, was mainly sceptical as to their value. None of his character sketches in *Eminent Victorians* were influenced in the slightest by Freud, and nor was the portrait of Queen Victoria. The great psychological influence on his earlier work had been Dostoyevsky – who, of course, reveals a lot of the same material as Freud, and whom Freud himself regarded as the greatest of all novelists. [...] By 1926, Strachey had learnt a good deal about psychoanalysis and psychology from talks with James and Alix. And he accepted pretty completely the interpretation that they – and especially Alix – gave him, in some detail, as to what seemed the probable underlying attitude of Elizabeth to the execution of Essex. His account of this in the later book (as well as in some earlier passages preparing for it) is purely psychoanalytic.[277]

Wie stark sich Holroyd in dieser Frage an seiner Quelle orientiert, kann man sehen, wenn man den bereits erwähnten Brief von James Strachey an Martin Kallich vom 2. Oktober 1956 hinzuzieht. Dort hatte Strachey folgende Ausführungen gemacht:

> My brother did not read German, and till well into the 1920s his works were only accessible in English in extremely indifferent (& indeed incorrect) translations. He had read a very few of these, and was on the whole sceptical to begin with. The great psychological influence on him at the E.V. & Q.V. period was undoubtedly Dostoevsky – who, after all, reveals a lot of the same material as Freud, and whom Freud himself regarded as the greatest of novelists. [...] By the time he [Lytton] wrote it [*Elizabeth and Essex*] he had learnt a good deal more about psycho-analysis from talks with us [James and Alix Strachey]. And he accepted pretty completely the account we (and especially my wife) gave him in some detail of what seemed to us the probable underlying attitude of Elizabeth to the execution of Essex. His account of this in the later part of the book (as well as earlier passages preparing for it) is indeed purely psycho-analytic.[278]

Die meisten Aussagen in Studien über das Verhältnis Lytton Stracheys zur Psychoanalyse gehen auf eine der beiden Ausführungen zurück, die quasi identisch sind.

Nach dem Tod James Stracheys unterlag Holroyd nicht mehr jener strengen Kontrolle und entschärfte seine wortgetreue Darstellung. In der 1995er Ausgabe seiner Strachey-Biographie heißt es an vergleichbarer Stelle:

> Lytton dedicated *Elizabeth & Essex* to James and Alix Strachey who had by now established themselves as, in Freud's words, 'my excellent English translators'. He did not read German and was not affected by the early American translations of Freud by A.A. Brill as he had been affected by Constance Garnett's translations of Dostoyevsky whose novels were the chief psychological influence on *Eminent Victorians*. As late as 1923 he is describing psychoanalysis as a 'ludicrous fraud'. But during the mid-1920s, as psychoanalysis gradually permeated Bloomsbury and came of age in England, he began to change his mind. Adrian and Karin Stephen had decided to become analysts after the war; the Hogarth Press published the translations of Freud's work after 1924 (Sebastian Sprott was to translate Freud's *New Introductory Lectures*); and Lytton began reading and discussing his work with James and Alix.[279]

Der Ton hat sich geändert, der Inhalt wird gerafft dargestellt und durch den Versuch ergänzt, das Beschriebene in einen kurzen Gesamtzusammenhang einzubetten. Jedoch bleibt die harsche, autoritäre Feststellung bestehen, weder *Eminent Victorians* noch *Queen Victoria* seien von der Psychoanalyse geprägt, weil es Strachey an Kenntnis und Interesse an der Psychoanalyse gemangelt habe. Als Haupteinfluss sieht Holroyd weiterhin den russischen Schriftsteller Dostojewski.

Moderne Forschung: Verteidigung der vorgefertigten Meinung

Selbst in der jüngsten umfassenden Studie über Lytton Strachey von Barry Spurr[280] wird immer noch die Annahme vertreten, Strachey sei bis zur Arbeit an *Elizabeth & Essex* nicht durch Freud beeinflusst gewesen.

Die Bewertungen Spurrs können exemplarisch für die Auslegung erschlossener Quellen und die Sicherung vorhandener Ergebnisse der literarischen und biographischen Forschung stehen. Bereits im Vorwort seiner Arbeit betont Spurr den unschätzbaren Wert von Holroyds Biographie als Quelle seiner Untersuchungen.[281] Dementsprechend kommt auch Spurr zu dem Ergebnis, dass Stracheys "psychological approach to biography, however, is poetic not scientific, Dostoevskian rather than Freudian".[282]

Die Beweisführung zur Verifizierung dieser These erweckt jedoch den Anschein einer Verteidigung der lang gehegten Auffassung um jeden Preis. Spurr begegnet jenen Werken und Argumenten, die seiner Auffassung konträr gegenüberstehen könnten, indem er sie erwähnt, daraus selektiv zitiert und diese Aussagen in einen Sinnzusammenhang stellt, der seine eigene Argumentationsweise stützt. Um zu belegen, dass Strachey kein Vertreter eines psychologischen Systems war, zitiert Spurr Martin Kallichs Feststellung, dass Strachey in seinen Büchern und Charakterstudien weder den Namen Freuds noch den eines anderen einflussreichen Psychologen dieser Zeit nennt.[283] Kallichs Ausführungen, aus denen diese Aussage entnommen ist, richteten sich aber genau gegen ein solches vorschnelles Urteil, wie die folgende Textstelle beweist, aus der Spurr zitiert:

> In the last few years of his life he himself definitely and deliberately speculated on the ultimate psychic sources and motives of behaviour, drawing upon the depth psychology of the unconscious and the methodology that this psychology [psychoanalysis] implied, although in these matters he was misleading some of his less enlightened readers because he was not obviously using the technical jargon of psychoanalysis popular in his day. Nor, to contribute to the confusion about Strachey's point of view and his psychological insight, does Strachey ever specifically mention in his seven books of essays and character studies the names of Freud or other influential psychologists of the period, such as Adler and Jung.[284]

Die Widmung von *Elizabeth & Essex* an James und Alix Strachey, welche man als Indiz dafür verstehen kann, dass ihm die beiden bei der Konzeption des Werks behilflich waren, wie dies James deutlich gemacht hat,[285] sieht Spurr nicht als Beleg, dass Strachey Freud'sche Theorien zur Erklärung der Psychologie Elisabeths angewandt habe. Er argumentiert, dass *Eminent Victorians*, welches dem Mathematiker Harry Norton gewidmet war, ebenso wenig mit der Theorie von Zahlen zu tun habe wie die Aufsatzsammlung *Books and Characters* (1922) mit Wirtschaftswissenschaften, welche eine Widmung für John Maynard Keynes trägt.

Aus dem Brief Freuds an Lytton Strachey, auf den im weiteren Verlauf noch näher eingegangen werden wird, zitiert Spurr lediglich Freuds Anerkennung der Überzeugung Stracheys, dass es unmöglich sei, "to understand the past with certainty, because we cannot divine men's motives and the essence of their minds and so cannot interpret their actions".[286] Spurr behauptet, dass sich Freuds Urteil, Lytton sei als Historiker vom Geiste der Psychoanalyse durchtränkt nur auf diese zitierte gemeinsame Überzeugung beziehe. In Wirklichkeit dient die zitierte Passage in Freuds Brief als Einleitung einer Anerkennungsbekundung der Leistung Stracheys, das Innenleben Queen Elizabeths im Sinne der Psychoanalyse auf ihre Kindheitserfahrungen zurückgeführt zu haben und es verstanden zu haben, ihre geheimsten Motive zu deuten.[287]

Zusammenfassend kann man konstatieren, dass hinsichtlich Lyttons Kenntnis der Psychoanalyse und deren Bedeutung für sein Werk die Forschung analog zu dem von James Strachey entworfenen Bild bisher davon ausgegangen ist, dass Strachey dem Zeitgeist entsprechend bis Mitte der 1920er Jahre lediglich über rudimentäre Kenntnis der Theorien Freuds verfügt habe und man deshalb nicht von einem Einfluss auf sein Werk ausgehen könne.

2. Lytton Stracheys Kenntnis der Psychoanalyse

Die Ausführungen im vorigen Kapitel haben gezeigt, dass spätestens seit 1912 ein allgemeines Interesse an der Psychoanalyse innerhalb der Bloomsbury Group herrschte und die neue Wissenschaft regelmäßig Gegenstand der Konversation untereinander war. Dass Lytton Strachey als eine der Hauptfiguren der Gruppe mit einem grundsätzlichen Interesse an Lebensbeschreibung im Allgemeinen und dem Aufspüren innerer Motivationen und den Mechanismen sozialer Interaktion aus psychologischer Sicht im Speziellen die Psychoanalyse als eine wissenschaftliche Methode zur Erklärung dieser Phänomene mit Interesse aufnahm, ist nicht verwunderlich.

Berücksichtigt man die verfügbaren autobiographischen und literarischen Materialien, um sich der Frage nach Stracheys Verhältnis zur Psychoanalyse zu nähern, erkennt man, dass, entgegen der vorherrschenden Meinung, Lytton Strachey bereits vor Mitte der 1920er Jahre über eine profunde Kenntnis der Psychoanalyse verfügte und dieses Wissen gemäß seiner Fasson einzusetzen vermochte.

Wie bereits angedeutet, hinterließ Strachey eine Fülle an Gedichten und unvollendeten Werken, die zusammen mit seiner Korrespondenz seinem Bruder James zur Verwaltung überlassen wurden. Am 11. April 1932 notierte Virginia Woolf in ihrem Tagebuch: "Lytton left masses of poems & unfinished plays – not much good, James says."[288] Einige der Schriften aus dem Nachlass sind mittlerweile in gesonderten Veröffentlichungen erschienen und haben die negative Einschätzung von James in dieser Sache fragwürdig werden lassen.[289]

Sigmund Freud in Werk und Bewusstsein Lytton Stracheys

Im gleichen Jahr, in dem *Psychopathology of Everyday Life* (1914) in England erschien und Leonard Woolf seine Rezension des Werks veröffentlichte, verfasste Lytton Strachey ein kurzes dramatisches Stück mit dem Titel *According to Freud* (1914)[290], das seine Vertrautheit mit Freuds *Psychopathologie des Alltagslebens* belegt. Die beiden Figuren Rosamund und Arthur treffen im Garten eines Sommerhauses aufeinander, und es stellt sich im Laufe der Konversation heraus, dass ihr augenscheinlich unbeabsichtigtes Zusammentreffen kein Zufall war.

[...]

ARTHUR: [...] So that was what you were reading? Freud: and what is Freud?

ROSAMUND: What he is? He's a doctor. But you'd better find out the rest for yourself, for no doubt you'll be shocked if I were to explain him to you. You'll find the book in there – on one of the six cushions. *The Psycho-Pathology of Everyday Life.* I'll leave you with it; and before dinner you will have learnt all about the impossibility of accidents, and the unconscious self, and the sexual symbolism of fountain-pens [she takes his up], and – but I see you're blushing already. [She puts it down again.]

ARTHUR: You bewilder me. One thing at a time. The impossibility of accidents first – the fountain-pen afterwards. When I forgot my handkerchief this morning, and had to go up and get one in the middle of breakfast – wasn't that an accident? Do explain. I'd much rather have it from you than the Doctor.

ROSAMUND: According to Freud, one never does forget.

ARTHUR: Oh, according to Freud –! But if I didn't forget my handkerchief, why on earth –?

ROSAMUND: I expect, according to Freud, your unconscious self left it behind on purpose, so that you might have an excuse for going upstairs and getting another look at the under-house-maid. You're blushing again. I think the Doctor's right.

ARTHUR: How ridiculous you are. As if –. But never mind the handkerchief. I'll tell you one thing. Your friend the Doctor *was* right about one particular accident – the accident we began by talking about – the accident of our meeting here. It wasn't an accident at all.

[…] [291]

Strachey nimmt innerhalb des Dialogs, der sich zwischen den beiden entwickelt, das Stichwort "Zufall" als Anlass zur Inszenierung einer leidenschaftlichen Diskussion über Versprechen, Vergessen und andere Fehlleistungen im Sinne Sigmund Freuds. Das Gespräch, welches im Laufe der kurzen Spanne mehrere Wendungen nimmt, wobei die Figuren versuchen, ihre Verwechslungen, Missverständnisse und Irrtümer aufzuklären, wird von Rosamund, einer liberalen modernen Dame, immer wieder dazu genutzt, dem Skeptiker Arthur Freuds Sicht der Dinge näher zu bringen. Dabei nutzt Strachey das Thema Psychoanalyse als Medium, um mit Witz und Feingefühl die umständlichen Versuche der Protagonisten darzustellen, einander zu signalisieren, dass sie sich eigentlich lieben.

Die Feststellung von Spurr und Kallich, dass Stracheys (zu Lebzeiten) veröffentlichte Werke keinen Hinweis auf Freud beinhalten, ist richtig. Dass der Name Freud gar keinen Eingang in sein literarisches

Schaffen gefunden hat, ist nach der Entdeckung von *According to Freud* jedoch nicht mehr haltbar. Ein weiteres Beispiel für die Wirkung Freuds auf Lyttons schöpferische Kreativität ist sein oben zitierter Entwurf der Sexualkunde-Prüfungsfragen für James.[292]

Dass seine Äußerungen oder seine kreative Umsetzung der Impulse, die ihm die Psychoanalyse gegeben hat, als nicht ernsthaft, spielerisch oder nur augenzwinkernd gemeint erscheinen, ist weniger der Beweis, dass Lytton Strachey der Psychoanalyse skeptisch gegenüberstand, als vielmehr ein Merkmal seines Stils und seiner allgemeinen Einstellung. Die Briefe Lyttons sind über weite Strecken von Wortwitz und Eloquenz geprägt.[293] Diese immanente Leichtigkeit und Bereitschaft zum "mocking" ist das Ergebnis einer Entwicklung, die ihn und sein unmittelbares Umfeld geprägt haben. Leonard Woolf beschrieb diese Tendenz einmal so: In Cambridge wurde nie etwas Witziges gesagt, wenn es nicht gleichzeitig profund war. In Bloomsbury sagte man nichts Profundes, wenn es nicht gleichzeitig amüsant war.[294]

In diesem Licht muss man auch Lyttons Andeutung gegenüber James in einem Brief vom 24. November 1920 sehen. Während James' Aufenthalt in Wien arbeitete Lytton unermüdlich an seinem Werk *Queen Victoria*.[295] An James schrieb er: "I wish to God he [Freud] could have analysed Queen Victoria. It is quite clear, of course, that she was a martyr to analeroticism: but what else? what else?"[296] Lytton Strachey stand in regem Briefkontakt mit James während dessen Aufenthalt in Wien und zeigte sich sehr interessiert an dessen Erfahrungen mit der Psychoanalyse. Es ist nicht auszuschließen, dass er sich eine Antwort auf die Frage "what else?" erhofft hat, so wie er sie bei der Vorbereitung zu *Elizabeth & Essex* fünf Jahre später bekommen würde.[297]

Am 15. Oktober 1920, kurz nach der Aufnahme seiner Lehranalyse bei Freud, schreibt James an Lytton auf einer Postkarte: "A letter follows shortly. Life is spent here most agreeably – between the Professor's dissecting table and the Opera."[298] Am 6. November folgt dann eine detaillierte Beschreibung der Sitzungen bei Freud:

[...] Our lives seem to be excessively active, what with these diversions and the duties of the day. Each day except Sunday I spend an hour on the Prof.'s sofa (I've now spend [sic] 34 altogether), – and the "analysis" seems to provide a complete undercurrent for life. As for what it's all about I'm vaguer than ever; but at all events it's sometimes extremely exciting and sometimes extremely unpleasant – so I dare-say there's *something* in it.
The Prof himself is most affable and as an artistic performer dazzling. He has a good deal rather like Verrall in the way his mind works. Almost every hour is made into an organic aesthetic whole. Sometimes the dramatic effect is absolutely shattering. During the early part of the hour all is vague – a dark hint here, a mystery there – ; then it gradually seems to get thicker; you feel dreadful things going on inside you, and can't make out what they can possibly be; then he begins to give you a slight lead; you suddenly get a clear glimpse of one thing; then you see another; at last a whole series of lights break in on you; he asks you one more question; you give a last reply – and as the whole truth dawns upon you the Professor rises, crosses the room to the electric bell, and shows you out at the door.
That's on favourable occasions. But there are others when you lie for the whole hour with a ton weight on your stomach simply unable to get out a single word. I think that makes one more inclined to believe it all than anything.
When you positively feel the "resistance" as something physical sitting on you, it fairly shakes you all the rest of the day. [...] [299]

Die Einschätzung James Stracheys, Lytton habe der Psychoanalyse zunächst skeptisch gegenübergestanden,[300] ist nicht verwunderlich, wenn man bedenkt, dass James selbst, der sich der neuen Wissenschaft verschrieben hatte, anfänglich immer noch hin- und hergerissen war zwischen Zweifel und Faszination: "[...] the "analysis" seems to provide a complete undercurrent for life. As for what it's all about I'm vaguer than ever; but at all events it's sometimes extremely exciting and sometimes extremely unpleasant – so I daresay there's <u>something</u> in it. [...]"[301] In der Retrospektive wird James natürlicherweise seinen Bruder nicht enthusiastischer über die Analyse empfunden haben als sich selbst. Lytton bekundete jedenfalls immer wieder sein Interesse: "It's a great mercy that the Freudian part of it is so successful. I long to hear about the details. [...]"[302]

Drei Monate später haben sich James' Zweifel verflüchtigt, und er und Alix sind im Begriff, immer stärker mit Freud zusammen zu arbeiten. James berichtet Lytton von seiner Arbeit an der Übersetzung einiger wichtiger Schriften Freuds, wobei ihm und Alix die große Verantwortung übertragen wurde, Einleitungen und Anmerkungen zu schreiben. In seinem Brief bringt James seine allgemeine Bewunderung gegenüber Freud und seine Ergriffenheit von der Psychoanalyse zum Ausdruck:

As you may gather from this, the Prof [Freud] continues to be extremely friendly – not to say complimentary. Opinion of him rises daily. In fact it is difficult at the moment to be moderate on the subject. The most surprising thing is his general sensibleness. For instance, you asked if jokes were ever allowed. Oh! I assume you. In fact, he's only just now got into frightful hot water with all the serious and scientific psycho-analysts in Europe, by insisting upon the official publishers (the International Ps.-Analyt. Verlag) bringing out a novel by some obscure writer which treats the whole subject in an extremely indecent & purely jocose spirit.
They all throw up their hands and say that it'll do the gravest damage to the movement at a most critical moment in its history etc., etc.; and he simply says he's sorry, but he can't help seeing that the subject can be treated in more than the one way, and that he has an invincible dislike of opportunism.
There was very much the same sort of discussion last week on the subject of non-medical analysts, in which he almost alone took the strongest line in favour of them, on the ground that an ignorant doctor was no better off than an ignorant layman; while the other people growled about public opinion and the opposition of the medical professional organisations.[303]

Im September 1921 machten James und Alix Urlaub in England und besuchten ihre Bloomsbury-Freunde, wobei sich die Gelegenheit zu einem intensiven persönlichen Austausch über die Erfahrungen der Analyse und die psychoanalytische Theorie im Allgemeinen bot.[304]

Im Laufe des Aufenthalts der Stracheys in Wien wird das Verhältnis zu Freud durch die gemeinsame Arbeit an den Übersetzungsprojekten, der Lehranalyse und dem Kampf gegen Alix' Krankheit immer enger.[305] Die Gespräche waren nicht immer nur rein geschäftlicher Natur, ein Austausch fand auf Grund der gemeinsamen Begeisterung für Kultur und Literatur auch über andere Themen statt. Dass Lytton Strachey und dessen Werk oftmals Gegenstand der Konversation war, ist nicht verwunderlich, wenn man bedenkt, dass Freud großes Interesse an Literatur und literarischer Biographie im Speziellen hatte.

Bereits vor Erscheinen von *Queen Victoria* ist Lytton Stracheys bisheriges Werk, sein Stil und seine biographische Methode Gegenstand der Auseinandersetzung zwischen Freud und James Strachey gewesen. Im März 1921 gab Freud einen Artikel über Lytton Strachey an James weiter: "I've just seen a *New Republic* – the Prof takes it in & hands it on to us – which compares you to H.G. The highest of all compliments."[306]

Aus dem Briefwechsel zwischen Lytton und James geht hervor, dass es zum Teil James war, der Freud die Werke seines Bruders zu lesen gab, und dass er sie mit Freud diskutierte. Am 22. April schrieb James an Lytton: "V. [Victoria = *Queen Victoria*] has safely arrived. We've both [Alix und James] devoured it & handed it on to the Prof."[307] In seinem Brief an Lytton Strachey anlässlich der Veröffentlichung von *Elizabeth & Essex* (1928) schreibt Freud: "Ich kenne alle Ihre früheren Veröffentlichungen und habe sie mit großem Genuß gelesen. [...]"[308] James hält Lytton über die Gespräche mit Freud auf dem Laufenden und gibt dessen Einschätzung weiter. Lytton erwidert im Februar 1922: "I was delighted to hear of the Doctor's approval of Eminent Victorians, and I agree with his preference of it to Q.V. [*Queen Victoria*]"[309]

Einsatz der Psychoanalyse für das biographische Werk

Lytton Strachey hatte begonnen, sich intensiver mit psychoanalytischer Theorie auseinander zu setzen und die Motive seiner zu porträtierenden Figuren psychoanalytisch zu ergründen und deren Charakter zu analysieren. James und Alix, die in den 1920er Jahren in direkter Nachbarschaft von Lytton Stracheys Domizil in London am *42 Gordon Square* lebten, standen ihm dabei in Zweifelsfällen gerne Rede und Antwort. Der einzige schriftlich überlieferte Beweis dieses intensiven Austausches über psychische wie physische Abnormalitäten aus psychoanalytischer Sicht, der Lytton Stracheys Vermögen, "in größere Tiefen" des menschlichen Seelenlebens vorzudringen,[310] unterstützte, ist ein Brief von Alix an Lytton vom 1. Dezember 1925:

Dear Lytton,
James says that what I said about vaginismus wasn't quite correct. It appears that it isn't only a hysterical pain in the vagina, so that it hurts very much to have a penis put in it or sometimes even touch it; but also an actual constriction of the sphincter of the vagina (also hysterical & independent of any physical defeat or disease) which makes it physically impossible for anything to get in. This constriction, I gather, is often painful & of a conclusive nature. It is not under control of the will, & no amount of determination will affect it. It comes on, of course, precisely when the penis approaches the vagina.
Yours,
Alix [311]

Der Brief ist adressiert an Lyttons Londoner Adresse und ist nicht frankiert. Es liegt nahe zu vermuten, dass Alix das Bedürfnis hatte, ihre Aussage bezüglich der beschriebenen hysterischen Reaktion möglichst schnell zu korrigieren und Lytton diese kurze Nachricht schrieb, die sie daraufhin nebenan einwarf. Da die örtliche Nähe eine schriftliche Äußerung wie diese zur Ausnahme werden lässt, kann man keine genaue Aussage über Umfang, Dauer und Beginn der intensiven Auseinandersetzung Stracheys mit der Psychoanalyse im Zusammenhang mit Alix und James machen. Es ist jedoch zu vermuten, dass sie nach der Rückkehr der Stracheys aus Wien ihren Anfang genommen hat.

Kurz nach Erscheinen von *Elizabeth & Essex* 1928 sandte Lytton Sigmund Freud ein Exemplar seines Buches. Trosman und Simmons nennen es in ihrer Auflistung der Bibliothek Freuds an 458. Stelle unter der Rubrik "English Literature".[312] Als Freud 1938 Österreich verlassen musste, erhielt er nach der Zahlung von umgerechnet mehr als 800 USD die Erlaubnis, einen Großteil seiner Bücher mit ins Exil zu nehmen. Kurz vor seiner Flucht nach England sortierte Freud seine Bücher und entschied, welche er mitnehmen wollte. Stracheys *Elizabeth & Essex* zählte dazu. Die zurückgelassenen Bücher wurden in den 1950er Jahren in einer Buchhandlung gefunden und von dem *New York State Psychiatric Institute* erworben. Freuds ausgesuchte Bibliothek befindet sich heute immer noch in dem Haus in London, in dem er im September 1938 Zuflucht gefunden hatte und das bis zu seinem Tod im September 1939 sein letztes Domizil war.[313]

Trosman und Simmons geben neben bibliographischen Angaben zu Stracheys Buch lediglich die Zusatzinformation: "Gift of author". Eine persönliche Inspektion des Buches in der Freud'schen Bibliothek des heutigen Londoner Freud Museums hat ergeben, dass sich auf der ersten Innenseite eine persönliche Widmung Stracheys für Freud befindet. Dort steht: "To Sigmund Freud with profound admiration from Lytton Strachey".[314] Diese Widmung und Stracheys offensichtliche Verwendung psychoanalytischer Theorien und Konzepte in *Elizabeth & Essex* zollten dem Vater der Psychoanalyse Anerkennung. Und auch Sigmund Freud erwiderte diese Bewunderung, wie es in einem Brief direkt an Lytton Strachey letztendlich explizit zum Ausdruck kommt.

Elizabeth & Essex hat Sigmund Freud endgültig eingenommen und von der profunden analytischen Begabung Stracheys überzeugt. Freud schreibt am 25. Dezember 1928 an Lytton Strachey:

> [...] Ich kenne alle Ihre frühen Veröffentlichungen und habe sie mit großem Genuß gelesen. Aber der Genuß war ein wesentlich ästhetischer. Diesmal haben Sie mich tiefer ergriffen, denn Sie sind selbst in größere Tiefen hinabgestiegen. Sie bekennen, worüber der Historiker sich sonst so leicht hinwegsetzt, daß es unmöglich ist, die Vergangenheit sicher zu verstehen, weil wir Menschen, ihre Motive, ihr seelisches Wesen nicht erraten und darum ihre Handlungen nicht deuten können. [...] So stehen wir den Menschen vergangener Zeiten gegenüber wie den Träumen, zu denen uns keine Assoziationen gegeben sind, und nur die Laien können fordern, daß wir solche Träume deuten sollen. So zeigen Sie sich als Historiker vom Geiste der Psychoanalyse durchtränkt.[315]

Freud adressiert Strachey daraufhin quasi als Kollegen und erörtert seine eigenen Gedanken zur Person Elisabeths. Er sieht in dem Charakter der kinderlosen Königin die Grundlage für Shakespeares Entwurf der beiden Personen Macbeth und Lady Macbeth und kommt mit Berufung auf Lytton Strachey zu dem Schluss: "In dem Paar Macbeth ist Elisabeths Unschlüssigkeit, ihre Härte wie ihre Reue dargestellt. Wenn sie wirklich eine Hysterika war, wie L. Str. [Lytton Strachey] sie diagnostiziert, so hatte der große Psychologe [Shakespeare] vielleicht nicht unrecht, sie in zwei Personen zu zerlegen."[316]

Freud bestätigte Strachey nicht nur vom Geiste der Psychoanalyse durchtränkt zu sein, sondern bescheinigte ihm auch ein sicheres Maß

an diagnostischer Begabung. Freud bestätigte Strachey, er verstehe es in seiner Lebensbeschreibung der englischen Königin, "ihren Charakter auf ihre Kindheitseindrücke zurückzuführen, [Sie] deuten ihre geheimsten Motive ebenso kühn als diskret an und – es ist möglich, daß es Ihnen gelungen ist, den wirklichen Hergang richtig zu rekonstruieren".[317]

Obwohl sich Lytton Strachey und Sigmund Freud niemals persönlich begegnet sind, bestand eine starke innere Verbindung, und sie zeigten starkes Interesse an dem Werk des anderen. Zu jener Zeit, als sich James in Wien aufhielt, war Lytton Strachey im Umfeld Freuds präsent, ebenso wie Sigmund Freud im Umfeld Lytton Stracheys, wobei James eine bedeutende Mittlerrolle zukommt.

Es ist sicher davon auszugehen, dass Lytton und das Verhältnis zu seinem Bruder ein wesentlicher Bestandteil der Analyse von James war, wenn man bedenkt, wie nah sich die Brüder standen und in welchem Ausmaß Lytton prägend auf James' Leben eingewirkt hat.[318] Umgekehrt unterrichtete James seinen Bruder Lytton über die Person Freuds und alle Umstände seiner eigenen Analyse.

Sigmund Freuds Auseinandersetzung mit Lytton Strachey

Lytton Strachey und sein Werk waren auch im direkten Umfeld Freuds ein Thema, und es ist anzunehmen, dass Freud neben James auch mit anderen über das biographische Werk Lyttons redete. Im Februar, kurz nachdem James mit Freud über Lytton's *Eminent Victorians* gesprochen hatte, bat James seinen Bruder, einen Lehranalysanden Freuds in London zu treffen:

> By the way, I've given a letter of intro[duction] to an American called Dr. Leonard Blumgart – an admirer of you. He's been working with Freud here since October. [...] He'll probably be in England for 10 days at the beginning of March. If you could bring yourself to it, will you have him to lunch if you are in town, or even ask him down to lunch to Tidder [Tiddmarsh]? – If we ever have to fly to America & practise analysis there, he'll be of great importance.[319]

Dass Lytton sehr wohl wusste, dass er Freud bekannt war und dieser ihn schätzte, zeigt die oben zitierte Bitte an James, ein Empfehlungs-

schreiben für Sebastian Sprott zu verfassen, in dem er selbst (Lytton) als Referenz angegeben werden sollte. Des Weiteren ist davon auszugehen, dass sich Lytton und Sebastian, der in Cambridge Psychologie studierte, über Freud und die Psychoanalyse als gemeinsames Interessengebiet austauschten.

Umgekehrt bat Sigmund Freud James, ihm durch die Vermittlung zu Lytton Strachey einen Gefallen zu tun, da er glaubte, dass dieser als Verfasser von *Queen Victoria*, worin auch der britische Staatsmann Benjamin Disraeli (1804-1881) porträtiert wurde, in der folgenden Angelegenheit behilflich sein könnte:

Dear Mr. Strachey,
Sie werden von dem Anlass meines heutigen Briefes überrascht sein. Er hat weder mit der Analyse noch mit Ihrer ausgezeichneten Übersetzungsarbeit zu tun.
Vor kurzem zeigte mir in Berlin ein Bekannter einen in Paris erworbenen Marmorkopf aus Alexandria, der offenbar einen jugendlichen Semiten darstellte, von ausgeprägter Individualität und, wie man schwören möchte, großer Portraittreue. Ich behauptete, dieser Kopf sehe einem Bild des jungen Disraeli ähnlich, das ich in seiner Biographie gesehen zu haben mich erinnerte und versprach, eine Reproduktion dieses Bildes herbeizubeschaffen. Das ist mir nun hier nicht möglich. Ich wende mich also an Sie mit der Frage, ob Sie in der Lage sind, mir die Reproduktion eines Bildes des jugendlichen bartlosen Disraeli zu verschaffen, vielleicht durch Vermittlung Ihres Bruders Lytton. Wenn eine Ausgabe damit verbunden ist, so buchen Sie sie selbstverständlich auf mein Konto. Nehmen Sie mir den kleinen Auftrag nicht übel und seien Sie mit Alix herzlich gegrüßt von
Ihrem
Freud [320]

Freud und die Psychoanalyse: Permanente Präsenz im direkten Umfeld Stracheys

Sigmund Freud ist dem engeren Kreis der Bloomsbury Group als Person keine anonyme, imaginäre Größe hinter den psychoanalytischen Werken, wie dies bei anderen Autoren einflussreicher Schriften der Fall war. Freud wird durch die Verbindung über James und Alix Strachey und die zahlreichen direkten und indirekten persönlichen Erfahrungen als realer Zeitgenosse empfunden. Die Berichte von James und Alix oder von Carrington, die Wien zusammen mit Ralph besuchte, belegen dies. Carrington schrieb an Lytton am 3.

März 1922: "[...] Tomorrow I am to see Alix if she is no worse. James saw Freud today & Freud said 'why not! ... Produce her to Mrs. Strachey.'"[321]

Wie ein entfernter Verwandter ist Freud immer im Umfeld der Bloomsbury Group zu finden. So begleitete Lytton James, zum Beispiel, im Herbst 1922 nach Berlin, wo James an einem psychoanalytischen Kongress unter der Leitung Freuds teilnahm.[322]

Mehr noch als seine Person fanden Freuds Theorien Eingang in das Bewusstsein der Bloomsbury Group und prägten unter anderem die Reflexion der eigenen Beziehungen innerhalb der Gruppe. Die komplexe Dreierkonstellation von Lytton Strachey, Dora Carrington und Ralph Partridge war dabei oftmals Ziel der Betrachtung. Im Kreise der Bloomsbury Group galt mittlerweile eine psychoanalytische Therapie als angemessene Behandlung von psychischen Faktoren, die ein Zusammenleben schwierig machen konnten, wie Carringtons Bericht an Alix belegt: "Never Never [sic] have I been more wretched & less able to know the truth, or my mind or anybody's mind. R[alph] now says I am so incorrigible in my lies, deceits, & delusions, he will gladly pay for me to go to Freud to be cured – !"[323]

Auch Virginia Woolf weiß die Erfolge einer psychoanalytischen Behandlung zu schätzen, wie sie in einem Brief an ihre Freundin Ethel Smyth andeutete, die sie um ihre Ausgeglichenheit beneidete. Sie sei so "uninhibited: so magnificiently unself-conscious. This is what people pay £ 20 a sitting to get from Psycho-analysts – liberation from their own egotism."[324]

Anders als bei Lytton Strachey, in dessen zu Lebzeiten veröffentlichtem Werk der Name Freud oder seine Wissenschaft keine Erwähnung findet,[325] finden sich in Woolfs Arbeit mehrere Erwähnungen Freuds und der Psychoanalyse.[326] Eine Stelle in ihrem Essay *A Room of One's Own* (1929) zeigt ihre Bekanntschaft mit und in gewissem Maße ihre Achtung vor der Psychoanalyse.

Bei der Evaluierung ihrer Charakterskizze eines Professors, dem sie starke Antipathie entgegenbrachte, bemerkte sie: "A very elementary exercise in psychology, not to be dignified by the name of psychoanalysis, showed me, on looking at my notebook, that the sketch of the angry professor had been made in anger."[327]

Lytton und Carrington, die sich oft über ihre nächtlichen Träume austauschten,[328] wurden angesichts der geschärften Wahrnehmung hinsichtlich der Psychoanalyse aufmerksamer auf "Freud'sche Inhalte" wie zum Beispiel Kastrationsangst. Carrington berichtet Lytton: "[...] Ralph woke up in a great state this morning because a lizard in a bag had eaten off both his B_s [balls]."[329]

Hinter jeder auffälligen Eigenart ihrer Zeitgenossen konnte sich eine Freud'sche Fallgeschichte verbergen. Wie sehr Freud die Gedanken Stracheys beschäftigte, besonders während seiner biographischen Arbeit, zeigt ein Brief an Carrington vom 10. April 1928. Lytton hatte sich auf Einladung seines Bekannten Dadie Rylands auf dessen Anwesen in der Nähe von Bristol zurückgezogen, um in Ruhe seine dritte große biographische Arbeit, *Elizabeth & Essex*, fertig zu stellen. Von dort schrieb er:

> A little work in the morning, walk in the afternoon, meals, & reading fill out the days. Yellow china, and (as you thought) a thousand small landscapes on every wall (by Mr. R.). A slight surprise in the multitude of clocks. About 8 in every room, of every size; most of them have to be wound up at least once a day – and oh! the ticking! and the striking! Most singular! What Dr. Freud would say of it, I can't think.[330]

Für James Strachey war es nach seiner Wiener Zeit selbstverständlich, dass Lytton über ein profundes Maß an Kenntnis der Psychoanalyse verfügte, und er berichtete ihm immer wieder in Briefen von Einzelheiten und Bemerkenswertem aus der psychoanalytischen Welt. Von einem Kongress 1924, zum Beispiel, schrieb er ihm:

> General Pilcher, the Times Correspondent, was also entertaining. He clung to me at the Congress. "What – er – , may I ask, is the meaning of the word – er – "Nartismus" which the speakers used so frequently this afternoon? I confess that I found myself somewhat at sea. Indeed I followed considerably more of this morning's discussion – during which – er – certain intimate matters were referred to." –
> Namely a male child of two who bit off his mother's [sic] penis because he couldn't give birth to a child by his father.[331]

Die Verteidigung der originalen Kreativität

Es bleibt zu ergründen, warum James Strachey in der Retrospektive einen Einfluss Freuds auf das Werk seines Bruders Lytton vor der Veröffentlichung von *Elizabeth & Essex* nahezu ausschließt und dessen Kenntnis der Psychoanalyse unterbewertet, obwohl er selbst eine wichtige Vermittlerrolle zwischen Freud und Lytton Strachey spielte und einen großen Beitrag zu dessen Rezeption der Freudschen Theorien geleistet hatte.

In der Beantwortung des Briefes von Martin Kallich hält sich James Strachey offensichtlich an einen ihm zugesandten Fragenkatalog. Es ist zu bezweifeln, dass er zur Beantwortung der Fragen im Jahr 1956, 24 Jahre nach dem Tod seines Bruders Lytton und 34 Jahre nach seiner Analysezeit in Wien, die alten Briefe erneut konsultiert hat, um auf die Fragen Kallichs einzugehen. Seine sehr allgemein gehaltenen Ausführungen geben seinen Eindruck des Sachverhalts aus der damaligen Gegenwart von 1956 wieder. Es ist nicht auszuschließen, dass ihm die Details seiner Korrespondenz mit Lytton nicht mehr völlig präsent waren und er ein abgeschwächtes Bild der Realität gab.

Stichhaltiger erscheint mir jedoch in Ergänzung dazu die These, dass James Strachey bewusst oder unbewusst mit einer gewissen Intention auf die Fragen Kallichs geantwortet hat. James war sehr darauf bedacht, im Diskurs der zum großen Teil negativen Bloomsbury-Kritik in der Öffentlichkeit, ein positives Bild seines Bruders Lytton zu kreieren und dessen Image, soweit es in seiner Macht stand, zu kontrollieren, wie man es den Ausführungen Holroyds in der Einleitung zu dessen Biographie entnehmen kann.[332]

James hatte Lytton immer als eigenständigen kreativen Menschen gesehen und dessen Bemühen verfolgt, als eigenständige kreative Kraft wahrgenommen zu werden. Etwas jünger als Lytton und nicht immer in vorderster Reihe, war James dennoch ein fester Bestandteil des Bloomsbury-Kreises und hatte den Geist der Gruppe miterlebt und mitgetragen, der als einer seiner Grundprämissen das Streben nach und die Pflege der individuellen Selbstverwirklichung und Selbstbehauptung begriff: "Thus, disheartened by the impossibility of discovering opinions and tastes common and peculiar to those people who by one authority or another have been described as 'Bloomsbury', the more acute may well be led to surmise that Bloomsbury was neither a chapel nor a clique but merely a collection of individuals each with his or her own views and likings."[333]

Lytton Strachey hatte trotz des vielfältigen Einflusses durch verschiedene Philosophen, Biographen und Schriftsteller einen eigenen unverwechselbaren Stil geschaffen und sich nie von seinen Leitbildern oder Einflüssen vereinnahmen lassen. Sosehr er sich für G.E. Moores *Principia Ethica* und dessen Denken Anfang des 20. Jahrhunderts begeisterte, hatte er bereits zu Zeiten am *Trinity Colloge* in Cambridge eine gewisse Distanz zu dem großen Meister wahren können und diesen auch ironisch beleuchtet, wie sein Vortrag "The Historian of the Future" für die *Apostles* bezeugt.[334] Stracheys Werk ist durch den Geist des Moore'schen Denkens geprägt, nicht durch eine direkte Umsetzung von dessen Gedanken.

Die Mitglieder der Bloomsbury Group waren Individuen, die auf ihren jeweiligen Arbeitsgebieten eigene Leistungen erbracht hatten. Sie teilten gemeinsame Grundüberzeugungen und fühlten eine übergreifende Geistesverwandtschaft, die eine gegenseitige Anregung ermöglichte: Sie folgten jedoch nach eigener Aussage zu keinem Zeitpunkt einer Doktrin oder sahen es als kreative Leistung an, ein vorgefertigtes Gedankengebäude oder eine geistes- bzw. naturwissenschaftliche Methode in ihrer jeweiligen Disziplin anzuwenden. Von daher ist es nicht verwunderlich, dass man in den Werken Lytton Stracheys keine Erwähnung Freud'scher Terminologie findet.

James wusste sehr genau, dass Lytton immer darauf bedacht war, seine Unabhängigkeit und kreative Individualität zu bewahren. Lytton wollte sich von keiner Gruppe oder Disziplin vereinnahmen lassen und organisierte seine geistige wie physische Unabhängigkeit mit Bedacht. Nach der Veröffentlichung von *Queen Victoria* und der beginnenden breiteren Akzeptanz Stracheys in der intellektuellen Öffentlichkeit wurde ihm angetragen, Mitglied der *Royal Society of Literature* zu werden. In einem Brief vom 30. Dezember 1922 wandte er sich an Edmund Gosse, der bereits Mitglied war, mit der Bitte, seine Entscheidung, kein Mitglied der Gesellschaft zu werden, vor dem "Academic Committee of the Royal Society of Literature" zu vertreten:

Perhaps it is regrettable, but the fact remains that, as Saint Simon said of himself, "je ne suis pas un sujet académique" & so I hope you will sympathize with me in my declining the honour and I am sure that if I am even able to do any service to literature, it will be as an entirely independent person and not as a member of a group.[335]

In die Lage versetzt, stellvertretend für Lytton eine Aussage über dessen Grad der Beeinflussung durch die Psychoanalyse und damit verbunden dessen Maß an Kenntnis der Theorien und Konzepte Freuds machen zu müssen, traten bei James vermutlich die gleichen Abwehrmechanismen wie bei Virginia Woolf in Kraft, die im Folgenden näher beschrieben werden sollen.

James war sehr wohl bewusst, dass seine schriftlichen Aussagen über seinen Bruder an Martin Kallich, einen Literaturwissenschaftler, der im Begriff war, eine Studie über Lytton Strachey zu verfassen, Gewicht für dessen Darstellung haben würden. Mitte der 1950er Jahre, zu einer Zeit, in der die Bloomsbury Group in der Öffentlichkeit keine allzu gute Reputation genoss, entschloss sich James Strachey, die Ausführungen zum Verhältnis seines Bruders zur Psychoanalyse so zu formulieren, dass der Geist der Unabhängigkeit und individuellen Kreativität betont wurde und all den stummen und lauten Verallgemeinerungen entgegentrat, die Bloomsbury als eine Gruppe selbstreferentieller Ingenien abtaten.

IV. Virginia Woolf und die Psychoanalyse

1. Der Stand der Forschung

Stand Virginia Woolf der Psychoanalyse wirklich feindlich gegenüber?

Das Verhältnis Virginia Woolfs zur Psychoanalyse wurde ähnlich wie im Falle Stracheys und der Bloomsbury Group insgesamt zu Beginn der Woolf-Forschung in den 1930er Jahren bis weit in die 1960er nur marginal behandelt. Eine Prägung Woolfs durch die Psychoanalyse wurde im Wesentlichen ausgeschlossen,[336] teilweise mit Berufung auf Aussagen der Autorin selbst, wie im Falle Reinald Hoops.[337]

Dennoch gab es in den 1950er Jahren eine Debatte in der Zeitschrift *Literature & Psychology*, die die Anwendung Freud'scher Theorien und Symbole innerhalb Woolfs Werk bzw. deren Applikation durch die Literaturkritik diskutierte.[338] Der Mangel an autobiographischem Material, das eine definitive Aussage zur Haltung Woolfs gegenüber Freud oder zu ihren eigenen Intentionen ermöglicht hätte, ließ der Phantasie einiger Interpreten freien Lauf. Erwin R. Steinberg, der Freud'sche Symbole in *Mrs. Dalloway* (1925) ausgemacht zu haben glaubte, wendete sich an Leonard Woolf mit der Bitte um Aufklärung. Woolf antwortet in einem Brief, das Taschenmesser in Peter Walshs Hose sei nicht zwangsläufig freudianisch zu interpretieren.[339]

Edward Hungerford war der Erste, der durch den Nachweis, dass Virginia Woolf die Autorin der anonym verfassten Rezension "Freudian Fiction" ist, ein Indiz dafür liefern konnte, dass Woolf mit der Psychoanalyse mehr als nur oberflächlich vertraut war.[340]

Die Veröffentlichung ihrer Tagebücher 1977-1984 hat der Literaturwissenschaft und Biographik reichhaltiges Quellenmaterial an die Hand gegeben und die Zahl der Untersuchungen zu Leben und Werk der Virginia Woolf stieg seit den 1970er Jahren beträchtlich. Vor allem der feministischen Forschung ist es zu verdanken, dass dabei auch die Beziehung Woolfs zu Freud in das Blickfeld gerückt wurde.

In der Auseinandersetzung mit dem Verhältnis Virginia Woolfs zur Psychoanalyse haben sich verschiedene Ansätze herausgebildet, die im Folgenden kurz skizziert und anhand einiger der wichtigsten Veröffentlichungen illustriert werden sollen.

Woolfs Beziehung zur Psychoanalyse im Spiegel der Kritik: Verschiedene Ansätze

Die feministische Forschung hinsichtlich Virginia Woolfs Verbindung zu Freud und der Psychoanalyse ist epochen- und genderorientiert. Im Kontext der Anfang der 1920er Jahre populär werdenden Freud'schen Konzepte wird das Werk Woolfs aus feministischer Sicht als Alternative zu der patriarchalisch fundierten Psychoanalyse verstanden und die Autorin zu einer Leitfigur im Kampf für die Anerkennung geschlechtlicher Unterschiede und der Suche nach weiblicher Identität erkoren. Freud galt in feministischen Kreisen zunächst lediglich als Misogyn, dessen Verdienst es war, einen negativen, normativen Einfluss auf therapeutische Praktiken ausgeübt zu haben, die der weiblichen Subjektivität nicht gerecht wurden. Mit der Veröffentlichung von Juliet Mitchells *Psychoanalysis and Feminism* (1973)[341] kam jedoch eine Debatte über den Nutzen der Psychoanalyse für das Verstehen weiblicher Subjektivität in Gange, die die feministische Literaturkritik nicht unberührt ließ und damit die Beschäftigung mit Virginia Woolf unter diesem Gesichtspunkt anregte.[342]

Im Zentrum des Interesses standen dadurch weniger Woolfs Kenntnisse über die Psychoanalyse oder deren etwaige Bedeutung für ihr Werk, als vielmehr die unterschiedlichen Konzepte in der Erforschung bzw. Darstellung seelischen Innenlebens und psychologischer Prozesse. Elizabeth Abel[343], zum Beispiel, untersucht ausgehend von der Annahme, dass die Konventionen des 19. Jahrhunderts für die Produktion männerzentrierter Fiktion durch Sigmund Freud verstärkt wurden, die Parallelen in den Schriften von Melanie Klein und Virginia Woolf. Vor dem Hintergrund des historischen Moments, den die Zeitgenossen Freud, Klein und Woolf teilten, versucht Abel deren Orientierung und Entwicklung hinsichtlich ihrer "matricentric" oder "patricentric" Fundierung. Die Parallelen zeitgleich entstandener Werke werden dabei unter Gesichtspunkten wie Mutter-Kind-Beziehung und "gender-effects" hin untersucht.[344]

Dorothy Dodge Robbins[345] kommt in ihrem Vergleich von Freuds berühmter Fallgeschichte *Dora* (1901)[346] mit Virginia Woolfs erstem Roman *The Voyage Out* (1915) zu dem Ergebnis, Woolf beweise in der Erörterung des zurückgewiesenen Kusses, dem zentralen Element beider Werke, dass sie einen besseren Einblick in das Innenleben der Frau an sich habe als Freud.

Judith Lutzer[347] spürt den unsichtbaren Verbindungen zwischen den Schriften Freuds und Woolfs nach, indem sie exemplarisch Freuds Theorie der Verdrängung den Ausführungen Woolfs in ihrem autobiographischem *A Sketch of the Past* gegenüberstellt. Ähnlich verfährt Mary Jacobus[348], die Woolfs *To the Lighthouse* (1927) unter Berücksichtigung der Schriften Freuds zu Deckerinnerungen interpretiert. Patricia L. Moran[349] stellt Melanie Kleins *Early Stages of the Oedipus Complex* (1928) dem Aufsatz Freuds über weibliche Sexualität (1931) gegenüber und setzt diese Texte zu Woolfs Werk in Beziehung, indem sie dem Phänomen Hunger als "hysterical discourse" in Woolfs Werk nachspürt.

Ein anderer Ansatz innerhalb der Woolf-Forschung, sich mit dem Verhältnis Virginia Woolfs zur Psychoanalyse auseinander zu setzen, ist die Anwendung Freud'scher Konzepte auf die Handlung und Charaktere der Prosa Woolfs: "Sigmund Freud is often consulted when critics interpret a literary text for its psychological elements. Virginia Woolf, whose fiction explores various and shifting conceptions of self, particularly the mutable identities of women, has often come under scrutiny by those guided by Freudian principles."[350]

Seit Mayoux' vergeblichem Bemühen von 1928, psychologische Motive in *To the Lighthouse* (1927) zu entdecken,[351] haben eine Reihe von Literaturwissenschaftlern den Versuch unternommen, Figuren im Werk Virginia Woolfs psychoanalytisch zu deuten. Beverly Ann Schlack[352], zum Beispiel, nimmt in ihrem Aufsatz "A Freudian Look at Mrs. Dalloway" eine psychoanalytische Studie der Charaktere vor. Keith Hollingsworth[353] interpretiert *Mrs. Dalloway* als eine Studie der doppelten Persönlichkeit und des Todeswunschs, während Maria DiBattista[354] versucht, die Freud'sche Psychologie in *To the Lighthouse* (1927) zu ergründen und archetypischen Mythen und literarischen Vorlagen nachzuspüren. Elisabeth Grünewald-Huber[355] nähert sich Virginia Woolfs *The Waves* (1931) anhand einer textorientierten psychoanalytischen Interpretation, und Louise A. Poresky[356] versucht sich an einer Jung'schen Studie der Romane Woolfs.[357]

Darüber hinaus gibt es immer wieder psychoanalytische Interpretationen des Woolf'schen Werks als Annäherung an eine Freud'sche Analyse der Person der Autorin. Hier stehen eher biographische Interessen im Vordergrund. Irma Rantavaara[358] ist eine der Ersten, die diese Vorgehensweise begründete:

> We may not hold Freud's doctrines sacrosanct in everything, but his theory about the harmful effects of a child's reliance on, and too close relation with, the parents is proved to be true by innumerable examples taken from life. In Virginia Woolf's case, her constant preoccupation with death was partly caused by the frequent visits of death in her family during her most impressionable years, but it is not impossible that its almost morbid character had its origin in her excessive feeling towards her dead and idolized mother. The seeds of self-destruction were perhaps sown by her early unconscious or subconscious desire not to be separated from her, for with her also went the sense of security.[359]

Hier deutet sich bereits eine Konzentration auf die Mutter Virginia Woolfs und die Rolle und Funktion der Mutter *per se* an, die in der späteren feministischen Woolf-Forschung eine große Rolle spielen wird. Shirley Panken[360] versteht die Aussage des Narrators in Virginia Woolfs *Orlando* (1928), "every secret of a writer′s soul, experience of his life and quality of his mind, is written large in his work", als Einladung, Woolfs Werk daraufhin zu untersuchen. Panken widmet sich in ihrer Studie *Virginia Woolf and the Lust of Creation – A Psychoanalytic Exploration* (1987) dem vielschichtigen Verständnis von Virginia Woolfs Leben und Werk in psychologischer und psychoanalytischer Sicht. Dabei betrachtet sie Woolfs Prosa als Mittel, Liebe zu bekommen und mütterliche Figuren zu erschaffen.

Betty Kushen verfolgt die Mutter-Kind-Beziehung Woolfs zurück bis in deren Säuglingsjahre und versucht, mit Versäumnissen ihrer Mutter während Virginias "oraler Phase" deren emotionale Schwierigkeiten zu begründen, die sich in ihrem Werk niederschlagen. Kushen ergründet die Wurzeln von Woolfs lebenslangen Problemen bei der Aufnahme von Nahrung in der Realität (Essstörungen, "feeding-cure" zur Behandlung ihrer Krankheit etc.) und die Wichtigkeit von Mahlzeiten, Essen und Hunger in Woolfs Werk.[361]

Ellen Rosenman sieht die Beziehung Virginias zu ihrer Mutter als die eigentliche Motivation ihres Schreibens. Julia Stephen, als die Verkörperung der Mütterlichkeit *per se*, habe Virginias Kreativität geformt und ihre ästhetischen Werte bestimmt. Anhand psychoanalytischer Theorien versucht Rosenman zu erklären, inwieweit die frühe Mutter-Kind-Beziehung Virginias Vorstellungswelt und Kunstkonzeption geprägt hat. Die Analyse einiger Figuren in Woolfs Romanen soll belegen, dass diese die Entwicklung der Autorin widerspiegelten, "as she exercises increasing control over her regressive impulse, confronting, adapting and transforming it".[362]

Loise F. Strouse interpretiert Woolfs *To the Lighthouse* in ähnlicher Weise und arbeitet heraus, dass Woolfs innige Verbindung zu Frauen, vor und nach ihrer Heirat, allen voran zu Vanessa Bell, Violet Dickenson und Vita Sackville-West, ihr das zu geben vermochte, wonach sie sich zeit ihres Lebens gesehnt hatte: "the necessary emotional nutriments for filling the maternal vacuum created very early in life".[363]

Alma H. Bond versucht eine Analyse unter psychoanalytischen Aspekten, um der Frage nachzugehen, wer mitverantwortlich zeichnet für Virginia Woolfs Krankheit und Freitod in *Who killed Virginia Woolf? A Psychobiography.*[364]

2. Virginia Woolfs Kenntnis der Psychoanalyse

Im Zentrum der folgenden Ausführungen soll analog zu der Intention und Vorgehensweise der vorangegangenen Kapitel Virginia Woolfs Verhältnis zur Psychoanalyse unter dem Aspekt untersucht werden, in welchem Maß sie Kenntnis der Psychoanalyse hatte und inwiefern man auf eine mögliche Prägung ihres Werks durch diese schließen kann.

Dabei soll die Entwicklung ihrer Haltung gegenüber Freud und dessen Schriften im Laufe ihres Lebens – von harscher Ablehnung zu enthusiastischer Anteilnahme – nachgezeichnet und einige Fragen erörtert werden, die sich vor dem Hintergrund des bereits erarbeiteten Kontextes aufdrängen: Welche Faktoren beeinflussten ihre wechselhafte Haltung gegenüber Freuds Werk? Wieso gibt sie vor, nur marginale Kenntnis der Psychoanalyse gehabt zu haben? Warum hat sich Virginia Woolf trotz massiver psychischer Störungen nie einer psychoanalytischen Therapie unterzogen?

Virginia Woolf wurde sowohl von ihren Freunden innerhalb der Bloomsbury Group als auch von der Außen- und Nachwelt als zentrales und aktives Mitglied der Gruppe eingeschätzt.[365] Vor dem beschriebenen Hintergrund der Durchdringung Bloomsburys von dem Geist der Psychoanalyse muss man Virginia Woolf in den Kreis derer einreihen, die seit spätestens 1912 mit zunehmender Intensität die Auseinandersetzung mit der Psychoanalyse innerhalb der Bloomsbury Group aktiv oder passiv miterlebt haben, zumal sie die Frau eines Mannes war, der sich im Laufe der Jahre zu einem überzeugten Freudianer entwickelte. Ein Detail aus dem Eheleben der Woolfs illustriert das Ausmaß der Präsenz Freuds auch im Hause der Woolfs, lange bevor Virginias erste Äußerungen in Druck erschienen.[366] Am 3. Februar 1917 berichtete Virginia in einem Brief an Saxon Sydney-Turner : "[...] hearing my husband snore in the night, I woke him to light his torch and look for zeppelins. He then applied the Freud system to my mind, and analysed it down to Clytemnestra and the watch fires, which so pleased him that he forgave me."[367]

Die gegenseitige Analyse hatte offensichtlich einen festen Platz im Verhältnis der Woolfs zueinander, was eine mehr als nur beiläufige Kenntnis der Psychoanalyse belegt. 1930 schrieb Virginia an Ethel Smyth: "[Leonard and me] analyse each other's idiosyncrasies [...] in the light of psychoanalysis walking round the square."[368]

Zur Aussagekraft der Tagebücher

Virginia Woolfs Tagebücher und Briefe sind eine große Hilfe bei dem Versuch nachzuvollziehen, in welchem Maß sie sich mit der Psychoanalyse auseinander gesetzt hat und welche Haltung sie zu bestimmten Phasen ihres Lebens eingenommen hat. Die Tagebücher und Briefe können jedoch nicht als einzige Quellen und uneingeschränkt verlässliche Dokumente im Sinne eines Anspruchs auf

Vollständigkeit und Objektivität gelten. Man darf nicht vergessen, dass es sich dabei um autobiographische Schriften handelt, die nicht unbedingt zur Veröffentlichung gedacht waren und keinen Versuch Woolfs darstellen, in selbstanalytischer Weise das Innere und Äußere ihrer Person zu durchleuchten oder darzustellen. Es ist deshalb durchaus auch charakteristisch, wenn etwas *nicht* Eingang findet in die Tagebücher und Briefe. Deren Limitiertheit kommt besonders dann zum Ausdruck, wenn sich die Möglichkeit ergibt, eine von Virginia Woolf beschriebene Situation ihres Lebens der Beschreibung eines anderen gegenüberzustellen. Das folgende Beispiel soll dies illustrieren.

Am Abend vor der Veröffentlichung des dritten Bandes von Freuds *Collected Papers* durch die *Hogarth Press*, die mit der Veröffentlichung von Woolfs *Mrs. Dalloway* zeitlich zusammenfiel, ist James Strachey bei den Woolfs zum Abendessen eingeladen. James berichtet in einem Brief an Alix am nächsten Tag: "Last night, I dined with the Wolves, the other guest being Dadie [George Rylands]. Virginia made a more than usually ferocious onslaught upon psycho-analysis and psycho-analysists, more particular the latter."[369] Virginia Woolfs Eintrag in ihrem Tagebuch über diesen Abend enthält keine Erwähnung der Psychoanalyse, und ihre Beschreibungen lassen auf einen nach ihrer Auffassung fröhlichen Abend schließen.

Virginia Woolfs ambivalentes Verhältnis zur Psychoanalyse und dessen Motive

Die Tagebucheintragungen und Briefe, welche Bezug auf die Psychoanalyse nehmen, lassen einerseits Rückschlüsse auf Virginia Woolfs Vertrautheit mit der Psychoanalyse im Rahmen der Bloomsbury-internen Auseinandersetzung zu und konstatieren zum anderen eine gewisse Abwehrhaltung und Abneigung gegenüber Theorie und Praxis der Psychoanalyse. Eine Untersuchung der Kontexte, in denen sich Virginia Woolf negativ über die Psychoanalyse äußert, kann Aufschluss über die Gründe für ihre negative Grundeinstellung sowie Auslöser ihrer Abwehrreaktionen geben.

Im Folgenden soll gezeigt werden, dass Woolf, die keine eigene Erfahrung mit therapeutischer Psychoanalyse hatte, diese emotional in direkte Beziehung zu jenen Menschen ihres Umfeldes setzte, die im Besonderen mit Freud verbunden waren. Ihre negative Haltung gegenüber diesen Personen projizierte sie dabei teilweise auf die Psychoanalyse.

Des Weiteren soll dargestellt werden, dass Woolf immer dann Widerstand und Ablehnung gegenüber der Psychoanalyse bekundete, wenn sie sich durch Freuds Theorien und Konzepte persönlich betroffen oder bedroht fühlte. Dies ist im Besonderen dann der Fall, wenn ihr die Anwendbarkeit bestimmter psychoanalytischer Inhalte auf die eigene Person bewusst wird oder die Vorstellung, die Psychoanalyse als eine potentielle Therapie zur Behandlung ihrer eigenen Krankheit und den damit verbundenen psychischen und physischen Symptomen einzusetzen, ihr zu nahe rückt.

Die verkörperte Psychoanalyse in Gestalt der Psychoanalytiker im Umfeld Woolfs

Für James Strachey hatte Virginia Woolf eine ausgesprochene Sympathie empfunden, bis sich herauskristallisierte, dass sich das Verhältnis zwischen ihm und Alix Sargant-Florence stetig festigte und er dem festen Willen Alix' nach einer dauerhaften Beziehung nachgeben würde. Genauso argwöhnisch wie die Bemühungen von James, sich im Feld der Psychoanalyse zu etablieren, verfolgte Virginia die Bestrebungen Alix', aus der Freundschaft zu James eine feste Bindung zu machen. Virginia fand für Alix' Motivation nur abfällige Bemerkungen. Alix verfolge James "with an air of level headed desperation" und "sepulchral despair – poor woman".[370]

Virginia wusste, dass es die intellektuellen Qualitäten Alix' waren, die James anzogen, und vor allem das gemeinsame Interesse an der Psychoanalyse. Virginia hatte von Anbeginn eine gewisse Abneigung gegen Alix, und dementsprechend klingt bereits die erste Einladung 1916 an sie als James' Begleiterin zu einem Dinner bei den Woolfs wenig freundlich:

[…] Margery not having answered, I suppose she can't be coming – anyhow do persuade Miss A.S.F. (if those are her initials) to come – we should be delighted to see her at last – you'd have to be very tactful, as we've never met her, & when here you would have to bridge all our gulfs – age & youth, I mean. [...] [371]

Eine Postkarte Virginias von 1918 an James, die sich in der Korrespondenz zwischen den beiden in der *Strachey Papers* Sammlung der *British Library* befindet, spricht eine noch viel deutlichere Sprache. Dort heißt es ohne weitere Anrede: "Tell Alix from me that she is a callous devil. She will know what this refers to. V.W." Handschriftlich in Bleistift ist auf den oberen Rand vermerkt: " I don't know. A.S."[372]

Virginias grundsätzlich eher ablehnende Haltung gegenüber Alix behielt sie bis zum Schluss bei. Eine Episode aus dem Jahre 1936 kann dies belegen. Francis und Ralph Partridge, die zu dieser Zeit am *Gordon Square* wohnten, hatten Gäste eingeladen, unter denen sich auch die Woolfs und die Stracheys befanden. Francis berichtet, dass Virginia Alix begrüßte mit: "'Oh yes, Alix, I know all about you. You simply spend your whole time dancing, and sink further into imbecility every moment.' It was not really meant as a joke, and let to a duel of wits between Virginia and Alix. When they got on to psycho-analysis, Virginia was out of her depth, and worsted."[373] Alix nahm ihr diese Ausbrüche nicht übel, sie bezeichnete Virginia in ihrer Erinnerung als "absolute exquisit" und "particularly graceful":

[...] she was malicious not behind one's back but to one's face. She made fun of people in public and used to weave ideas about them." […] Sometimes she said things that made people very angry, but nobody contradicted her vehemently. We felt that somehow she was too vulnerable, too easily injured mentally to lose one's temper with. For my part, I felt that anything I might say in reply would be clumsy compared to her choice of words and, in any case, she never made me angry enough to want to try. It always seemed strange to me that the sensibility which was evident in all her writing was not really present in her daily life.[374]

Virginia Woolf begleitete die Bemühungen der Stracheys, Psychoanalytiker zu werden, mit gehässigen Kommentaren in ihrem Tagebuch: "Poor James Strachey was soft as moss, lethargic as an earthworm. James billed at the 17 Club to lecture on "Onanism", proposes to earn his living as a exponent of Freud in Harley Street. For one thing you can dispense with a degree."[375] An dieser Stelle wird deutlich, dass Virginia ihre negativen Gefühle, die sie mit den Psychiatern in der *Harley Street* und deren Methoden verbindet, auf James und die Psychoanalyse projiziert, obwohl sie wusste, dass sich die Praxis der Psychoanalytiker grundlegend von jener Behandlung unterschied, unter der sie bereits mehrmals stark zu leiden hatte.[376] Zur Behandlung ihrer immer wieder auftretenden "nervous breakdowns" begab sich Virginia Woolf in die Obhut verschiedener Ärzte, die sie mit der Zeit zu fürchten begann. Unter ihnen waren George Savage, T.B. Hyslop und Maurice Craig, die vormals am Londoner *Bethlehem Hospital* gearbeitet hatten und sich nach ihrer Pensionierung in der *Harley Street* als Psychiater niederließen.

Ernest Jones bringt in seinen Memoiren seine Geringschätzung dieser Ärzte zum Ausdruck. Seiner Meinung nach beschränkte sich deren Behandlungskunst auf die Unterzeichnung der notwendigen Formulare, um ihre Patienten in teure Krankenhäuser zu senden, wo sie diese von Zeit zu Zeit besuchten.[377] Die Doktoren, die Virginia Woolf konsultierte, waren Anhänger der Theorie, dass psychische Krankheiten vererbt würden und man ihnen am besten mit einer Beschränkung auf "food, rest, and no mental work" begegnete.[378]

Dass James und Alix sowie Adrian und Karin in den Bereich der therapeutischen Anwendung gehen wollten, veranlasste Virginia, sie emotional mit den Spezialisten der Harley Street zu verbinden und löste unweigerlich eine Abwehrreaktion aus.

Ihre Kommentare zu Alix und James blieben deshalb skeptisch bis missbilligend. Nach einem kurzen Aufenthalt der Stracheys in England im September 1921 kehren sie nach Wien zurück, und Virginia Woolf vermerkt in ihrem Tagebuch:

> I said goodbye to James & Alix at 9 this morning: therefore the whole day is contaminated. Freud has certainly brought out the lines in Alix. Even physically, her bones are more prominent. Only her eyes are curiously vague. [...] He [James] is the least ambitious of men – not ambitious even of being a character – low, muted, gentle, modest. I suspect that his points show in the shade – which Alix certainly provides. [...] I daresay his monotony is partly due to us. I fancy that in private he may be as gay as a small boy; perhaps they have a private language. Perhaps they go for treats.[379]

Neben dem leicht überheblichen Unterton ihrer Analyse schwingt auch ein wenig Bewunderung oder Eifersucht auf die gemeinsame Vertrautheit der Stracheys mit, die Virginia vermutete. An Janet Case schreibt sie zur gleichen Zeit: "The last people I saw were James and Alix, fresh from Freud – Alix grown gaunt and vigorous – James puny and languid – such is the effect of 10 months psychoanalysis."[380]

Auch die Entscheidung ihres Bruders Adrian und dessen Frau Karin, Psychoanalytiker zu werden, stieß bei Virginia zunächst auf Ablehnung und Skepsis. Am 18. Juni 1919 schreibt sie in ihr Tagebuch:

> [I] found that strange couple just decided to become medical students. After 5 years' training they will, being aged 35 & 41 or so, set up together in practise as psychoanalysts. This is the surface bait that has drawn them. The profound cause is, I suppose, the old question which used to weigh so heavily on Adrian, what to do? Here is another chance; visions of success & a busy, crowded, interesting life beguile him. Halfway through, I suppose, something will make it all impossible; and then, having forgotten all his law, he will take up what – farming or editing a newspaper, or keeping bees perhaps. I don't see that it matters at all, so long as they always have some carrot dangling in front of them.[381]

In einem Brief an Vanessa Bell vom 18. Juni 1919 gibt sie eine klamaukartige Beschreibung, wie sie sich die tägliche Praxis der beiden vorstellt: "I suppose, one'll whisper one's symptoms to Adrian, and he'll bellow them to Karin; and then they'll lay their heads together. Isn't it a surprising prospect?"[382]

In der Beschreibung ihres Bruders in Relation zu seiner Frau kommt Adrian ähnlich schlecht weg wie James. Es drängt sich der Verdacht auf, Virginia habe eine Antipathie gegenüber den "starken" Frauen der beiden "schwachen" Männer entwickelt und hege unterschwellig den Vorwurf, dass die Frauen die Männer zur Psychoanalyse bewegt und sie damit von ihr selbst entfernt hätten. Ihre Abrechnung mit diesen zwischenmenschlichen Prozessen, die ihr nicht gefallen, geht zu Lasten der Psychoanalyse.

Persönliche Betroffenheit als Auslöser von Abwehrreaktionen

Einer ihrer schärfsten Angriffe direkt auf die Theorien Freuds ist ihr Kommentar zu dem bereits zitierten Bericht an Molly McCarthy vom 2. Oktober 1924, in welchem sie sich auf einen Fall bezieht, der in der 17. Vorlesung der *Introductory Letters on Psycho-Analysis* (1916-1917) mit dem Titel "The Sense of the Symptoms" beschrieben wird.

Freud stellt die zwanghafte Handlung einer Frau dar, die täglich in ihrem Wohnzimmer Wein auf dem Tischtuch verschüttet, sich neben dem Tisch postiert und das Hausmädchen ruft, um ihr einen Auftrag zu geben. Dadurch, dass sie die Bedienstete den Fleck immer wieder sehen lässt, versucht die Frau unbewusst jenen Fehler zu korrigieren, den ihr Mann begangen hat, als er nach der Hochzeitsnacht, in der es auf Grund seiner Impotenz nicht zum Geschlechtsakt gekommen ist, rote Tinte in das Bett gegossen hatte: Bei dem Versuch, seine Impotenz vor dem Hausmädchen zu verbergen, goss er die Tinte jedoch an eine falsche Stelle.

Virginia Woolf kommentierte die Ausführungen Freuds folgendermaßen: "We could all go on like that for hours; and yet these Germans think it proves something – besides their own gull-like imbecility."[383] Woolfs Ausführungen in einem anderen Brief beleuchten den Grund ihrer harschen Reaktion:

> Were you not struck by the way in which this unobtrusive obsessional action has led us into the intimacies of the patient's life? A woman cannot have anything much more intimate to tell than the story of her wedding-night. Is it a matter of chance and of no further significance that we have arrived precisely at the intimacies of sexual life?[384]

Virginia Woolf, die sich im Allgemeinen in der Auseinandersetzung mit Sexualität nicht unbedingt prüde zeigte,[385] reagierte aufgebracht über eine Wissenschaft, die ihre Analyse offensichtlich immer auf den intimsten Bereich des Menschen lenkte. Die beschriebene Begebenheit hatte Virginia Woolf offensichtlich über die Empörung über die Fokussierung auf das sexuelle Element hinaus persönlich getroffen. Ein sexloses Eheleben und Ernüchterung über die Hochzeitsnacht waren ihr nicht fremd, wie ein Auszug aus einem Brief kurz nach ihrer Hochzeitsnacht an Kathrine Cox belegt: "Why do you think people make such a fuss about marriage and copulation? [...] certainly I find the climax immensely exaggerated."[386]

Offensichtlich traf die beschriebene Fallgeschichte bei Virginia Woolf einen wunden Punkt und veranlasste sie zu der beschriebenen drastischen Reaktion. Eine ähnliche Reaktion rief eine Konfrontation mit der psychoanalytischen Praxis hervor. Die Präsenz der Psychoanalyse im Kreis der Bloomsbury Group ließ Virginia Woolf trotz ihrer nach außen getragenen ablehnenden Haltung nicht unberührt und weckte zudem immer wieder ihre Neugier. Ihrer Schwester Vanessa gestand sie, dass sie während eines Besuchs ihres Bruders, der seine Praxis in der eigenen Wohnung unterhielt, heimlich die Behandlung mitverfolgte: "I creep up and peer into the Stephens' dining room where any afternoon, in full daylight, is to be seen a woman in the last agony of despair, lying on a sofa, burying her face in the pillow, while Adrian broods over her like a vulture, analysing her soul –."[387]

Hier vermischt sich die Neugier auf die analytische Praxis ihres Bruders und das Interesse an der potentiellen Lösung ihrer eigenen psychischen Probleme mit der Angst vor dem erneuten Ausgeliefertsein einer psychologisch geschulten dominanten Autorität, mit der sie sofort die traumatischen Erlebnisse mit den Doktoren der Harley Street verband. Offensichtlich projizierte Woolf die eigenen Ängste vor der Analyse auf die beobachtete Szene und schilderte sie deshalb im Nachhinein so dramatisch. Der sonst als sanft und kraftlos beschriebene Bruder mutierte in ihrer Vorstellung zum aggressiven Geier, da er in dem Moment der Analyse zur "anderen Seite" gehörte.

"Doppelgängerscheu": Die Angst vor dem Verlust der eigenen Ursprünglichkeit

Ein gewichtiger Grund für Woolfs anfängliche Abwehrhaltung gegenüber der Psychoanalyse und ihre Weigerung, die Schriften Freuds zu lesen, könnte in einem psychischen Phänomen begründet sein, das

Freud selbst an der eigenen Person beobachtet hatte und in einem Brief an Arthur Schnitzler als "Doppelgängerscheu" bezeichnete.[388] Am 14. Mai 1922 hatte Freud an Schnitzler anlässlich dessen 60. Geburtstags geschrieben und sowohl seiner Verehrung Schnitzlers als Schriftsteller Ausdruck verliehen als auch zu begründen versucht, warum er den persönlichen Kontakt mit ihm bisher gemieden hatte:

Ich habe mich mit der Frage gequält, warum ich eigentlich in all diesen Jahren nie den Versuch gemacht habe, Ihren Verkehr aufzusuchen und ein Gespräch mit Ihnen zu führen (wobei natürlich nicht in Betracht gezogen wird, ob Sie selbst eine solche Annäherung von mir gerne gesehen hätten).
Die Antwort auf diese Frage enthält das mir zu intim erscheinende Geständnis. Ich meine, ich habe Sie gemieden aus einer Art von Doppelgängerscheu. Nicht etwa, daß ich sonst so leicht geneigt wäre, mich mit einem anderen zu identifizieren oder daß ich mich über die Differenzierung der Begabung hinwegsetzen wollte, die mich von Ihnen trennt, sondern ich habe immer wieder, wenn ich mich in ihre schönen Schöpfungen vertiefe, hinter deren poetischen Schein die nämlichen Voraussetzungen, Interessen und Ergebnisse zu finden geglaubt, die mir als die eigenen bekannt waren. Ihr Determinismus wie Ihre Skepsis – was die Leute Pessimismus heißen –, Ihr Ergriffensein von den Wahrheiten des Unbewußten, von der Triebnatur des Menschen, Ihre Zersetzung der kulturell-konventionellen Sicherheiten, das Haften Ihrer Gedanken an der Polarität von Lieben und Sterben, das alles berührt mich mit einer unheimlichen Vertrautheit. ... So habe ich den Eindruck gewonnen, daß Sie durch Intuition – eigentlich aber infolge feiner Selbstwahrnehmung – alles das wissen, was ich in mühseliger Arbeit an anderen Menschen aufgedeckt habe.[389]

Das Phänomen der "Doppelgängerscheu" zeigte sich in noch konkreterer Weise in der Haltung Freuds gegenüber den Schriften Nietzsches. Die Ähnlichkeit mancher Konzepte und Theorien Freuds mit den Entdeckungen Nietzsches ist an zahlreichen Stellen belegt[390] worden, und auch Freud hatte eine Ahnung dieser Geistesverwandtschaft.

Freud war ein viel belesener Mann, der bereits als Schüler begann, die Klassiker der Weltliteratur zu lesen. Unter ihnen Autoren wie Rabelais, Shakespeare, Cervantes, Molière, Lessing, Schiller, Goethe, Lichtenberg etc.[391] Als junger Student hatte Freud auch Nietzsche gelesen und Anfang 1900 dessen *Gesammelte Werke* erstanden. Am 1. Februar 1900 schreibt er an Wilhelm Fliess, er hoffe, "die Worte für vieles, was in mir stumm bleibt, zu finden".[392] Anstatt sich jedoch in die Lektüre zu vertiefen, ließ er die Werke unbearbeitet. Er gab vor, "vorläufig zu träge" zu sein.[393]

Er verschloss sich dem intensiven Studium eines Denkers, von dem er den Eindruck hatte, dass er einige der grundlegenden Theorien und Erkenntnisse, die Freud erst in Begriff war, für sich zu entdecken und zu entwickeln, vorweggenommen haben könnte. Er weigerte sich deshalb tiefer in die Gedankenwelt eines anderen einzudringen, um nicht die eigene Spur zu verlieren und seine psychoanalytischen Konzepte als eigene, originale Theorien entwickeln zu können. In einem Brief an Lothar Bickel schrieb er, dass es unvermeidlich sei, sich bei dem Studium eines Philosophen von dessen Ideen durchtränken zu lassen: "[...] So habe ich ja auch das Studium von Nietzsche von mir gewiesen, obwohl – nein, weil es klar war, daß bei ihm Einsichten sehr ähnlich den psycho-analytischen zu finden sein würden."[394] Seine Abwehrreaktion erklärte Freud offiziell damit, dass er sich von seiner nüchternen Arbeit nicht durch ein Übermaß an Interesse an etwas anderem ablenken lassen wolle.[395]

Ein ganz ähnliches Phänomen kann man in der Reaktion Virginia Woolfs auf die Schriften Sigmund Freuds erkennen. Sie wehrte sich dagegen, das Werk eines Psychologen zu studieren, der unter Verwendung einer wissenschaftlichen Herangehensweise das Innenleben des Menschen zu erkunden und zu deuten suchte, welches sie durch Selbstwahrnehmung und sensible Beobachtungsgabe, vergleichbar mit den von Freud in Schnitzler gerühmten intuitiven Fähigkeiten, zu erfassen und in ihren Werken darzustellen versuchte. Sie musste befürchten, dass ihr psychologisches Einfühlungsvermögen durch das Studium einer methodisch-systematischen Theorie beeinflusst und gesteuert würde. Sie ahnte vermutlich, dass es auch ihr nicht möglich gewesen wäre, nicht von den Ideen Freuds durchtränkt zu werden und fürchtete um ihre genuine, freie, schöpferische Kreativität und Intuition.

Ähnlich wie Freud bereits eine ausreichende Kenntnis der Schriften Nietzsches hatte, um Analogien zu dessen Werk feststellen zu können und um auf einzelnen Entdeckungen aufbauen oder diese in andere Richtungen weiterentwickeln zu können sowie um beurteilen zu können, dass eine tiefere Beschäftigung mit dem Vordenker, eine ungewollte Beeinträchtigung verursachen würde hatte auch Virginia Woolf diese Vorahnung gegenüber dem Werke Freuds.

Virginia Woolf beeinflusst das Bild der eigenen Person in der Forschung

Es ist anzunehmen, dass Virginia Woolf darüber hinaus nicht Gefahr laufen wollte, den Verdacht zu erwecken, als sei ihre eigene Technik unter dem Einfluss eines anderen entstanden und damit nicht originär. Sie wollte als selbständige kreative Kraft wahrgenommen werden und wehrte sich in weiser Voraussicht deshalb bewusst oder unbewusst gegen jede Verbindung zwischen ihr und Freud und leugnete sogar bis Anfang der 1930er Jahre eine mehr als über die gewöhnlichen, oberflächlichen Gespräche hinausgehende Vertrautheit mit der Psychoanalyse.

Zu Lebzeiten und soweit es ihr Einfluss zuließ, war Virginia Woolf sehr darauf bedacht, das Bild ihrer Person und ihres Werks in der Öffentlichkeit zu kontrollieren. Sie war sich ihrer Rolle als Schriftstellerin sehr wohl bewusst, was sowohl ihren Schreibprozess als auch ihr seelisches und leibliches Befinden stark beeinflusste. In den Phasen vor der Fertigstellung eines Romans durchlitt sie oftmals schwere Krisen und musste sich nach dessen Veröffentlichung lange erholen. Auslöser dieser schweren Belastung waren dabei weniger die Strapazen der kreativen Produktivität, Virginia Woolf schrieb gewöhnlich zu festen Arbeitszeiten vier Stunden am Vormittag, sondern vielmehr die bangen Erwartungen der Bewertung ihrer Arbeit durch die literarische Kritik und ihre Leserschaft.

Als Ende der 1920er und zu Beginn der 1930er ihr Werk verstärkt Gegenstand akademischer Analyse und Lehrinhalt an den Universitäten wurde, erschienen die ersten literaturwissenschaftlichen Studien zu Virginia Woolf. Anfragen der jeweiligen Autoren beantwortete Woolf bereitwillig und nutzte die Chance, das sich entwickelnde Woolf-Bild der Literaturwissenschaft mitzuprägen, indem sie Antworten mit einer bestimmten Intention gab. Ihr Ziel war es dabei weniger, eine bestimmte Auffassung ihrer Person und ihres Werks nahe zu legen, als vielmehr gewissen Wertungen entgegenzuwirken.

Die für die Forschung bis dato ungeklärten Fragen, deren Beantwortung in ihrem Sinne Virginia Woolf besonders am Herzen lagen, bezogen sich vor allem auf einen möglichen Einfluss ihres Werks durch ihr persönliches Umfeld, andere Autoren und im Speziellen Sigmund Freud und die Psychoanalyse. Ihre kreative Unabhängigkeit schien in Gefahr. Woolfs Aussagen zur eigenen Person und zum eigenen Werk gaben bereits früh die Richtung vor, die die Woolf-Forschung in diesem Bereich einschlagen sollte.

Reinald Hoops war einer der Ersten, der Virginia Woolfs Meinung über eine mögliche Beeinflussung ihres Werks durch die Psychoanalyse erfragt hatte, wie aus dem Vorwort seiner bereits zitierten Studie *Der Einfluß der Psychoanalyse auf die englische Literatur* (1934) hervorgeht.[396] Virginia Woolf habe Hoops auf dessen Anfrage hin geantwortet, dass sie mit der Psychoanalyse "only in the ordinary way of conversation" bekannt geworden sei und dass sie in ihren Werken keine Psychoanalyse verwendet habe.[397] Hoops erkannte dementsprechend "nicht die geringste Spur einer solchen Einwirkung [durch die Psychoanalyse]" im Werke Woolfs.[398]

Harmon H. Goldstone, damals *Senior Student* an der Harvard University, schrieb 1932 ein Essay über Virginia Woolf im Rahmen eines College-Wettbewerbs und plante dieses zu einer umfangreichen Studie auszuarbeiten und als Buch zu veröffentlichen.[399] Zu diesem Zweck wandte er sich zwei Mal an Virginia Woolf mit der Bitte zur Klärung einiger für ihn offener Fragen besonders hinsichtlich des Verhältnisses Woolfs zu Freud und der Psychoanalyse. Woolf antwortete ihm am 19. März 1932: "I have not studied Dr Freud or any psychoanalyst – indeed I think I have never read any of their books; my knowledge is merely from superficial talk. Therefore any use of their methods must be instinctive. [...] So far as I know, my methods are my own; and not consciously at any rate derived from any other writer." Und in Bezug auf die Bloomsbury Group sagte sie: "The Name 'Bloomsbury Group' is merely a journalistic phrase which has no meaning that I am aware of."[400]

Über ihren finanziellen Hintergrund in Bezug auf ihre Äußerungen in ihren Essays sagt sie: "Some writers have taken my statements literally in a *Room of One's Own*, and I have inferred that I myself was left £500 by an aunt; and worked as a journalist etc. It is perhaps

thus worth saying that this is purely fictitious."[401] Die Herausgeber des Briefbandes stellen an dieser Stelle richtig, dass die Angaben Woolfs weit weniger fiktiv sind, als sie vorgibt. Virginias Tante, Caroline Emelia Stephen, hinterließ ihr £2500, als sie 1909 starb, und zwischen 1916 und 1921 schrieb Virginia fast wöchentlich Artikel für *Times Literary Supplement*.[402]

Ihre Aussage, sie könne dem Begriff "Bloomsbury Group" keine Bedeutung beimessen, zehn Jahre nach ihrem ausführlichen Resümee über den Kreis ihrer Freunde vor dem *Memoir Club*, disqualifiziert sich für den heutigen Leser ihrer autobiographischen Schriften von selbst. Ihre Angabe muss man als Abwehrreaktion oder Vorsichtsmaßnahme werten. Wie sehr sie ihr soziales Umfeld schätzte, das sie selbst "Bloomsbury" nannte, kann man aus zahlreichen Äußerungen in ihren privaten Schriften entnehmen. Am 21. Dezember 1924, zum Beispiel, schrieb sie in ihr Tagebuch: "All our Bloomsbury relationships flourish, grow in lustiness. Suppose our set to survive another 20 years, I tremble to think how thickly knit & grown together it will be."[403]

Virginia Woolf wollte Anfang der 1930er Jahre, als die negative Kritik an Bloomsbury einen vorläufigen Höhepunkt erreicht hatte, nicht als "Queen of Bloomsbury" gelten. Sie hatte bereits zahlreiche negative Erfahrungen mit Kritikern und Journalisten gemacht und daraus gelernt, dass man mit Aussagen gegenüber Vertretern dieser schreibenden Zunft vorsichtig sein musste.[404] Begegnete man ihnen mit Offenheit und war bemüht, möglichst wertungsfreie Informationen zu geben, war man der Interpretation des anderen völlig ausgeliefert: "The thing that set me off though was the young man [unidentified] who forced himself on me, in the middle of the morning: talked endlessly: then went off and wrote not only a sneer at By [Bloomsbury] but an account of my dog, chair, cactuses, monkey, in one of the cheap papers. 'Queen of Bloomsbury'."[405]

Ihre Angaben gegenüber Goldstone sind deshalb wohl überlegt und intentional. Woolf bietet nur jene Informationen, die sie in Druck über sich verbreitet haben möchte, und ist höchst vorsichtig, keine zu bestimmten Aussagen zu machen. Den folgenden Absatz markiert sie am Rand mit der Bemerkung "*Not for quotation*": "[...] I should like to enter a caution against anything that I have said as a critic being taken as evidence of my own views, or of my aims. I am much of Hardy's opinion that a novel is an impression not an argument. The book is written without a theory; later, a theory may be made, but I doubt if it has much bearing on the work."[406]

Ihre Aussagen über die eigene Kenntnis und einen möglichen Einfluss durch Freud und die Psychoanalyse sind ebenso sorgfältig formuliert. Dennoch lässt sich aus der Formulierung "Therefore any use of their [the psycho-analysts'] methods must be instinctive" ablesen, dass sie sich der Tatsache bewusst war, dass man die Methoden der Psychoanalyse in ihrem Werk finden könnte. Woolf ist äußerst bedacht darauf, ihre kreative Unabhängigkeit zu demonstrieren, und indem sie einigen Literaturkritikern die Ehre ihrer "Exklusivinformationen"[407] erwies, gab sie erfolgreich ihr intendiertes Bild vor, das jahrzehntelang die Woolf-Forschung prägte.

Durch die Publikation der Briefe und Tagebücher Virginia Woolfs erfuhr die etablierte Anschauung eine scheinbare Bestätigung. Die Meinung, Virginia Woolfs Kenntnis der Psychoanalyse sei nicht über das Maß, das man durch "superficial talk" erreicht, hinausgegangen, wie es bis dato in der Woolf-Forschung vertreten wurde, konnte nun in Woolfs eigenen Worten bestätigt werden. Eine differenziertere Betrachtung muss jedoch zu einem anderen Ergebnis kommen.

Frederic Hoffmanns Feststellung im Rahmen seiner Studie *Freudianism and the Literary Mind* (1957), dass Schriftsteller und Künstler im Allgemeinen darauf bestehen, grundsätzlich unabhängig von einer Disziplin zu sein, die dem eigenen Schaffensprozess ähnlich ist und sich doch unterscheidet, trifft also auch auf Virginia Woolf zu. Hoffman schreibt: " […] there is always a margin of freedom in a writer's reaction to any major influence. Those who have not demonstrated that freedom or maintained that resistance are often only of documentary interest."[408]

Präsenz der Psychoanalyse in Woolfs Leben

Dass Virginia Woolf spätestens seit 1912 durch das steigende Interesse ihrer direkten sozialen Umgebung an der Psychoanalyse mit dieser vertraut wurde, ist bereits mehrfach zum Ausdruck gekommen und an zahlreichen Stellen belegt worden. Als Partnerin Leonard

Woolfs und Miteigentümerin der *Hogarth Press* kam sie weit umfangreicher mit dem Werk Freuds in Verbindung, als dies aus ihren Tagebüchern und Briefen hervorgeht. Es ist bereits angeklungen, dass solche Leerstellen zuweilen aussagekräftiger sein können als ihre eigenen diesbezüglichen Aussagen.

Obwohl Leonard ohne Zweifel der Hauptakteur der *Hogarth Press* war, darf man die Rolle Virginia Woolfs nicht unterschätzen. Sie nahm ihre Aufgabe als Herausgeberin ernst und las die meisten Werke, die sie gemeinsam in ihrem Verlag veröffentlichten. Nicht ohne Bedacht hatten sie sich von Anfang an zum Ziel gesetzt, nur solche Werke zu drucken, von deren Wert und Bedeutung sie selbst überzeugt waren. Den Grad an Aufmerksamkeit, den Virginia den zu veröffentlichenden Werken zukommen ließ, kann man an einer Aussage gegenüber Roger Fry ablesen, dessen *The Artist and Psychoanalysis* 1924 in der *Hogarth Press* erscheinen sollte: "[...] However, the main point is your article, which is far far beyond his [Clive Bell's][409] or anybodies [sic] reach: which you know is my sincere opinion, and not merely the flattery of a publisher."[410]

Es liegt nahe zu vermuten, dass das Interesse, das Virginia an der Auseinandersetzung mit Kunst und ihrer Beziehung zur Psychoanalyse bekundet – selbst wenn Frys Werk im Grundton kritisch gegenüber Freud ist –, auch ein Bedürfnis geweckt haben könnte, die Werke Freuds näher zu inspizieren, die wie die Publikationen von Fry in der *Hogarth Press* verlegt wurden, ohne dass sie dies explizit in ihren autobiographischen Schriften vermerkt haben muss.

Die Aussage Woolfs, sie habe die Psychoanalyse lediglich von "superficial talk" gekannt, kann lediglich jemandem glaubhaft erscheinen, der nicht weiß, dass diese Gespräche meist mit jenen Leuten stattfanden, die eine führende Rolle bei der Verbreitung der Psychoanalyse in England spielten und Spezialisten auf dem Gebiet der Psychoanalyse waren. In der neueren Forschung ist dieser Umstand immer wieder betont worden.

Elisabeth Abel, beispielsweise, stellt fest, dass sich Virginia Woolf drei Tage nach der letzten Vorlesung Melanie Kleins am *50 Gordon Square* mit Adrian traf, und äußert die Vermutung, dass die beiden nicht nur über Krebs sprachen, wie Woolf lakonisch in ihrem Tagebuch vermerkte.[411] Es ist anzunehmen, dass die Vorlesungen Kleins, die Begeisterung und Enthusiasmus innerhalb der britischen Psychoanalyse ausgelöst hatten und in unmittelbarer Nachbarschaft Woolfs stattfanden, welche zu dieser Zeit am *Tavistock Square* wohnte, Gegenstand der Unterhaltung waren. Abel hält weiterhin fest, dass es im Sommer 1925 zu zahlreichen Besuchen der Stephens und Woolfs gekommen ist, und dies legt die Vermutung nahe, dass Virginia Woolf dort in Berührung mit der Psychoanalyse gekommen ist.[412]

Tatsächlich belegen Woolfs Tagebücher regelmäßige Treffen mit Adrian über 1925 hinaus, in deren Rahmen auch immer wieder Psychoanalyse und Adrians Ausbildung bzw. Therapie diskutiert wurden. Am 23. Juni 1927, zum Beispiel, schreibt Virginia: "And Adrian came to tea on Sunday & fairly sparkled. At last I think he has emerged. Even his analysis will be over this year."[413]

Dass die zahlreichen Gespräche und der gelegentliche Kontakt zu den Schriften Freuds Spuren in der Denkweise Woolfs hinterlassen haben, die bis in eine sprachliche Manifestation reichen, belegt die Verwendung von Ausdrücken Freud'scher Prägung seit den frühern 1920ern wie *conscious, unconscious, subconscious, repression, complex, suppression, ambivalence, inferior complex* etc. in ihren nicht-fiktionalen Arbeiten.[414]

Falls es nicht die Lektüre Freuds war, muss es die Qualität der "superficial talks" gewesen sein, die Virginia bereits 1920 in die Lage versetzten, Beresfords Roman unter psychoanalytischen Gesichtspunkten zu analysieren und am 18. Mai 1924 in einem Vortrag vor der *Cambridge Heretics Society* Freuds Verdienst um die Erforschung des psychischen Innenlebens und der Motivierung von Verhalten gebührend wertschätzen zu können.[415] Woolf erörterte neuere wissenschaftliche Entwicklungen und Einflüsse, die das Interesse an der Psyche des Menschen wecken und es ermöglichen, sich einer Erforschung des Innenlebens von Personen zu nähern.

Der folgende Auszug aus diesem Vortrag belegt auch, dass Virginia Woolf selbst in den 1920er Jahren den Theorien Freuds nicht grundsätzlich ablehnend gegenüberstand und ihre Wirkung und Anwendbarkeit durchaus schätzte. Diese Evaluierung kann sie vornehmen, weil sie in diesem Moment Freud und die Psychoanalyse nicht in Bezug auf die eigene Person und die eigene tägliche Erfahrung wahrnimmt, sondern den Nutzen der Psychoanalyse auf einer Metaebene und als Teil eines umfassenderen Prozesses versteht:

No generation since the world began has known quite so much about character as our generation [...] The average man or woman today thinks more about character than his or her grandparents; character interests them more; they get closer, they dive deeper in to the real emotions and motives of their fellow creatures. There are scientific reasons why this should be so. If you read Freud you know in ten minutes some facts – or at least some possibilities – which our parents could not have guessed for themselves. [...] And then there is a vaguer force at work – a force which is sometimes called the Spirit of the Age or the Tendency of the age. This mysterious power is taking us by the hand, I think, and making us look much more closely into the reasons why people do and say and think things.[416]

Die Bemerkungen in Bezug auf Psychoanalyse in ihrem Tagebuch werden im Laufe der 1930er Jahre immer freundlicher. Entweder hatte sich die Welt um sie herum wirklich verändert, oder ihre Wahrnehmung war eine andere. Am 10. November 1936 schreibt sie in ihr Tagebuch über ein Treffen mit Adrian: "Dined with Adrian last night: a solid man called Rickman there. A[drian] and K[arin] very busy & friendly & both enjoying life more than they did, as I think. A[drian] very tenuous & frail & distinguished. On the whole well in the thick of things, not so aloof as of old."[417] John Rickman war einer der Pioniere der Psychoanalyse in England und seit 1931 Herausgeber des *British Journal of Medical Psychology*. Er gehörte außerdem zu den Autoren, die im Rahmen der *Institute of Psycho-Analysis*-Reihe von der *Hogarth Press* verlegt wurden. Virginia Woolf befand sich also in der Gesellschaft dreier Psychoanalytiker, die in Theorie und Praxis der Freud'schen Wissenschaftswelt beheimatet waren. Es ist nur natürlich, dass die Psychoanalyse einen Großteil des Gesprächsstoffs liefern sollte. Woolf notiert in ihr Tagebuch: "A good deal of p[sycho]. a[nalysis]. talked; & I liked it. A mercy not always to talk politics."[418]

Zu diesem Zeitpunkt hat Woolf bereits ihren Frieden im inneren Kampf gegen die omnipräsente und lange Zeit als bedrohlich empfundene Psychoanalyse gefunden. Bereits Anfang 1936 hatte sie eine Honoratio an Freud unterschrieben, die von Thomas Mann und Stefan Zweig verfasst und ihm von Mann zu seinem 80. Geburtstag am

6. Mai 1936 überreicht wurde. In dem letzten Absatz der Schrift, die neben Virginia Woolf von 190 weiteren Künstlern und Schriftstellern unterzeichnet wurde,[419] heißt es: "Wir, die wir Freuds kühnes Lebenswerk aus unserer geistigen Welt nicht wegzudenken vermögen, sind glücklich, diesen großen Unermüdlichen unter uns zu wissen und mit ungebrochener Kraft am Werke zu sehen. Möge unser dankbares Empfinden den verehrten Mann noch lange begleiten dürfen."[420]

Drei Jahre später trafen sich Virginia Woolf und Sigmund Freud persönlich. Am 28. Januar 1939, acht Monate vor Freuds Tod, besuchten die Woolfs Freud in seinem Haus in *Maresfield Gardens, Hampstead*, im Norden Londons, wo Freud, der aus Wien vor den Nazis fliehen musste, mit seiner Familie einen sicheren Ort gefunden hatte. Woolf zeigt sich beeindruckt von Freud und attestiert ihm ein "[i]mmense potential, I mean an old fire now flickering".[421] Auch Leonard Woolf war begeistert von Freud und bescheinigte ihm "an aura, not of fame, but of greatness".[422]

Selbstanalyse und Freudlektüre

Nur zwei Monate später traf Virginia Woolf auch Melanie Klein auf der Feierlichkeit zum 25. Jahrestag der Gründung der *British Psycho-Analytical Society*, zu der sie von Adrian eingeladen wurde. Sie fühlte sich zunehmend wohler in der Gesellschaft von Psychoanalytikern und begann psychoanalytische Ideen bewusst zu akzeptieren und zu verarbeiten. Am 11. Februar 1940 notierte sie die folgenden Gedanken: "The idea struck me that the Leaning Tower school is the school of auto-analysis after the suppression of the 19th Century. […] I think there's something in the psycho-analy[s]is idea: that the L[eaning]. Tower writer couldn't describe society; had therefore to describe himself, as the product, or victim: a necessary step towards freeing the next generation of repressions."[423]

Bereits ein Jahr zuvor hatte sie den heilenden Effekt einer Selbstreflektion im Sinne der Psychoanalyse an der eigenen Person feststellen können. Sie verfasste die autobiographische Schrift *A Sketch of the Past* (1939)[424], in der sie sich intensiv mit ihrer Beziehung zu ihrem Vater und ihrer Mutter auseinander setzte. Über die

Wirkung dieser Analyse urteilte sie: "I suppose I did for myself what psycho-analysts do for their patients. I expressed some very long felt and deeply felt emotion. And in expressing it I explained it and then laid it to rest."[425] Ihre Lektüre Freuds stattete sie teilweise mit den notwendigen Begriffen und Konzepten aus, um ihr bekannte Phänomene adäquat verbalisieren zu können. In der Darstellung ihrer Gefühle gegenüber dem Vater in der immer wiederkehrenden Situation der wöchentlichen Haushaltsabrechnung, schreibt sie folgendermaßen: "But in me, though not in her [Vanessa], rage alternated with love. It was only the other day when I read Freud for the first time, that I discovered that this violently disturbing conflict of love and hate is a common feeling; and is called ambivalence [...]."[426]

Ende der 1930er ist sich Virginia Woolf ihres eigenen Stils und ihrer Technik der Produktion von Prosa sicher. Sie hat ihre Theorien über Dichtung dargestellt, und ihre Methoden werden gemeinhin als neuartig und originär geschätzt. Sie empfindet deshalb die psychoanalytischen Theorien und Konzepte nicht länger als eine mögliche Bedrohung ihrer Kreativität und Individualität. Neben der Aufarbeitung ihrer Vergangenheit wendet sie sich deshalb schließlich der Freudlektüre zu: "Began reading Freud last night; to enlarge the circumference. To give my brain a wider scope: to make it objective; to get outside."[427] Die neu gewonnenen Kenntnisse und Theorien wendet sie sogleich auf die eigene Person an. Eine Woche später schreibt sie in ihr Tagebuch: "Shopping – tempted to buy jerseys & so on. I dislike this excitement. Yet enjoy it. Ambivalence as Freud calls it (I'm gulping up Freud)."[428] Nach den Anmerkungen ihres Tagebuchs zu urteilen, setzte sie die intensive Freudlektüre in den nächsten Monaten fort. Unter anderem las sie Freuds *Group Psychology and the Analysis of the Ego* (1922).[429] Woolf las wahrscheinlich Freuds *The Future of an Illusion* (1928) und *Civilisation and its Discontents* (1930), als sie ihrer Aufgewühltheit aufgrund der Freud'schen Ideen und Ausführungen Ausdruck verlieh: "Freud is upsetting: reducing one to whirlpool; & I daresay truly. If we're all instinct, the unconscious, what's all this about civilisation, the whole man, freedom &c? His savagery against God good. The falseness of loving one's neighbours. The conscience as censor. Hate … But I'm too mixed."[430]

Auch wenn sich Woolfs Grundgefühl gegenüber der Psychoanalyse im Laufe der Jahre geändert hatte, konnte sie sich in ihren späten 50ern nicht mehr zu einer therapeutischen Anwendung entschließen.

Zur Frage der psychologischen Behandlung von Virginia Woolfs Krankheit: Madness and Creativity

Die Frage, warum sich Virginia Woolf trotz ihrer regelmäßigen psychischen Zusammenbrüche nie einer psychoanalytischen Therapie unterzogen hat, ist in der Woolf-Forschung viel diskutiert worden und wird sowohl von Bloomsbury-Kritikern als auch von Historikern der Psychoanalyse, die der Verbindung zwischen Bloomsbury und der Psychoanalyse keine besondere Bedeutung beimessen wollen, immer wieder gestellt.[431]

Die oben beschriebene zeitweilige Aversion gegen therapeutische Psychoanalyse war nicht der einzige Grund für Virginias Entscheidung, sich nicht analysieren zu lassen. Obwohl sie unter den psychischen Attacken und der anschließenden "feeding cure" verbunden mit wochenlanger Bettruhe litt, zog sie auch Nutzen daraus für einen Bereich, der ihr von allergrößter Wichtigkeit war: Kreativität und Phantasie. In ihrem Tagebuch resümierte sie über ihre Perioden der Krankheit und Rekonvaleszenz: "These curious intervals in life – I've had many – are the most fruitful artistically – one becomes fertilized – think of my madness at Hogarth – and all the little illnesses – that before I wrote the Lighthouse for instance. Six weeks in bed now would make a masterpiece of Moths."[432]

In einem Brief an Ethel Smyth vom 22. Juni 1930 schreibt Virginia Woolf über "madness" und deren kreatives Potential:

> […] and then my brains went up in a shower of fireworks. As an experience, madness is terrific I can assure you, and not to be sniffed at; and in its lava I still find most of the things I write about. It shoots out of one everything shaped, final, not in mere driblets, as sanity does. And the six months – not three – that I lay in bed taught me a good deal about what is called oneself.[433]

Woolf musste befürchten, dass eine vollkommene Genesung ihr den Zugang zu den Quellen der Inspiration und Motivation ihrer Kreativität abschneiden würde. Auch Leonard Woolf kam zu dieser Einschätzung. In seiner Autobiographie *Beginning Again* nimmt er konkret zu diesem Aspekt Stellung:

> I am quite sure that Virginia's genius was closely connected with what manifested itself as mental instability and insanity. The creative imagination in her novels, her ability to 'leave the ground' in conversation, and the voluble delusion of the breakdowns all came from the same place in her mind – she 'stumbled after her voice' and followed 'the voices that fly ahead'. And that in itself was the crux of her life, the tragedy of genius.[434]

Dass sich Virginia nicht analysieren ließ, obwohl spätestens seit 1913 die Möglichkeit dazu in England bestanden hätte und obwohl später in ihrem direkten Umfeld viele Menschen Psychoanalyse praktizierten, war also eine bewusste Entscheidung der Woolfs und kann somit nicht als Nachlässigkeit oder Ignoranz gewertet werden.[435] Auch die Annahme, im Kreis der Bloomsbury Group habe man sich mit Virginias Fall nicht auseinander gesetzt und zu keiner Zeit eine Psychoanalyse in Betracht gezogen, entbehrt jeder Grundlage. James Strachey regte mehrfach eine Behandlung Virginias durch einen Analytiker an und sorgte damit für eine kontroverse Diskussion. Alix berichtet über die pros und cons der Überlegungen:

> James often wondered why Leonard did nor persuade Virginia to see a psychoanalyst about her mental breakdowns [...] I did not agree with James that it would be of help to Virginia. Leonard, I think, might well have considered the proposition and decided not to let her be psychoanalysed. Her form of illness was probably what is called manic-depressive; analysis can improve some people suffering from this, but it is not always a certain method. It is possible that something in her mind might have become too strongly stirred up and she would have been made worse. Certain types of patient – for instance, common or garden hysterics – often become wrought up to a considerable degree at some stage in their analysis, and I think that with Virginia's very parlous mental balance it might have been too much for her. [...] Virginia's imagination, apart from her artistic creativeness, was so interwoven with her fantasies – and indeed with her madness – that if you had stopped the madness you might have stopped the creativeness too. It seemed to me a quite reasonable judgement for Leonard to have made then, if he did so. It may be preferable to be mad and be creative than to be treated by analysis and become ordinary.[436]

Es gab Schriftsteller, die sich einer psychoanalytischen Behandlung unterzogen, wie zum Beispiel Doris Lessing und Hilda Doolittle, aber es gab auch andere, die die kreative Kraft des Wechselspiels von Stärke und Schwäche nicht durch eine Analyse gefährden wollten. Richard Ellmann berichtete, dass Erich Fromm Conrad Aiken davon abgeraten hatte, sich einer Analyse zu unterziehen.[437]

Auch die Mutmaßung, Virginia Woolf selbst hätte nie ernsthaft über eine psychoanalytische Therapie nachgedacht – aus Gründen ihrer grundsätzlichen Abneigung oder aus einfachem Desinteresse –, ist nicht länger haltbar. Nachdem 1980 die Memoiren der Psychologin Charlotte Wolff[438] erschienen, skizziert Jane Vanderbosch[439] als Erste den Versuch Woolfs, bei einer neutralen Person Informationen über die psychoanalytische Praxis aus Patientensicht zu bekommen und sich Rat zu ihrer eigenen Lage zu holen.

Charlotte Wolff hatte zunächst Philosophie in Deutschland studiert, bevor sie sich der Medizin zuwandte. Während ihrer Arbeit in verschiedenen Kliniken versuchte sie die Handlesekunst als Wissenschaft zu etablieren, die sie später professionell betrieb. Wolff floh Anfang der 1930er aus Deutschland nach England. Unter anderem war sie mit Maria und Aldous Huxley befreundet, die Virginia Woolf überredeten, sich von Wolff die Hand lesen zu lassen.

Woolf konnte dem Ergebnis der Sitzung nicht viel abgewinnen, wie aus Briefen an Lady Ottoline Morrell und Ethel Smyth hervorgeht, war aber von der Person Charlotte Wolffs eingenommen, die sie nicht zuletzt deswegen interessierte, weil sie eine Jung'sche Analyse absolviert hatte. Virginia lud Wolff zum Tee ein und nutzte die Gelegenheit, sich nach Wolffs Meinung über den Nutzen der Psychoanalyse zur Behandlung von nervösen Zuständen und Ängsten zu erkundigen. Virginias vorsichtiges Herantasten an den für sie heiklen Kern ihrer Frage und Wolffs Reaktion beschreibt Wolff in ihrer Autobiographie wie folgt:

> [...] I vividly remember that she said rather hesitatingly to me: "Let's sit 'dos a dos'; it is easier for me to relax." And each of us sat in an easy chair facing a wall. She wanted to know if I would treat people with nervous tension and anxiety. "No advice should ever be given by a psychologist. No therapeutic shortcuts exist for anxiety states, and nervous states have many causes." When I did however come forward with the suggestion that one could use common sense to alleviate such symptoms,

she nodded in complete agreement … Pause. The silence lasted for about a minute, or may be two. Then she asked hesitantly, "What do you think of psychoanalysis?" "You mean Freudian analysis?" "Yes" "I cannot judge it as I had a Jungian analysis. I can only tell you that it is costly and takes years. It may help some people, but not others. In certain cases it is contraindicated." She jumped in. "You mean, in my case?" "Yes, I would think so." "Tell me about the Jungian analysis." "I can only speak about my own experience, and cannot judge its general value," I answered. "It did me good, but not for the reasons one might expect from psychotherapy" … No answer from the back for a while. Then: "I have misgivings about psychiatry." "Many people have", I said, avoiding a real answer.[440]

V. Bloomsbury im Zentrum von Psychoanalyse und Biographie

1. Bloomsburys Affinität zur literarischen Lebensbeschreibung

Dass Bloomsbury die Psychoanalyse bereitwillig aufgenommen hat und an deren Rezeption sowie Verbreitung interessiert war, ist leicht erklärbar, wenn man sich vor Augen führt, dass diese neue Wissenschaft auf Elementen basierte und auf Bereiche zielte, die im Zentrum ihres Interesses standen.

Die Psychoanalyse in Theorie und therapeutischer Praxis konzentriert sich auf das Individuum und versucht dessen individuellen Lebensweg und grundlegende Traumen aufzuarbeiten. Das Subjekt in seiner Einmaligkeit ist dabei im Zentrum der Analyse. Darüber hinaus wird neben der wissenschaftlich methodologisch-systematischen Fundierung ein gewisses Maß an Intuition vorausgesetzt und eingesetzt, zum Beispiel, wenn während der Analyse der Therapeut die entsprechenden Assoziationen zu dem Redefluss des Patienten bildet und diese gleichzeitig deutet. Freud soll gesagt haben, dass eine Zigarre manchmal nur eine Zigarre sei. Wann das Rauchwerk jedoch eine Bedeutung trägt, die über seine bloße Existenz hinausgeht, kann offensichtlich nur der Eingeweihte mit dem nötigen Maß an Intuition erkennen. Die große Bedeutung von Intuition und Individualität im Wertekanon von Bloomsbury ist durch die vorangegangenen Darstellungen deutlich worden.

Eine weitere Parallele und geistesgeschichtliche Verbindung zwischen Bloomsbury und Freud, die bisher in der Forschung wenig Beachtung fand, manifestiert sich in der Tatsache, dass die Psychoanalyse als "biographisch fundiertes Unterfangen"[441] den Kreis der "Bloomsberries" interessieren musste, da sie teilweise aufgrund ihres familiären Hintergrunds bereits "biographisch vorbelastet" waren und jeder Einzelne im Laufe seines Lebens Erfahrung mit dem Verfassen von Biographien sammelte. Die biographische Arbeit an der eigenen Person sowie an dem Leben anderer bildete ein breites Betätigungsfeld in Bloomsbury. Die Anregungen der Psychoanalyse fielen dort folglich auf fruchtbaren Boden.

Bloomsbury und viktorianische Elternhäuser: Ein biographischer Generationskonflikt

Die Bloomsbury-Mitglieder sind auf Grund des bewegten Lebens ihrer direkten viktorianischen Vorfahren in einem Umfeld der Traditionspflege, erlebter Geschichte und Lebensbeschreibung aufgewachsen. Die biographische Tradition der vergangenen Jahrhunderte war teilweise unmittelbar spürbar durch die Präsenz der eigenen Familiengeschichte und die biographischen Aktivitäten ihrer Eltern.

Leslie Stephen, der Vater der Stephen-Geschwister Virginia, Vanessa, Adrian und Thoby, schrieb nicht nur vier literarische Biographien,[442] sondern war zusammen mit Sidney Lee Herausgeber des *Dictionary of National Biography*,[443] für das er insgesamt 380 biographische Beiträge schrieb. Das Ausmaß des Einflusses auf seine Kinder, die er zeitweise zu Hause unterrichtete, und auf die junge Generation in deren Umfeld ist bereits oben angedeutet worden.

Die junge Bloomsbury-Generation spaltete sich jedoch von dem Vorbild der Eltern ab und begrüßte einen neuen Zeitgeist, den sie mit allen Kräften unterstützen und mitprägen wollten. Dass die Werke ihrer Vorfahren als Repräsentanten der konventionellen Biographie, die es zu überwinden galt, dem revolutionären Werk der "jungen Wilden", allen voran Lytton Strachey, als Fundierung diente, zeigt die direkte Auseinandersetzung Stracheys mit Sir Sidney Lee.

Lytton Strachey benutzte während seiner Arbeit an *Queen Victoria* (1921) Lees Biographie der Königin als eine seiner Hauptquellen für die eigene Darstellung. Lee ist für Strachey einerseits ein eminenter Biograph, zu dem er eine persönliche Bindung hat und dem er in gewissem Maße Respekt zollt, andererseits ist dessen Herangehensweise an literarische Lebensbeschreibung und die Kritik derselben für Lytton Zielscheibe seiner Missbilligung. Diese Ambivalenz spricht aus dem Ton und den Formulierungen seines Briefes an Sidney Lee vom Dezember 1918, in dem er zunächst einen Schulterschluss andeutet und in typischer Strachey-Manier in einem Nachsatz die eigene Philosophie deutlich macht, die alles vorherige karikiert:

Dear Sir Sidney Lee,

It was indeed good of you to send me your "Perspective of Biography", which I have read with great interest & pleasure. [...]
I wonder whether the analogy between biography and portrait-painting may not be rather closer than you suggest. Both arts seem to depend on the same curious and indefinable combinations of truth and aesthetic arrangement. Perhaps, too, an advocatus diaboli might put in a word for the caricaturist.

I believe our acquaintance goes back to my early Cambridge days, when you were Clerk lecturer at Trinity.

Yours sincerely
Lytton Strachey [444]

Strachey war sicherlich der herausragendste Biograph der Bloomsbury Group, sowohl hinsichtlich des Umfangs seines biographischen Werks als auch in Bezug auf dessen Einfluss auf die Weiterentwicklung der Disziplin. Dennoch haben alle anderen Mitglieder der Gruppe ebenfalls Biographien in unterschiedlichem Maße verfasst und veröffentlicht. Sowohl der *Memoir Club* gab Anlass zu (auto)biographischer Betätigung als auch die öffentliche Selbstreflexion initiiert durch die Bloomsbury-Kritik oder der Tod eines der Mitglieder.[445]

Neben den zahlreichen autobiographischen Schriften haben einige "Bloomsberries" auch biographische Studien anderer geschaffen. Hier sind vorrangig Roger Frys *Cézanne* (1927)[446], John Maynard Keynes *Essays in Biography* (1933)[447], E.M. Forsters *Goldsworthy Lowes Dickinson* (1934)[448] und Virginia Woolfs *Roger Fry* (1940)[449] zu nennen.

Lytton Strachey war der Erste, der seinen Unmut über die konventionelle Lebensbeschreibung zum Ausdruck brachte und ihr eine Alternative durch sein eigenes Werk gegenüberstellte.[450] In Bezug auf die vermeintlichen Vorbilder im Bereich der Biographik der Elterngeneration, deren Personifizierung Virginias Vater Leslie Stephen sein könnte, bemerkt Strachey: "Concerning the Age which has just passed, our fathers and grandfathers have poured forth and accumulated so vast a quantity of information that the industry of a Ranke would be submerged by it, and the perspicacity of a Gibbon

would quail before it."[451] Lytton Strachey, erster Vertreter jener neuen Biographengeneration nach der "Sir-Leslie-Stephen-Ära", reagierte auf das Bedürfnis der Befreiung von den alten, engen viktorianischen Werten und Vorstellungen und stellte die Helden dieser Epoche als einfache Menschen dar, wobei er ein völlig neues und für diese Zeit erstaunliches Maß an psychologischer Innensicht in die Figuren aufweist.

Dieser Umstand legt die Vermutung nahe, dass die neue Art der Biographie in Theorie und Praxis erst durch die Kenntnis der Psychoanalyse ermöglicht worden ist. Dieser These soll im Folgenden nachgegangen werden. Dazu muss zunächst Stracheys Position in der Entwicklung der literarischen Biographik aufgezeigt werden und im Gegensatz dazu auf die wenig erfolgreichen Versuche anderer selbst ernannter, psychoanalytischer Biographen eingegangen werden.

Lytton Stracheys Stellung in der Geschichte der englischen Biographik

Die Veröffentlichung von *Eminent Victorians* (1918) markierte einen Wendepunkt in der Geschichte der englischen Lebensbeschreibung.[452] Bewunderer wie Kritiker der biographischen Methode Stracheys sind sich einig, dass "[e]very biographer since 1918, from the producer of weighty `definitive´ lives to the confector of romantic trifles, has necessarily written in the shadow of Strachey".[453] Zu den literarischen Vorläufern dieser neuen Art der Biographie kann man Samuel Butlers *The Way of all Flesh* (1903) und Edmund Gosses *Father and Son* (1907) zählen.[454] In dem Portraits ihrer Väter hatten Gosse und Butler nicht die übliche Familientradition der gediegenen, ehrwürdigen Hommage umgesetzt,[455] sondern beleuchteten die Gestalten kritisch vor dem Hintergrund der Zeit, in welcher sie lebten. Dabei kamen bei Gosse bereits Techniken zur Anwendung, die Strachey später ausbaute, wie zum Beispiel die strenge Selektion des Materials und die angestrebte Kürze der Werke.

Dennoch war es *Eminent Victorians*, das nach dem Krieg und der anschließenden antiviktorianischen Welle die viktorianische Zwangsform der Biographie durchbrach: Strachey übernahm die Funktion eines "Sprachrohrs des herrschenden Zeitgeistes"[456]. Die neue Herangehensweise an eine Lebensbeschreibung stand dabei in starkem Kontrast zu der traditionellen, dokumentarischen Biographie und dem vereinfachten "Portrait", welche die Biographik bis dato dominierten.[457] "Life-and-Times"[458], die weit verbreitetste Methode, war die chronologische Dokumentation eines Lebens, unterstützt durch zahllose Belege und Dokumente, deren bekanntestes Beispiel James Boswells *Life of Samuel Johnson* (1791)[459] ist. Diese "official biographies"[460] erlangten den Status von Standard-Biographien, im Gegensatz zu den "Portraits", die darauf abzielten die Grundzüge einer Person und ihrer Zeit in möglichst prägnanter, aber wenig fundierter Weise darzustellen, wie zum Beispiel Geoffrey Scotts *The Portrait of Zélide* (1925).[461]

Etwa zeitgleich mit der Veröffentlichung von Stracheys *Eminent Victorians* (1918) und *Queen Victoria* (1921) betraten zwei weitere Autoren die Bühne der literarischen Biographie: der Deutsche Emil Ludwig publizierte *Goethe – Geschichte eines Menschen* (1920), *Napoleon* (1925) und *Kaiser Wilhelm II* (1926)[462], der Franzose André Maurois *Ariel, ou la vie de Shelley* (1923), *La vie de Disraëli* (1927) und *Byron* (1930).[463] Die drei Biographen gelten als die Begründer einer neuen Lebensbeschreibung, die "New Biography" genannt wurde und deren Hauptmerkmale grundsätzlich mit den Grundprinzipien Stracheys übereinstimmten. Sie erhoben die Biographie zur Kunst und erzeugten anhand verschiedener Methoden der Figurencharakterisierung und Tatsachendarstellung ein Bild der porträtierten Person von einem subjektiven Standpunkt aus.[464]

Durch den Erfolg von *Eminent Victorians* fand die biographische Methode Stracheys sehr schnell Nachahmer, und Strachey wurde "the involuntary founder of a whole school of `debunking´ biography."[465] Die literarische Form der Biographie wurde binnen kurzer Zeit so beliebt, dass man von einem "biography boom"[466] sprach. In der Annahme, die biographische Methode Stracheys sei ein Schema, das jeder einigermaßen begabte Literat zur Anwendung bringen könne, überflutete eine Vielzahl von Biographien den literarischen Markt, deren primäres Ziel es war, die porträtierte Person zu diskreditieren. Die Imitatoren Stracheys, die sich "debunkers" nannten und deren erklärte Absicht es war, die traditionelle Geschichtsschreibung zu korrigieren,[467] erreichten jedoch nicht die hohe Qualität der

Schreibkunst ihres Vorbildes[468]: "Their knowledge was frequently superficial, their irony mere invective, and their style second-rate journalism."[469] Zu dieser Form der Nachahmung tendierten zum Beispiel Philip Guedalla[470], der seine Figuren aus der gleichen viktorianischen Periode wählte wie Strachey,[471] Hugh Kingsmill[472], Rupert Hughes[473], Duff Cooper[474] und zum Teil Lord David Cecil.[475] Andere haben ausgehend von Stracheys Methode eigene Wege eingeschlagen, wie zum Beispiel Harold Nicolson[476], Francis Hackett[477] und Virginia Wedgwood.[478]

Strachey stand am Anfang einer biographischen Bewegung, die sich im Verlauf der nächsten Jahrzehnte verstärkt für das Innenleben der porträtierten Charaktere interessierte. Die Mittel der Analyse und Darstellungsweise wurden dabei durch neue Erkenntnisse aus dem Bereich der Psychologie erweitert, allen voran die Psychoanalyse Sigmund Freuds.[479] Ein neuer Anspruch an eine gelungene Biographie etablierte sich. Der Biograph war aufgefordert, sein Material nicht nur zweckmäßig zusammenzustellen, sondern es auch analysierend aufzuarbeiten:

> No longer was the writing of a man's life a matter of mere compilation, or even of careful chronological narrative; the ideal biographer had to analyze his material, see it from different angles and in many different lights. He had to be simultaneously an expert psychologist, a student of intellectual and social history, something of a philosopher – and an artist with a sure sense of artistic values.[480]

Dabei fanden einige Elemente der Strachey'schen Grundüberzeugung und Methode Eingang in die nachfolgende Biographik:

> All in all, there has been fairly general agreement about the service which he has rendered to biography in three respects. First, he taught and demonstrated that biography should have good proportions and judicious selection. Second, he taught and demonstrated that a biography should be written in good style. Third, he taught and demonstrated that the characters in a biography should be made to live again.[481]

In einer Untersuchung anlässlich des vierzigjährigen Jubiläums der Veröffentlichung von *Eminent Victorians* wies John Clive[482] nach, dass die Biographien, die in den 1950er Jahren über die vier eminenten Viktorianer Stracheys geschrieben wurden, in einem Ton der

Rechtfertigung oder Verteidigung verfasst wurden. Clive erweiterte seine Analyse um Dutzende Biographien über Personen der viktorianischen Epoche und zeigte, dass die Biographen versuchten, das angeschlagene Bild der Legenden zu restaurieren, nicht indem sie die Unzulänglichkeiten und Fehltritte der Porträtierten ignorierten, sondern indem sie diesen mit Verständnis begegneten und sie anhand eines soziologischen Ansatzes im Zusammenhang der gesellschaftlichen Voraussetzungen analysierten.

Zusammenfassend ist festzustellen, dass Stracheys Einfluss über einen ersten Begeisterungssturm und Nachahmungsbestrebungen hinausreichte. Durch das Beispiel seiner theoretischen Grundprinzipien und die angewandten Stilmittel[483] hat er die Entwicklung der literarischen Lebensbeschreibung nachhaltig beeinflusst.

"Psychoanalytische Biographien" als Ergebnis "wilder Psychoanalyse"

1910 veröffentlichte Sigmund Freud seinen "ersten Schritt in die Biographik"[484] in Form der Studie "Eine Kindheitserinnerung des Leonardo da Vinci", die zunächst in Heft 7 der Reihe "Schriften zur angewandten Seelenkunde" erschien.[485] In Deutschland wurden daraufhin einige Artikel in Fachzeitschriften publiziert, deren Autoren historische Figuren von Amenthotep IV bis Richard Wagner mit Freuds Vokabular "erklärten" und in dogmatischem Ton das Instrumentarium der Psychoanalyse für diese interpretierende Lebensbeschreibung einsetzten.

Auch in Amerika erfreute sich die Psychoanalyse einer regen Anwendung in der Deutung lebensgeschichtlich relevanter Phänomene in den Biographien "großer Persönlichkeiten" seitens Biographen wie James Harvey Robinson, Harry Elmer Barnes oder Preserved Smith. Smith beleuchtete in seiner Biographie über Martin Luther die Karriere des Reformators vor dem Hintergrund dessen Ödipuskomplexes[486], und Werke wie Katharine Anthonys *Margaret Fuller* (1920) und Joseph Wood Krutchs *Edgar Allen Poe* (1926) entdeckten die literarischen Möglichkeiten einer Lebensbeschreibung, die versteckte Motive und Sexualität als Triebkraft thematisierten. Der positive Effekt auf die Verkaufszahlen war dabei sicherlich eingerechnet.

Die meisten dieser "psychoanalytisch fundierten" Werke stellen sich jedoch bei näherer Untersuchung lediglich als wenig zuverlässige Analysen heraus, die in erster Linie das Vokabular eines neuen Jargons anwandten. Einige Vertreter dieser Modeerscheinung waren schnell bereit, die neu entdeckte Vorgehensweise als Allheilmittel zu propagieren und zu fordern, dass alle Biographien überarbeitet werden müssten unter Verwendung der neuen Theorien. Allen voran Harry Elmer Barnes postulierte einen solchen Wechsel und gab in zahlreichen Artikeln einen Vorgeschmack auf die zu revidierenden Darstellungen. Seiner Meinung nach litt Washington an einem "Jehovah complex", Jefferson an einem "Minderwertigkeits- und Antiautoritäts-Komplex" und Woodrow Wilson wies eine narzisstische Struktur auf.[487]

Nach Leon Edel[488] war ein Scheitern der psychoanalytischen Biographie, wie sie zu jener Zeit betrieben wurde, vorprogrammiert, weil den Autoren das allumfassende Rüstzeug zur Bewältigung ihrer Aufgabe fehlte. Den Psychoanalytikern mangelte es an spezifisch biographischer Methodik, und sie neigten dazu, die klinische Atmosphäre ihrer Behandlungsräume in ihre Studien zu übertragen. Das Ergebnis wertet Edel eher als die Illustration psychoanalytischer Technik als einen Beitrag zur Biographieforschung und plädiert deshalb für eine Trennung der Disziplinen Psychoanalyse und literarische Biographie, da die Praxis gezeigt habe, dass die Kompetenz der jeweiligen Experten sich auf ihr Spezialgebiet beschränke und keine Früchte auf dem jeweils anderen trage. Als Beispiel nennt er die Ausführungen eines Psychoanalytikers zu Leben und Werk Robert Louis Stephens', dessen Grundproblem gewesen sei, zu früh von der Mutterbrust getrennt worden zu sein und der Zeit seines Lebens einer oralen Befriedigung nachgehangen habe. Deshalb habe er die Geschichte von *Dr. Jekyll and Mr. Hyde* an der oralen Einnahme eines Trankes aufgezogen und im persönlichen Leben tagelange ausschweifende Feste auf Hawaii und Samoa gefeiert.[489] Dieses Beispiel zeigt, dass die Anwendung des psychoanalytischen Instrumentariums zu ausschließlich diagnostischen Zwecken den porträtierten Autor auf die Position eines Neurotikers reduzierte.

Umgekehrt endeten die Bemühungen von vorrangig literarisch geschulten Biographen, die sich ein oberflächliches Grundwissen der Psychoanalyse angeeignet und sich nicht der oben zitierten langjährigen Schule der Praxis unterzogen hatten, vielfach in verfälschten und falschen Darstellungen und Interpretationen. Ralph Volney Harlows Auslegung, die zitternden Hände Samuel Adams seien das Resultat seines Minderwertigkeitskomplexes[490], und Preserved Smiths Behauptung, Martin Luther habe eine Neigung zum Alkoholismus geerbt und die Trinkgewohnheiten des Vaters seien verantwortlich für die physische Schwäche seines Sohnes gewesen[491], sind Beispiele für die Auswüchse einer solchen "wilden Psychoanalyse".[492]

Diese Tendenzen veranlassten Eduard Hitschmann zu folgender Forderung: "Literaturwissenschaftler und Biographen müssen in der Psychoanalyse eine vollkommene Ausbildung erfahren, wie sie an den Lehrinstituten in Wien, Berlin, London geboten wird. Mit rasch angelesener psychoanalytischer Oberflächlichkeit kann nichts geleistet werden."[493]

Als Ausgangspunkt für einen derartigen Einsatz der Psychoanalyse haben den selbst ernannten psychoanalytischen Biographen vermutlich die Vorstöße Sigmund Freuds in den Bereich der Lebensbeschreibung herausragender Gestalten der Geschichte gedient. In seinen Studien zu Goethe[494] und Dostojewski[495] und vor allem zu Leonardo da Vinci[496] hat Freud auf der Grundlage historischer Materialien und Überlieferungen einen Teilaspekt der Persönlichkeit der geschichtlichen Personen analysiert, als seien sie Gegenstand seiner therapeutischen Behandlungsmethoden auf der berühmten Couch.

Dass sich Freud der Waghalsigkeit eines solchen Vorgehens im Ansatz bewusst war und er sich gegen zu erwartende Kritik vorbeugend schützen wollte, zeigt ein Einschub im zweiten Kapitel der Leonardo-Studie:

> Da wir nun in den psychoanalytischen Techniken vortreffliche Hilfsmittel besitzen, um dies Verborgene ans Licht zu ziehen, wird uns der Versuch gestattet sein, die Lücke in Leonardos Lebensgeschichte durch die Analyse seiner Kindheitsphantasie auszufüllen. Erreichen wir dabei keinen befriedigenden Grad von Sicherheit, so müssen wir uns damit trösten, daß so vielen anderen Untersuchungen über den großen Mann kein besseres Schicksal beschieden war.[497]

Dem Vorstoß der oben erwähnten übereifrigen Biographen und Laien auf dem Gebiet der Psychoanalyse dürfte Freud missbilligend gegenübergestanden haben. Er verwehrte sich explizit gegen eine Instrumentalisierung der Psychoanalyse zum Zwecke schneller Erklärungen und einfacher Erfolge auf dem Gebiet der Aufklärung versteckter Motive und Behebung quälender Symptome bei Patienten durch selbst ernannte Psychoanalytiker.

Obwohl er in der Frage der Laienanalyse weit offener war, als dies bei Ernest Jones der Fall war,[498] erteilte Freud einer Anwendung seiner Methoden von unausgebildeten Kräften eine klare Absage. In seinem Aufsatz "Über 'wilde' Psychoanalyse" (1910) heißt es in Bezug auf die therapeutische Praxis, es reiche nicht hin, "einige der Ergebnisse der Psychoanalyse zu kennen; man muß sich auch mit ihrer Technik vertraut gemacht haben, wenn man sein ärztliches Handeln durch die psychoanalytischen Gesichtspunkte leiten lassen will. Diese Technik ist heute noch nicht aus Büchern zu erlernen und gewiß nur mit großen Opfern an Zeit, Mühe und Erfolg selbst zu finden."[499]

Lytton Strachey reihte sich nicht ein in die Gruppe jener "psychoanalytischen Biographen" und verwendete die Psychoanalyse auch nicht als Dogma oder vorgefertigte Struktur, in die er lediglich die Charakterbeschreibung seiner Figuren presste. Er war zu sehr Individualist und Vordenker, um den Versuch zu unternehmen, die Methode eines Wissenschaftlers direkt in sein Metier der Biographie zu übersetzen. Strachey nahm Impulse der Psychoanalyse auf und integrierte sie in seine eigene Methode. Damit trug er das Interesse an dem Innenleben der porträtierten Figur in eine breite Leserschaft und ebnete den Boden für ein Interesse an der Psychoanalyse selbst, die das Seelenleben von Personen erforscht und determinierende Merkmale in der Vergangenheit der Menschen zu ergründen sucht.

VI. Psychoanalyse und Biographik: Theoretische Maximen Freuds und Stracheys im Vergleich

Weder Sigmund Freud noch Lytton Strachey haben eine separate Abhandlung zur Theorie der Biographie verfasst. Dennoch kann man aus zahlreichen Äußerungen in Briefen und ihren veröffentlichten Schriften sowie den einleitenden Worten ihrer wichtigsten biographischen Studien ihre theoretische Grundhaltung gegenüber der Biographie ableiten. Dabei werden die Maximen deutlich, die beide an eine gelungene Lebensbeschreibung stellen, und die Prinzipien, die sie ihrer eigenen biographischen Arbeit zu Grunde legen.

Im Folgenden sollen diese Grundprinzipien und die intendierte eigene Vorgehensweise Freuds und Stracheys dargestellt und anschließend deren Gemeinsamkeiten und Analogien bestimmt werden. Diese Darstellung dient als Ausgangsbasis einer Untersuchung ihrer individuellen Vorgehensweise und Methode. Dabei soll deutlich werden, dass Sigmund Freud und Lytton Strachey von einem verwandten Standpunkt aus agieren und sich ihre Intention, Vorgehensweise und Geisteshaltung sehr ähneln. Die Analyse ihrer biographischen Arbeit hat das Ziel, den Grad ihrer gegenseitigen Rezeption und Prägung zu bestimmen.

1. Freud und Biographie: Seine persönliche Einstellung und die biographischen Grundlagen der Psychoanalyse

Freuds ambivalente Einstellung zur Biographie

Sigmund Freud hatte ein ambivalentes Verhältnis zur Biographik, das einerseits in zahlreichen skeptischen Äußerungen zur konventionellen Praxis der Lebensbeschreibung sowie deren Möglichkeiten und Beschränkungen im Allgemeinen zum Ausdruck kommt und sich andererseits in seiner Faszination für diese Disziplin und seinem

Wunsch, die Psychoanalyse für die Lebensbeschreibung nutzbar zu machen, ausdrückt.

Prinzipiell hielt er das Interesse an dem Leben und der Psyche eines anderen und die daraus resultierende biographische Forschung für legitim.[500] Das Anliegen, die Lebensumstände eines Menschen zu erkunden, dessen Werk für die Nachwelt von großer Bedeutung war, rechtfertigt er wie folgt:

> Man sagt allgemein, es sei das Verlangen, uns einen solchen Mann auch menschlich näherzubringen. Lassen wir das gelten; es ist also das Bedürfnis, affektive Beziehungen zu solchen Menschen zu gewinnen, sie den Vätern, Lehrern, Vorbildern anzureihen, die wir gekannt oder deren Einfluß wir bereits erfahren haben, unter der Erwartung, daß ihre Persönlichkeiten ebenso großartig und bewundernswert sein werden wie die Werke, die wir von ihnen besitzen.[501]

Die traditionelle Lebensbeschreibung des ausgehenden 19. und beginnenden 20. Jahrhunderts, die Freuds Bild der Biographik *per se* prägte, konnte seine Erwartungen an eine gelungene Lebensbeschreibung jedoch nicht erfüllen. In seiner Abhandlung über *Leonardo da Vinci* (1910) bemängelt er die Tendenz der konventionellen biographischen Praxis, Hagiographen hervorzubringen, denen er einen "furor biographicus" attestierte.[502] Er beanstandet,

> [...] daß Biographen in ganz eigentümlicher Weise an ihren Helden fixiert sind. Sie haben ihn häufig zum Objekt ihrer Studien gewählt, weil sie ihm aus Gründen ihres persönlichen Gefühlslebens von vornherein eine besondere Affektion entgegenbrachten. Sie geben sich dann einer Idealisierungsarbeit hin, die bestrebt ist, den großen Mann in die Reihe ihrer infantilen Vorbilder einzutragen, etwa die kindliche Vorstellung des Vaters in ihm neu zu beleben. Sie löschen diesem Wunsche zuliebe die individuellen Züge in seiner Physiognomie aus, glätten die Spuren seines Lebenskampfes mit inneren und äußeren Widerständen, dulden an ihm keinen Rest von menschlicher Schwäche oder Unvollkommenheit und geben uns dann wirklich eine kalte, fremde Idealgestalt anstatt des Menschen, dem wir uns entfernt verwandt fühlen könnten.[503]

Freud hegte eine grundlegende Skepsis gegenüber dem Verfassen von Biographien, da er davon ausging, dass es nicht möglich sei, eine Lebensbeschreibung zu schaffen, die der porträtierten Person in vollem Umfang gerecht wird. In einem Brief an C.G. Jung deutet er seine Verzweiflung darüber im Zusammenhang mit seiner Studie zum "Rattenmann" an: "Was für Pfuschereien sind unsere Reproduktionen, wie jämmerlich zerpflücken wir diese großen Kunstwerke der psychischen Natur!"[504]

Nach Grubrich-Simitis sah Freud die technischen Hindernisse eines solchen Unternehmens und die Hauptschwierigkeiten, die dem Biographen bei der Bewältigung seiner Arbeit begegneten, in der Lückenhaftigkeit des überlieferten Materials, der Kompliziertheit selbst der einfachsten seelischen Vorgänge und der Tatsache, dass die Gleichzeitigkeit oft gegenläufiger Prozesse in der biographischen Beschreibung nur durch ein Nacheinander wiedergegeben werden könne.[505]

Aufgrund seines Gewissenhaftigkeits- und Objektivitätsanspruchs als Wissenschaftler fielen seine Bemerkungen über die Möglichkeiten und die Praxis der Biographen sehr harsch aus. Die Ausführungen Freuds zur Biographik an sich und dem Vorgehen der Biographen im Speziellen muss dabei immer im Lichte seiner Erfahrung mit der konventionellen Lebensbeschreibung jener Zeit verstanden werden: "Wer Biograph wird, verpflichtet sich zur Lüge, zur Verheimlichung, Heuchelei, Schönfärberei und selbst zur Verhehlung seines Unverständnisses, denn die biographische Wahrheit ist nicht zu haben, und wenn man sie hätte, wäre sie nicht zu gebrauchen."[506]

Seine tägliche therapeutische Arbeit und die umfangreiche Lektüre historischer und biographischer Literatur hat Freud gelehrt, die Darstellungen des jeweiligen Produzenten kritisch zu betrachten und hinter jeder Beschreibung eine bewusste oder unbewusste Interpretationen zu vermuten. Für ihn ein weiterer Beweis, dass es keine objektive biographische Wahrheit geben kann: "Jedesmal, wenn ein Mensch über Vergangenes berichtet, und sei er auch ein Geschicht[s]schreiber, haben wir in Betracht zu ziehen, was er unabsichtlich aus der Gegenwart oder aus dazwischenliegenden Zeiten in die Vergangenheit zurückversetzt, so daß er das Bild derselben fälscht."[507]

Andererseits ist Sigmund Freud fasziniert von biographischer Forschung an sich und auch der literarischen Lebensbeschreibung sehr zugeneigt. Dies ist nicht verwunderlich, wenn man sich vor Augen führt, dass die von ihm begründete Wissenschaft zu einem großen

Teil auf biographischer und autobiographischer Arbeit beruht. Freuds Lehre, die in der Beschreibung "der familiären Grundkonstellationen und Grundkonflikte so etwas wie ein Ablaufmodell der Jedermannsbiographie" enthält, zeichnet sich ebenso wie die Biographik durch Vergangenheitsorientierung und die Frage nach den Ursprüngen aus.[508] Die Entwicklung von Freuds Theorien und Konzepten beruht vorwiegend auf der exemplarischen Analyse biographischer Erlebnisse und Träume. Dabei spielt die eigene Person für Freud eine große Rolle. Seine Selbstanalyse, die als autobiographische Meisterleistung verstanden werden kann, hat ihm den Durchbruch zur Verwirklichung seines Lebenswerks gebracht: die Entwicklung der Psychoanalyse.

Freud brannte darauf, seine "seelenärztliche Forschung"[509] in den Dienst der Biographik zu stellen. An Carl Gustav Jung schrieb er 1909: "Auch die Biographik muß unser werden."[510] Freud selbst plante den ersten Versuch einer psychoanalytischen Lebensbeschreibung, mit der er den Weg in die biographische Wissenschaft eröffnen wollte: "Das Charakterrätsel Leonardos da Vinci ist mir plötzlich durchsichtig geworden. Das gäbe also einen ersten Schritt in die Biographik."[511]

Freud war überzeugt davon, dass die Psychoanalyse einen wertvollen Beitrag zur biographischen Forschung leisten konnte. In seiner Ansprache anlässlich der Verleihung des *Goethe-Preises* 1930 im Frankfurter Goethe-Haus hob er dies noch einmal öffentlich hervor: "Die Psychoanalyse kann manche Aufschlüsse bringen, die auf anderen Wegen nicht zu erhalten sind, und so neue Zusammenhänge aufzeigen in dem Webermeisterstück, das sich zwischen den Triebanlagen, den Erlebnissen und den Werken eines Künstlers ausbreitet."

Bei der festlichen Verleihung des Preises in Frankfurt am Main war Freud nicht anwesend. Seine Tochter Anna vertrat ihn und verlas die von ihm geschriebene Rede am 28. August 1930. Freud lag viel daran, die Möglichkeiten der Psychoanalyse für die Biographik aus seiner Sicht darzulegen und seinen Ansatz gegenüber der Kritik zu verteidigen. Die Verleihung des Goethe-Preises schien ihm ein angemessener Anlass, sich zu diesem Thema zu äußern, da Freud 1917 einen biographischen Versuch über Goethe anhand einer Kindheitserinnerung verfasst hatte, und er änderte deshalb das ihm gestellte

Thema dementsprechend ab. An den Sekretär des Kuratoriums des *Goethe-Preises* schrieb Freud im Vorfeld: "Zur Feier nach Frankfurt kann ich leider nicht kommen [...]. [Meine Tochter Anna] soll einige Sätze vorlesen, die Goethes Beziehung zur Psychoanalyse behandeln und die Analytiker selbst gegen den Vorwurf in Schutz nehmen, daß sie durch analytische Versuche an ihm die dem Großen schuldige Ehrfurcht verletzt haben. Ich hoffe, daß es angeht, das mir gestellte Thema: 'Die inneren Beziehungen des Menschen und Forschers zu Goethe' in solcher Weise umzubeugen, oder Sie würden noch so liebenswürdig sein, mir davon abzuraten."[512]

Ziel der Freud'schen Auseinandersetzung mit der Biographie und ihren theoretischen Prämissen

Freud, der mit seiner Leonardo-Studie den ersten Schritt in die Biographik unternommen hatte, verfolgte mit seinen Bemühungen zwei Hauptintentionen: Erstens wollte er seine psychoanalytischen Methoden und Erkenntnisse belegen, indem er sie auf historische Personen anwandte mit dem erklärten Ziel eines jeden Biographen, den Schöpfer großer Werke dem Leser menschlich näher zu bringen. Anhand von Kindheitserinnerungen und autobiographischen Schriften der jeweiligen Personen und unter Zuhilfenahme seines Repertoires an analytischen Techniken versuchte er, deren frühe Kindheit zu beleuchten und die seelischen Entwicklungsschritte nachzuvollziehen, die zu deren Charakterbildung beigetragen hatten.

Zweitens eröffnete Freud der Psychoanalyse die Anwendung auf eine Disziplin im Bereich der Geisteswissenschaften und erweiterte damit ihren Wirkungs- und Einsatzbereich. Freud hatte früh erkannt, dass seine Psychoanalyse nicht nur für den therapeutischen Bereich eingesetzt werden konnte, sondern auch Menschen ohne eine seelisch bedingte Gesundheitsbeeinträchtigung von Nutzen sein konnte, zum Beispiel durch Anwendung der Traumanalyse. Die Affinität von Literatur und Psychoanalyse, die Freud immer wieder betont hat, und seine eigenen dichterischen Ambitionen legten es nahe, der Biographieforschung und dem Verfassen literarischer Lebensbeschreibungen einen psychoanalytischen Impuls zu geben.

Freuds biographischer Ansatz konzentriert sich auf zwei Forderungen, die in der konventionellen Biographik bis dato weitgehend unberücksichtigt geblieben waren.

Zum einen betont Freud analog zu den Grundprämissen seiner eigenen Wissenschaft die Bedeutung der Sexualität des Porträtierten für eine gelungene Lebensbeschreibung: "Wenn ein biographischer Versuch wirklich zum Verständnis des Seelenlebens seines Helden durchdringen will, darf er nicht, wie dies in den meisten Biographien aus Diskretion oder aus Prüderie geschieht, die sexuelle Betätigung, die geschlechtliche Eigenart des Untersuchten mit Stillschweigen übergehen."[513] Eine unzureichende Quellenlage, die dem Biographen diesen Bereich verschließt, verhindert nach Freud eine erfolgreiche Lebensbeschreibung. Aus diesem Grund riet er Arnold Zweig davon ab, eine Biographie über Friedrich Nietzsche zu schreiben: "[...] [M]an kann einen Menschen nicht durchleuchten, wenn man seine Sexualkonstitution nicht kennt, und die Nietzsche's ist völlig rätselhaft."[514]

Zum anderen fordert Freud im Sinne seiner psychoanalytischen Praxis, die Kindheitserinnerungen der Protagonisten, und seien sie augenscheinlich auch noch so unbedeutend oder von der Erinnerung getrübt, ernst zu nehmen und sie als wichtige Informationsquelle zu nutzen:

> Es ist nicht gleichgültig, was ein Mensch aus seiner Kindheit zu erinnern glaubt; in der Regel sind hinter den von ihm selbst nicht verstandenen Erinnerungsresten unschätzbare Zeugnisse für die bedeutsamsten Züge seiner seelischen Entwicklung verborgen. Da wir nun in den psychoanalytischen Techniken vortreffliche Hilfsmittel besitzen, um dies Verborgene ans Licht zu ziehen, wird uns der Versuch gestattet sein, die Lücke in Leonardos Lebensgeschichte durch die Analyse seiner Kindheitsphantasie auszufüllen.[515]

Wie es Freud gelingt, seine Überzeugungen dem Leser nahe zu bringen und welche Methoden und Vorgehensweisen er wählt, soll im Folgenden dargestellt werden. Dabei soll deutlich werden, dass er ähnlich wie Strachey eine bestimmte Intention verfolgt und bereit ist, diese mit den verschiedensten rhetorischen Mitteln zu erreichen.

2. Lytton Stracheys biographische Methode: Theoretische Fundamente und Ziele

Auch wenn Lytton Strachey sich dagegen verwahrte, seinen Werken eine Theorie zugrunde gelegt zu haben,[516] lassen sich seine konkreten Ansprüche an das Schreiben einer Biographie nachweisen. In dem Vorwort zu *Eminent Victorians* (1918) nennt Strachey die seiner Meinung nach gravierendsten Versäumnisse der herkömmlichen Biographik und erläutert die eigenen Maximen und seine Vorgehensweise. In einigen frühen Zeitschriftenaufsätzen[517] und den Kurzportraits ausgewählter Historiker in *Portraits in Miniature* (1931)[518] setzt sich Strachey mit dem Wesen der Biographie auseinander und stellt die Merkmale einer gelungenen Lebensbeschreibung heraus, die er auch zur Grundlage seiner eigenen Werke macht. Im Folgenden werden diese theoretischen Hintergründe dargestellt und erläutert und anschließend den Maximen Freuds gegenübergestellt, wobei die Analogie der Grundüberzeugungen und Vorgehensweisen des Vaters der "New Biography"-Bewegung und des Begründers der Psychoanalyse herausgearbeitet werden sollen.

Durch Interpretation zur Wahrheit: Selektion, Geistesfreiheit und Distanz

Bereits während seiner Tätigkeit für den *Spectator*, lange bevor seine erste biographische Sammlung erschien, entwickelte Strachey erste Gedanken einer eigenen Anschauung zur Biographie. In seiner Rezension von Guglielmo Ferreros *The Greatness and Decline of Rome* heißt es:

> [...] the first duty of a great historian is to be an artist. The function of art in history is something much more profound than mere decoration. [...] Uninterpreted truth is as useless as buried gold; and art is the great interpreter. It alone can unify a vast multitude of facts into a significant whole, clarifying, accentuating, suppressing, and lighting up the dark places with the torch of the imagination. More than that, it can throw over the historian's materials the glamour of a personal revelation, [...]. Indeed, every history worthy of the name is, in its own way, as personal as poetry, and its value ultimately depends upon the force and the quality of the character behind it.[519]

Strachey sieht eine starke Verwandtschaft zwischen Historiker und Biograph. In *Eminent Victorians* versucht er den Anforderungen beider Disziplinen gerecht zu werden: "I hope, however, that the following pages may prove to be of interest from the strictly biographical no less than from the historical point of view."[520]

Mit seiner Auffassung von Geschichte und Biographie als Kunst unterscheidet er sich dabei grundsätzlich von den Überzeugungen seiner Vorgänger. Strachey spricht den so genannten Standard-Biographien ihren hohen Rang ab. Er bezeichnet sie als "[t]hose two fat volumes, with which it is our custom to commemorate the dead – who does not know them with their ill-digested masses of material, their slipshod style, their tone of tedious panegyric, their lamentable lack of selection, of detachment, of design?"[521] Diesen "wissenschaftlichen Ansatz" weist Strachey zurück:

> It is obvious that History is not a science: it is obvious that History is not the accumulation of facts, but the relation of them. Only the pedantry of incomplete academic persons could have given birth to such a monstrous supposition. Facts relating to the past, when they are collected without art, are compilations; and compilations, no doubt, may be useful; but they are no more History than butter, eggs, salt and herbs are an omelette.[522]

Strachey nutzt jedoch die von ihm kritisierten Werke als Materialquellen für seine Studien und somit als Ausgangspunkt für die eigene Methode. Dabei ist Stracheys erstes Ziel, den Umfang der Lebensbeschreibungen zu reduzieren, indem er eine prägnante Schreibweise wählt und konsequent selektiert. Zu seinen obersten Maximen gehört "a brevity which excludes everything that is redundant and nothing that is significant – that surely is the first duty of a biographer".[523] Darüber hinaus postuliert er eine Geistesfreiheit, die es ihm ermöglicht, im Sinne der zuvor zitierten Aussagen, die Fakten so darzustellen, wie er sie versteht, und seine Wahrheit durch eine deutende Darstellungsweise dem Leser zu vermitteln. Nach Stracheys Auffassung ist die organisatorische und interpretierende Begabung des Biographen ebenso wichtig wie das Material, das seiner Arbeit zu Grunde liegt. Einer tendenziösen Subjektivität erteilt er jedoch letztendlich eine Absage. Seine Absicht sei es "[...] to lay bare the facts of some cases, as I understand them, dispassionately, impartially, and without ulterior intensions."[524]

Der folgende Abschlusssatz seiner Ausführungen scheint dies noch zu unterstreichen: "To quote the words of a Master – 'Je n'impose rien; je ne propose rien: j' expose.'"[525] Diese Stelle ließe sich leicht als Stracheys deklarierte Hingabe an eine Faktentreue interpretieren, die der viktorianischen Subjektivität mit ihrem Bestreben nach heldenhafter Darstellung ihrer Gestalten entgegensteht. Die meisten Leser und auch viele Literaturforscher haben dies so aufgefasst.[526] Bei dem Ausspruch handelt es sich jedoch nicht um eine reales Zitat, sondern um eine von Stracheys "pseudo-quotations"[527], wie er sie des Öfteren verwendet. Stracheys Absicht war es, Deklarationen dieser Art zu parodieren. Der erwähnte "Master" existiert nicht[528], und wie dem Leser im Laufe der Lektüre von *Eminent Victorians* klar werden wird, ist Strachey weit davon entfernt, etwas ohne verdeckte Absichten lediglich darzulegen und zu offenbaren.[529] Der Schlüssel zum Verständnis dieser Textstelle liegt in dem wiederholten "as I understand them [the facts of the case]" beziehungsweise "as he [the biographer] understands them".[530]

Weitere Maximen: Materialsicherung, prägnante Darstellung und eigener Blickwinkel

Das wichtigste Element in Stracheys Lebensbeschreibungen ist zugleich das Novum, welches sein Werk zum Wendepunkt in der Geschichte der Biographie gemacht hat: ein klarer Standpunkt, von dem aus die zu porträtierende Person und deren soziales Umfeld beleuchtet wird. Dabei dirigiert Strachey den Lichtkegel intentional und entscheidet, welche Seiten seiner Figur er ans Licht bringen will. Dass er sich neben den bereits bekannten rühmlichen Seiten vor allem für die dunkelsten entscheidet, ist verantwortlich für die große Wirkung, die seine Biographien hatten.

Die Frage nach den erforderlichen Fähigkeiten eines schreibenden Künstlers, der es sich zum Ziel gemacht hat, dem modernen Leser Geschehnisse der Vergangenheit nahe zu bringen und die betroffenen menschlichen Wesen nicht als bloße "symptoms of the past"[531] zu behandeln, beantwortet Strachey wie folgt: "What are the qualities that make a historian? Obviously these three – a capacity for absorbing facts, a capacity for stating them, and a point of view."[532]

Diese drei Grundsätze lassen sich in den Werken Stracheys wiederfinden. Seine Fähigkeit, Fakten aufzunehmen, zeigt sich in dem intensiven Studium der Quellen, das dem Schreiben seiner Werke vorausging. Diese vorbereitende Phase nahm in der Regel doppelt so viel Zeit in Anspruch wie das Schreiben selbst. Strachey nutzte mit Vorliebe den Lesesaal des Britischen Museums und die *London Library*, wo er die für ihn wichtigsten Elemente seiner Quellen auf einem Blatt Papier exzerpierte:[533]

> His critical faculty was so highly developed by the time he came to write biography that he rarely noted down a superfluous fact, and still more rarely had to return to a book once read for some fact he had previously rejected. Still, the reading to be done was immense; and he never skipped through books, and never trusted an index to pick out references to his subject. An outline of the book he intended to write was in his head before ever he began his course of reading, but not a word went on paper until the reading was finished [...].[534]

Dem Darlegen der ausgewählten Fakten widmete Strachey größte Aufmerksamkeit. Bevor er schrieb, hatte er ganze Satzsequenzen in Gedanken vorformuliert[535]: "He thought in paragraphs."[536] Diese Absätze in Stracheys biographischen Werken bilden oftmals abgeschlossene Sinneinheiten, die kunstvoll miteinander verbunden und in Bezug gesetzt werden.[537]

Der "point of view", auf dem Stracheys biographische Arbeitsweise basiert, ist ein Novum in der Geschichte der Biographie, das die bisherige Vorgehensweise erweitert. Zwar wurden Anfang des zwanzigsten Jahrhunderts bereits menschliche Züge herausragender Gestalten der Geschichte in ihre Lebensbeschreibung mit einbezogen. Samuel Johnson, zum Beispiel, sprach sich für eine Berücksichtigung der Privatsphäre in der Biographie aus: "The business of the biographer is often to pass lightly over those performances which produce vulgar greatness, to lead the thoughts into domestic privacies, and display the minute details of daily life."[538] Strachey geht jedoch einen Schritt weiter und stellt seine Charakterisierung der Figuren in direkten Gegensatz zu dem, was man von ihrer hohen sozialen Stellung erwartet oder was die Legende aus ihnen gemacht hat.[539]

Er will nach eigener Aussage dem modernen Leser durch das Medium der Biographie einige viktorianische Visionen aufzeigen, um einzelne Fragmente der Wahrheit über das viktorianische Zeitalter herauszuarbeiten.[540] In *Eminent Victorians* (1918) untersucht er exemplarisch vier Personen: "an ecclesiastic, an educational authority, a woman in action and a man of adventure."[541] In *Queen Victoria* (1921) konzentriert er sich auf die Figur, die den Viktorianismus verkörperte und der Epoche ihren Namen gab. In *Elizabeth & Essex* (1928) nimmt er das Verhältnis der Königin zu ihrem engsten Vertrauten unter die biographische Lupe, um sich einer Darstellung der elisabethanischen Epoche zu nähern.

Der Stil als Schlüssel der Methode

Strachey entwickelte seine eigene Version der Lebens- und Charakterdarstellung der Figuren, indem er das vorhandene Material ausschöpfte und in seinem Sinne zur Anwendung brachte. In ihrem Aufsatz "The Art of Biography" rechtfertigt Virginia Woolf eine solche Vorgehensweise. Im Gegensatz zu dem Verfasser von *fiction* müsse der Biograph aus der Masse vorhandener Informationen schöpfen und sei deshalb durch sein Material gebunden, "but, if it is so, he has the right to [use] all the facts that are available."[542]

An einer Strategie wie dieser lässt sich Stracheys eigener Standpunkt erkennen, den er als Biograph einnimmt und auch von anderen fordert. Jedoch geht Strachey nicht offensiv vor, indem er seine Sichtweise explizit darlegt. Sein "point of view" manifestiert sich im Stil. Strachey vermeidet es, Interpretationen direkt zu vermitteln[543], und formuliert deshalb keine Deutungen, sondern legt sie durch die Auswahl der Einzelinformationen und deren Kombination nahe. Es wird der Eindruck vermittelt, als könne der Leser seine eigenen Schlüsse aus der Darstellung ziehen. Durch die Selektion des Materials und die Anwendung zahlreicher sprachlicher sowie rhetorischer Mittel findet jedoch eine starke Lenkung des Lesers statt. Diese Vorgehensweise steht im Widerspruch zu der angestrebten Unparteilichkeit, Objektivität und dem Mangel an versteckten Absichten, auf die sich Lytton Strachey in seinem Vorwort zu *Eminent Victorians* beruft und die er bei anderen Autoren rühmt.

In einem Essay über Hume preist Strachey die "divine art of impartiality"[544], Rochefoucauld bewundert er für das hohe Maß an emotionaler Distanz des Erzählstils,[545] und bei Gibbon schätzt er vor allem die klassischen Merkmale "order, lucidity, balance, precision"[546], seinen besonnenen Stil[547] und "the subtlety, the clarity, the continuous strength of [his] writing".[548]

Neben den genannten Historikern, Biographen und Schriftstellern, die Einfluss auf Stracheys Schreibstil und die Herausbildung seiner eigenen biographischen Methode hatten, dienten Strachey noch andere Autoren als Vorbild. Ein Beispiel ist Racine, den er bewundert für "an unfailing sense of reality, selection made in accordance with true judgement, and psychological insight of a very high order".[549] In ähnlicher Weise beeinflussten Strachey Saint-Simon, Claredon, Aubrey und Rousseau.[550] Dies zeigt die hohe Wertschätzung, die Strachey den französischen Gelehrten entgegenbringt. Nicht zufällig preist er in seinem Vorwort zu *Eminent Victorians* zwei herausragende französische Biographen, um den schlechten Zustand der englischen Biographik zu illustrieren.[551]

Der Einfluss G.E. Moores auf Lytton Strachey und seinen Kreis ist bereits oben diskutiert worden. Bei der Entwicklung eines eigenen Stils hatte Strachey sicherlich die Elemente des Moore'schen Werks vor Augen, die er so bewunderte: "[Strachey] amply appreciated the terse accuracy of Moore´s prose, the stylistic reflection of the logical precision of his lucid mind and, so, of his dedication to Reason and Truth – [...]."[552]

Strachey weiß, dass sich alle Qualitäten einer Lebensbeschreibung im Stil offenbaren und zwingende Wirkung haben. Bei Gibbon beobachtet er, dass "[b]y the penetrating influence of style – automatically, inevitably – lucidity, balance and precision were everywhere introduced; and the miracle of order was established over the chaos of a thousand years".[553]

Die sprachlichen Mittel, die Strachey im Sinne seines "point of view" einsetzt, wie zum Beispiel Ironie, manifestieren sich in seiner Schreibweise.[554] Stracheys Stil ist die Verkörperung seiner biographischen Methode. Will man dem Kern dieser Vorgehensweise auf den Grund kommen, muss man den Stil einer genaueren Analyse unterziehen.[555] Eine solche Analyse soll im Folgenden bei Freud und Strachey unternommen werden. Doch zuvor gilt es, die verbindenden Elemente in Intention und Vorgehensweise bezüglich ihrer biographischen Arbeit zusammenzufassen.

3. Analogien zwischen Freud und Strachey: Intention und Methodik

Sigmund Freud und Lytton Strachey hatten beide die Absicht, durch ihren Beitrag zur Biographik die Disziplin zu verändern. Sie kritisierten beide die traditionelle Lebensbeschreibung mit ihrer Tendenz zur Heldenverherrlichung und ihrem pseudo-objektiven Ansatz der Materialpräsentation ohne eine Interpretation oder Auslegung durch den Biographen. Freud und Strachey akzeptierten die Tatsache, dass es nicht die eine biographische Wahrheit gibt und sahen diesen Umstand nicht als Manko, sondern als Chance. Sie setzten der konventionellen Lebensbeschreibung durch ihr biographisches Werk eine alternative Herangehensweise gegenüber, gaben der literarischen Biographik einen entscheidenden Impuls und prägten dadurch deren Entwicklung bis zum heutigen Tage. Zudem lässt sich hinter der auffälligen Analogie ihrer theoretischen Grundprämissen und praktischen Vorgehensweisen eine gegenseitige Anregung vermuten.

In den vorangegangenen Kapiteln ist die Vertrautheit Lytton Stracheys mit Freuds Werk und die Präsenz von dessen wissenschaftlichen Theorien und Konzepten im täglichen Leben Stracheys ausführlich behandelt worden. Der viel zitierte allgemeine Zeitgeist und die besondere Beziehung Bloomsburys zu Freud und der Psychoanalyse haben ihre Spuren im Werk Stracheys hinterlassen und seine Grundeinstellung zur Biographie sowie seine biographische Methode geprägt. Umgekehrt las Freud die Werke Lytton Stracheys mit großem Interesse und Begeisterung für deren immanente psychologische Innensicht. Stracheys Vorgehensweise schien Freud vertraut. Er erkannte in Lytton Strachey und dessen Methode einen Bruder im Geiste und bestätigte ihm später, von der Psychoanalyse durchdrungen zu sein.[556]

Erforschung der Innenwelt

Freud und Strachey hatten das Ziel, die menschliche Seite einiger Personen, die durch ihr Lebenswerk für die Nachwelt von großer Bedeutung waren, darzustellen und dabei ein Gegenbild zu den idealisierten Gestalten zu kreieren, die die herkömmliche Biographie durch ihre Methodik geschaffen hatte. Fern von Identifikations- und Idealisierungstendenzen strebten Freud wie Strachey die Erforschung und Darstellung der Innenwelt der Personen an und versuchten, ein möglichst umfassendes Charakterbild zu zeichnen samt Stärken und Schwächen, höheren und niederen Trieben, positiven wie negativen Eigenschaften und Handlungen.

Dabei war es weder Freuds noch Stracheys Ziel, die Personen zu erniedrigen, die sie untersuchten. Freud äußerte sich zur Frage der potentiellen Diminution seiner "erlauchten Analysanden" wie folgt:

> Wenn die seelenärztliche Forschung, die sich sonst mit schwächlichem Menschenmaterial begnügt, an einen der Großen des Menschengeschlechts herantritt, so folgt sie dabei nicht den Motiven, die ihr von den Laien so häufig zugeschoben werden. Sie strebt nicht danach, "das Strahlende zu schwärzen und das Erhabene in den Staub zu ziehen"; es bereitet ihr keine Befriedigung, den Abstand zwischen jener Vollkommenheit und der Unzulänglichkeit ihrer gewöhnlichen Objekte zu verringern. Sondern sie kann nicht anders als alles des Verständnisses wert finden, was sich an jenen Vorbildern erkennen läßt, und sie meint, es sei niemand so groß, daß es für ihn eine Schande wäre, den Gesetzen zu unterliegen, die normales und krankhaftes Tun mit gleicher Strenge beherrschen.[557]

Nicht herabsetzen zwar will der Biograph den Heros, sondern ihn uns näher bringen. Aber das heißt doch die Distanz, die uns von ihm trennt, verringern, wirkt doch in der Richtung einer Erniedrigung. Und es ist unvermeidlich, wenn wir vom Leben eines Großen mehr erfahren, werden wir auch von Gelegenheiten hören, in denen er es wirklich nicht besser gemacht hat als wir, uns menschlich wirklich nahe gekommen ist. Dennoch meine ich, wir erklären die Bemühungen der Biographik für legitim. Unsere Einstellung zu Vätern und Lehrern ist nun einmal eine ambivalente, denn unsere Verehrung für sie deckt regelmäßig eine Komponente von feindseliger Auflehnung. Das ist ein psychologisches Verhängnis, läßt sich ohne gewaltsame Unterdrückung der Wahrheit nicht ändern und muß sich auf unser Verhältnis zu den großen Männern, deren Lebensgeschichte wir erforschen, fortsetzen.[558]

Die zeitgenössische Kritik verstand Stracheys biographische Studien der herausragenden Viktorianer und Mitglieder des Königshauses, die sich in Ton und Gestalt in krassem Gegensatz zu den konventionellen Biographien befanden, vornehmlich als Angriff auf die Werte und Idole der viktorianischen Epoche. Er war schnell als Ikonoklast und "debunker" verschrien, eine Tatsache, die durch den Umstand verstärkt wurde, dass sich sehr schnell Imitatoren seiner Technik fanden, die seinen Ansatz auf die Spitze trieben und karikaturistische Lebensbeschreibungen und hämische Abrechnungen mit den einst verehrten Helden der *Victorians* verfassten.

Stracheys Ziel war es sicherlich, das herkömmliche, idealisierte Bild der von ihm beschriebenen Personen zu revidieren. Dabei verfolgte er jedoch in erster Linie die Absicht, die einseitige und glorifizierende Darstellung der traditionellen Biographen zu entlarven und damit die selbstherrliche, selbstzufriedene, hypokritische Art des viktorianischen Establishments aufzudecken, die, wie viele junge Menschen der damaligen Zeit glaubten, mitverantwortlich war für den Ausbruch des Ersten Weltkriegs.[559] Indem neben den äußerlichen Erfolgen der beschriebenen Helden und deren offizieller selbstloser Bereitschaft, für die gute Sache zu kämpfen, auch deren Schwächen und deren egozentrische und karriereorientierte Seiten zum Ausdruck kamen, entstand in den Augen der Öffentlichkeit der Eindruck, Strachey sei ausgezogen, um die einst unbesiegbar erschienenen Helden der Viktorianer nun auf dem Schlachtfeld der Lebensbeschreibung zu schlagen.

Stracheys biographische Studien wurden zunächst entweder als langersehnte Befreiung empfunden und gefeiert oder als perfide Netzbeschmutzung verachtet. Erst die spätere Kritik hat die tiefer gehenden Qualitäten seines Werks schätzen gelernt und festgestellt, dass Strachey in Wirklichkeit keine Stereotype oder Karikaturen der porträtierten Personen geschaffen hat und dass man sehr wohl auch Stellen in seinen Studien ausmachen kann, in denen er den Figuren mit offensichtlicher Sympathie entgegentritt.

Trotz aller Bestrebungen, das idealisierte Bild der Viktorianer und ihrer Epoche zu revidieren, lag es Strachey wie Freud am Herzen, den Menschen hinter dem Helden in Erscheinung treten zu lassen und ihn dem Leser näher zu bringen. Dabei konzentrierte er sich auch auf das Innenleben der Porträtierten und versuchte, deren Seelenleben darzustellen.

Strachey und Freud haben beide eine distinguierte Einstellung zur Biographie und eine eigene Theorie, die sich aus der Opposition zu der herkömmlichen Praxis und einem hohen Maß an eigens entwickelten Ansprüchen zusammensetzt. Beide verfolgen in ihren biographischen Studien eine bestimmte Intention, die über die Darstellung der zu porträtierenden Person hinausgeht. Zusammenfassend kann man sagen, dass Freud einerseits den Wahrheitsgehalt seiner Theorien und Konzepte unter Beweis stellen wollte, indem er sich an der Analyse einer "öffentlichen" und für die Kunst und Wissenschaft bedeutenden Person versuchte. Andererseits wollte er den Nutzen der Psychoanalyse für die Biographik unter Beweis stellen und seiner Wissenschaft den Zugriff auf diese Disziplin eröffnen, indem er ein Beispiel gab und die erste psychoanalytische Biographie schuf. Dabei spielten analog zu den Grundpfeilern der Psychoanalyse die sexuelle Konstitution und frühe Kindheitserinnerungen der porträtierten Person eine große Rolle.

Strachey wollte am Beispiel der porträtierten Viktorianer in *Eminent Victorians* und *Queen Victoria* wie beschrieben den Geist der viktorianischen Ära entlarven und die Idole dieser Epoche vom Sockel der Idealisierung stürzen, indem er ihre menschlichen Seiten offenbarte. In *Elizabeth & Essex* steht die Person der Königin im Mittelpunkt der Darstellung, deren Charakter und deren Motive zu ihren Taten Strachey durch die Erkundung ihres Seelenlebens zu verdeutlichen suchte. Durch die unehrerbietige Behandlung der Personen und die beschriebenen Maximen seiner biographischen Methode – lebendige Darstellung, Kürze, Selektion der Fakten und eigener Standpunkt – wollte er der konventionellen Lebensbeschreibung eine Alternative entgegensetzen und einen richtungsweisenden Impuls für die Zukunft geben.

Intention

Sowohl Freud als auch Strachey haben gemäß ihrer Intention bereits vor der Produktion ihrer eigentlichen Studie das intendierte Ergebnis vor Augen und modellieren den Schreib- bzw. Darstellungsprozess dementsprechend. Um das intendierte Ergebnis zu erreichen, das heißt: um den erwünschten Effekt beim Rezipienten zu erzielen bzw. die intendierte Aussage plausibel erscheinen zu lassen, wenden sie entsprechende methodische Mittel an, die im Folgenden im Zentrum der Analyse stehen sollen.

Freud nahm das Resultat seiner Leonardo-Analyse in einem Brief an C.G. Jung vor der Entstehung seines biographischen Entwurfs bereits vorweg. Freud resümierte:

> Unterdes will ich Ihnen das Geheimnis verraten. Erinnern Sie sich meiner Bemerkung in den 'Infantilen Sexualtheorien' [...] über das notwendige Fehlschlagen dieser primitiven Forschung der Kinder und der lähmenden Wirkung, die von diesem ersten Misserfolg ausgehe? Lesen Sie die Worte nach; sie waren damals noch nicht so ernsthaft verstanden, wie ich sie jetzt verstehe. Nun so einer, der so früh seine Sexualität in Wißtrieb umgesetzt hat und an der Vorbildlichkeit des nicht Fertigwerdens hängen geblieben ist, ist auch der große Leonardo, der sexuell inaktiv oder homosexuell war.[560]

Sein einziges Bedenken war die Schwierigkeit, seine "gute Überzeugung anderen faßbar darzustellen".[561] Freuds Auseinandersetzung mit der Kindheitserinnerung Leonardos hatte lediglich die Funktion, seinem vorgefassten Analyseergebnis Plausibilität zu verleihen.

Auch Strachey hatte das intendierte Bild vor Augen, das er von den jeweiligen Personen zu entwerfen gedachte und selektierte dementsprechend aus den verwendeten Quellen die passenden Informationen. Ralph Partridge bestätigt diese Vorgehensweise: "An outline of the book he intended to write was in his head before ever he began his course of reading, but not a word went on paper until the reading was finished [...]."[562]

Strachey und Freud definieren die Rolle des Biographen neu. Es ist nicht mehr vorrangiges Ziel, eine Vielzahl von Materialien zusammenzustellen und dem Leser zur eigenen Analyse zur Verfügung zu stellen, wobei der Biograph selbst weitestgehend im Hintergrund bleibt. Vielmehr ist es seine Aufgabe, die notwendigen Fakten und Information herauszufiltern, die eine umfassende Charakterdarstellung zulassen. <u>Selektion</u> und <u>Interpretation</u> sind die Maximen dieses neuen biographischen Ansatzes.

Intuition: Exemplarische Selektion

Freud bezieht sich in seinen biographischen Studien auf Kindheitserinnerungen und versucht anhand dieser kurzen Ausführungen quasi exemplarisch Grundstrukturen des Wesens der jeweiligen Person herauszuarbeiten. Einige wenige Aussagen oder eine einzige Beschreibung eines signifikanten Vorgangs der zu porträtierenden Person genügen Freud, um seine Analyse entlang interdependenter Zusammenhänge bis auf den Grund des Charakters der Person zu verfolgen. Seine Analyse nimmt ihren Ausgangspunkt bei einem herausragenden Ereignis, welches mikrokosmisch für einen makrokosmischen Gesamtzusammenhang steht. Freud erklärt durch einen Bruchteil des Ganzen das Ganze selbst.

Lytton Strachey geht in seiner biographischen Arbeit ähnlich vor. Auch er selektiert aus dem ihm zur Verfügung stehenden Material jene charakteristischen Aussagen und Informationen, die ihm exemplarisch zur Kreation eines Gesamtbildes dienen können. Er wählt zur Verdeutlichung seiner Vorgehensweise eine Metaphorik, die nicht nur zufällig an den zu erforschenden Bereich des Tiefen und Unbewussten angelehnt ist:

> He [the biographer] will row out over that great ocean of material, and lower down into it, here and there, a little bucket, which will bring up to the light of day some characteristic specimen, from those far depths, to be examined with careful curiosity. Guided by these considerations, I have written the ensuing studies [of *Eminent Victorians*].[563]

Freud und Strachey verwenden zur Erhebung des historischen Materials neben den autobiographischen Schriften der Protagonisten auch die bereits vorhandenen Biographien ihrer Vorläufer. Dabei selektieren beide jene Informationen, die sich in den Fluss ihrer Darstellung einreihen und das intendierte Resultat unterstützen. Gegensätzliche Angaben und Materialien werden vernachlässigt, wie die anschließende Analyse zeigen soll.

Die ausgewählten Fakten werden nicht, wie es die konventionelle Lebensbeschreibung vorsieht, dem Leser zur Kenntnisnahme präsentiert und überlassen, sondern aufgearbeitet und interpretiert. Es wird nicht dem Leser überlassen, sich aus den autobiographischen Äußerungen und biographischen Angaben ein eigenes Bild zu konzipieren. Vielmehr findet in den Studien Stracheys und Freuds in unterschiedlichen Ausmaßen eine Leserführung statt. Dabei werden im Falle Freuds auch gelegentlich Exkurse in andere Bereiche und Diskurse gemacht, wie in dem bekannten Ausführungen zum Verhältnis des Geiers zur ägyptischen Mythologie.

Der Standpunkt des Biographen

Freud und Strachey verabschiedeten sich von der Vorstellung, die eine biographische Wahrheit darstellen zu wollen. Sie waren sich der Subjektivität ihres Ansatzes bewusst, ohne ihn in die Beliebigkeit zu entlassen. Sie erkannten die Notwendigkeit, einen bestimmten Standpunkt einzunehmen, von dem aus sie sich den Protagonisten ihrer biographischen Studien nähern wollten. Aus den Aussagen Freuds über Biographie lässt sich schließen, dass er keinen Objektivitätsanspruch hegte, sich der Subjektivität der Darstellung voll bewusst war und auch analog zu Strachey einen Standpunkt des Biographen verortete. Während Strachey einen solchen Standpunkt deklariert, ist er der Denkweise Freuds eher immanent, ohne gesondert hervorgehoben zu werden.

Untersucht man Freuds Versuche auf dem Gebiet der Biographie, muss man sich seiner besonderen Stellung als Wissenschaftler bewusst sein. Freud ist vornehmlich der Begründer der Psychoanalyse und war zeit seines Lebens bemüht gewesen, die Psychoanalyse als Naturwissenschaft in den Augen der Öffentlichkeit und im Kanon der Wissenschaften zu etablieren. Als Naturwissenschaftler ist er einem Objektivitätsanspruch verpflichtet, den er nicht unnötig untergraben möchte, wenn er sich auf ein Gebiet begibt, das nach seiner eigenen Auffassung zwangsläufig subjektiv ist. Die Deklaration eines festen Standpunktes, von dem aus er in den expliziten biographischen Studien und den psychoanalytisch analysierenden Passagen über einige Schriftsteller agiert, muss er unterlassen.

Dennoch kann man an Ausführungen Freuds erkennen, dass er durchaus einen solchen Standpunkt einnimmt. In *Leonardo* schreibt er vorbeugend, um sich vor der zu erwartenden Kritik bereits im Vorfeld zu wappnen,[564] dass, falls sich seine Ausführungen als falsch herausstellen sollten, sie nur das gleiche Schicksal erleiden würden wie schon andere Studien vor ihm. Er sieht seine Interpretation als einen möglichen Ansatz von vielen und billigt den unterschiedlichen Wissenschaftlern, die sich mit dem Thema befasst haben und noch befassen werden, einen eigenen Standpunkt zu.[565]

Expliziter wird der immanente Standpunkt seiner Schriften in dem Antwortbrief an Theodor Reik vom 14. April 1929. Vor der Veröffentlichung in der Zeitschrift *Imago* hatte Reik Freud seine Rezension zur Ansicht geschickt, in der er die Dostojewski-Studie Freuds in einigen Punkten kritisiert.[566] Freud bringt in seinem Antwortschreiben zum Ausdruck, dass er die Kritik Reiks wohlwollend zur Kenntnis nimmt und bezieht zu einigen Punkten Stellung. Dass seine Darstellung und Auslegung des Sachverhaltes nicht zwangsläufig eindeutig und zwingend ist, macht Freud gleich zu Beginn des Briefes deutlich: "Alles, was Sie einwenden, läßt sich hören und soll als in einem Sinne zutreffend anerkannt werden. Zur Vertretung meiner Sache kann ich einiges vorbringen. Es wird sich ja nicht darum handeln, wer recht oder unrecht behalten soll."[567] Und am Ende des Briefes heißt es unmissverständlich: "Voraussetzungslos muß einzig die wissenschaftliche Forschung sein. Bei allen anderen Betrachtungen kann man die Wahl eines Standpunktes nicht vermeiden, und solcher gibt es natürlich mehrere [...]."[568]

VII. Stil und analytische Vorgehensweise in Sigmund Freuds biographischer Studie *Eine Kindheitserinnerung des Leonardo da Vinci* (1910)

1. Literarische Qualitäten des Freud'schen Stils

Freud als Schriftsteller

Neben den bahnbrechenden wissenschaftlichen Erkenntnissen der Psychoanalyse, die Medizin, Geisteswissenschaft und Kultur seit Ende des 19. Jahrhunderts zu prägen begannen, wurde seit jeher auch der besondere Schreib- und Redestil Sigmund Freuds hervorgehoben, mit dem er seine Lehre verbreitete.

Die literarischen Qualitäten des Freud'schen Werks wurden explizit gewürdigt, als man ihm 1930 den Goethe-Preis verlieh und dadurch "in gleichem Maße de[n] Gelehrten wie auch de[n] Schriftsteller"[569] Sigmund Freud ehrte. Die gleiche Ehre wurde ihm posthum zuteil, als die *Deutsche Akademie für Sprache und Dichtung* in Darmstadt 34 Jahre später eine Auszeichnung ins Leben rief, die seitdem seinen Namen trägt: *den Sigmund-Freud-Preis für wissenschaftliche Prosa*. Der Präsident der Akademie, Hanns W. Eppelsheimer, erklärte anlässlich der ersten Verleihung: "Dem Preis für wissenschaftliche Prosa messen wir besondere und aktuelle Bedeutung zu: wir haben ihn, im Einverständnis mit der Familie Freud, Sigmund-Freud-Preis genannt, um auf einen Mann hinzuweisen, über dessen epochemachende wissenschaftliche Arbeiten gar zu oft seine hervorragende Prosa übersehen wird."[570]

Doch bereits zu Lebzeiten erntete Freud Lob für seine Art des Schreibens aus der wissenschaftlichen wie aus der literarischen Welt.[571] Albert Einstein versicherte Freud in einem Brief, dass er seine Leistung und Schriften ganz besonders vom schriftstellerischen Standpunkt aus bewundere: "Ich kenne keinen Zeitgenossen, der in deutscher Sprache seine Gegenstände so meisterhaft dargestellt hat."[572] Und Alfred Döblin hob anlässlich des 70. Geburtstags Freuds dessen einfachen, klaren Stil hervor: "[...]; er sagt ungekünstelt und phrasenlos, was er meint; so spricht einer, der etwas weiß."[573] Auch in den eigenen Reihen bewunderte man Freuds Stilkunst. Theodor Reik bescheinigte Freud, ein meisterhafter Stilist zu sein: "His prose, with its lucid, tranquil, richly associative flow, merits comparison with that of the great writers"[574], und Fritz Wittels erklärt Freud zu einem "Schriftsteller ersten Ranges, weitaus der beste in seiner Schule. Wenn er will, verfügt er über glänzende Bilder, schlagende Dialektik, blendende Diktion. Die herbe Knappheit seines Stils erinnert an antike Vorbilder, [...]."[575] Ernest Jones urteilt über Freuds Stil wie folgt:

> His outstanding literary merit was the distinction of his style. It seemed impossible for him to write the simplest sentence without infusing it with something of his originality, elegance and dignity. The same was true of his conversation; banality, even in the tritest matter, was alien to him and every remark would be trenchant, well-turned and distinctive. It was these qualities, with the extraordinary purity and felicity of his phrasing, that led some Germans to esteem him as a writer as others esteem him as a man of science.[576]

Freud selbst bekundete bereits 1884 in einem Brief an Martha Bernays "dichterische Regungen"[577] und stellte 1895 die prosaischen Qualitäten seiner Krankengeschichten fest: "[...] und es berührt mich selbst noch eigentümlich, daß die Krankengeschichten, die ich schreibe, wie Novellen zu lesen sind und daß sie sozusagen des ernsten Gepräges der Wissenschaftlichkeit entbehren."[578]

In einem Brief an Hermann Struck bezeichnet Freud seine biographische Studie Leonardo da Vincis als "halbe Romandichtung"[579], und in der Studie selbst geht er auf die potentielle Kritik ein, "bloß einen psychoanalytischen Roman geschrieben" zu haben.[580] Freud hatte also selbst die Nähe seines Werks zur literarischen Lebensbeschreibung erkannt, jenen Bereich, den er durch seinen Vorstoß revolutionieren wollte. Der Ansatz Freuds in seiner Leonardo-Studie ist jedoch kein belletristischer, sondern ein klar wissenschaftlich-analytischer. Freud setzt sein psycho-analytisches Instrumentarium ein, um Leonardos emotionale und künstlerische Entwicklung nachzuzeichnen.

Veröffentlichungen zu Freuds Stil

Seit den 1950er Jahren haben sich zahlreiche Wissenschaftler aus verschiedenen Disziplinen mit den literarischen Qualitäten Freuds auseinander gesetzt und einzelne Elemente seines Stils analysiert. Die Untersuchungen zielen darauf ab, der Funktionsweise und Intention des Freud'schen Stils auf die Spur zu kommen und seine Stilmittel erklärend zu beschreiben. Zu den bedeutendsten Publikationen gehören Studien von Walter Muschg[581], Walter Schönau[582], François Roustang[583] und Patrick Mahony[584].

Der genannten Herangehensweise ist eine Auffassung immanent, die den Stil an sich als Ausdruck innerer Grundhaltung und Methode begreift. Die literarischen Qualitäten Freuds sind demnach mehr als bloße "sprachliche Noblesse"[585] oder der Ausdruck "stilistischen Ehrgeizes"[586]. Vielmehr wird der Begriff "Stil" in einem weiteren Sinne gebraucht, der "nicht nur die verschiedenen Redefiguren, sondern auch andere klassische rhetorische Elemente einschließt, etwa die Präsentation, den logischen Aufbau und die Strukturierung des Textes, die vom Sprecher eingenommene ethische Haltung und seine emotionale Verbindung zum Publikum. Der literarische Stil kann nicht dem Inhalt entgegengesetzt werden, sondern ist vielmehr die erste und letzte Bedeutungsgebung."[587]

Hier werden die literarischen Qualitäten des Freud'schen Werks nicht als bloßes Merkmal oder gar vorrangiges Ziel gesehen, denn "aus jeder Textseite [Freuds] geht hervor, daß die künstlerische Formung dem Ziel, eine bestimmte Schicht der Leserschaft (das 'Zielpublikum') zu überzeugen, untergeordnet ist und niemals zum Selbstzweck wird".[588]

Patrick Mahony untersucht im Rahmen seiner Studie *Der Schriftsteller Sigmund Freud* (1989), deren Grundlage neben vierzig Bänden Primärliteratur Freuds die Protokolle der Wiener Psychoanalytischen Gesellschaft und die zur jener Zeit (1982) veröffentlichten Briefsammlungen bilden, verschiedene Aspekte des Freud'schen Stils. Neben der Erzähl- und Ausdrucksweise Freuds wird Herkunft und Funktion bildhafter Sprache untersucht und verschiedenen Bereichen zugeordnet, zum Beispiel der Rechtswissenschaft, Medizin, Archäologie, Physik, Kriegstechnik, graphischen Kunst, dem Reiseverkehr etc. Der bewusste Tempusgebrauch Freuds wird ebenso untersucht wie die Verwendung bestimmter Wortgruppen und deren Wirkung. Mahony exemplifiziert seine Ergebnisse an einigen Einzelwerken Freuds, wie *Totem und Tabu* (1912), *Jenseits des Lustprinzips* (1920) und den *Vorlesungen* (1916-1917).

Im Zentrum des Interesses vieler Untersuchungen des Freud'schen Stils steht die Leserzentriertheit Freuds. Neben Mahony hat sich auch Walter Schönau mit diesem Aspekt beschäftigt. Schönau versteht seine Studie als Vorarbeit einer umfassenden Untersuchung des Individualstil Freuds; er unternimmt eine Analyse einzelner literarischer Elemente (zum Beispiel: Motto, Zitat, Metapher, Vergleich) der Freud'schen Schreibkunst, wobei Funktionsweise, Intention und Publikumsbezug eine große Rolle spielen.

François Roustang liefert eine beeindruckende Analyse der Funktion und Wirkung der Freud'schen Syntax und Stilfiguren am Beispiel des siebten Kapitels der *Traumdeutung* (1900). Roustang zeigt die Konzeption der einzelnen Absätze des Freud'schen Texts auf semantischer wie syntaktischer Ebene auf, wobei er spezifische Stilfiguren benennt, wie zum Beispiel die Wiederverwendung von Wörtern vom Ende eines Abschnittes am Beginn des folgenden (*Concaténation*) oder die Wiederholung von Wörtern am Anfang und am Ende eines Absatzes (*Inclusion*)[589]. Auch in Roustangs Analyse steht die Interpretation von Funktionsweise und Intention des Freud'schen Stils im Mittelpunkt.

Neben den oben genannten ausführlichen Studien sind weitere allgemeine Stilanalysen[590] und zahlreiche Detailstudien zu bestimmten Aspekten der Freud'schen Schreibkunst erschienen, zum Beispiel zum Gebrauch von Metaphern[591] oder rhetorischen Stilfiguren[592].

Ein Großteil dieser Stilmittel werden bei der Darstellung und Analyse der biographischen Methode Lytton Stracheys im nächsten Kapitel eingehend untersucht werden. Auf eine detaillierte Stilanalyse des Freud'schen Werks wird vor dem Hintergrund der erwähnten zahlreichen Veröffentlichungen zu Freuds Schreibart deshalb an dieser Stelle verzichtet.

Vielmehr sollen im Folgenden die prägnantesten Stilelemente der biographischen Vorgehensweise Freuds vor dem oben dargestellten theoretischen Hintergrund[593] an Freuds Studie *Eine Kindheitserinne-*

rung des Leonard da Vinci (1910) veranschaulicht werden, und zwar als Grundlage eines Vergleichs mit Lytton Stracheys biographischer Methodik. Dabei stehen Intention, bewusste Selektion, der eigene Standpunkt und die konsequente Leserführung im Zentrum des Interesses.

2. Einige Stilmittel der Leonardo-Studie Freuds

Hintergrund und Intention der biographischen Studie

Ausgehend von den oben genannten theoretischen Prämissen Freuds im Hinblick auf eine gelungene Lebensbeschreibung (Einbeziehung der Sexualität sowie der Kindheitserinnerungen des Untersuchten)[594] nähert sich Freud in seiner Studie dem zu beschreibenden Kern von Leonardos Charakter. Freud war sich jedoch der Tatsache bewusst, dass das zur Verfügung stehende Material in Bezug auf das Sexualleben und die frühe Kindheit Leonardos sehr limitiert war. Er hegte deshalb auch nicht den Anspruch, eine umfassende Charakteranalyse geschaffen zu haben, und warnte seine Vertrauten, sich von der mit Spannung erwarteten Studie zu viel zu versprechen. An Ernest Jones schreibt er: "You must not expect too much of Leonardo, who will come out in the next month, neither the secret of the Vierge aux rochers nor the solution of the Monna Lisa puzzle; keep your hopes on a lower level, so it is likely to please you more."[595]

Seine Leonardo-Studie lag Freud sehr am Herzen, und er scheute deshalb die Kritik der Außenwelt und seiner Anhänger in den eigenen Reihen in diesem Fall besonders. Beschwichtigend nahm er zur potentiellen Kritik an seiner Analyse bereits innerhalb des Werks Stellung: "Sollte ich mit diesen Ausführungen auch bei den Freunden und Kennern der Psychoanalyse das Urteil hervorrufen, daß ich bloß einen psychoanalytischen Roman geschrieben habe, so werde ich antworten, daß ich die Sicherheit dieser Ergebnisse gewiß nicht überschätze."[596] Er räumte sogar ein, Schwierigkeiten gehabt zu haben, die nötige Distanz zum Objekt der Untersuchung zu wahren: "Ich bin wie andere der Anziehung unterlegen, die von diesem großen und rätselhaften Mann ausgeht, in dessen Wesen man mächtige triebhafte

Leidenschaften zu verspüren glaubt, die sich doch nur so merkwürdig gedämpft äußern können."[597]

Dennoch rechnete Sigmund Freud seine Leonardo-Studie zu den wertvollsten Werken, die er verfasst hatte. In einem Brief an Lou Andreas-Salomé vom 9. Februar 1919 erklärte er, Leonardo sei "das einzig Schöne, das ich je geschrieben habe".[598] Freud sah die Aufnahme seiner ersten psychoanalytischen Biographie als eine Art Prüfstein der Gefolgschaft. An Karl Abraham schrieb er am 3. Juli 1910: "Er [*Leonardo*] gefällt allen Freunden und wird hoffentlich den Abscheu aller Fremden erwecken."[599] Freud war von seinen Ausführungen und viel mehr noch von den Thesen, die der Charakterstudie Leonardos zu Grunde liegen, sehr überzeugt. An Sándor Ferenczi schrieb er:

> Über den L. [*Leonardo*] machen Sie sich keine Sorgen. Ich schreibe längst nur für den kleinen Kreis, der sich täglich erweitert, und wenn die anderen über L. [*Leonardo*] nicht schimpften, würde ich an meinem Urteil über ihn irre. Auch was diese anderen jetzt sagen ist gleichgiltig. Wir werden alle von der Ψ A [Psychoanalyse] mehr Dank und Nachruhm haben, als uns gegenwärtig, wo wir in der Arbeit sind, wohltäte.[600]

Bestärkt durch die Erprobung der Psychoanalyse auf dem Feld der Biographie, gewann Freud Vertrauen in die Zukunft der Psychoanalyse. Seine Beurteilung der Sachlage und die entsprechende psychoanalytische Interpretation hinsichtlich Leonardos Charakter standen bereits vor der Verschriftlichung des Werks fest. Er hatte sie sogar bereits intuitiv entwickelt durch Assoziationen, die auf den Erfahrungen seiner klinischen Praxis beruhten, bevor er überhaupt von der Kindheitsphantasie des Leonardo erfuhr, die den Kern seiner Studie bilden sollte.

In seinem Brief vom 17. Oktober 1909 an C.G. Jung berichtete er, er habe unlängst einen Neurotiker behandelt mit derselben Konstitution wie Leonardo, jedoch ohne dessen Genie. Zu diesem Zeitpunkt triumphierte Freud bereits, dass ihm das Charakterrätsel Leonardo da Vincis durchsichtig geworden sei.[601] In dem gleichen Brief erwähnte er, dass er ein Buch aus Italien erhalten werde, das die Jugend Leonardos beschreibe. Dieses Buch, Scognamiglios *Ricerche e Documenti sulla Giovinezza di Leonardo da Vinci* (1900)[602], war, nach

Jones' Angaben, jenes Werk, in dem Freud auf die Kindheitserinnerung Leonardos vom Schwanz des Vogels an seinem Kindermund stieß, die das Zentrum von Freuds Analyse bilden sollte.[603]

Dass Freud erst in Scognamiglios Buch auf die Kindheitserinnerung Leonardos gestoßen ist, lässt sich nicht mit absoluter Sicherheit sagen. Freud hatte bereits vor 1906 Dmitry Mereschkowskis historischen Roman *Leonardo da Vinci* (1903)[604] gelesen und ihn auf Anfrage von Hugo Heller im Rahmen einer Rundfrage als eines der seiner Meinung nach zehn besten Bücher bezeichnet.[605] James Strachey vermutete, dass Freud in Mereschkowskis Roman zum ersten Mal auf die Geierphantasie gestoßen ist.[606] Meine Untersuchung des Mereschkowski-Werks, das sich in Freuds Bibliothek in London befindet, hat ergeben, dass auf Seite 382 die Stelle, an der auf die Kindheitserinnerung da Vincis eingegangen wird, mit zwei grünen Strichen gekennzeichnet ist. Die angestrichene Stelle lautet wie folgt:

> Es scheint, es ist mein Schicksal, mich immerwährend mit den Geiern zu beschäftigen," schrieb er in sein Tagebuch im Hinblick auf diese Erinnerung, "denn ich entsinne mich aus meiner frühesten Kindheit eines Traums: Ich lag in der Wiege, ein gewaltiger Geier kam auf mich zu geflogen, öffnete mir den Mund und strich mit seinen Federn über denselben hin, als ob es zum Zeichen werden sollte, daß ich mein ganzes Leben von Flügeln sprechen würde.[607]

Es lässt sich konstatieren, dass Freud bereits vor der Verfassung seiner Studie die Grundkonstellationen des Seelenlebens Leonardos für sich intuitiv erfasst hatte und diese durch seine spezifische Methode und Vorgehensweise in Form eines biographischen Entwurfs festzuhalten gedachte. Dieser Tatbestand bestätigt sich, wenn man die folgende Bemerkung Freuds an Jung hinzuzieht. In dem bereits zitierten Brief vom Oktober 1909, also vor der Verschriftlichung der Studie und vor der Kenntnisnahme von Scognamiglios Buch, heißt es: "Aber das Material über Leonardo ist so spärlich, daß ich daran verzweifle, meine gute Überzeugung anderen faßbar darzustellen."[608]

Freuds Intention war es, seine These, der sexuell inaktive und/oder homosexuelle Leonardo habe seine sexuelle Aktivität in Wissbegierde sublimiert, innerhalb seiner biographischen Studie zu belegen.[609]

Selektion

Freud versuchte in seiner biographischen Studie Leonardo da Vincis einige Grundzüge von dessen Charakter herauszuarbeiten und dabei zu klären, erstens warum Leonardo einen Großteil seiner Kunstwerke unvollendet ließ, zweitens woher dessen starker Wissensdrang und das Talent zu eigenständiger wissenschaftlicher Forschung stammte und drittens was zu Leonardos kühler Sexualablehnung führte.

Durch die Interpretation von historischen Fakten hinsichtlich der Familienkonstellation und Kindheit Leonardos und mit Hilfe einer seiner Kindheitserinnerungen, versuchte Freud die innerseelischen Zusammenhänge und Ursachen der erwähnten Eigentümlichkeiten im Charakter Leonardos zu erklären. Er versuchte zu beweisen, dass es Leonardo gelungen war, den größeren Anteil seiner Libido in Forscherdrang zu sublimieren, und klassifizierte den Künstler und Forscher als ideellen Homosexuellen[610]. Im Folgenden soll gezeigt werden, wie Freud das ihm zur Verfügung stehende Material verwendete und welche Rolle die Selektion bestimmter Fakten (bzw. die Auslassung anderer) bei der Darstellung gespielt hat.

Zu Beginn seiner Studie stellte Freud fest, dass es über die ersten Lebensjahre Leonardos nur wenige Fakten gebe. Er fasst diese wie folgt zusammen:

> Wir wissen sehr wenig von der Jugend Leonardos. Er wurde 1452 in dem kleinen Städtchen Vici zwischen Florenz und Empoli geboren; er war ein uneheliches Kind, was in jener Zeit gewiß nicht als schwerer bürgerlicher Makel betrachtet wurde; sein Vater war Ser Piero da Vinci, ein Notar und Abkömmling einer Familie von Notaren und Landbebauern, die ihren Namen nach dem Orte Vinci führten; seine Mutter eine Catarina, wahrscheinlich ein Bauernmädchen, die später mit einem anderen Einwohner von Vinci verheiratet war. Diese Mutter kommt in der Lebensgeschichte Leonardos nicht mehr vor, nur der Dichter Mereschkowski glaubt ihre Spur nachweisen zu können. Die einzige sichere Auskunft über Leonardos Kindheit gibt ein amtliches Dokument aus dem Jahre 1457, ein Florentiner Steuerkataster, in welchem unter den Hausgenossen der Familie Vinci Leonardo als fünfjähriges illegitimes Kind des Ser Piero angeführt wird (Scognamiglio, l.c., S.15.).
>
> Die Ehe Ser Pieros mit einer Donna Albiera blieb kinderlos, darum konnte der kleine Leonardo im Hause seines Vaters aufgezogen werden. Dies Vaterhaus verließ er erst, als er, unbekannt in welchem Alter, als Lehrling in die Werkstatt des Andrea

del Verrocchio eintrat. Im Jahre 1472 findet sich Leonardos Name bereits im Verzeichnis der Mitglieder der "Compagnia dei Pittori". Das ist alles.[611]

Um seine oben angedeuteten Auffassungen zu beweisen, bedurfte Freud "eines Einblickes in die seelische Entwicklung seiner [Leonardos] ersten Kinderjahre"[612] und zog zu diesem Zweck die einzige Kindheitserinnerung des Meisters heran, welche im Rahmen einer wissenschaftlichen Niederschrift erhalten ist, und analysierte diese daraufhin mit psychoanalytischen Mitteln.[613]

Freud gibt die Kindheitserinnerung des Leonardo in eigener Übersetzung wie folgt wieder:

Es scheint, daß es mir schon vorherbestimmt war, mich so gründlich mit dem Geier zu befassen, denn es kommt mir als eine ganz frühe Erinnerung in den Sinn, als ich noch in der Wiege lag, ist ein Geier zu mir herabgekommen, hat mir den Mund mit seinem Schwanz geöffnet und viele Male mit diesem seinen Schwanz gegen meine Lippen gestoßen.[614]

Freud kommt zu dem Schluss, dass diese Erinnerung in Wirklichkeit eine spätgeborene Phantasie Leonardos sei und ein unschätzbares Zeugnis für die bedeutsamsten Zügen seiner seelischen Entwicklung darstellen könne.[615] Freud erkennt in der beschriebenen Situation die Vorstellung eines sexuellen Aktes (Fellatio)[616], dessen Motivation er in der Nachahmung der Säugung des Kindes durch die Mutter sah: "Wir verstehen jetzt, warum Leonardo die Erinnerung an das angebliche Erlebnis mit dem Geier in seine Säuglingszeit verlegt. Hinter dieser Phantasie verbirgt sich doch nichts anderes als eine Reminiszenz an das Saugen – oder Gesäugtwerden – an der Mutterbrust, welche menschlich schöne Szene er wie so viele andere Künstler an der Mutter Gottes und ihrem Kinde mit dem Pinsel darzustellen unternommen hat."[617]

Die Ersetzung der Mutter durch den Geier in Leonardos Phantasie versucht Freud durch einen Exkurs in die ägyptische Mythologie zu erklären. Den Ägyptern habe der Geier als Symbol der Mütterlichkeit gegolten und es habe in dieser Vorstellung nur weibliche Geier gegeben, die die Fortpflanzung dadurch sicherten, dass sie durch den Wind befruchtet wurden. Dieser Mythos sei von "fast allen" Kirchenvätern benutzt worden, um die jungfräuliche Geburt Jesu Christi zu untermauern. Freud erklärt die Entstehung der Geierphantasie Leonardos demnach wie folgt:

Als er [Leonardo] einmal bei einem Kirchenvater oder in einem naturwissenschaftlichen Buche davon las, die Geier seien alle Weibchen und wüßten sich ohne Mithilfe von Männchen fortzupflanzen, da tauchte in ihm eine Erinnerung auf, die sich zu jener Phantasie umgestaltete, die aber besagen wollte, er sei ja auch so ein Geierkind gewesen, das eine Mutter, aber keinen Vater gehabt habe, und dazu gesellte sich in der Art, wie so alte Eindrücke sich allein äußern können, ein Nachhall des Genusses, der ihm an der Mutterbrust zuteil geworden war.[618]

Freud argumentiert, dass die Geierphantasie die Annahme nahe lege, Leonardo habe die ersten Jahre seines Lebens bei der "armen, verlassenen, echten Mutter" verbracht, bevor er im Alter von fünf Jahren zu seinem Vater und dessen Frau Donna Albiera übersiedelte. Freud stützt seine Annahme durch die Feststellung, dass es nicht üblich gewesen sei, einer jungen Frau, die auf eigene Kinder hoffte, zu Beginn der Ehe einen illegitimen Sprössling zur Pflege zu übergeben. Leonardo sei wahrscheinlich erst nach einigen Jahren der vergeblichen Hoffnung auf eigene gemeinsame Kinder von dem Ehepaar aufgenommen worden. Freud resümiert:

Es steht in bestem Einklang mit der Deutung der Geierphantasie, wenn mindestens drei Jahre, vielleicht fünf, von Leonardos Leben verflossen waren, ehe er seine einsame Mutter gegen ein Elternpaar vertauschen konnte. Dann aber war es bereits zu spät geworden. In den ersten drei oder vier Lebensjahren fixieren sich Eindrücke und bahnen sich Reaktionsweisen gegen die Außenwelt an, die durch kein späteres Erleben mehr ihrer Bedeutung beraubt werden können.[619]

Auf der Basis dieser Annahmen bezüglich der Familiensituation Leonardos in seiner frühen Kindheit und der zitierten Kindheitsphantasie entwickelte Freud seine Analyse einiger wichtiger Charakterzüge Leonardo da Vincis.

Nach Freud hat das Fehlen der Vaterfigur in den ersten Lebensjahren Leonardos seelisches Innenleben für sein ganzes Leben geprägt. Analog zu seinen Ausführungen in den *Drei Abhandlungen zur Sexualtheorie* (1905) arbeitet Freud die Grundkonstellation für Leonardos homosexuelle Orientierung heraus:

> Denn die Zärtlichkeit seiner Mutter wurde ihm zum Verhängnis, bestimmte sein Schicksal und die Entbehrungen, die seiner warteten. Die Heftigkeit der Liebkosungen, auf die seine Geierphantasie deutet, war nur allzu natürlich; die arme verlassene Mutter mußte all ihre Erinnerungen an genossene Zärtlichkeiten wie ihre Sehnsucht nach neuen in die Mutterliebe einfließen lassen; sie war dazu gedrängt, nicht nur sich dafür zu entschädigen, daß sie keinen Mann, sondern auch das Kind, daß es keinen Vater hatte, der es liebkosen wollte. So nahm sie nach der Art aller unbefriedigten Mütter den kleinen Sohn anstelle ihres Mannes an und raubte ihm durch die allzu frühe Reifung seiner Erotik ein Stück seiner Männlichkeit. Die Liebe der Mutter zum Säugling, den sie nährt und pflegt, ist etwas weit tiefgreifenderes als ihre spätere Affektion für das erwachsene Kind. Sie ist von der Natur eines vollbefriedigenden Liebesverhältnisses, das nicht nur alle seelischen Wünsche, sondern auch alle körperlichen Bedürfnisse erfüllt, und wenn es eine der Formen des dem Menschen erreichbaren Glücks darstellt, so rührt dies nicht zum mindesten von der Möglichkeit her, auch längst verdrängte und pervers zu nennende Wunschregungen ohne Vorwurf zu befriedigen.[620]

Die intensive erotische Bindung an die Mutter in der frühen Kindheit, hervorgerufen durch die Überzärtlichkeit der Mutter selbst und unterstützt durch ein Zurücktreten oder Fehlen des Vaters, stelle bei jungen Knaben die Weichen für eine Entwicklung zur Homosexualität. Nach diesem Vorstadium könne die Liebe zur Mutter in der weiteren Entwicklung nicht ausgelebt werden und werde vom Knaben verdrängt, indem er sich mit der Mutter identifiziere. Seine eigene Person diene fortan als Vorbild für die Liebesobjektwahl. Der Knabe "ist so homosexuell geworden; eigentlich ist er in den Autoerotismus zurückgeglitten, da die Knaben, die der Herangewachsene jetzt liebt, doch nur Ersatzpersonen und Erneuerungen seiner eigenen kindlichen Person sind, die er so liebt, wie die Mutter ihn als Kind geliebt hat".[621]

Freud sieht diese Konstellation auch im Falle Leonardos realisiert und begründet so dessen homosexuelle Neigung. Die erotische Bindung zur Mutter als Ursache dieser homosexuellen Prägung spreche aus der Kindheitsphantasie Leonardos, in der die Mutter an die Stelle des Geiers trete. Freud übersetzt die beschriebene Situation folgendermaßen: "Die Mutter hat mir ungezählte leidenschaftliche Küsse auf den Mund gedrückt."[622] Leonardo habe als Erwachsener nur auffällig schöne Jünglinge als Schüler genommen, zu denen er gütig und nachsichtig war, die er versorgte und im Krankheitsfall mütterlich pflegte.

Die Tatsache, dass Leonardo vermutlich bis zu seinem fünften Lebensjahr alleine mit seiner Mutter aufgewachsen ist, dient Freud nicht nur zur Erklärung von Leonardos Homosexualität. Auch Leonardos enormen Wissensdrang und Forschertrieb sieht Freud in der Abwesenheit des Vaters während der ersten Kindheitsjahre begründet. Nach Freud ist es für Kinder ein grundlegendes Bedürfnis, zu erfahren, woher ihre Geschwister bzw. Kinder generell kommen. Alle Fragelust sei letztendlich in dieser "infantilen Sexualforschung" begründet.[623] Die Kinder forschten selbständig und begännen die Rolle des Vaters und des Geschlechtsaktes zu erahnen.

In Leonardos Situation habe dieser Vater gefehlt und dem Kind dadurch die Ergründung der Zusammenhänge zusätzlich erschwert. Leonardo habe also "mit besonderer Leidenschaft über diese Rätsel" grübeln müssen.[624] Dadurch, dass Leonardo in den ersten Lebensjahren auf den Vater verzichten musste, habe er seinen unbeirrbaren Forschungswillen entwickeln können, ohne die Sicherheit durch konventionelle Denkmodelle oder irgendeine Autorität zu benötigen: "Die Kühnheit und Unabhängigkeit seiner späteren wissenschaftlichen Forschung setzt die vom Vater ungehemmte infantile Sexualforschung voraus und setzt sie unter Abwendung vom Sexuellen fort."[625]

Auch das Phänomen, dass Leonardo viele seiner Kunstwerke nicht fertig stellte, begründet Freud mit den Familienverhältnissen, in denen Leonardo aufwuchs. Nach der Aufnahme in die Familie des Vaters habe Leonardo das normal zu nennende Rivalitätsverhältnis zu seinem Vater aufgebaut, das neben dem Begehren der Mutter (an deren Stelle die junge Frau des Vaters getreten sei) zur Grundkonstellation des Ödipuskomplexes gehört. Leonardo habe sich an die Stelle des Vaters setzen wollen und sich in seiner Phantasie mit dem Vater identifiziert. Nachdem sich Leonardos Homosexualität in den Pubertätsjahren herauskristallisiert hatte, habe diese Identifikation im Bereich des Sexuallebens an Bedeutung verloren, nicht jedoch für andere Gebiete des Lebens.[626]

Ausgehend von der Annahme, dass ein Künstler, der etwas erschaffe, sich seinem Werk gegenüber als Vater fühle, beschreibt Freud die Auswirkungen der Identifikation mit dem Vater wie folgt:

> Wer als Künstler schafft, der fühlt sich gegen seine Werke gewiß auch als Vater. Für Leonardos Schaffen als Maler hatte die Identifikation mit dem Vater eine verhängnisvolle Folge. Er schuf sie und kümmerte sich nicht mehr um sie, wie sein Vater sich nicht um ihn gekümmert hatte. Die spätere Sorge des Vaters konnte an diesem Zwange nichts ändern, denn dieser leitete sich von den Eindrücken der ersten Kinderjahre ab, und das unbewußt gebliebene Verdrängte ist unkorrigierbar durch spätere Erfahrungen.[627]

Es soll an dieser Stelle erneut betont werden, dass sich die Beweisführung Freuds zur Fundierung seiner Charakteranalyse hinsichtlich der genannten Eigenschaften bzw. Eigentümlichkeiten Leonardos einerseits auf die Kindheitsphantasie Leonardos bezieht, wobei Freud den Geier mit der Mutter gleichsetzt, und sich andererseits auf die Annahme stützt, dass Leonardo bis etwa zum fünften Lebensjahr alleine mit der Mutter aufgewachsen ist.

Es ist auffällig, dass Freud an manchen Stellen mit Bezug auf die spärliche Quellenlage seine abgeleiteten Grundvoraussetzungen zur Disposition stellt. Seine anschließende Argumentation betont jedoch die hohe Wahrscheinlichkeit seiner Annahmen, die berechtigte Zweifel haltlos werden lassen.

Untersucht man aufmerksam einerseits Freuds Leonardo-Studie und andererseits das Material, das ihm dabei zur Verfügung stand und das er verwendete, lässt sich erkennen, dass Freud im Sinne seiner intendierten Interpretation Fakten selektiert und sich in Zweifelsfällen für die Darstellungsvariante entscheidet, die seine Thesen stützt.

Der Geier, der in Leonardos Kindheitserinnerung und damit in Freuds Interpretation dieser Phantasie von zentraler Bedeutung ist, war in Wirklichkeit kein Geier. Bei dem von Leonardo im italienischen Originaltext beschriebenen "nibio" handelt es sich de facto um einen ganz anderen Vogel, nämlich um einen Milan. Auf diesen Sachverhalt hatte als Erster Eric Maclagan bereits 1923 hingewiesen.[628]

In den Wörterbüchern, die Freud zur damaligen Zeit zur Verfügung standen, finden sich zu "nibio" die Übersetzungsvarianten "Gabelweihe" und "Hühnergeier". Die wissenschaftlichen Grundlagentexte, die Freud bei seiner Forschung über Leben und Werk da Vincis verwendete, zitieren den Vogel der Kindheitserinnerung Leonardos fast ausschließlich als "Hühnergeier".[629] Lediglich die deutsche Übersetzung des historischen Romans *Leonardo da Vinci* (1903)[630] des russischen Schriftstellers Dmitry Mereschkowski und Edmund Solmis Biographie[631], die die Kindheitserinnerung in Anlehnung an Mereschkowski und damit samt des Übersetzungsfehlers zitiert, sprechen von einem "Geier".

Han Israëls weist in einer detailgenauen Untersuchung[632] nach, dass Freud neben der fälschlichen Übersetzung des Begriffs in Mereschkowskis Roman[633] ebenso die Übersetzungsvariante "Hühnergeier" in diesem Zusammenhang gekannt haben muss. Freud äußerte sich wohlwollend über die "schöne biographische Einleitung der Marie Herzfeld"[634], in deren Verlauf der besagte Vogel als "Hühnergeier" bezeichnet wird. Dass Freud diese Passage mit Sicherheit gelesen hat, beweist eine Untersuchung des Exemplars von Marie Herzfelds Werk in der Bibliothek Sigmund Freuds in London. Die Stelle auf Seite V, an der die Kindheitserinnerung Leonardos beschrieben wird, ist mit zwei braunen Strichen am Rand markiert.

Ein weiterer Beweis für Freuds Kenntnis der Verwendung des Begriffes "Hühnergeier" für "nibio" in der Fachliteratur findet sich in einem Vortrag Freuds vor der *Wiener Psychoanalytischen Vereinigung* vom 1. Dezember 1909: Einige Monate vor der Veröffentlichung seiner Studie stellte Freud seinen Anhängern das bisherige Manuskript der Leonardo-Analyse vor. Wie aus den Protokollen der Sitzung zu entnehmen ist, sprach Freud im Zusammenhang mit der Kindheitserinnerung Leonardos eindeutig von einem "Hühnergeier". Freuds damalige Übersetzungsvariante des Leonardo-Texts, die fast identisch mit der Version Herzfelds ist, wurde wie folgt festgehalten:

> In der frühesten Erinnerung an meine Kindheit scheint es mir, als ob ein Hühnergeier sich zu mir herabgelassen hätte, mit seinem Schwanz mir den Mund geöffnet und mir mit ihm mehrmals zwischen den Lippen hin- und hergeschlagen habe.[635]

Die Übersetzung der Kindheitserinnerung des Leonardo da Vinci, die Freud in seiner Studie von 1910 liefert, gleicht keiner seiner Quellen; zudem gibt Freud in einer Fußnote zu dieser Passage den Text im italienischen Original an. Dies legt die Vermutung nahe, dass er sich für eine eigenständige Übersetzung des Textes entschieden hat.

Wie oben gezeigt wurde, kannte Freud mindestens zwei Übersetzungsvarianten für "nibio", nämlich "Geier" (aus der Übersetzung des literarischen Werks von Mereschkowski) und "Hühnergeier" (aus den kunsthistorischen Abhandlungen Herzfelds und von Seidlitz'). Offensichtlich entscheidet sich Freud für jene Variante, die seinen anschließenden Exkurs über die Bedeutung des Geiers in der ägyptischen Mythologie zur Belegung seiner These unterstützt. Dabei scheint er entweder keinen Gebrauch eines Wörterbuches zur Verifizierung seiner Übersetzung des Schlüsselbegriffes "nibio" zu Rate gezogen zu haben, denn dann hätte er die korrekte Übersetzung mit "Hühnergeier" im Sinne von "Gabelweihe" (= "Milan", und damit keinesfalls eine Art von Geier) realisiert, oder er hat diese Erkenntnis geflissentlich ignoriert.[636]

Auch die Freud'sche Darstellung der Familiensituation des jungen Leonardo weist bei genauerer Betrachtung einige Ungereimtheiten auf. Freud geht "in bestem Einklang mit der Deutung der Geierphantasie"[637] davon aus, dass Leonardo die ersten drei bis fünf Jahre mit der "einsamen Mutter"[638] verbracht hatte, bevor er in das Haus seines Vaters aufgenommen wurde.

Das Bild der einsamen Mutter brauchte Freud zur Begründung seiner oben ausgeführten These der Verzärtlichung des Jungen und deren Folgen für seine spätere sexuelle Orientierung. Auch Leonardos ungewöhnlichen Forscherdrang hatte Freud in der Abwesenheit einer Vaterfigur in den ersten Kindheitsjahren zu begründen versucht.

Wie selbstverständlich geht Freud davon aus, dass Leonardos Mutter Catarina "keinen Mann [...] hatte"[639] und deshalb ihre ganze sexuelle Sehnsucht in die Mutterliebe einfließen ließ, obwohl Freud am Anfang seiner Studie bei der zusammenfassenden Erwähnung des spärlich vorhandenen Materials bereits erwähnt hatte, dass Catarina verheiratet war: "[...]; seine Mutter eine Catarina, wahrscheinlich ein

Bauernmädchen, die später mit einem anderen Einwohner von Vinci verheiratet war."[640]

Die Tatsache, dass Leonardos Mutter verheiratet war, entnahm Freud einem in Scognamiglios[641] Werk zitierten Dokument. In dem besagten amtlichen Dokument des Florentiner Steuerkatasters steht über Leonardo da Vinci Folgendes: "Leonardo, Sohn des vorstehenden Ser Piero, illegitimes Kind von ihm und Catarina, die jetzt mit Acattabriga di Piero di Lucas aus Vinci vermählt ist, 5 Jahre alt."[642] Auch Herzfeld und von Seidlitz, deren Ausführungen Freud als Quelle dienten, nehmen Bezug auf diese Quelle und schreiben, dass Leonardos Mutter bereits bald nach dessen Geburt heiratete.[643]

Nach der anfänglichen kurzen Erwähnung der Tatsache, dass Catarina "später" mit einem Einwohner aus Vinci verheiratet war, taucht der Ehegatte von Leonardos Mutter in Freuds Studie nicht mehr auf. Vielmehr wird das Bild der einsamen Mutter gezeichnet, auf dessen Grundlage Freuds Thesen fußen. Man muss davon ausgehen, dass sich Freud nicht an den Angaben Herzfelds und von Seidlitz' orientierte, sondern sich ausschließlich auf die ursprüngliche Quelle, das Dokument des Katasters, berief. Dieses Dokument besagt jedoch lediglich, dass Leonardo im Alter von fünf Jahren im Haushalt seines Vaters wohnte und dass seine Mutter zu diesem Zeitpunkt bereits verheiratet war. Es bleibt ungeklärt, zu welchem Zeitpunkt der kleine Leonardo im Haus seines Vaters aufgenommen wurde, und auch der von Freud beschriebene Tatbestand, dass Leonardo bei seiner allein stehenden Mutter aufwuchs, wird von keinem historischen Dokument belegt.

Diese Annahme basiert auf der von Freud hinzugezogenen Kindheitserinnerung Leonardos und deren anschließende Auslegung durch Freud. Der unvoreingenommene, ohne detaillierte Vorkenntnisse ausgestattete Leser der Freud'schen Studie muss demnach zu dem Schluss kommen, dass Leonardos Mutter Catarina erst "später" heiratete und ihr Sohn zusammen mit ihr ohne Vaterfigur die ersten Jahre seines Lebens aufwuchs.

Freud entschied sich bewusst für diese Variante der Darstellung, weil er sie in Einklang mit seinen Theorien hinsichtlich der Fundierung des da Vinci'schen Charakters bringen konnte. Dass diese Auslegung der Familienkonstellation auch für Freud nicht die einzig mögliche war, beweist die Tatsache, dass Freud zunächst Interpretationsansätze verfolgte, in denen der Ehemann Catarinas durchaus eine Rolle spielte. Um Leonardos Lust am Sammeln von Karikaturen und Hässlichkeiten zu belegen, führte Freud in seinem ursprünglichen Manuskript, das er im Rahmen der *Wiener Psychoanalytischen Vereinigung* vortrug, eine mögliche Erklärung an. Freud vermutete als Motivation dieser Sammelleidenschaft den "Haß gegen den Mann seiner leiblichen Mutter, gegen seinen Stiefvater, den wir als alten häßlichen Bauer uns vorstellen dürfen."[644]

In die veröffentlichte Leonardo-Studie findet diese Passage jedoch keinen Eingang. Freud hat sich offensichtlich entschieden, keine Stellen aufzunehmen, die seine grundlegende Interpretation erschüttern könnten. Diese Beispiele belegen, dass die Selektion der Fakten und deren Auslegung im Sinne einer intendierten Darstellung bei Sigmund Freud, ähnlich wie bei Lytton Strachey, eine große Rolle spielten.

Eigener Standpunkt

Zur Verifizierung seiner These geht Freud bei der Auseinandersetzung mit der historischen Figur des Leonardo in der gleichen Weise vor wie in seiner täglichen therapeutischen Praxis. Er sammelt die ihm zur Verfügung stehenden Informationen, extrahiert die ihm wichtig erscheinenden Merkmale und bringt sie in einen Gesamtzusammenhang vor dem Hintergrund seiner Theorien. Auch Fehlleistungen und Wiederholungen, soweit sie in Leonardos Schriften belegt sind, werden analysiert.[645]

Dass Freud seine Studie im Geiste einer Patientenanalyse schuf, zeigt auch seine Bemerkung gegenüber Sándor Ferenczi, den er in einem Brief auffordert, über sein neues "erlauchtes Objekt – Leonardo da Vinci" zu staunen.[646]

Doch die Annahme, Freud könne den historischen Leonardo in gleicher Weise "behandeln" bzw. analysieren, wie dies mit seinen leiblichen Patienten möglich ist, bleibt ein theoretisches Konstrukt. Thomas Anz sieht in diesem Anspruch Freuds ein von der Psychoanalyse systematisch erzeugtes Konfliktpotential, das viele Autoren des 20. Jahrhunderts gegen die Psychoanalyse aufbrachte.[647]

Geht man davon aus, dass die Analysesituation zwischen Psychoanalytiker und Patient durch die wechselseitige Beziehung ein dynamischer Prozess ist, der Missverständnisse oder Fehlinterpretationen minimiert, kann man in der Auslegung einmaliger Aussagen des Untersuchten keine vergleichbare Konstellation annehmen. David Beres bringt die Lage des psychoanalytischen Biographen wie folgt auf den Punkt: "The biographer does not have available what is essential in an analysis, the further associations of the patient or the response of the patient to the interpretation."[648]

Veranschaulicht man sich diesen Sachverhalt, wird klar, dass es sich auch bei der Leonardo-Studie Freuds um keine neutrale Analyse handeln kann, sondern dass eine Interpretation von einem bestimmten Standpunkt aus vorliegt, die zudem durch Assoziationen Freuds und Exkurse in die ägyptische Mythologie gestützt und erweitert ist.

Leserzentrierung – Leserführung

Freud neigte dazu, sich beim Verfassen seiner Schriften und Vorlesungen ein konkretes Zielpublikum vorzustellen, das er adressierte. Manchmal waren dies sogar Einzelpersonen, an die er sich im Geiste wandte, was ihm eine gewisse Sicherheit gab. Theodor Reik beschreibt diese Vorgehensweise Freuds wie folgt: "In einem Brief erklärte er [Freud] mir einmal, daß er sich bei seinem Vortrag aus dem Publikum eine ihm sympathische Person auswählte und sich vorstellte, er würde nur für sie sprechen. Konnte er einen solchen Zuhörer nicht finden, fühlte er sich so lange nicht wohl, bis er wenigstens eine Ersatzperson gefunden hatte."[649] Manche seiner Schriften schrieb Freud mit dem Bild seiner engsten Vertrauten vor Augen. Die *Gradiva*-Abhandlung (1907), zum Beispiel, schuf Freud für C.G. Jung, um "ihm Freude zu machen".[650]

An Oskar Pfister schrieb Freud, er habe die Leonardo-Studie für einen kleinen Kreis von Freunden und Anhängern geschrieben: "[...] Ich schreibe jetzt eine Studie [...] über Leonardo da Vinci; gestützt auf eine einzige Kindheitsphantasie, die der Mann uns ahnungslos überliefert hat. Es wird anstößig genug sein, aber ich schreibe ja eigentlich nur für einen kleinen Kreis von Freunden und Anhängern."[651]

Eine genauere Untersuchung der Mittel, die Freud zur Leserführung anwendet, zeigt jedoch, dass sich seine Ausführungen nicht an eine Leserschaft richten, die ihm einerseits grundlegend wohlgesonnen ist und die andererseits über ein hohes Maß an psychoanalytischem Vorwissen verfügt. Vielmehr setzt er die verschiedensten Techniken ein, um seine Interpretationen zu fundieren. Freuds Intention war es, trotz der eher dürftigen Materialgrundlage, "seine gute Überzeugung anderen faßbar darzustellen."[652] Deshalb war es für ihn von besonderer Bedeutung, die Leser für seine Ausführungen zu gewinnen und sie entlang seiner Argumentationslinie zu führen.[653]

Diese Leserzentrierung und -führung erreicht Freud im *Leonardo* durch die konzentrierte Anwendung jener Stilmittel, die bereits seine Vorlesungen und einen Großteil seiner wissenschaftlichen Aufsätze prägte[654]: Leseransprache, Dialogisierung, dyadische Darstellungsform, rhetorische Fragen, Ausrufe, Parenthesen etc.[655] Im Folgenden sollen einige Beispiele exemplarisch angeführt werden.

Freud versuchte einen engen Kontakt zum Rezipienten zu schaffen und ihm das Gefühl zu vermitteln, er sei unmittelbar an der Entwicklung eines Gedanken beteiligt. Diese Nähe erreicht Freud unter anderem durch seinen Ton, der oftmals an den Stil gesprochener Sprache im Rahmen eines Vortrags erinnert. Dazu gehören die Fragen, die er in seinen Text einstreut, zum Beispiel: "Was war es, was die Persönlichkeit Leonardos dem Verständnis seiner Zeitgenossen entrückte?"[656] oder "Woher rührt dieser Geier, und wie kommt er an diese Stelle?"[657] Dem Leser muss es erscheinen, als greife Freud die potentiellen Fragen seiner Leserschaft auf und beantworte diese als Vertreter seiner Wissenschaft: "Warum träumen aber so viele Menschen vom Fliegenkönnen? Die Psychoanalyse gibt hierauf die Antwort, [...]."[658]

Dabei findet jene Leserorientierung Freuds Anwendung, die er vor allem im mündlichen Vortrag zur Anwendung brachte, mit dem von Reik beschriebenen Effekt: "Dieses Verfahren erklärt die direkte und persönliche Art seiner Vorlesungen sowie seine Methode, Einwände vorwegzunehmen und dabei die Zweifel und Fragen seines Publikums so zu formulieren, als ob er Gedanken lesen könne."[659]

Freud suchte jedoch nicht nur den ihm wohlgesonnenen Rezipienten zu adressieren, sondern stellte sich oftmals bewusst einen Skeptiker vor, den es zu überzeugen galt. In manchen Schriften taucht dieses Gegenüber explizit auf, wie zum Beispiel in Gestalt des "Unparteiischen" in *Die Frage der Laienanalyse* (1926). Freud begründete seine immanente Vorstellung eines fiktiven Gesprächspartners und die daraus resultierende Vorgehensweise wie folgt:

Eine Untersuchung, die ungestört fortschreitet wie ein Monolog, ist nicht ganz ungefährlich. Man gibt zu leicht der Versuchung nach, Gedanken zur Seite zu schieben, die sie unterbrechen wollen, und tauscht dafür ein Gefühl von Unsicherheit ein, das man am Ende durch allzu große Entschiedenheit übertönen will. Ich stelle mir also einen Gegner vor, der meine Ausführungen mit Mißtrauen verfolgt, und lasse ihn von Stelle zu Stelle zu Wort kommen.[660]

Freud sah die Präsentation seiner Ideen als rhetorische Herausforderung und erwartete für seine Überzeugungsarbeit keine widerstandslose Akzeptanz: "Eine wohlwollende Skepsis ist uns die erwünschteste Einstellung bei Ihnen."[661] Freud greift dyadisch einer potentiellen Kritik bzw. Einwänden von außen vor, indem er sie vorwegnimmt, formuliert und argumentativ entkräftet:

Wenn die Erzählung Leonardos vom Geier, der ihn in der Wiege besucht, also nur eine spätgeborene Phantasie ist, so sollte man meinen, es könne sich kaum verlohnen, länger bei ihr zu verweilen. Zu ihrer Erklärung könnte man sich ja mit der offenen kundgegebenen Tendenz begnügen, seiner Beschäftigung mit dem Problem des Vogelfluges die Weihe einer Schicksalsbestimmung zu leihen. Allein mit dieser Geringschätzung beginge man ein ähnliches Unrecht, wie wenn man das Material von Sagen, Traditionen und Deutungen in der Vorgeschichte eines Volkes leichthin verwerfen würde. [...] [662]

Oftmals appelliert Freud auch direkt an den Leser, ihm trotz der zu erwartenden Abwehrhaltung weiter in den Ausführungen zu folgen: "Möge der Leser nun an sich halten und nicht in aufflammender Entrüstung der Psychoanalyse die Gefolgschaft verweigern, [...]."[663] Durch Formulierungen wie "Es ist doch offenbar, daß [...]"[664] oder "In Wirklichkeit [...]"[665] verleiht er seinen anschließenden Ausführungen Autorität und manifestiert einen Wahrheitsanspruch, der zuweilen dem oben zitierten Übertönen durch "allzu große Entschiedenheit"[666] nahe kommt, zum Beispiel, wenn er zunächst eine Analogie zwischen den erwähnten überlieferten Geschichten eines Volkes und den persönlichen Kindheitserinnerungen eines Einzelnen zieht und anschließend konstatiert: "Es ist nicht gleichgültig, was ein Mensch aus seiner Kindheit zu erinnern glaubt; in der Regel sind hinter den von ihm selbst nicht verstandenen Erinnerungsresten unschätzbare Zeugnisse für die bedeutsamsten Züge seiner seelischen Entwicklungen verborgen."[667]

Eines der stärksten Merkmale der Leserlenkung innerhalb der Leonardo-Studie ist die Verwendung des Personalpronomens "wir", das abhängig vom Kontext, entweder die Gemeinschaft der am Thema Interessierten (also die Leserschaft inklusive Freud), die Vertreter der Psychoanalyse oder Freud als Person bezeichnet. Freud erzeugt eine kollegiale Nähe, die dem Rezipienten das Gefühl vermittelt, er nehme an der Entwicklung eines Gedankenganges unmittelbar teil.

Selbst an Stellen, an denen Freud aus der Sicht der Psychoanalytiker oder von seiner eigenen Person spricht, verhindert er durch die Verwendung des "wir" eine Polarisierung und sichert sich somit die Gefolgschaft des Lesers. Oftmals ist nicht sicher zu deuten, wen das verwendete "wir" einschließt.

In Formulierungen wie "Als einer der größten Männer der italienischen Renaissance ist Leonardo da Vinci (1452-1519) schon von den Zeitgenossen bewundert worden und doch bereits ihnen rätselhaft erschienen wie auch jetzt noch <u>uns</u>"[668] bezieht sich das persönliche Fürwort auf das Kollektiv der gegenwärtigen Mitmenschen, also der jeweiligen Leserschaft einschließlich Freuds. Diese Vorgehensweise scheint zeitlos zu sein, denn der heutige Leser fühlt sich in gleicher Weise angesprochen wie der Rezipient Anfang letzten Jahrhunderts.

Eine Leserführung und damit auch eine gedankliche Lenkung erreicht Freud durch die Verwendung des "wir", die eine gemeinsame Untersuchung der Materie vortäuscht. Freud begibt sich auf die Ebene des Lesers und scheint mit ihm gemeinsam zu agieren: "Indes, wir dürfen nicht verzagen. [...] Erinnern wir uns daran, daß es nicht gut ist, wenn sich eine Sonderbarkeit vereinzelt findet, und beeilen wir uns, ihr eine zweite, noch auffälligere, zur Seite zu stellen."[669]

Freud versucht, dem Rezipienten das Gefühl zu vermitteln, auf der gleichen Wissensstufe zu sein wie er selbst, und lenkt dadurch Schlussfolgerungen des Lesers ("Wir verstehen jetzt [...]"[670]; "[...], was wir noch nicht verstehen, [...]"[671]) bzw. gibt die Denkrichtung vor ("Wir werden die Frage vorläufig beiseite lassen, [...]").[672] Er versucht, Unmittelbarkeit zu erzeugen und den Eindruck zu erwecken, als bestünde kein Wissensvorsprung zwischen Autor und Rezipient: "Aus diesen Quellen erfahren wir, daß [...]."[673] Der Begründer der Psychoanalyse agiert als Außenstehender, der diese Wissenschaft lediglich als Mittel benutzt: "Die Psychoanalyse hat uns den intimen Zusammenhang zwischen dem Vaterkomplex und der Gottesgläubigkeit kennen gelehrt, hat uns gezeigt, daß [...]."[674]

Als Vertreter der Psychoanalyse tritt Freud explizit nur in seltenen Fällen auf. Doch auch dann bedient er sich zumeist des Personalpronomens "wir": "Durch unsere psychoanalytischen Studien an Nervösen werden wir aber zwei weiteren Erwartungen geneigt, die wir gern in jedem einzelnen Falle bestätigt finden möchten. Wir halten es für wahrscheinlich, daß [...]."[675]

Wenn er sich genötigt sieht, einen potentiellen Einwand vorwegzunehmen, taucht Freud auch als Autor in der Gestalt des "wir" auf: "Wir wissen, daß wir der Einwendung zu begegnen haben, das Verhalten Leonardos gegen seine Schüler habe mit geschlechtlichen Motiven überhaupt nichts zu tun und gestatte keinen Schluß auf seine sexuelle Eigenart. Dagegen wollen wir mit aller Vorsicht geltend machen, daß unsere Auffassung einige sonderbare Züge im Benehmen des Meisters aufklärt, die sonst rätselhaft bleiben müßten."[676]

Freuds Anliegen, den Leser zu führen und auf den intendierten Wegen seiner Argumentation zu leiten, zieht sich bis in die Syntax hinein. Rhetorisch geschult, verwendet Freud eine Sprache, die den Leser im Fluss der Freud'schen Gedanken und Ausführungen mitreißt. Themenkomplexe werden inhaltlich, metaphorisch und syntaktisch miteinander verbunden und schaffen auf diese Weise eine Einheit von Form und Inhalt, der sich der Rezipient leichter anschließt.

Freud schätzte einen fein ausdifferenzierten Stil, besonders in der Beschreibung von Charakteren im Rahmen biographischer Studien. Freud schrieb an seinen Freund Stefan Zweig, nachdem er dessen biographisches Werk *Drei Meister: Balzac, Dickens, Dostojewski* (1920)[677] gelesen hatte:

> Mit außerordentlichem Genuß gelesen, [...]. Die Vollkommenheit der Einfühlung im Verein mit der Meisterschaft des sprachlichen Ausdrucks hinterlassen einen Eindruck von seltener Befriedigung. Ganz besonders haben mich die Häufungen und Steigerungen interessiert, mit denen sich Ihr Satz an das intimste Wesen des Beschriebenen immer näher herantastet.[678]

Als erfahrener Redner und Schriftsteller war Freud auch ein sicherer Stilkritiker. Man kann davon ausgehen, dass er den feinen Stil Lytton Stracheys und dessen Grundlagen, wie sie im Folgenden detailliert dargestellt werden, in ähnlicher Weise schätzte.

VIII. Untersuchung der Stilmittel und Methodik Lytton Stracheys am Beispiel der biographischen Werke *Eminent Victorians* (1918) und *Queen Victoria* (1921)

Stracheys unverkennbar individueller Stil[679] hat sich ähnlich wie seine Vorstellungen von einer qualitativen Lebensbeschreibung schon früh herausgebildet. Die einzelnen Komponenten seiner Vorgehensweise und die markantesten Stilmittel lassen sich in frühen wie in späten Schriften seines Werkes wiederfinden.

Bereits in seiner Parodie des Märchens "Rotkäppchen und der Wolf", "The Decline and Fall of Little Red Riding Hood" (1897), zeigt der siebzehnjährige Lytton eine auffällige Konzentration auf den verwendeten Stil. An seine Mutter schreibt er: "I'm afraid the great wolf of style has almost devoured the little lamb of a story!"[680] Ein Auszug aus dem Text soll einen Eindruck seiner frühen Begabung vermitteln:[681]

1. At last, having traversed twice as quickly as Red Riding Hood a road twice as short as that which she had taken, he arrived in triumph at the house of the redoubtable though comatose octogenarian. History does not reveal the details of the interview. It can only be gathered that it was a short and stormy one. It is known for certain, however, that the wolf obtained at the same moment a victory and a meal, and that when Little Red Riding Hood entered her grandmother's abode, the arch deceiver, occupying the bed, and arrayed in the nightgown of his unfortunate victim, was prepared to receive the child with a smile of outward welcome and of inward derision.[682]

Strachey ist der Auffassung, dass man die Fähigkeit des stilsicheren Schreibens nicht erwerben könne, wenn man nicht die natürliche Anlage dazu besitze. Man werde mit diesem Talent geboren und könne es fördern und ausbauen, aber nicht von Grund auf erlernen. In seinem Essay "The Prose Style of Men in Action" heißt es: "Thus there is no receipt for style; one has it or one has it not; and though, if one has it, there are aids – such as study and practice – towards the perfecting of it, yet there can be no doubt that its essence is a gift inborn."[683]

Im Folgenden werden die Grundprinzipien des Strachey'schen Stils angeführt, bevor sie im weiteren Verlauf an Beispielen veranschaulicht werden.

Um seine persönliche Sicht der Personen und Auffassung der Sachverhalte darzulegen, setzt Strachey stark auf eine Führung des Lesers entlang der eigenen Darstellungs- und Argumentationslinie. Dies gelingt ihm einerseits durch die intentionale Auswahl der darzustellenden Fakten und andererseits durch deren Verwendung innerhalb eines rhetorisch sorgfältig strukturierten Textaufbaus.

Strachey vermittelt durch eine logische und in sich konsequente Konzeption seiner Texte den Eindruck einer offensichtlichen Tatsachendarstellung. Seine Ausführungen gewinnen durch die sorgfältige Auswahl und geschickte Präsentation der Materialien starke Überzeugungskraft und nahezu autoritären Charakter, dem der Leser kaum etwas entgegensetzen kann: "The effectiveness of this rhetoric depends upon Strachey's novel pronouncements taking the form of statements of obvious reasonableness. To disagree would be to admit to stupidity. For all his praise of rationality, an emotive opinionatedness pervades his prose."[684] So entsteht beim Leser die Neigung, das Dargestellte als gegeben zu akzeptieren.

Unterstützt wird diese Tendenz durch die Qualität der angewendeten Ironie, die eine Solidarität mit dem Rezipienten zu schaffen sucht. Geführt durch den Autor, teilt der Leser einen amüsierten Blick auf die beschriebenen Figuren: "The effect of cynical irony is that the writer and reader are incorporated, by the writer's rhetoric, in an immense solidarity of opinion; in an atmosphere where nothing needs to be proved since everything depends on the proof being taken for granted."[685]

Um den Eindruck einer objektiven Darstellungsweise zu erwecken und um Unparteilichkeit und Distanz zu demonstrieren, versucht Strachey dem Leser das Gefühl zu vermitteln, dieser könne eigene Rückschlüsse aus den präsentierten Fakten und Schilderungen ziehen. Dieses Prinzip der scheinbaren Eigenproduktivität des Lesers basiert auf der Bereitstellung von Einzelinformationen durch den Autor, die der Rezipient verbinden muss, um ein Gesamtbild zu erhalten. Eine ausformulierte und offene Interpretation findet demnach nicht statt, jedoch werden die Einzelzüge der Erzählung vom Autor bewusst ausgesucht und zusammengestellt, so dass keine neutrale Darstellung gegeben ist.

Durch unpersönliche Formulierung und die Verwendung von Zitaten der porträtierten Personen will Strachey das Maß an Objektivität erhöhen. Zusätzlich zu dem Einsatz zahlreicher anderer Stilmittel, wie zum Beispiel der Verwendung von erlebter Gedankenrede, Tiermetaphorik oder der Kontrastierung von Haupt- und Nebenfiguren, entpuppt sich diese Vorgehensweise bei näherer Analyse jedoch als eine weitere Möglichkeit der Figurencharakterisierung im Sinne seines "point of view".

Das Prinzip der Gegenüberstellung unterschiedlicher Inhalte, Umstände oder Charaktere ist eine elementare Verfahrensweise Stracheys, die die Grundlage zu einem seiner Hauptstilmerkmale bildet: der Ironie.

Stracheys Intention, die beschriebenen Personen als Menschen ihrer Zeit und nicht als idealisierte Legenden darzustellen, setzt er durch die Methoden seiner Figurencharakterisierung und die lebendige Erzählweise um, die zum großen Teil auf dem Prinzip der szenischen Darstellung beruht. Die Verwendung von Spitznamen, umgangssprachlichen Redewendungen und der erlebten Rede tragen ebenfalls dazu bei.

Die angestrebte Kürze erreicht Strachey durch gezielte Selektion der für ihn wichtigen Fakten, durch das Prinzip der Gesamtbildakquisition und seiner Technik, an einem einzelnen Beispiel größere, allgemeingültige Sinnzusammenhänge zu verdeutlichen.

Wie sich diese Stilmittel konkret in den Texten manifestieren, wird im Folgenden an signifikanten Textstellen der Werke *Eminent Victorians (1918)* und *Queen Victoria (1921)* aufgezeigt und in den Kontext der methodischen Verfahrensweise eingeordnet.[686]

1. Der Satzbau: Leserführung und Gesamtbildkonzeption

Das Grundprinzip Stracheys, seine Leser auf der intendierten Bahn zu führen, lässt sich bis in die Textstruktur und den Satzbau hinein verfolgen. Wie bereits angedeutet, komponiert Strachey die einzelnen Absätze seines Textes als größere in sich geschlossene Sinneinheiten. Diese sind meist so konzipiert, dass der allgemeinen Einführung eines Themas ein anschauliches Beispiel gemäß der szenischen Darstellungsweise folgt und entweder zu einer Konklusion geführt wird oder in einem Kulminationspunkt gipfelt. Die einzelnen Absätze werden kunstvoll miteinander verbunden, in Beziehung gesetzt und eingefügt in einen "full-flowing tide of language"[687], um der Linie der Gesamtkonzeption zu folgen.[688]

Über seine Textgestaltung schrieb Strachey 1912 in einem Brief an Virginia Woolf: "My paragraphs will all wind themselves up to a crisis and come down with a thump – it's most distressing." Diesem Phänomen begegnet er mit "some sort of whisk of the tail",[689] den Schlusssequenzen, deren Ausmaß und Wirkung im Verlauf dieses Kapitels dargestellt werden. Stracheys Grundkonzept der einzelnen Absätze wirkt trotzdem nicht schematisch monoton, denn es wird facettenreich variiert. Die Vielfalt der Textgestaltung Stracheys beschreibt Sanders wie folgt:

> [Strachey] found plenty of opportunity for achieving variety without seriously violating uniformity. He did so by creating an interplay between long sentences and paragraphs and short sentences and paragraphs, between the simple and the compound or complex, between the commonplace and the singular, between the emphatic and the easy or relaxed, between the assertive and the insinuative or interrogative, between the serious and the playful, between the ponderous and the light, between the choppy and the smooth, between the rapid and the slow, between the vigorous and the delicate, between the whispered and the exaggerated, between the redundant and the restrained, and between lengthy ornate Latin expressions and short, simple Saxon words.[690]

Im Folgenden wird die variationsreiche Gestaltung der Absätze im Hinblick auf Stracheys Intention der Leserführung und Vermittlung seines Standpunktes exemplarisch erörtert.

Sinnabschnitte

Die fundamentale Konzeption der einzelnen Paragraphen – Einführung des Leitgedankens, Veranschaulichung und Abschluss – lässt sich gut an einer Passage aus *Florence Nightingale* demonstrieren.

Auf der äußerlich-inhaltlichen Ebene geht es in der zitierten Sequenz um Florence Nightingales Plan mit Hilfe ihres langjährigen Freundes, Mitarbeiters und damaligen Kriegsministers Sidney Herbert, das Kriegsministerium einer grundlegenden Reform zu unterziehen. Ein Vorhaben, das an dem unbeugsamen Widerstand des *Permanent Under-Secretary* Benjamin Hawes, des *Prime Ministers* Gladstone und des Parlaments scheiterte. Für die intendierte Botschaft Stracheys ist dies nur die Rahmenhandlung: Am Beispiel Sidney Herberts, der sich aus gesundheitlichen Gründen genötigt sieht, sich zur Ruhe zu setzen, noch bevor Florence Nightingale ihr Vorhaben umgesetzt hat, will Strachey den rücksichtslosen Umgang Nightingales mit ihren Mitarbeitern aufzeigen. Dieser Abschnitt des Werkes soll illustrieren, dass die "Lady with the Lamp" für die gute Sache über Leichen gehen würde.

Die Sequenz beginnt mit Herberts Einlenken gegenüber Florence Nightingales Willen: "But a terrible crisis was now fast approaching. Sidney Herbert had consented to undertake the root and branch reform of the War Office" (*EV* 147). Im Verlauf des ersten Absatzes werden die Schwierigkeiten beschrieben, auf die Herbert während seiner Bemühungen stößt, und Nightingales Reaktion auf seine sich rapide verschlechternde Gesundheit:

2. [...] The doctors were consulted, and declared that, above all things, what was necessary was rest. Rest! She grew seriously alarmed. Was it possible that, at the last moment, the crowning wreath of victory was to be snatched from her grasp? She was not to be put aside by doctors; they were talking nonsense; the necessary thing was not rest but the reform of the War Office; and, besides, she knew very well from her own case what one could do even when one was on the point of death. She postulated vehemently, passionately; the goal was so near, so very near; he could not turn back now! At any rate, he could not resist Miss Nightingale. A compromise was arranged. Very reluctantly, he exchanged the turmoil of the House of Commons for the dignity of the House of Lords, and remained at the War Office. She was delighted. "One fight more, the best and the last," she said.

> For several months the fight did indeed go on. But the strain upon him was greater even than she perhaps could realize. [...] He [Sidney Herbert] could no longer hope; he could no longer desire; it was useless; it was utterly impossible. He had failed. The dreadful moment came when the truth was forced upon him: he would never be able to reform the War Office. But yet a more dreadful moment lay behind; he must go to Miss Nightingale and tell her that he was a failure, a beaten man.
>
> [...] When she brought herself to realize at length what was indeed the fact and what [sic] there was no helping, it was not in mercy that she turned upon her old friend. "Beaten!" she exclaimed. "Can't you see that you've simply thrown away the game? And with the winning cards in your hands! And so noble a game! Sidney Herbert beaten! And beaten by Ben Hawes! It is a worse disgrace ..." her full rage burst out at last, "... a worse disgrace than the hospitals at Scutari."
>
> He dragged himself away from her, dragged himself to Spa, hoping vainly for a return to health, and then, despairing, back again to England, to Wilton, [...] he died. [...] Those about him bent down. "Poor Florence! Poor Florence!" they just caught. "... Our joint work ... unfinished ... tried to do ..." and they could hear no more. (EV 148f.)[691]

Der Leitgedanke des schonungslosen Eintretens Florence Nightingales für die gute Sache – ohne Rücksicht auf Verluste – wird am Anfang der Sequenz etabliert und im Laufe der anschließenden Absätze veranschaulicht, um dann im Tod des treuen Mitarbeiters zu gipfeln. Der Kulminationspunkt ist das Ende des letzten Absatzes, der Sequenz, in dem der Kern von Stracheys Aussage impliziert ist: Herbert stirbt vor Erschöpfung aufgrund der aufreibenden Arbeit für Florence Nightingale, im Bewusstsein versagt zu haben.

Dieses Beispiel zeigt, dass nicht jeder Absatz ein neues Thema enthält. Häufig wird das gleiche Motiv weitergesponnen und um einen neuen Gedanken erweitert. Dabei sind die Übergänge zwischen den Paragraphen von höchstem Interesse, da es Strachey darauf ankommt, einen stringenten, nachvollziehbaren Bericht der Tatsachen zu geben, dem der wichtige Subinhalt bezüglich der Charakterisierung seiner Figuren innewohnt.

Strachey wendet hier eine Technik an, die er auch innerhalb der Absätze zur Verbindung von einzelnen Sätzen verwendet: die lineare Progression[692]. Diese wird zur Emphase eingesetzt und um den Textfluss zu forcieren. Dabei wird ein Terminus am Satzausgang an den Anfang des nächsten Satzes gestellt. Dies gilt sowohl für die Verbindung von Sätzen innerhalb des Absatzes (vgl.: "rest" oder "dreadful moment") als auch für die Verbindung von zwei Absätzen (vgl.: "fight").

Der thematische Konnex zweier Absätze wird nicht immer durch die Verbindung des letzten mit dem ersten Satz ausgedrückt (wie in Beispiel Nr. 2 durch "fight"). Häufig findet sie im Verlauf des Textflusses auf der sprachlichen Ebene statt ("beaten") oder wird durch eine inhaltliche Sukzession vollzogen. Der Beginn des letzten Absatzes ("He dragged himself away from her, [...]") ist die direkte Reaktion auf Nightingales Gefühlsausbruch.

Ein deutliches Beispiel der Wiederaufnahme von Schlüsselworten ist Stracheys Beschreibung des wiedererweckten Bedürfnisses nach nationaler Identifikationsmöglichkeit in *Queen Victoria*:

3. Then, with the rise of imperialism, there was a change. For imperialism is a faith as well as a business; as it grew, the mysticism in English public life grew with it; and simultaneously a new importance began to attach to the Crown. The need for a symbol – a symbol of England's might, of England's worth, of England's extraordinary and mysterious destiny – became felt more urgently than ever before. The Crown was that symbol: and the Crown rested upon the head of Victoria. Thus it happened that while by the end of the reign the power of the sovereign had appreciably diminished, the prestige of the sovereign had enormously grown. (*QV* 240)

Gesamtbildakquisition durch Distribution einzelner Elemente

Um dem Leser das Gefühl zu geben, er mache sich sein eigenes Bild der porträtierten Personen und der beschriebenen Sachverhalte, präsentiert ihm Strachey eine Fülle von Einzelteilen, die er im Zuge der Rezeption selbst zu einem Ganzen zusammenfügen muss. Da die einzelnen Informationen sorgfältig ausgesucht und zusammengestellt werden, kann von einer distanzierten, unintentionalen Schilderung nicht die Rede sein. Selektion und Führung des Lesers entlang der Darlegungs- und Argumentationslinie Stracheys herrschen vor. Die Präsentation der mosaikartigen Einzelelemente als Grundprinzip manifestiert sich in verschiedenen syntaktischen Formen, besonders in der Reihung von Worten, Wortverbindungen oder vollständigen Sätzen durch die Verwendung von Häufung und Appositionen.

Bei der Häufung werden gleichartige Satzteile oder vollständige Sätze aneinandergereiht und dadurch eine Kette von Assoziationen zur Kombination bereitgestellt. Zur Beschreibung von Lord Melbourne setzt Strachey eine Reihung von Relativsätzen ein: ein Paradebeispiel von verschiedenen Einzelinformationen, die ein Gesamtbild ergeben.

4. The man of the world who had been the friend of Byron and the regent, the talker whose paradoxes had held Holland House enthralled, the cynic whose ribaldries had enlivened so many deep potations, the lover whose soft words had captivated such beauty and such passion and such wit, might now be seen, evening after evening, talking with infinite politeness to a schoolgirl, bolt upright, amid the silence and the rigidity of Court etiquette. (*QV* 58)

Besonders stark tritt die Präsentation von Einzeleindrücken bei der Reihung nominaler Formen zu Tage, die stichwortartig wie im Telegrammstil zusammengestellt sind. Die Beschreibung der Unterrichtung Victorias über ihre Stellung in der Geschichte des Königreichs wird in dieser Form gerafft:

5. The well-known scene followed: the history lesson, the genealogical table of the Kings of England slipped beforehand by the governess into the book, the Princess's surprise, her inquiries, her final realization of the facts. (*QV* 31)

Die Reihung verbaler Formen unterstützt die Darstellung vielseitiger Handlungen und verstrickter Zusammenhänge. Das Tempo der Erzählung bleibt hoch. Im folgenden Beispiel entsteht der Eindruck eines dynamischen Prozesses durch die Häufung von Einzelerscheinungen, die thematisch einem Oberbegriff zugeordnet werden können:

6. Looking forth upon the doings of his fellow-men through his rectory windows in Gloucestershire, Keble felt his whole soul shaken with loathing, anger, and dread. Infidelity was stalking through the land; authority was laughed at; the hideous doctrines of Democracy were being openly preached. Worse still, if possible, the Church herself was ignorant and lukewarm; she had forgotten the mysteries of the sacraments, she had lost faith in the Apostolic Succession, she was no longer interested in the Early Fathers, and she submitted herself to the control of a secular legis-

lature, the members of which were not even bound to profess belief in the Atonement. (*EV* 20f.)

Die kurzen, gehäuften Sätze erzeugen den Eindruck einer Flut von für Keble alarmierenden Vorgängen, die er beobachtet. Die einzelnen Teilimpulse werden bei Strachey oftmals durch eine einheitliche grammatische Struktur zusammengehalten, um ihre Zugehörigkeit zu signalisieren. In Beispiel Nr. 4 waren es die Relativsätze; in diesem Fall ist es der einheitliche Satzaufbau (*Infidelity was* [...], *authority was* [...], *the hideous doctrines of Democracy were* [...]) und die anaphorische Verwendung von "she" am Satzanfang.

Ebenfalls gehäuft werden Partizipien, finite Verben und Infinitive:

7. Newman himself became a party chief, encouraging, organizing, persuading. (*EV* 28)

8. She squizzed, she stamped, she roared with laughter; [...]. (*QV* 10)

9. To watch, to teach, to restrain, to encourage the royal creature beside him – that was much; [...]. (*QV* 79)

Die Reihung wird sowohl zur Einführung neuer Einzelheiten als auch zur Intensivierung eines zuvor eingeführten Themas verwendet, wie die Charakterisierung Lord Harringtons zeigt:

10. [...] Lord Hartington was slow. He was slow in movement, slow in apprehension, slow in thought and the communication of thought, slow to decide, and slow to act. (*EV* 247)

Die Kontrastierung, von Strachey als eines seiner gängigen Stilmerkmale gepflegt, wird durch die Reihenstruktur unterstützt, wie das nächste Beispiel belegt. Eingeleitet durch eine gehäufte Parallelkonstruktion wird die positive Entwicklung in Mannings Leben mit der furchterregenden Vorstellung des Infernos kontrastiert, die als Apposition am Ende steht:

11. The more active, the more fortunate, the more full of happy promise his existence became, the more persistently was his secret imagination haunted by a dreadful vision – the lake that burneth for ever with brimstone and fire. (*EV* 44)

Eine ähnliche Struktur kann man bei der oben zitierten Beschreibung Lord Melbournes beobachten (Beispiel Nr. 4). Dort wird das vielschichtige Bild des weltmännischen Lords nach dem kurzen Hauptsatz "might now be seen" (*QV* 58) der Darstellung seiner Konzentration auf ein kleines Mädchen durch Apposition am Ende gegenübergestellt.

Die Apposition gibt Strachey die Möglichkeit, zusätzliche Informationen zu vermitteln und ist neben der Häufung das auffälligste Merkmal im Zuge seiner Methode der Gesamtbildakquisition. Die Beifügung ist in Stracheys Satzaufbau von zentraler Bedeutung, da sie durch die Kürze und den substantivischen Charakter besonders geeignet ist für eine prägnante Charakterisierung. Oftmals liegt in der Beifügung das Hauptgewicht des Satzes, wobei der verbale Ausgangspunkt an Bedeutung verliert. Die aufzählende Apposition – häufig eingerahmt durch Gedankenstriche – hat die Funktion, verschiedene Elemente nebeneinander zu stellen und durch ihre Kombination, den gewünschten Gesamteindruck zu kreieren. Die Aufzählung von Einzelheiten ist besonders wichtig für eine sinnliche Darstellung. In der Beschreibung von Lord Melbourne heißt es:

12. If one looked deeper, one saw at once that he was not ordinary, that the piquancies of his conversation, and his manner – his free-and-easy vagueness, his abrupt questions, his lollings and loungings, his innumerable oaths – were something more than an amusing ornament, were the outward manifestation of an individuality peculiar to the core. (*QV* 55)

Neben der nominalen Apposition verwendet Strachey noch viele andere Formen, zum Beispiel die qualitative Apposition:

13. Yet her mind, so positive, so realistic, so ultra-practical, had its singular revulsions, its mysterious moods of mysticism and of doubt. (*EV* 156)

In Beispiel Nr. 13 steigern sich die anaphorisch eingeleiteten, qualitativen Appositionen im Dreischritt, um daraufhin mit erweiterten Nominalappositionen kontrastiert zu werden. Diese Vorgehensweise ist typisch für Strachey. Er möchte seine Gestalten nicht stereotyp erscheinen lassen. Vielmehr ist ihm daran gelegen, die positiven Eigenschaften, welche gemeinhin bekannt sind und zur Genüge dargestellt wurden, den negativen gegenüberzustellen, um so ein vollständiges Bild zu bekommen. Ganz im Sinne seiner Absicht erscheinen die Figuren dem Rezipienten dadurch menschlicher und weniger als die idealisierten Vorbilder der Legende.

Parallelstruktur und Tripelkonstruktion

Die Häufung und Verwendung von Appositionen wird bei Strachey meist parallel gestaltet. Die Parallelkonstruktion erleichtert dem Rezipienten die Aufnahme eines Vorstellungsgehaltes, da der Inhalt entlang einer klaren sich wiederholenden Struktur transmittiert wird. Die Reihung von Einzelteilen, die untereinander verwandt sind, sollen einen Oberbegriff veranschaulichen und spezifizieren. Im folgenden Beispiel ist es die neue Erziehungsabsicht King Leopolds, die der Beschreibung zugrunde liegt:

14. After his return to Brussels, he had resumed his correspondence in a more serious strain; he discussed the details of foreign politics; he laid down the duties of kingship; he pointed out the inquitous foolishness of the newspaper press. (*QV* 44)

Diese Art des Aufbaus vollzieht sich fast ausschließlich in einer dreigeteilten Gliederung und begründet somit eines der auffälligsten Stilmerkmale Stracheys: die Tripelkonstruktion. Der Dreischritt unterstützt die Parallelstruktur und suggeriert Vollständigkeit. Zusätzlich verwendet Strachey mit Vorliebe die Anapher als ein weiteres ordnendes und führendes Prinzip (vgl. Beispiel Nr. 14), das seinen Stil so kompakt und flüssig erscheinen lässt:

15. Here [in Florence Nightingale's letters] at least, she did not mince matters. Here she painted in her darkest colours the hideous scenes which surrounded her; here she tore away remorselessly the last veils still shrouding the abominable truth. Then she would fill pages with recommendations and suggestions, with criticisms of the minutest details of organization, with elaborate calculations of contingencies, with exhaustive analyses and statistical statements piled up in breathless eagerness one on top of the other. (*EV* 127)

Durch die Reihung der anaphorisch eingeleiteten Sätze und Appositionen entsteht ein hohes Erzähltempo, das die Eifrigkeit Florence

Nightingales beim Verfassen der Briefe verdeutlicht. Der Leser spürt förmlich ihre nach vorne drängende Energie und ihren Willen.

Die Tripelstruktur durchzieht das gesamte Werk Stracheys; Worte, Phrasen, ganze Sätze werden derart gegliedert. Dabei werden die einzelnen Teile entweder gleichgewichtig gereiht oder das Tripel impliziert eine Steigerung beziehungsweise Abstufung mit Emphase auf dem letzten Teil:[693]

16. In such circumstances it is also easy, it is even natural, perhaps it is even inevitable, to be something more than a friend. (*QV* 58)

Besonders effektvoll ist ein Bruch dieser Leseerwartung. Fügt sich der dritte Teil der Reihung nicht in das stimmige Bild ein, entsteht ein Effekt der Verblüffung, Ironisierung, Diskreditierung, wie zum Beispiel in der Schilderung der Reorganisationsmaßnahmen Alberts, die bei der Belegschaft im Buckingham Palace auf großen Widerstand stoßen:

17. There were outcries and complaints; the Prince was accused of meddling, of injustice, and of saving candle-ends; but he held on his course, [...]. (*QV* 112)

2. Rhetorische Stilmittel: Figurencharakterisierung und Distanz

Szenische Darstellungsweise

Um seine Figuren lebendig erscheinen zu lassen und den Fluss der Handlung zu beleben, bedient sich Strachey einer Darstellungsweise, die dem Drama ähnlich ist. Neben die begriffliche Beschreibung tritt eine Darstellungsweise, die den visuellen Sinn in den Vordergrund rückt. Eine Charakterisierung der handelnden Personen erfolgt durch die Beschreibung ihrer Gesten, Mimik und Redeweise.

Der gebrochene Newman, zum Beispiel, dessen "spirit had been crushed" (*EV* 79), wird dem Leser aus der Perspektive einer Nebenfigur beschrieben:

18. As [the Curate of Littlemore] was passing by the Church he noticed an old man, very poorly dressed in an old grey coat with the collar turned up, leaning over the lych gate, in flood of tears. He was apparently in great trouble, and his hat was pulled down over the eyes, as if he wished to hide his features. For a moment, however, he turned towards the Curate, who was suddenly struck by something familiar in the face. Could it be – ? A photograph hung over the Curate's mantelpiece of the man who had made Littlemore famous by his sojourn there more than twenty years ago; he had never seen the original; but now, was it possible – ? He looked again, and he could doubt no longer. It was Dr Newman. He sprang forward, with proffers of assistance. Could he be of any use? "Oh no, no!" was the reply. "Oh no, no!" But the Curate felt that he could not run away, and leave so eminent a character in such distress. "Was it not Dr Newman he had the honour of addressing?" he asked with all the respect and sympathy at his command. "Was there nothing that could be done?" But the old man hardly seemed to understand what was being said to him. "Oh no, no!" he repeated, with the tears streaming down his face, "Oh no, no!" (*EV* 80f.)

Handlungsabläufe werden so präsentiert, dass der Rezipient ohne eine erklärende Begleitung durch den Narrator ein Bild vom Geschehen bekommt. Viele visuelle Beschreibungen lesen sich wie dramaturgische Regieanweisungen, denen Sprechtext folgt, zum Beispiel in der Szene, in der Melbourne einen Brief von Stockmar erhält, in dem der Baron den Ex-Minister davor warnt, weiterhin eine enge Beziehung zur Königin zu pflegen:

19. Lord Melbourne, lounging on a sofa, read it through with compressed lips. "This is quite an apple-pie opinion," he said. [...] "God eternally damn it!" he exclaimed, leaping from the sofa, and dashing about the room. "Flesh and blood cannot stand this!" (*QV* 101)

Strachey setzt auf die visuelle Kraft seines Schreibens und ersetzt oftmals eine verbale Antwort durch die Schilderung einer Gebärde oder einer Handlung. Dies wird zum Beispiel deutlich in *Cardinal Manning*, als Miss Giberne versucht Newmans Wunsch nach einem Karriereschub innerhalb der katholischen Kirche zu unterstützen:

20. "Holy Father", she suddenly said to the Pope in an audience one day, "why don't you make Father Newman a bishop?" Upon which the Holy Father looked much confused and took a great deal of snuff. (*EV* 72)

Die verwendeten Quellen und Materialien, die Strachey in sein Werk direkt einfließen lässt, wie Tagebucheintragungen oder Briefe, legen eine szenische Darstellungsweise nicht unmittelbar nahe. Dennoch entsteht keine Sinnverfremdung, wenn diese in einen fiktiv ausgeschmückten Rahmen gestellt werden. Die zu zitierenden Primärtexte baut Strachey gerne in den Fluss seiner dramatischen Erzählung ein. Dem Rezipienten wird der Eindruck einer gewissen Gleichzeitigkeit vermittelt, so als beobachte er die Rezeption oder die Entstehung verschiedener Schriftstücke, die wiederum Aufschluss über die porträtierte Person oder den Gang der Handlung geben.

In *Queen Victoria*, zum Beispiel, unterbricht Strachey den Auszug aus einem Brief der Königin an ihren Onkel Leopold durch einen fiktiven Einschub, der den Leser kurzzeitig auf die Zeitebene der geschilderten Situation zieht – den Moment der Brieferstellung:

21. "[...] Though miserably weak and utterly shattered, my spirit rises when I think *any* wish or plan of his is to be touched or changed, or I am to be *made to do* anything." She ended her letter in grief and affection. She was, she said, his "ever wretched but devoted child, Victoria R." And then she looked at the date: it was the 24th of December. An agonising pang assailed her, and she dashed down a postscript – "What a Xmas! I won't think of it." (*QV* 179f.)

Derselbe Effekt wird in *Cardinal Manning* erzielt in der Beschreibung, wie sich Newman gedanklich auf seine Reise nach Oxford vorbereitet, wo er eine viel versprechende Karriere erwartet:

22. Just then a long blue envelope was brought into the room. Newman opened it. "All is over," he said, "I am not allowed to go." The envelope contained a letter from the Bishop announcing that, together with the formal permission for an Oratory at Oxford, Propaganda had issued a secret instruction to the effect that Newman himself was by no means to reside there. (*EV* 79)

In *Queen Victoria* verwendet Strachey die Tagebücher und Briefe der Königin als eine seiner Hauptquellen. Um die vielen Zitate in eine bewegte Erzählung einzubetten, werden sie oft durch eine Beschreibung des Schreibmodus eingeleitet: "She seized a pen and dashed off a note to Lord Melbourne" (*QV* 76).

Zur Erläuterung des historischen Hintergrunds und der zeitraffenden Darstellung der Rahmenhandlung wird auf eine begriffliche Erzählung zurückgegriffen. Diese berichtenden Teile verbinden die szenisch dargestellten miteinander. Wenn dabei Äußerungen von Personen wiedergegeben werden sollen, verwendet Strachey in erster Linie die indirekte Rede. Diese bietet sich durch ihren distanzierten Charakter an, eine unparteiliche Zusammenfassung dessen zu geben, was vermittelt werden soll. Jedoch tritt der Biograph als narrativer Organisator dieser Form der Darstellung stark in Erscheinung, ein Umstand, den Strachey zu vermeiden sucht.

Die direkte Rede als stärkstes Ausdrucksmittel einer dramatischen Erzählweise findet nur dann Anwendung, wenn Strachey eindeutige Belege der Aussage heranziehen kann. Zuweilen wandelt er dabei schriftliche Quellen in Gesprochenes um, was den Inhalt jedoch nicht verfremdet. Die direkte Rede lässt sich allerdings nur anwenden, um Gesagtes darzustellen und ist wenig hilfreich, wenn das Innenleben einer Figur beleuchtet werden soll.

Erlebte Rede

Um die Distanz zwischen den Figuren und dem Rezipienten zu verringern und dem Leser den Einblick in deren Gedankenwelt zu ermöglichen, ohne dass der Narrator als vermittelnde Instanz zu stark hervortritt, wählt Strachey eine besondere Form der Materialdarstellung und Figurenrede: die erlebte Gedankenrede.

Die erlebte Rede ist eines der wichtigsten Mittel der szenischen Darstellungsweise. Sie ermöglicht es Strachey, dem Leser Fakten aus Sicht der Figuren darzustellen, ihm unmittelbar mitzuteilen, was eine Gestalt denkt, empfindet oder wie sie etwas beurteilt.[694] Der Leser findet sich fast unmerklich in der Gedankenwelt der Figur wieder, denn die Übergänge zwischen begrifflicher Erzählung und erlebter Rede sind oft fließend.[695] Charakteristisch für die erlebte Gedankenrede sind Ausrufe und Fragen, wie ein Beispiel aus *Queen Victoria* zeigt, in dem Leser Alberts Gedanken zu seinem schwierigen Stand am englischen Hof, seine Selbstzweifel und Perspektivlosigkeit aus der Innensicht präsentiert werden:

23. There was something that he wanted and that he could never get. What was it? Some absolute, some ineffable sympathy? Some extraordinary, some sublime success? Possibly, it was a mixture of both. To dominate and to be understood! To conquer, by the same triumphant influence, the submission and the appreciation of men – that would be worth while indeed! But, to such imaginations, he saw too clearly how faint were the responses of his actual environment. Who was there who appreciated him, really and truly? Who could appreciate him in England? And, in the gentle virtue of an inward excellence availed so little, could he expect more from the bitter ways of skill and force? The terrible land of his exile loomed before him a hard, an impregnable mass. (*QV* 168f.)

Die erlebte Rede manifestiert sich in der Form innerlicher Gedanken und übernimmt damit die Funktion, die der Monolog auf der Bühne hat, ohne dessen oftmals künstliche Erscheinungsform anzunehmen. Auf der Bühne erscheint der Monolog, der den Zuschauer über das Innenleben der Figur in Kenntnis setzen soll, als lautes Selbstgespräch und wirkt dadurch oftmals unnatürlich. Durch die erlebte Rede gleitet der Narrator in seine Figuren und kann dem Leser deren Innenleben aufzeigen, so wie er es sich vorstellt. Dadurch verfügt Strachey über ein weiteres, sublimes Mittel der Figurencharakterisierung und Lenkung des Lesers. Mit Hilfe des erzähltechnischen Eintauchens in die Figur kann er durch die gezielte Auswahl des Inhalts der Gedanken und der Art und Weise der Formulierung die Wirkung auf den Rezipienten steuern. Er dirigiert die scheinbare Selbstdarstellung der Gestalten in die von ihm gewünschte Richtung.

Äußerlich bleibt der Anspruch auf Distanz gewahrt, denn eine explizite Interpretation oder Kritik scheint nicht gegeben. Trotzdem findet eine direkte Einflussnahme auf die Wahrnehmung des Lesers statt. Florence Nightingales aufbrausendes Temperament wird am Beispiel ihres Zorns über die Bestrebungen ihrer Mutter, sie zu verheiraten, wie folgt ausgedrückt: "A desirable young man? Dust and ashes! What was there desirable in such a thing as that?" (*EV* 115). In der Beschreibung der jungen Victoria ahmt Strachey die ihrem Alter entsprechende kindliche Aufzählungsweise nach:

24. Warm-hearted, responsive, she loved her dear Lehzen, and she loved her dear Feodora, and her dear Victoire, and her dear Madame de Spath. And her dear Mamma, of course, she loved her too; [...] (*QV* 28)

Dass die erlebte Rede Gedanken wiedergibt, wird oftmals zusätzlich durch die Art der Darstellung gekennzeichnet. Ähnlich der Form von Gedanken werden Ideen angedeutet, aber nicht zur Gänze ausgeführt, bevor der nächste Gedankengang entwickelt wird. Es werden Gedankenpausen angedeutet (Beispiel Nr. 25), impliziert, dass die beschriebenen Figuren nicht wagen, einen Gedanken zu Ende zu führen (Beispiel Nr. 26) oder spontane Ausrufe gemacht (Beispiel Nr. 27), wie die folgenden Beispiele demonstrieren.

In *Queen Victoria* resümiert Albert über seine jüngsten Erfolge, darunter auch der Triumph über Lord Palmerston:

25. He had wrestled with the terrible Lord Palmerston, the embodiment of all that was most hostile to him in the spirit of England, and his redoubtable opponent had been overthrown. Was England at his feet! It might be so; and yet ... it is said that the sons of England have a certain tiresome quality; they never know when they are beaten. (*QV* 142)

Die neuen Gedanken des "Oxford Movement" beschäftigen die Gläubigen in *Cardinal Manning*:

26. The new strange notion of taking Christianity literally was delightful to earnest minds; but it was alarming. Really to mean every word you say, when you repeated the Arthanasian Creed! How wonderful! And what enticing and mysterious vistas burst upon the view. But then, those vistas, where were they leading to? Supposing – oh heavens! – supposing, after all they were to lead to – ! (*EV* 28)

Queen Victoria möchte nach dem Tod Alberts ihre Erinnerungen und die damit verbundenen Gegenstände bewahren:

27. But then came the dismaying thought – everything slips away, crumbles, vanishes; Sevrés dinner-services get broken; even golden basins go unaccountably astray; even one's self, with all the recollections and experiences that make up one's being, fluctuates, perishes, dissolves ... But no! It could not, should not be so! There should be no changes and so losses! Nothing should ever move – neither the past nor the present – and she herself least of all! (*QV* 232)

Wie bei der Wiedergabe von Briefen, die während des Verfassens beschrieben werden, wird dem Leser auch durch die erlebte Rede suggeriert, er sei bei der Entstehung von Gedanken und dem Fassen von Entscheidungen präsent, wie das folgende Beispiel zeigt. Der Leser erlebt, wie Lord Palmerston über sein Verhältnis zum Königshaus resümiert, seine Gedanken zu klären versucht und schließlich zu einem Entschluss kommt:

28. And then, to his intense annoyance, just as he needed all his nerve and all possible freedom of action, he found himself being hampered and distracted at every turn by ... those people at Osborne. He saw what it was; the opposition was systematic and informed, and the Queen alone would have been incapable of it; the Prince was at the bottom of the whole thing. It was exceedingly vexatious; but Palmerston was in a hurry, and could not wait; the Prince, if he would insist upon interfering, must be brushed on one side. (*QV* 131)

Durch die Gestaltung der Rede- beziehungsweise Denkweise der Figuren legt Strachey Rückschlüsse auf deren Wesen nahe. Der barsche Stil Palmerstons unterstützt hier indirekt die Figurencharakterisierung.

Die Verwendung der erlebten Rede bereichert Stracheys szenische Darstellungsweise und belebt die Beschreibung der porträtierten Figuren. Sie werden durch den Verlust der Distanz vermenschlicht und verlieren somit das respekteinflößende, idealisierte Flair, das ihre legendäre Gestalt umgibt.

Nebenfiguren

Ein Element des Strachey'schen Stils ist die Bildung von Gegensätzen zur Veranschaulichung signifikanter Charakteristika. In seinen biographischen Werken nutzt er die Kontrastierung zwischen Haupt- und Nebenfiguren, um jene Eigenschaften der Protagonisten herauszuarbeiten, die er ans Licht bringen möchte. Dabei dienen ihm die Nebenfiguren der Handlung oftmals als Grundlage.[696] Durch die Darstellung der gegenseitigen Beziehung und des Verhaltens des Hauptcharakters gegenüber den Nebenfiguren, die als Wegbegleiter, Gegner, Hindernis auf dem Karriereweg oder als Opfer auftauchen, werden Rückschlüsse auf dessen Wesen nahe gelegt.[697]

Das Portrait von Prince Albert in *Queen Victoria*, zum Beispiel, ist von zentraler Bedeutung. Es zeigt unter anderem durch die Beschreibung von Alberts großem Intellekt und zielgerichtetem Fleiß die mentalen Unzulänglichkeiten und die unbeschwerte, schwärmerische Seite der Königin. Die biographische Beschreibung Alberts und die seiner Beziehung zu Victoria sind die wichtigsten Elemente in der kontrastiven Charakterisierung der Königin. Sie nehmen mehr als die Hälfte der Erzählung ein.

Aber auch jedes der Kurzportraits von Menschen, mit denen die Königin von England im Laufe ihres Lebens intensive Beziehungen hatte (unter anderem: ihre Mutter, the Duchess of Kent, King Leopold, Baroness Lehzen, Stockmar, Lord Melbourne, Prince Albert, Lord Palmerston, Disraeli, Gladstone, John Brown), wirft ein neues Licht auf die Monarchin und zeigt einige ihrer Charaktermerkmale auf.[698]

Zum Beispiel dient die Darstellung der subversiven Versuche Leopolds durch galante Briefe voller Liebenswürdigkeiten und versteckter Anspielungen, seine Nichte dahingehend zu beeinflussen, ihm politische Unterstützung zuzusichern, dazu, die Willensstärke und diplomatische Wendigkeit der Königin zu betonen. Victorias Reaktion beschreibt Strachey wie folgt:

29. The result of this appeal [Leopold's letters] was unexpected; there was dead silence for more than a week. When Victoria at last wrote, she was prodigal of her affection. "It would, indeed, my dearest Uncle, be *very wrong* of you, if you thought my feelings of warm and devoted attachment to you, and of great affection for you, could be changed – *nothing* can ever change them" – but her references to foreign politics, though they were lengthy and elaborate, were non-committal in the extreme; they were almost cast in an official and diplomatic form. (*QV* 67)

Florence Nightingales Bereitschaft andere Menschen im Dienste der guten Sache auszunutzen und bis an den Rand ihrer Belastbarkeit zu bringen, wird durch das Verhältnis zu ihren Helfern ausgedrückt:[699]

30. [...] and he who set out to be of use to Miss Nightingale was apt to find, before he had gone very far, that he was in truth being made use of in good earnest – to the very limit of his endurance and his capacity. Perhaps, even beyond those limits; why not? Was she asking of others more than she was giving herself? Let them look at her lying there pale and breathless on the couch; could it be said that she spared herself? Why, then, should she spare others? And it was not for her own sake that she made these claims. For her own sake, indeed! No! (*EV* 140)

In *Cardinal Manning* ist es Newman, der als Gegenpart zu Manning konzipiert ist. Newman wird im Laufe des Essays als leicht naiver Leidtragender böswilliger Intrigen gegen ihn dargestellt, dessen Leben seit seiner Konvertierung nichts war als "[a] long chronicle of wasted efforts, disappointed hopes, neglected possibilities, unappreciated powers" (*EV* 73). Als stilisiertes Opfer funktionalisiert Strachey ihn als Instrument seiner kritischen Implikationen gegen Manning und die Führung der katholischen Kirche.

Strachey stellt die Kardinäle des Vatikans, als sich Newman während einer Audienz in Rom für seine Schriften rechtfertigen möchte, als kenntnisarme Führungsriege dar und zeigt ihre mangelnde Bereitschaft sich mit innovativen Ideen aus der Mitte der Glaubensgemeinschaft zu beschäftigen:

31. Cardinal Barnabò, Cardinal Reisach, Cardinal Antonelli, looked at him with their shrewd eyes and hard faces, while he poured into their ears – which, as he had already noticed with distress, were large and not too clean – his careful disquisitions; but it was all in vain; they had clearly never read De Lugo or Perrone, and as for M. Bautain, they had never heard of him. Newman in despair fell back upon St Thomas Aquinas; but, to his horror, he observed that St Thomas himself did not mean very much to the Cardinals. With a sinking heart, he realized at last the painful truth: it was not the nature of his views, it was his having views at all, that was objectionable. (*EV* 70)

In *Dr Arnold* ist es W.G. Ward, der als Gegenspieler auftaucht, und an dem Arnolds logische Fähigkeiten und rhetorische Überzeugungskraft gemessen werden. Das Ergebnis einer feurigen Diskussion wird wie folgt beschrieben:

32. The contest was long and furious, it was also entirely inconclusive. When it was over, Ward, with none of his brilliant arguments disposed of, and none of his probing questions satisfactorily answered, returned to the University, to plunge headlong into the vortex of the Oxford Movement; and Dr Arnold, worried, perplexed, and exhausted, went to bed, where he remained for the next thirty-six hours. (*EV* 179)

Um die erwünschte Wirkung zu erreichen, vereinfacht und überzeichnet Strachey oftmals Sachverhalte und Charakteristika der Figu-

ren. Trotz seines Bemühens, die Figuren nicht zu einseitig darzustellen, wirken sie oft stereotyp wie im Fall Manning gegen Newman.[700]

Leitmotive

Einige der Kurzportraits von Nebenfiguren bleiben bloße Karikatur, wie zum Beispiel die Darstellung des Arthur Clough in *Florence Nightingale*, der von Strachey die Rolle des unbedarften Helfers für Botendienste zugewiesen bekommt und in unregelmäßigen Abständen in der Erzählung dadurch auffällt, dass er für Florence Nightingale braune Päckchen verschnürt (*EV* 141, 150, 184).

Diese charakteristischen, sich wiederholenden Merkmale, die Strachey den Figuren zuweist, dienen dazu, die Personen zu typisieren, und erleichtern dem Leser die Adaption der im Sinne Stracheys wesentlichen Motive einer Gestalt. Der Wiedererkennungseffekt verfestigt die einmal gewonnene Wahrnehmung des Rezipienten. Die Vielfalt der verwendeten Merkmale reicht von signifikanten Gesten, Gegenständen und Handlungen, wie dem "trippling step" des General Gordon (*EV* 189, 197, 203, 219), der grünen Schreibtischlampe Prince Alberts, die seine frühe und späte Arbeit am Sekretär illustriert (*QV* 151, 169, 181, 246), und Cloughs Aufgabe, braune Päckchen zu verschnüren, bis hin zu leitmotiv-artigen Grundvorstellungen.

In *Florence Nightingale* dient Strachey die Besessenheit durch einen Dämonen, der die "Lady with the Lamp" zu unermüdlicher Arbeit ohne Rücksicht auf Verluste antreibt, als Leitmotiv. Bereits im ersten Absatz heißt es: "She worked in another fashion, and towards another end; she moved under the stress of an impetus which finds no place in the popular imagination. A Demon possessed her" (*EV* 111). Das Motiv der "demoniac frenzy" (*EV* 134) begleitet ihre Charakterisierung die ganze Studie hindurch und gipfelt in folgender Feststellung: "The force that created was the force that destroyed. It was her Demon that was responsible" (*EV* 149).

In *Dr Arnold* hat die Prophezeiung des Dr. Hawkins leitmotivische Funktion. "The Provost of Oriel" sagte in einem Empfehlungsschreiben voraus, dass falls man Arnold zum Schuldirektor von Rugby ernennen sollte, "he would 'change the face of education all through

the public schools of England'" (*EV* 163). Die Prophezeiung taucht wieder auf, wenn Bezug genommen wird auf Arnolds schwierige Aufgabe (*EV* 165) und wird zur Einleitung von Stracheys Endabrechnung mit Arnold benutzt:

33. There can be little doubt that what he had achieved justified the prediction of the Provost of Oriel [...]. The moment was ripe; there was a general desire for educational changes; and Dr Arnolds's great reputation could hardly have been resisted. As it was, he threw the whole weight of his influence into the opposite scale, and the ancient system became more firmly established than ever. (*EV* 187)

Die Darstellung Newmans als Opfer in *Cardinal Manning* wird auf der sprachlichen Ebene unterstützt durch das immer wiederkehrende Lexem "crush". Noch vor seiner Konversion erliegt Newman dem Argument eines Artikels, der von einem Katholiken geschrieben wurde: "The argument was crushing" (*EV* 33). Als Newman später eine ernsthafte Konkurrenz für Manning zu werden droht, empfiehlt Monsignor Talbot gegen ihn vorzugehen: "His spirit must be crushed" (*EV* 78). Als Newman verwehrt wird, die versprochene Stelle in Oxford anzutreten heißt es: "And now the secret instruction had come into operation: *blande suaviterque* Dr Newman's spirit was crushed" (*EV* 79). Analog dazu wird die Aufdeckung der Intrige gegen Newman im Zusammenhang mit seiner Ernennung zum Kardinal wie folgt ausgedrückt: "The crushing indictment pointed straight at Manning. And it was true" (*EV* 103).

Nach Stracheys Darstellung ist Albert bereits bei seiner Übersiedlung nach England deprimiert und wird es immer bleiben, ein Umstand den die leitmotivartige Verwendung des Terminus "dejected" unterstützt. Vor seinem Abschied von Coburg besucht Albert ein letztes Mal die Plätze seiner glücklichen Jugend, bevor er das Boot nach England betritt, um sich mit Victoria zu vermählen: "[...] He was whirled rapidly to his destiny. At Calais a steamboat awaited him, and, together with his brother, he stepped, <u>dejected</u>, on board. A little later, he was more <u>dejected</u> still" (*QV* 92). Kurz vor seinem Tod heißt es wieder: "[...] and as the years passed his dejection deepened" (*QV* 170).

Eine ähnliche Wirkung haben auch die charakteristischen Redewendungen der einzelnen Figuren, die wie ein Leitmotiv in Gedan-

kenrede und anschließend in begrifflicher Erzählung immer wieder auftauchen. Palmerstons barsche Art, unliebsame Gegner und Probleme zu beseitigen spiegelt sich wider in der repetitiven Verwendung der Phrase "brush on one side" (*QV* 125, 131, 134, 142, 169).

Spitznamen

Eine weitere Technik der Figurencharakterisierung ist Stracheys Verwendung persönlicher Beinamen. Die eingesetzten Kose- und Spitznamen haben vielfache Wirkung. Die beschriebene Gestalt wird aus der Sphäre der Unantastbarkeit auf eine niedrigere Stufe gezogen und wird dem Leser dadurch vertrauter. Diese Informalität im Umgang mit eminenten Personen impliziert eine respektlose Haltung des Autors, die sich auch auf den Rezipienten überträgt. Sie wirkt gleichzeitig anmaßend und unterhaltsam.[701]

Durch die Verwendung der vertraulichen Anrede erreicht Strachey eine Fokussierung der Perspektive auf denjenigen, der den Namen geprägt hat. In dem Kapitel "Mr Gladstone and Lord Beaconsfield" aus *Queen Victoria*, zum Beispiel, wird die Bezeichnung "the Faery" eingeführt und solange benutzt, wie Strachey der Perspektive Disraelis folgt (*EV* 202-214):

34. A smile hovered over his impassive features, and he [Disraeli] dubbed Victoria 'the Faery'. The name delighted him, for, with that epigrammatic ambiguity so dear to his heart, it precisely expressed his vision of the Queen. (*EV* 202)

Strachey muss diese Bezeichnungen nicht erfinden, er übernimmt sie von den Figuren seiner Erzählung. Durch den zeitweiligen Gebrauch der Spitznamen werden zusätzlich Abschnitte des berichteten Lebens gekennzeichnet. Die junge Victoria wird dem Leser als Drina (*QV* 26ff.) präsentiert oder aus der Perspektive Alberts als "little hausfrau" (*QV* 105) gekennzeichnet und Lord Melbourne erscheint dem Rezipienten aus der Sicht der Königin über weite Strecken als "Lord M." (*QV* ab 60ff.). Mit Bezug auf die Jugend General Gordons wird er "Charlie" genannt (*EV* 190) und der Prince of Wales als "Bertie" bezeichnet (*QV* 103, 154, 165ff.).

In Florence Nightingale hat Strachey eine Verbündete gefunden. "Flo" (*EV* 112, 137), wie Strachey sie nennt, als sie in Beziehung zu ihrer Familie geschildert wird, versorgt ihn mit Verunglimpfungen von Namen, die er dankbar aufnimmt: "Her nicknames were terrible. She respected no-one" (*EV* 127). Mrs. Bridgeman, "the Reverend Mother in the Crimea" (*EV* 130), die es wagt die Autorität Nightingales zu hinterfragen, wird "Reverend Brickbat"[702] (*EV* 130) getauft, was Strachey im Verlauf der Erzählung übernimmt (*EV* 131).

Zitate

Im Kontext seiner szenischen Darstellungsweise setzt Strachey Originalaussagen seiner Figuren in den Fluss der Erzählung ein. Dies soll die Authentizität seiner Ausführungen fördern und die Beschreibung der Figuren und Handlungen beleben. Doch Strachey geht noch einen Schritt weiter: Durch die Integration der Zitate in einen von ihm kreierten Sinnzusammenhang unterstützen die Selbstaussagen die von Strachey beabsichtigte Deutung. Unter dem Anschein von Objektivität wird durch die Verwendung von Zitaten eine Sinnverfremdung oder manipulierte Darstellung erreicht. Hier manifestiert sich die Technik der implizierten Interpretation. Strachey setzt seine Figuren nicht herab, sie tun es scheinbar selbst[703]: "Their own words, skilfully selected and put in quotation marks, betray them and become a mocking echo of what they really were."[704]

Strachey hat besonderes Interesse daran, Aussagen zu zitieren, die dem Leser trivial vorkommen müssen oder die die Figur in ein schlechtes Licht rücken, wie der Ausspruch Hurrell Froudes: "The only good I know of Cranmer [...] was that he burnt well" (EV 26). Aus Briefen, Tagebüchern und den renommierten Werken der eminenten Gestalten zitiert Strachey mit Vorliebe Passagen, die absurd klingen. Dr. Arnolds religionswissenschaftliche Studien bekommen den Anschein weltfremder Forschungen von minderer Bedeutung, wenn ihre Darstellung auf die folgenden Auszüge reduziert wird:

35. Thus he observed that "in Chronicles XI, 20, and XIII, 2, there is a decided difference in the parentage of Abijah's mother"; – "which", he added, "is curious on

any supposition". And at one time he had serious doubts as to the authorship of the Epistle to the Hebrews. (*EV* 177)

Einen ähnlichen Eindruck gewinnt man von Newman, wenn er sich über das Verhältnis von Religionswissenschaft und Geschichte äußert:

36. His views of history had changed since the days when as an undergraduate he had feasted on the worldly pages of Gibbon. "Revealed religion," he now thought, "furnishes facts to other sciences, which those sciences, left to themselves, would never reach. Thus, in the science of history, the preservation of our race in Noah's Ark is an historical fact, which history never would arrive at without revelation." (*EV* 39)

Arnolds Tagebucheintragungen während einer seiner wenigen Studienreisen spiegelten nach Stracheys Auffassung "his accustomed habits of mind" (*EV* 181) wider, zum Beispiel, wenn er das Verhalten der Mitreisenden beobachtet:

37. Nevertheless, our travellers would imitate foreign customs without discrimination, "as the absurd habit of not eating fish with a knife, borrowed from the French, who do it because they have no knives fit for use." (*EV* 181)

Diese Vorgehensweise trägt ironische Züge, besonders wenn eine Inkongruenz zwischen dem Zitierten und der Wirklichkeit zutage tritt. Dasselbe gilt für die erlebte Gedankenrede, bei der eine kurze Identifikation des Rezipienten mit der subjektiven Sichtweise der Figur erfolgt.

Manchmal findet auch eine ironische Bekräftigung dessen statt, was in dem angeführten Zitat erklärt wird. Die eindrucksvollen Worte der eminenten Person werden persifliert, wie zum Beispiel in der Beschreibung von Cardinal Mannings Rückblick auf sein Leben und Werk:

38. Ah! It was God's will. "Mine has been a life of fifty years out of the world as Gladstone's has been in it. The work of his life in this world is manifest. I hope mine may be in the next. I suppose our Lord called me out of the world because He saw that I should lose my soul in it." Clearly, that was the explanation. (*EV* 106)

Dem bildhaften Vergleich der kummergeplagten Mrs. Nightingale für ihre Tochter setzt Strachey eine Intensivierung nach:

39. "We are ducks," she said with tears in her eyes, "who have hatched a wild swan." But the poor lady was wrong; it was not a swan that they have hatched, it was an eagle. (*EV* 115)

In *Queen Victoria* zitiert Strachey einen Brief der Königin an Theodore Martin, in dem sie das immense Ausmaß an Arbeit beschreibt, welches sie nach Alberts Tod alleine zu bewältigen hat. Das Kapitel endet mit einem lapidaren, aber niederschmetternden Kommentar Stracheys:

40. "[...] From the hour she gets out of bed till she gets into it again there is work, work, work, – letter-boxes, questions, &c., which are dreadfully exhaustive – and if she had not comparative rest and quiet in the evening she would most likely not be *alive*. Her brain is constantly overtaxed."

It was too true. (*QV* 185f.)

Ironie

Die Ironie ist eines der Hauptelemente des Strachey'schen Stils. Sie scheint dem ganzen Werk wie eine Folie zugrunde zu liegen, mal mehr, mal weniger stark ausgeprägt. Stracheys Stil ist Ausdruck einer scharfen und dennoch unaufdringlichen Ironie, die sich auf den Umstand stützt, dass der Autor seine augenscheinlich distanzierte Darstellungsweise nicht aufgibt. Strachey kann auf eine formulierte Stellungnahme verzichten, da der beabsichtigte Effekt für sich spricht:

In the case of [...] Strachey, there is a curious mixture of irony and tenderness; but such tenderness is rather grim. Even when Strachey pats his heroes on the back, you feel that he is ready to scratch them. To treat a great man as a human being, even if this human being is a lovable one, is to make the great man smaller. The statue is brought down from its pedestal.[705]

Das Grundprinzip der Strachey'schen Ironie ist die Verbindung oder Gegenüberstellung zweier unterschiedlicher Vorstellungen, wobei

die Wirkung auf der Inkongruenz zwischen dargestelltem Inhalt und Ausdrucksform (Vokabular, Satzstruktur, Stil etc.) oder Lesererwartung beruht.

Eine Divergenz zwischen Inhalt und gewählter Sprachebene erzeugt unweigerlich einen ironischen Effekt, wie in der Beschreibung der Konvertierung Newmans, einem Wendepunkt seines Lebens, die Strachey nach der Beschreibung von Newmans innerer Zerrissenheit folgendermaßen abhandelt: "A few weeks later, Newman suddenly slipped off to a priest, and all was over" (*EV* 41). Durch die lapidare Behandlung dieses einschneidenden Ereignisses entsteht eine ironische Wirkung, die man als "sprachliches understatement" bezeichnen könnte. Analog dazu beschreibt Strachey unrühmliche Umstände, Verhaltensweisen oder mangelnde Fähigkeiten seiner Figuren in so stilvoller Weise, dass ein ironisches "overstatement" nicht zu überlesen ist. Die folgenden Beispiele illustrieren dies.

Das unglückliche Ende der Zusammenarbeit von Manning und Monsignor Talbot schildert Strachey wie folgt:

41. [Their alliance] only dissolved when, many years later, Monsignor Talbot was unfortunately obliged to exchange his apartment in the Vatican for a private lunatic asylum at Passy. (*EV* 63f.)

In General Gordon wird dem chinesischen Mystiker Hong-sin-tsuen durch ironische Andeutungen der Anschein eines redegewandten und überzeugenden Scharlatans gegeben:

42. His mission was to root out Demons and Manchus from the face of the earth, and to establish Taiping, the reign of eternal peace. In the meantime, retiring into the depths of his palace, he left the further conduct of earthly operations to his lieutenants upon whom he bestowed the title of "Wangs" (kings), while he himself, surrounded by thirty wives and one hundred concubines, devoted his energies to the spiritual side of the mission. (*EV* 192)

Alberts Eifer, die verschiedensten Bereiche des Königreiches zu sanieren ohne gleichzeitig in allen Bereichen ausreichend spezialisiert zu sein, wird am Beispiel der Renovierungsarbeiten an den Houses of Parliament verdeutlicht:

43. The frescoes were carried out in accordance with the commission's instructions, but unfortunately before very long they had become, even to the most thoughtful eyes, totally invisible. It seems that His Royal Highness's technical acquaintance with the processes of fresco painting was incomplete! (*QV* 109)

Strachey versucht oftmals, ein verbindendes Element zwischen zwei hierarchisch getrennten Bereichen zu etablieren, mit dem Effekt, dass der Terminus des niederen Wirkungskreises auf den des höheren abfärbt und letzteren dadurch herabsetzt.[706] Die verbindende Komponente kann auf der sprachlichen Ebene zum Beispiel die mehrmalige Verwendung eines Adjektivs (Beispiel Nr. 44) oder eine Alliteration (Beispiel Nr. 45) sein.[707]

44. [Colonel Long] found Gordon seated at a table, upon which were an open Bible and an open bottle of brandy. (*EV* 203)

Hier ist es die sprachliche Verbindung des gemeinsam verwendeten Adjektivs, das eine Verknüpfung auf inhaltlicher Ebene nahe legt, beziehungsweise die religiöse Sphäre mit Trunksucht verknüpft.

Ein Beispiel von Divergenz auf der inhaltlich-sprachlichen Ebene, bei der gegensätzliche Elemente vollkommen verschiedener Bereiche verbunden werden, ist die Schilderung der unorthodoxen Haltung Florence Nightingales gegenüber Gott:

45. Yet her conception of God was certainly not orthodox. She felt towards Him as she might have felt towards a glorified sanitary engineer; and in some of her speculations she seems hardly to distinguish between the Deity and the Drains. (*EV* 154)

Ist Strachey eine solch ausdrucksstarke, absurde Kombination gelungen, nimmt er dies zum Anlass immer wieder auf dieses Bild anzuspielen, um den Effekt zu verstärken. Später berichtet er von einem Gespräch zwischen dem gläubigen, indischen Helfer Aga Khan und Florence Nightingale. Daraufhin heißt es: "She saw that he had a view of God which was different from hers. 'A most interesting man', she noted after the interview; 'but you could never teach him sanitation'" (*EV* 159). Die Verbindung von Hygiene und Gott wirkt leitmotivartig absurd und stellt Florence Nightingale in ein schlechtes Licht.

Die Wiederholung eines Terminus oder einer Phrase in leicht sinnverwandeltem Kontext kann auch stark ironisierenden Charakter haben, besonders, wenn sie um eine entscheidende Nuance ergänzt oder verändert wird, wie bei der Beschreibung Lord Melbournes: "He owed all he had to his birth, and his birth was shameful; [...]" (*QV* 55). Eine entsprechende Wirkung hat die Beschreibung des Headmasters von Eton, Keate, der nach Stracheys Darstellung den Sonntagnachmittag gewöhnlich wie folgt erfährt:

46. Every Sunday afternoon he attempted to read sermons to the whole school assembled; and every Sunday afternoon the whole school assembled shouted him down. (*EV* 166)

Ein weiterer Kunstgriff Stracheys ist es, eine Aussage von Ernst und Wichtigkeit um eine irrelevante, triviale Bemerkung zu erweitern, so dass deren Absurdität die ernsthafte Beschreibung diskreditiert. Die Beschreibung von Arnolds äußerem Erscheinungsbild als Spiegel seiner Innenwelt fällt gemäß dem gängigen Bild der Legende durchweg positiv aus. Eine kleine Nebenbemerkung macht die Schilderung jedoch zur Farce:

47. His outward appearance was the index of his inward character; everything about him denoted energy, earnestness, and the best intensions. His legs, perhaps, were a bit shorter than they should have been; but the sturdy athletic frame [...] was full of an imposing vigour [...]. (*EV* 165)

Oft sind es diese kleinen Randbemerkungen oder Einschübe, die die Feierlichkeit einer Situation oder die respekteinflößende Ausstrahlung einer Person unterminieren. Dazu gehört die Zusatzinformation über die Beschaffenheit der Ohren der Kardinäle ("large and not too clean" *EV* 70) während der Audienz Newmans in Rom (vgl. Beispiel Nr. 31) oder die Beschreibung des Reformwillens der "twelve trustees, noble men and gentlemen of Warwickshire" in *Dr Arnold*:

48. Reform was in the air – political, social, religious; there was even a feeling abroad that our great public schools were not quite all that they should be, and that some change or other – no one precisely knew what – but *some* change in the system of their management, was highly desirable. (*EV* 163)

Antiklimax

Eine für Strachey charakteristische Form der Vorgehensweise und eine besondere Art der Gegenüberstellung zweier antithetischer Haltungen mit ironischer Wirkung ist die plötzliche Demaskierung eines geschilderten Phänomens durch einen kommentarartigen Zusatz des Autors am Ende. Diese rhetorische Struktur, die auf eine Antiklimax zuläuft, findet bei Strachey auffällig häufig Anwendung und ist eines seiner bedeutendsten Stilmittel.[708] Zu Beginn von *Florence Nightingale* führt Strachey das legendäre Bild ein, welches im Bewusstsein der Öffentlichkeit von der "Lady with the Lamp" vorherrscht, um es daraufhin mit einem kurzen Satz wegzufegen und anschließend seine eigene Konzeption darzulegen:

49. The saintly, self-sacrificing woman, the delicate maiden of high degree who threw aside the pleasures of a life of ease to succour the afflicted, the Lady with the Lamp, gliding through the horrors of the hospital at Scutari, and consecrating with the radiance of her goodness the dying soldier's couch – the vision is familiar to all. But the truth was different [...] (*EV* 111)

Deutlich wird die Verwendung der Antiklimax auch an der Stelle in *Dr Arnold*, an der er eine Anekdote im Zusammenhang mit der Diskussion über angemessene Bestrafung von Untergebenen zitiert. Der letzte kommentarartige Satz Stracheys legt eine Kausalität in der Gedankenlinie Arnolds nahe und lässt dessen Auffassung absurd erscheinen.

50. Where is the wisdom of encouraging a fantastic sense of the degradation of personal correction?" asked Dr Arnold. "One had not to look far," he added, for "the fruits of such a system". In Paris, during the Revolution of 1830, an officer observed a boy of twelve insulting the soldiers, and "though the action was then raging, merely struck him with the flat part of his sword, as the fit chastisement for boyish impertinence. But the boy had been taught to consider his person sacred, and that a blow was a deadly insult; he therefore followed the officer and having watched his opportunity, took deliberate aim at him with a pistol and murdered him." Such were the alarming results of insufficient whipping. (*EV* 170)

Die epigrammatische Kommentierung am Ende taucht das vorher Geschilderte in ein völlig anderes Licht und die Gesamtaussage

nimmt eine Wendung im Sinne von Stracheys "point of view" an. Die Strategie der überraschenden Wendung gipfelt nicht immer in einem prägnanten Satz am Ende. Auch längere Ausführungen machen die Antithese deutlich oder sie findet innerhalb eines Satzes Anwendung. Nach der Beschreibung von Victorias Krönungstag in seiner Atmosphäre von strikter Form und Feierlichkeit zeigt Strachey ihre Ergriffenheit und darauf die erste Handlung der neuen Königin:

51. 'I shall ever remember this day as the *proudest* of my life', she noted. But the pride was soon merged once more in youth and simplicity. When she returned to Buckingham Palace at last she was not tired; she ran up to her private rooms, doffed her splendours, and gave her dog Dash its evening bath. (*QV* 64)

Die Schärfe der Strachey'schen Ironie steigert sich zuweilen bis ins Sarkastische. In *The End of General Gordon* kleidet Strachey seine Attacke auf den Imperialismus und dessen zugrunde liegende Geisteshaltung in folgende Beschreibungen:

52. Captain Gordon was dispatched to the scene of operations, but the fighting was over before he arrived. [...] Though he was too late to take part in the capture of the Taku Forts, he was in time to witness the destruction of the Summer Palace at Pekin – the act by Lord Elgin, in the name of European civilization, took vengeance upon the barbarism of the East. (*EV* 191)

In ähnlicher Weise resümiert der Schlusssatz von *General Gordon* die geschilderten Ereignisse wie folgt:

53. At any rate, it had all ended very happily – in a glorious slaughter of 20,000 Arabs, a vast addition to the British Empire, and a step in the Peerage for Sir Evelyn Baring. (*EV* 266)

Mittel der scheinbaren Distanzwahrung: Versteckte Andeutungen, unpersönliche Formulierungen, implizierende Fragen

Im Zuge seiner Bemühung, den Schein einer Unparteilichkeit und Distanz zu wahren, vermeidet es Strachey, zu stark als dirigierende Kraft in Erscheinung zu treten und konkrete, wertende Aussagen zu machen. Er versucht deshalb durch Andeutungen in verschiedener Form die Wahrnehmung des Lesers zu beeinflussen und dessen Gedanken in die intendierte Richtung zu lenken. Solche Anspielungen sind nicht direkt zu widerlegen und wirken daher in gewisser Weise "rufschädigend" für die porträtierten Personen.

In *Queen Victoria* gipfelt die Beschreibung des Lebens von Lord Melbourne, bevor er in Kontakt mit der jungen Königin kommt, in folgender Aussage: "Lord Melbourne was always human, supremely human – too human, perhaps" (*QV* 57). Der Leser wird an dieser Stelle aufmerken und sich nach dem Grund der finalen Emphase fragen. Wenn er nun erfährt, dass Melbourne "the intimate adviser and the daily companion of a young girl" (*QV* 58) wird und dass sein Verhältnis zu Frauen schon immer mehrdeutig war, scheint das anschließende "There were rumours and combustions" (*QV* 58) mehr als schlüssig, zumal im Anschluss seine Verwicklung als Scheidungsgrund in zwei Ehescheidungsprozessen erwähnt wird.

Andeutungen dieser Art sind nicht immer so ausführlich, oftmals stellt Strachey eine unbeantwortete Frage in den Raum oder tritt hinter unpersönlichen Formulierungen wie "it was rumoured that" (*QV* 62, 83, 120, 222) oder "it was noticed that" (*QV* 65, 70, 225) oder neutralen Satzeinleitungen wie "There was/were" (*EV* 187, 206, 212).

3. Die Sprache

Stracheys Sprachvermögen ist ein herausragender Bestandteil seines Werks. Von Bewunderern wie Kritikern gelobt, ist Stracheys Sprache in ihrer Variationsbreite bereits eine Kunst an sich und gleichzeitig treffendes Stilmittel zum Erreichen intendierter Wirkungen: Strachey, der den Gebrauch der Sprache bei den Poeten gelernt habe,[709] schöpfe alle Möglichkeiten der englischen Sprache aus, was seine Arbeiten zu Kunstwerken mache,[710] er sei "a delicately effulgent master, a perfect master of English prose"[711], seine Begabung reiche von Sarkasmus und Witz bis zur Eleganz eines epigrammatischen Ideenreichtums,[712] seine Schreibweise besitze Schönheit, Zärtlichkeit und romantische Qualitäten[713] und sei im Ganzen "[...] fastidious, expressive and very pleasing to the ear".[714] Einige Elemente des Strachey'schen Sprachstils und deren gezielter Einsatz sollen im Folgenden näher beleuchtet werden.

Umgangssprachliche Wendungen und Klischees

Das gewichtigste Merkmal des Strachey'schen Sprachgebrauchs ist die bewusst eingesetzte Inkongruenz von Form und Inhalt. Dabei lassen sich zwei extreme Positionen beobachten: die poetische Beschreibung eines niederen Umstandes und die Beschreibung eines feierlichen Moments oder einer ehrwürdigen Person durch umgangssprachliche Wendungen und abgedroschene Phrasen zum Zwecke der Ironisierung.[715]

Dies lässt sich an der Beschreibung verschiedener Todesszenen exemplifizieren. Entsprechend seiner mokanten Haltung gegenüber den religiösen Gefühlen und Jenseitsgedanken seiner Figuren inszeniert Strachey den Moment ihres Todes entweder in einem übertrieben poetischen Ton oder einer Beschreibung, deren ironisch-spöttische Färbung nicht zu überlesen ist:

54. He [Stockmar] shrank into himself. His children clustered round him, but it was useless: the Baron's heart was broken. He lingered for eighteen months, and then, with his pupil explored the shadow and the dust. (*QV* 178)

55. In the recesses of his seraglio, the Celestial King, judging that the time had come for the conclusion of his mission, swallowed gold leaf until he ascended to Heaven. (*EV* 197)

56. Lord Beaconsfield, worn out with age and maladies, but moving still, an assiduous mummy, from dinner-party to dinner-party, suddenly moved no longer. (*QV* 213)

57. Princess Charlotte tossed herself violently from side to side; then suddenly drew up her legs, and it was over. (*QV* 10)

Die provokanteste Beschreibung eines irdischen Ablebens liefert Strachey in seinem Essay über Froude. Dort heißt es über Professor Freeman, der sich einem jahrelangen Streit mit Horace Round durch einen Urlaub außerhalb Londons entziehen will: "There was an ominous pause; and then the fell news reached Brighton. The professor had gone pop in Spain."[716] Dass ihm der Moment des Übergangs vom Leben zum Tod nicht ehrwürdig erschien, unterstreicht die lakonische Bemerkung kurz vor seinem eigenen Ende: "If this is dying, then I don't think much of it."[717]

Die Verwendung von Klischees und umgangssprachlichen Ausdrücken sticht vor dem Hintergrund seines kunstvollen Stilgewebes besonders hervor.[718] Hier wirkt erneut die kontrastierende Technik Stracheys, die gezielt eingesetzt wird, um bestimmte Merkmale herauszuarbeiten. Der bewusste Bruch seines stilistischen Textflusses hat vielseitige Wirkung. Auf der sprachlichen Ebene trägt er zu einer Bereicherung seines abwechslungsreichen Erzählstils bei und verwirklicht auf einer anderen Sprachstufe die angestrebte klare, einfache Ausdrucksweise.

Strachey schätzt die Verwendung umgangssprachlicher Formen, um den Ton eines zwanglosen Gesprächs zu etablieren. In seiner Kurzbiographie Humes heißt es: "The grace and clarity of exquisite writing are enhanced by a touch of colloquialism – the tone of a polished conversation".[719] Den Einsatz einer ungekünstelten, geradlinigen, schlichten Sprache bewundert er auch bei Pope:

> Everything is obvious. The diction is a mass of *clichés*; the epithets are the most commonplace possible. [...] But what a relief to have escaped for once from *le mot propre*, from subtle elaboration of diction [...] from complicated states of mind. How delightful to have no trouble at all – to understand so very, very easily every single thing that is said![720]

Strachey setzt diese sprachlichen Mittel aber nicht nur zum besseren Verständnis seiner Werke ein oder um seinen Stil zu variieren. Durch die Verwendung der beschriebenen Mittel erreicht er eine Wirkung, die den Portraits ganz im Sinne Stracheys eine bedeutende Wendung gibt. Die Distanz zwischen dem Rezipienten und den porträtierten Figuren verringert sich durch den umgangssprachlichen Ton, und so werden die legendären Gestalten der Weltgeschichte diskreditiert. Sie werden auf die Stufe des gemeinen Volkes herabgezogen, und dem Leser wird suggeriert, dass sie mit den gleichen alltäglichen

Schwierigkeiten zu kämpfen haben oder in den gleichen familiären Abhängigkeiten verstrickt sind wie andere auch:

58. King William could not away with his sister-in-law, and the Duchess fully returned his antipathy. (*QV* 38)

59. Albert had foreseen that his married life would not be all plain sailing [...]. (*QV* 93)

60. [...] high society was disgusted by all this washing of dirty linen in Buckingham Palace [...]. (*QV* 71)

Die Inkongruenz zwischen dem Inhalt der Schilderung und ihrer sprachlichen Realisierung wirkt zwingend herabsetzend. Die Respektspersonen erscheinen weniger ehrwürdig:

61. Manning was an Archdeacon; but he was not yet out of the wood. (*EV* 32)

62. [...]; and his [Newman's] subtle intellect concerned itself more and more exclusively with the dialectical splitting of dogmatical hairs. (*EV* 23)

63. That was very like her uncle Leopold, who wanted to have a finger in every pie; [...]. (*QV* 80)

64. The King, indeed, was very well aware on which side his bread was buttered; [...]. (*QV* 53)

65. At first she [Victoria] beat about the bush, and talked of the weather, and indifferent subjects. (*QV* 82)

Metaphorik

Der Übergang von den gebrauchten umgangssprachlichen Ausdrücken, Klischees und idiomatischen Redewendungen zur Bildsprache Stracheys ist fließend. Seine Metaphorik unterstützt einerseits die lebendige Darstellungsweise und dient andererseits der Charakterisierung seiner Figuren. Sie ist damit eines der wichtigsten Stilmittel Stracheys.[721]

Strachey verdichtet lange Beschreibungen in einem Bild ("The Napoleonic harrow passed over Saxe-Coburg." (*QV* 19)) oder legt interpretatorische Bedeutung in seine Metaphorik wie in der Beschreibung der "public schools" vor den Reformbestrebungen Arnolds: "The public schools of those days were still virgin forests, untouched by the hand of reform" (*EV* 165).

Der bedeutendste und in seinem Sinne wirkungsvollste Gebrauch von Bildhaftigkeit liegt in Stracheys Vorliebe für Tiermetaphern, die er zueinander in Relation setzt, um die individuellen Merkmale der porträtierten Gestalten stärker zu betonen. Er kategorisiert seine Figuren als Tiere und überträgt ihnen deren allgemein zugeschriebenen Wesenszüge. Dies gibt ihm die Möglichkeit, im weiteren Verlauf der Biographie immer wieder auf dieses Bild und alle Assoziationen, die dabei entstehen, zu verweisen. Diese Vorgehensweise untermauert die beschriebene Polarisierung der Haupt- und Nebenfiguren.

Besonders ausgeprägt ist diese Technik in *Eminent Victorians*: Cardinal Manning wird als Adler gebrandmarkt,[722] der seinen Gegenspieler Newman ("the dove") wie eine Beute behandelt: "[...]; there was a hoovering, a swoop, and then the quick beak and the relentless talons did their work." (*EV* 76). Des Weiteren wird Manning mit einer Spinne verglichen, die ihre Opfer einwickelt (*EV* 88). Die Opferrolle Newmans, der von allen Seiten ausgenutzt wird, drückt sich in einem weiteren Bild der Erniedrigung aus: "He was a thoroughbred harnessed to a four-wheeled cab; and he knew it" (*EV* 72).

Florence Nightingale entpuppt sich nach Stracheys Auffassung entgegen der Meinung ihrer Mutter nicht als Schwan, sondern als Adler (*EV* 115); später wird sie als Tigerin charakterisiert (*EV* 139), die sich gegen Dr. Hall ("a rough terrier of a man" (*EV* 122)) und Lord Panmure ("the Bison" (*EV* 137ff.)) durchsetzt und ihren geplagten Verbündeten Sidney Herbert ("a stag" (*EV* 139)) letztendlich vernichtet: "If Lord Panmure was a bison, Sir Herbert, no doubt, was a stag – a comely, gallant creature springing through the forest; but the forest is a dangerous place. One has the image of those wide eyes fascinated suddenly by something feline, something strong; there is a pause; and then the tigress has her claws in the quivering haunches; and then ...!" (*EV* 139).

Mr. Gladstone werden die Attribute einer Schlange (*EV* 235), eines Löwen (*EV* 236) und einer Spinne (*EV* 237) zugewiesen, und General Gordon wird als "poor insect" (EV 207) gekennzeichnet.

In *Queen Victoria* ist die Tiermetaphorik weniger stark vertreten. Sie taucht nur an einigen wenigen Stellen auf, wie zum Beispiel als die Gefühle von Victoria und Albert gegenüber ihrem Gast, dem Zar von Russland, ausgedrückt werden ("She and Albert [...] drew together like tame villatic fowl in the presence of that awful eagle" (*QV* 106)). Des Weiteren wird Lord Palmerston mit einem Lamm verglichen (*QV* 141). Die personalisierte Metapher für die Königin ist ein Bergkristall:

66. One seems to hold in one's hand a small smooth crystal pebble, without a flaw and without a scintillation, and so transparent that one can see through it at a glance. (*QV* 35)

67. The hard clear pebble, subjected for so long and so constantly to that encircling and insidious fluidity, had suffered a curious corrosion; it seemed to be actually growing a little soft and a little clouded. Humanity and fallibility are infectious things; was it possible that Lehzen's prim pupil had caught them? (*QV* 79)

Die bildhaften Vergleiche und die symbolträchtige Verwendung der Tiermetaphern ermöglichen es Strachey, seine Inhalte in komprimierter Form zu vermitteln, und unterstützen damit eines seiner Hauptanliegen: eine kurze und prägnante Darstellung, die das Gesamtvolumen der biographischen Studien auf ein Minimum reduziert.

4. Kürze

Die biographische Methode Stracheys hat zum Ziel, möglichst kurz und bündig, aber trotzdem umfassend das Portrait einer Person und deren Leben zu geben, so wie er es sieht. Der eigene Standpunkt und die Stilmittel, mit denen dieser vermittelt werden soll, sind oben untersucht worden. Dabei wurde gezeigt, dass eine geraffte Darstellung und Konzentration auf das für Strachey Wesentliche verbunden ist mit einer konsequenten Selektion des zugrunde liegenden Materials. Diese Auswahl unterliegt in ihrer Gewichtung einer gewissen Variation.

Ausführliche Beschreibungen einer komplexen Persönlichkeit, wie die Charakterisierung Gladstones in *Queen Victoria*, oder einer Sachlage, wie die Verhältnisse in Ägypten rund um den Mahdi in *General Gordon*, wechseln sich ab mit treffsicheren prägnanten Äußerungen: "At other times Strachey would crystallize a character in one sentence so fresh, vivid, and economical, that one neither wishes nor needs to hear anything more."[723] Beide Arten der Schilderung dienen, wie gezeigt wurde, letztendlich der Charakterisierung der Hauptfigur. Im Verhältnis zu Gladstone, beispielsweise, arbeitet Strachey bestimmte Wesensmerkmale der Königin heraus, die ohne die Gegenüberstellung verdeckt geblieben wären. Das gesamte Ausmaß der Geschehnisse um General Gordon, wie Strachey sie darstellt, wäre dem Leser ohne eine genaue Schilderung der Ausgangssituation weniger einleuchtend.

Hier wirkt das gleiche Grundprinzip, nach dem Strachey zuweilen seine epigrammatische Erzählweise unterbricht und längeren Passagen Platz einräumt, in denen eine Anekdote ausgeführt wird. Diese dienen nicht der bloßen Unterhaltung, sondern sind gemäß Stracheys Auffassung dazu geeignet, den Kern einer Sache anschaulich zu vermitteln. Darin manifestiert sich Stracheys Technik, anhand eines einzigen Beispiels, größere Sinnzusammenhänge darzustellen. Die Geschichte des Boy Jones, zum Beispiel, der mehrmals in den Buckingham Palace eindringt und dort heimlich mehrere Tage verbringt, rechtfertigt in Stracheys Biographie Alberts rigoroses Durchgreifen bei der Beseitigung der allgemeinen Desorganisation des Buckingham Palace.

Auch zur Charakterisierung seiner Figuren zieht Strachey gerne Anekdoten heran, die entweder zitiert (vgl. Beispiel 50) oder narrativ präsentiert werden:

68. In an interview with the Ministers, Gordon's expressions were such that the interpreter shook with terror, upset a cup of tea, and finally refused to translate the dreadful words; upon which Gordon snatched up a dictionary, and, with his finger on the word 'idiocy', showed it to the startled Mandarins. (*EV* 207)

Weitere Stilmittel, seinen Anspruch auf Kürze umzusetzen, sind die erwähnten syntaktischen Strukturen, die Technik der Gesamtbildakquisition durch Distribution ausgesuchter Einzelinformationen und die ausgedehnte Verwendung metaphorischer Beschreibungen und signifikanter Bildsymbole. Die Selektion ist Stracheys Mittel, eine starke Konzentration und Reduzierung des vorhandenen Materials zu schaffen. Wie bereits mehrfach ausgeführt, filtert Strachey aus seinen Quellen die Passagen und Informationen, die er in seinem Sinne zu einem Bild zusammenfügt. Durch diese Verdichtung der historischen Vorlage entsteht ein Abbild der porträtierten Person, das keinen realistischen Anspruch auf Objektivität erheben kann.

IX. Psychoanalytische Elemente im Werk Lytton Stracheys

Es ist gezeigt worden, dass Lytton Strachey die Psychoanalyse bereits vor dem Verfassen seiner ersten großen biographischen Arbeit *Eminent Victorians* (1918) kannte. Spätestens seit 1914 war Strachey mit grundlegenden Theorien der Psychoanalyse vertraut und gewann im Laufe der Jahre fundierteres psychoanalytisches Wissen.[724]

Im Folgenden soll skizziert werden, inwieweit sich die Kooperation zwischen Bloomsbury und Freud auch inhaltlich im biographischen Werk Lytton Stracheys manifestiert hat. Es soll gezeigt werden, dass die Kenntnis der Psychoanalyse Lytton Stracheys Darstellung der porträtierten Figuren beeinflusst hat, indem er seiner Beschreibung des seelischen Innenlebens eine Folie psychoanalytischer Prämissen zu Grunde legte.[725]

1. Das Konzept des Unbewussten bei Strachey

Bereits in seinem Vorwort zu *Eminent Victorians* (1918) klingt Stracheys Absicht einer tiefenpsychologischen Vorgehensweise an, was sich in der Metaphorik seiner theoretischen Ausführungen erkennen lässt:

> It is not by the direct method of a scrupulous narration that the explorer of the past can hope to depict that singular epoch [the Victorian Age]. If he is wise, he will adopt a subtler strategy. He will attack his subject in unexpected places; he will fall upon the flank, or the rear; he will shoot a sudden, revealing searchlight into obscure recesses, hitherto undivined. He will row out over that great ocean of material, and lower down into it, here and there, a little bucket, which will bring up to the light of day some characteristic specimen, from those far depths, to be examined with a careful curiosity. Guided by these considerations, I have written the ensuing studies.[726]

An dieser Stelle lässt sich erneut erkennen, wie wichtig für Strachey eine präzise Formulierung seiner Grundüberzeugungen und der intendierten Vorgehensweise war. Anhand des überarbeiteten Manuskripts des *Preface* lässt sich zeigen, dass jene an Freuds psychoanalytische Praxis erinnernde metaphorische Beschreibung des Aufspürens repräsentativer, unterbewusster Fakten als Grundidee direkt niedergeschrieben wurde. In einem zweiten Schritt wurden bestimmte Ausdrücke durch prägnantere ersetzt beziehungsweise ergänzt. Die ursprüngliche Version des oben zitierten Ausschnitts aus dem Vorwort liest sich im Manuskript wie folgt:[727]

> It is not by the direct method of ***detailed*** **[a scrupulous]** narration that the explorer of the past can hope to depict that singular epoch. If he is wise, he will adopt a subtler strategy. He will attack his subject in unexpected places; he will fall upon the flank, or the rear; he will shoot ***his*** **[a sudden, revealing]** searchlight ***suddenly*** **[gestrichen]** into obscure recesses, hitherto ***undivined*** **[unexplored]**. He will row out ***into*** **[over]** that great ocean of material, and lower down into it, here and there, a little bucket, which will bring up to the light of day some characteristic specimen, from those far depths, to be examined with a ***detailed*** **[careful]** curiosity. ***With this ends in view*** **[Guided by these considerations]**, I have written the ensuing studies.[728]

Strachey möchte eine feine, scharfsinnige Strategie anwenden, um die bis dato unbekannten, dunklen Winkel und Nischen im Wesen seiner Figuren zu erforschen. Dabei will er in große Tiefen vordringen und anhand charakteristischer Merkmale aus einer Fülle von Informationen die grundlegenden Wesenszüge der untersuchten Vertreter des viktorianischen Zeitalters aufzeigen. Die Nähe zur wissenschaftlichen Theorie Sigmund Freuds ist dabei unverkennbar.

Strachey war vertraut mit dem Freud'schen Konzept des Unbewussten, wie es in *Die Psychopathologie des Alltagslebens* (1904) bzw. der ihm zugänglichen englischen Ausgabe[729] von 1914 verwendet wird. Stracheys Analyse und Darstellung der porträtierten Viktorianer und Elisabethaner liegt die Erkenntnis zu Grunde, dass unbewusste Triebkräfte und Gedanken das Wesen eines Menschen bestimmen und sein Verhalten beeinflussen.[730]

In *Queen Victoria*, zum Beispiel, erklärt Strachey die Begeisterung der Königin für ihren neuen Vertrauten Benjamin Disraeli wie folgt: "The strain of charlatanism, which had *unconsciously* captivated her in Napoleon III, exercised the same enchanting effect in the case of Disraeli (*QV* 206).[731] Victorias Verhältnis zu und Reaktion auf ihren

Berater und Freund Lord Melbourne beleuchtet Strachey in ähnlicher Weise: "Lord Melbourne with his gentle instruction had sought to lead her into the paths of wisdom and moderation, but the whole *unconscious* movement of his character had swayed her in a very different direction" (*QV* 79). An einer anderen Stelle heißt es: "Her adoration of Lord Melbourne was intimately interwoven with her *half-unconscious* appreciation of the exciting unlikeness between herself and that sophisticated, subtle, aristocratical old man" (*QV* 161).[732]

Den berühmten letzten Absatz von *Queen Victoria*, in welchem Lytton Strachey einige Stationen aus dem Leben der Königin vor deren geistigem Auge vorbeischweben lässt und dabei an dieser einen Stelle bewusst einem fiktionalen Charakter Eintritt in seine Biographie gewährt, leitet Strachey mit einer Referenz auf den Reichtum des Unterbewussten ein: "Yet, perhaps, in the secret chambers of consciousness, she had her thoughts, too" (*QV* 245).

Diese Szene sah E.M. Forster 1944 in der Retrospektive in direktem Zusammenhang mit der Psychoanalyse. In seinem Aufsatz "English Prose Between 1918 and 1939" heißt es: "You'll remember what I said before about the new psychology being in the air [Freuds Psychoanalyse und sein Konzept des Unbewussten] and this last long lovely drifting sentence, with its imaginings of the subconscious, could not have been created at an earlier date."[733] Bereits 1921 bemerkte der Literaturkritiker Wilbur Cross die Inspiration der Sterbebettszene durch die Psychoanalyse: "These shadows of the past hovering over the fading mind of the Queen [...] are supposed to be in full agreement with modern psychology."[734]

Strachey verwendet nicht konsequent die Fachterminologie der Psychoanalyse in seinen biographischen Studien, vielmehr kleidet er das zu Grunde liegende psychoanalytische Wissen in eine nicht kategorisierbare, allgemeinere Sprache. Oftmals ist von Instinkt die Rede, wenn eine unbewusste Determinierung erklärt werden soll, wie zum Beispiel wenn Strachey ein gruppenpsychologisches Phänomen in *Cardinal Manning* beschreibt:

> The funeral [of Cardinal Manning] was the occasion of a popular demonstration such as has rarely been witnessed in the streets of London. The route of the proces-

sion was lined by vast crowds of working people, whose imaginations, in some *instinctive* manner, had been touched. Many who had hardly seen him declared that in Cardinal Manning they had lost their best friend. (*EV* 108)

Ein anderes Beispiel ist die Schilderung des neurotischen Sammel- und Katalogisierungsdrangs Königin Victorias nach dem Tode ihres Mannes: "Thus the collection, ever multiplying, ever encroaching upon new fields of consciousness, ever rooting itself more firmly in the *depths of instinct*, became one of the dominating influences of that strange existence. It was a collection not merely of things and of thoughts, but of states of mind and ways of living as well" (*QV* 233f.).

Über Lord Hartingtons kognitive Fähigkeiten schreibt Strachey: "[...] Lord Hartington was very far from being a fool; and we may well suppose that he *instinctively*, perhaps *subconsciously*, apprehended the elements of a situation which he never formulated to himself" (*EV* 225). Und auch General Gordons seelisches Innenleben weist nach Strachey unbewusste Triebkräfte auf:

The same doctrine that led him to dally with omens, to search for prophetic texts, and to append, in brackets, the apotropaic initials D.V. after every statement in his letters implying futurity, led him also to envisage his moods and his desires, his passing reckless whims and *his deep unconscious instincts*, as the mysterious manifestations of the indwelling God. (*EV* 200)

Zuweilen findet Strachey eigene Bilder zur Darstellung bestimmter psychoanalytischer Konzepte. Florence Nightingales innere Triebkräfte und neurotische Züge versinnbildlicht Strachey in der Metapher des Dämonen, der sie beherrscht: "The force that created was the force that destroyed. It was her *Demon* that was responsible" (*EV* 149).[735] Die Kompensation aller unterdrückten Triebkräfte und sexuellen Wünsche und deren Sublimierung in ungezügelte Arbeitswut bringt Strachey wie folgt auf den Punkt: "Her desire for work could now scarcely be distinguished from *mania*" (*EV* 44).

2. Parallelen zu Freud: Kindheitserinnerung und sexuelle Konstitution als Grundelemente einer gelungenen psychoanalytischen Biographie

Es ist in dieser Arbeit gezeigt worden, dass Freud zwei grundlegende Forderungen an eine gelungene biographische Studie stellt. Zum einen soll die sexuelle Konstitution des Porträtierten berücksichtigt werden und zum anderen Kindheitserfahrungen und Kindheitserinnerungen der Untersuchten in die Analyse einbezogen werden. Lytton Stracheys Biographien erfüllen diese beiden Prämissen.

Neben dem Freud'schen Konzept des Unbewussten hatte Lytton Strachey ebenso die sexuelle Determinierung der menschlichen Psyche erkannt. Die Überzeugung, dass die Sexualität als "the most powerful and the profoundest of all the instincts of humanity" (*EV* 114) den Charakter einer Person prägt und Gefühle, Gedanken und Verhalten motiviert, ist einer der grundlegenden Ausgangspunkte der biographischen Studien Stracheys. Er versteht es, die wesentlichen Charakterzüge, Triebkräfte und unbewussten Verhaltensweisen seiner Figuren auf deren sexuelle Prägung zurückzuführen und zu deuten. Dies soll im Folgenden anhand einiger Beispiele aus seinen biographischen Hauptwerken belegt werden.

Eminent Victorians (1918)

In *Florence Nightingale* beschreibt Strachey deren willentliche Unterdrückung sexueller Bedürfnisse als einzige Möglichkeit, sich den viktorianischen Konventionen des ehelichen Familienlebens zu entziehen:

> […] the last ordeal appeared in the shape of a desirable young man. Hitherto, her lovers had been nothing to her but an added burden and a mockery; but now – for a moment – she wavered. A new feeling wept over her – a feeling which she had never known before – which she was never to know again. The most powerful and the profoundest of all the instincts of humanity laid claim upon her. *But it rose before her, that instinct,* arrayed – how could it be otherwise? – in the inevitable habiliments of a Victorian marriage; *and she had the strength to stamp it underfoot.* (*EV* 114)

Strachey beschreibt hier die zielgerichtete Sublimierung sexueller Energie in Schaffensdrang. Nightingales sexuelle Erfüllung wird durch die Erfolge in dem selbst gewählten Einsatzbereich kompensiert. Die Befriedigung ihrer leidenschaftlichen Natur wird zur Ersatzbefriedigung: "'I have an intellectual nature which requires satisfaction,' she noted, 'and that would find it in him. I have a passionate nature which requires satisfaction, and that would find it in him. I have a moral, an active nature which requires satisfaction, and that would not find it in his life. Sometimes I think that *I will satisfy my passionate nature at all events* ...'" (*EV* 114f.). Nightingales Streben nach Befriedigung ihrer kompensatorischen "moralischen Leidenschaft" äußert sich nach der Darstellung Stracheys in einer extremen Arbeitswut und Kompromisslosigkeit, die ihrerseits ihre Opfer fordert.[736] Fast neurotisch mutet es an, wenn Strachey Nightingale als "driven [...] to minister to the poor [...]" beschreibt (*EV* 112).

Nightingales nahezu fanatischer Drang, ihrer vermeintlichen Bestimmung zu folgen und moralisch Gutes zu tun, indem sie sich der Pflege Bedürftiger und der Reformation des Gesundheitswesens verschreibt, sieht Strachey in ihrer frühen Kindheit begründet. Zur Untermauerung dieser Darstellung setzt er geschickt ihre eigenen Worte ein:

> 'The thoughts and feelings that I have now', she wrote, 'I can remember since I was six years old. A profession, a trade, a necessary occupation, something to fill and employ all my faculties, I have always felt essential to me, I have always longed for. The first thought I can remember, and the last, was nursing work; and in the absence of this, education work, but more the education of the bad than of the young ... [...].' (*EV* 115)

Strachey verbindet Nightingales Bestreben zu heilen und zu pflegen, wie es sich in der Kindheitserinnerung vom liebevollen Nähen der von ihrer Schwester zerrissenen Puppen oder dem gewissenhaften Verbinden einer Wunde ihres Hundes äußert, mit ihrem späteren Wunsch, das Landhaus der Familie in ein Krankenhaus zu verwandeln oder den leidenden Patienten eines Lazaretts zu dienen (*EV* 112).

Auch Cardinal Mannings Karriere erscheint in der Darstellung Stracheys zu großen Teilen darauf begründet zu sein, dass der Geistliche bereit ist, Verzicht zu üben und natürliche Impulse zu unterdrücken. Strachey porträtiert Manning als einen ehrgeizigen, karriereorientierten Menschen, dessen Übertritt zur katholischen Kirche und dem damit verbundenen Zölibat er mit dem aktiven Verdrängen der Erinnerung an Mannings verstorbene Ehefrau kontrastiert. Seit Manning die Fronten gewechselt hat, unterdrückt er alles, was ihn an ein Leben in sexueller Zweisamkeit erinnern könnte:

In after years, the memory of his wife seemed to be blotted from his mind; he never spoke of her; every letter, every record, of his married life he destroyed; and when word was sent to him that her grave was falling into ruin: 'It is best so,' the Cardinal answered, 'let it be. Time effaces all things.' But, when the grave was yet fresh, the young Rector would sit beside it, day after day, writing his sermons. (*EV* 18)

Viele der beschriebenen Geisteshaltungen und späteren Handlungen des erwachsenen Manning motiviert Strachey durch das Anführen von Kindheitserinnerungen des Kardinals. Seine Erfurcht vor der Allmacht Gottes und den irdischen Autoritäten, zum Beispiel, sieht der Biograph wie folgt begründet:

The family lived in an atmosphere of Evangelical piety. One day the little boy came in from the farmyard, and his mother asked him whether he had seen the peacock. 'I said yes, and the nurse said no, and my mother made me kneel down and beg God to forgive me for not speaking the truth.' At the age of four the child was told by a cousin of the age of six that 'God had a book in which He wrote down everything we did wrong. This so terrified me for days that I remember being found by my mother sitting under a kind of writing-table in great fear. I never forgot this at any time in my life,' the Cardinal tells us, 'and it has been a great grace to me.' When he was nine years old he 'devoured the Apocalypse; and I never all through my life forgot the "lake that burneth with fire and brimstone". That verse has kept me like an audible voice through all my life, and through worlds of danger in my youth.' (*EV* 15f.)

Auch Mannings Ablehnung des Sexuellen und das Streben nach vermeintlicher Reinheit der Gedanken lässt sich durch die Vorbildfunktion der elterlichen Autorität mit einer frühen Kindheitserinnerung belegen: "His father was more careful in other ways. 'His refinement and delicacy of mind were such,' wrote Manning long afterwards, 'that I never heard out of his mouth a word which might not have been spoken in the presence of the most pure and sensitive –

except,' he adds, 'on one occasion. He was then forced by others to repeat a Negro story which, though free from all evil *de sexu*, was indelicate. He did it with great resistance. His example gave me a hatred of all such talk.'" (*EV* 15)

General Gordons anhaltende Unentschlossenheit und Unsicherheit sowie dessen permanente innere Zerrissenheit durch widersprüchliche Begierden und Wünsche verbindet Strachey mit Gordons verhinderter sexueller Orientierung: "[...] the presence of ladies – especially of fashionable ladies – filled him with uneasiness. [...] He was particularly fond of boys" (*EV* 197f.).

Die durch äußere Konventionen und innere Ressentiments eingedämmten sexuellen Begierden determinieren Gordons Gefühle und Verhalten auch in anderen Lebensbereichen. Strachey zeichnet das Bild eines Menschen, "whose whole life was passed in contradiction" (*EV* 264, 200) und der immer wieder von schwerer Melancholie heimgesucht wurde (*EV* 203).

Queen Victoria (1921)

In ähnlicher Weise beschreibt Strachey das Innenleben Alberts in *Queen Victoria*, den er als Melancholiker klassifiziert. In fast psychoanalytischer Art gibt Strachey ein kurzes Bild der Erscheinung Alberts und spekuliert über die möglichen Hintergründe seines Wesens:

> The causes of his melancholy were hidden, mysterious, unanalysable perhaps – too deeply rooted in the innermost recesses of his temperament for the eye of reason to apprehend. There were contradictions in his nature, which, to some of those who knew him best, made him seem an inexplicable enigma: he was severe and gentle; he was modest and scornful; he longed for affection and he was cold. He was lonely, not merely with the loneliness of exile but with the loneliness of conscious and unrecognised superiority. (*QV* 168)

Auch Alberts Charakterzüge, Gefühle und Verhaltensweise, seine Morbidität, emotionale Kühle und sein neurotischer Arbeitsdrang erschließen sich dem aufmerksamen Leser durch Stracheys Beschreibung der unterdrückten Sexualität Alberts und dessen Kindheitstraumata. Strachey führt die Eckdaten der Entwicklung Alberts an und legt eine psychoanalytische Interpretation nahe: Albert wurde mit vier Jahren von der Mutter und seinen Kindermädchen getrennt und der Erziehung eines Tutors unterstellt. Er konnte zeit seines Lebens kein vertrautes Verhältnis zu Frauen aufbauen. Prince Albert zeigte kein Interesse am weiblichen Geschlecht (*QV* 88), war schüchtern in der Gegenwart von hübschen Damen (*QV* 94) und flirtete nie (*QV* 108):

> [...] owing either to his peculiar upbringing or to a more fundamental idiosyncrasy he had a marked distaste for the opposite sex. At the age of five, at a children's dance, he screamed with disgust and anger when a little girl was led up to him for a partner; and though, later on, he grew more successful in disguising such feelings, the feelings remained. (*QV* 84)

Auch zu seiner Frau, Queen Victoria, war Albert nicht fähig, ein inniges Verhältnis aufzubauen. Strachey porträtiert ihn als einen in sich gekehrten Menschen, der von widersprüchlichen Begierden gepeinigt (*QV* 168f.) und unglücklich ist: "He was sick at heart" (*QV* 168).

Getrieben von einer unstillbaren Sehnsucht, stürzte sich Albert in die Verpflichtungen seines königlichen Amtes und entwickelte einen unbändigen Arbeitsdrang. Auch hier zeichnet Strachey das Bild eines Menschen, der seine unterdrückte sexuelle Energie sublimiert und in Tugend, Pflichterfüllung und Arbeitseifer umsetzt: "The weak-willed youth who took no interest in politics and never read a newspaper had grown into a man of unbending determination whose tireless energies were incessantly concentrated upon the laborious business of government and the highest questions of State. He was busy now from morning till night" (*QV* 151).

Seine unermüdliche Arbeit und sein Streben nach Pflichterfüllung konnten Albert jedoch nicht völlig erfüllen, und seine Melancholie gewann die Überhand. Seine Gesundheit verschlechterte sich: "During the next week he gradually grew weaker and more miserable. Yet, depressed and enfeebled as he was, he continued to work" (*QV* 173). Nach kurzer, schwerer Krankheit und ohne große Gegenwehr starb Albert, wie er vorhergesagt hatte: "'I am sure, if I had a severe illness, I should give up at once, I should not struggle for life. I have no tenacity for life'" (*QV* 173).

Auch Queen Victoria war wie der Prince Consort eine Halbwaise; ihr Vater starb noch in ihrem ersten Lebensjahr. Ohne eine väterliche Figur wuchs Victoria mit ihrer Mutter ausschließlich in der Gesellschaft von Damen auf. Strachey zeigt deutlich, dass die Königin Zeit ihres Lebens in ödipaler Weise auf der Suche nach einer Vaterfigur war. Diese fand sie zunächst in unterschiedlichen Beratern wie Lord Melbourne, Baron Stockmar oder Benjamin Disraeli bis schließlich Prince Albert als Vaterersatz in ihr Leben trat: "Victoria idolized him" (*QV* 107f.). Der Verlust des leiblichen Vaters und ihre sehnsüchtige Suche nach einem Ersatz hat Victoria immer wieder in emotionale Abhängigkeit zu den erwählten Vaterfiguren gebracht und sie nach dem abermaligen Verlust dieser Figur durch den Tod Alberts in einen neurotischen Zustand versetzt.

Strachey beschreibt einige dieser neurotischen Züge der Königin, die fast die Form von Zwangshandlungen annehmen. Nach der Dominanz der Person Alberts in Victorias Leben nahm nun das idealisierte Bild ihres verstorbenen Mannes dessen Platz ein: In jedem Bett, in dem Victoria schlief, war auf der rechten Seite über dem Kopfkissen ein Photo des Verstorbenen angebracht, und in den Gemächern von *Windsor Castle* wurde alles in dem Zustand belassen, in dem sich die Räumlichkeiten zum Zeitpunkt des Todes von Albert befanden. Dieser Ort wurde dann zur Stätte eines höchst seltsamen Schauspiels:

> Within those precincts [at Windsor Castle] everything remained as it had been at the Prince's death; but the mysterious preoccupation of Victoria had commanded that her husband's clothing should be laid afresh, each evening, upon the bed, and that, each evening, the water should be set ready in the basin, as if he were still alive; and this incredible rite was performed with scrupulous regularity for nearly forty years. Such was the inner worship. (*QV* 235)

Victoria war bestrebt, das Andenken ihres Mann so lebendig wie möglich zu halten, um ihre idealisierte Vaterfigur nicht zu verlieren. Sie ließ ein Monument und ein Mausoleum errichten und gab eine umfangreiche Biographie[737] Alberts in Auftrag. Sie bewahrte all seine Kleidung auf und ließ alle seine Besitzstücke photographieren und katalogisieren (*QV* 233). Kein Gegenstand des geliebten Menschen sollte verloren gehen, nichts wollte sie hergeben. Im Freud-

schen Sinne könnte man von einer Regression in die Analphase sprechen. Lytton Strachey schrieb dementsprechend an seinen Bruder, während er an der Biographie der Königin arbeitete: "I wish to God he [Freud] could have analysed Queen Victoria. It is quite clear, of course, that she was a martyr to analeroticism: but what else? what else?"[738]

Elizabeth & Essex (1928)

Elizabeth & Essex (1928) ist die eindeutigste psychoanalytisch orientierte Biographie Stracheys. Es gibt zahlreiche direkte und indirekte Verweise auf den Bereich der Sexualität als determinierenden Ursprung menschlicher Entwicklung und menschlichen Verhaltens. Darüber hinaus werden explizit psychologische und im Speziellen psychoanalytische Inhalte thematisiert, wenn von Neurosen, Kindheitstraumata und Hysterie die Rede ist.

In *Elizabeth & Essex* zeichnet Strachey sehr deutlich die Charakterentwicklung der Königin nach, welche sowohl ihr Wesen als auch ihre Politik bestimmen sollte – bis hin zur Entscheidung, ihren ehemaligen Favoriten Essex exekutieren zu lassen. Hier zeigt Strachey prägnante Ereignisse in Elizabeths früher Kindheit auf. Dass er sich dabei aus psychoanalytischer Sicht auf sicherem Boden befand, bestätigte ihm Freud persönlich: "[...] [Sie] verstehen ihren [Elizabeths] Charakter auf ihre Kindheitseindrücke zurückzuführen, deuten ihre geheimsten Motive ebenso kühn als diskret an und – es ist möglich, daß es Ihnen gelungen ist, den wirklichen Hergang richtig zu rekonstruieren."

Als eine mögliche erste Erinnerung der zweieinhalb Jahre alten Elizabeth führt Strachey die Tatsache an, dass ihr Vater, Henry VIII, ihre Mutter, Anne Boleyn, enthaupten ließ: "Whether remembered or no, the reactions of such an event upon her infant spirit must have been profound" (*EE* 20).[739] Je nach Laune des Königs beziehungsweise der politischen Lage im Lande wurde Elizabeth entweder wohl behütet und als Thronfolgerin verehrt oder verstoßen und als Bastard verachtet (*EE* 20).

Nach dem Tod ihres Vaters war die Fünfzehnjährige über Monate hinweg der sexuellen Belästigung des Mannes ihrer Stiefmutter Ka-

therine Parr ausgesetzt: "The Admiral was handsome, fascinating and reckless; he amused himself with the Princess. Bounding into her room in the early morning, he would fall upon her, while she was in her bed or just out of it, with peals of laughter, would seize her in his arms and tickle her, and slap her buttocks, and crack a ribald joke" (*EE* 21).

Strachey resümiert am Ende seiner Erläuterungen zur schweren Kindheit der Königin: "Such were the circumstances – both horrible and singular – in which her childhood and her puberty were passed. Who can wonder that her maturity should have been marked by signs of nervous infirmity?" (*EE* 22).

Strachey attestiert Queen Elizabeth eine hysterische und nervöse Störung, die er zum großen Teil in den Erfahrungen ihrer Kindheit begründet sieht und die sich in verschiedenen Formen bemerkbar machte. Elizabeth zeichnete sich zeitlebens durch große Unentschiedenheit aus. Sie zögerte den Moment der Entscheidung weitmöglichst hinaus und revidierte ihren Entschluss anschließend meistens mehrere Male (*EE* 13, 15). Ebenso abwechslungsreich lebte sie die Facetten ihres Wesens aus. Mal war sie burschikos, leutselig und voller bodenständiger Lebenslust, mal seriöse Geschäftsfrau, nachdenklich und bestimmend und dann wieder kultivierte Dame im Zeitalter der Renaissance (*EE* 17f.).

In starkem Widerspruch zu der unverwüstlichen Kondition, die Elizabeth an den Tag legte und womit sie ihre Umgebung zuweilen plagte, stand ihre immerwährend schwache Gesundheit. Sie wurde von Rheumatismus, unerträglichen Kopfschmerzen, Magengeschwüren und einer Vielzahl kleinerer Beschwerden und Symptome gepeinigt. Ihre anhaltenden Leiden konnte bisher niemand zuverlässig deuten, Strachey gibt jedoch eine Erklärung:

> Probably the solution of the riddle – suggested at the time by various onlookers, and accepted by learned authorities since – was that most of her ailments were of an hysterical origin. [...] The hazards and anxieties in which she passed her life would have been enough in themselves to shake the health of the most vigorous; but it so happened that, in Elizabeth's case, there was a special cause for a neurotic condition: her sexual organisation was seriously warped. (EE 19f.)

Dieser Abschnitt fasst den grundlegenden psychoanalytisch orientierten Untersuchungsansatz seiner biographischen Studie prägnant zusammen. Die hysterischen und neurotischen Störungen der Königin sieht Strachey in den Traumata ihrer Kindheit begründet und in ihrer verkümmerten sexuellen Konstitution.

Queen Elizabeth weigerte sich vehement zu heiraten, um für einen legitimen Thronfolger zu sorgen. Es gelang ihr, Verhandlungen über eine mögliche Heirat immer wieder zu verzögern und im letzten Moment gänzlich zu verhindern (*EE* 22). Die "Virgin Queen" Elizabeth vermied in der Darstellung Stracheys Geschlechtsverkehr um jeden Preis: "'I hate the idea of marriage,' she told Lord Sussex, 'for reasons that I would not divulge to a twin soul'" (*EE* 24). Ihre Zurückhaltung gab Raum für viele Spekulationen. Immer wieder wurde vermutet, die Königin leide an einer körperlichen Missbildung, die es ihr unmöglich mache, Kinder zu zeugen.

Lytton Strachey untermauert an dieser Stelle seine These der hysterischen Störung als Ursprung ihrer Abneigung gegenüber dem Geschlechtsakt in psychoanalytisch fundierter Weise:

> The crude story of a physical malformation may well have had its origin in a subtler, and yet no less vital, fact. In such matters the mind is as potent as the body. A deeply seated repugnance to the crucial act of intercourse may produce, when the possibility of it approaches, a condition of hysterical convulsion, accompanied, in certain cases, by intense pain. Everything points to the conclusion that such – the result of the profound psychological disturbances of her childhood – was the state of Elizabeth. (*EE* 24)

Diese psychoanalytische Erklärung der körperlichen Dysfunktion Elizabeths leitete Strachey ab von einer Erläuterung seiner Schwägerin Alix, die ihm die physischen Auswirkungen eines solchen psychisch motivierten Zustandes wie folgt erklärt hatte:

> It appears that it isn't only a hysterical pain in the vagina, so that it hurts very much to have a penis put in it or sometimes even touch it; but also an actual constriction of the sphincter of the vagina (also hysterical & independent of any physical defeat or disease) which makes it physically impossible for anything to get in. This constriction, I gather, is often painful & of a conclusive nature. It is not under control of the will, & no amount of determination will affect it. It comes on, of course, precisely when the penis approaches the vagina.[740]

In der Beschreibung Stracheys war Queen Elizabeth trotz ihres Leidens dem männlichen Geschlecht nicht abgeneigt und kompensierte ihre inaktive Sexualität durch forsches Kokettieren: "Though at the centre of her being, desire had turned to repulsion, it had not vanished altogether; on the contrary, the compensating forces of nature had redoubled its vigour elsewhere. Though the precious citadel itself was never violated, there were surrounding territories, there were outworks and bastions over which exciting battles might be fought, and which might even, at moments, be allowed to fall into the bold hands of an assailant" (*EE* 25).

Einer jener jungen Verehrer, die die Königin umgaben, war Robert Devereux Essex, der eine bedeutende Rolle in ihrem Leben spielen sollte. Strachey beschreibt den Aufstieg und Fall des Earl of Essex in der Gunst Elizabeths und die Umstände, die zu seinem Tod führten. Der zweite größere psychoanalytisch fundierte Komplex in Stracheys *Elizabeth & Essex* ist die Deutung der inneren Beweggründe Queen Elizabeths, ihren ehemaligen Favoriten hinrichten zu lassen.

James Strachey äußert sich zu diesen Ausführungen seines Bruders und dem zugrunde liegenden psychoanalytischen Ansatz wie folgt:

> By the time he [Lytton] wrote it [*Elizabeth and Essex*] he had learnt a good deal more about psycho-analysis from talks with us [James and Alix Strachey]. And he accepted pretty completely the account we (and especially my wife) gave him in some detail of what seemed to us the probable underlying attitude of Elizabeth to the execution of Essex. His account of this in the later part of the book (as well as earlier passages preparing for it) is indeed purely psycho-analytic.[741]

Neben den politischen Gründen für ihre Entscheidung rückt Lytton Strachey vor allem ihre persönlichen Motive in den Vordergrund, die er erneut tiefenpsychologisch zu deuten versucht. Essex hatte Elizabeth durch sein Verhalten und seine Worte zutiefst verletzt. Der einst geliebte Mensch erschien ihr nur noch verachtenswürdig: "Her tremendous vanity – the citadel of her repressed romanticism – was shattered, and rage and hatred planted their flag upon its ruins" (*EE* 257).

Ausschlaggebend für Elizabeths Entscheidung, Essex enthaupten zu lassen, waren in der Darstellung Stracheys jedoch profunde unbewusste Motive. Sie verspürte einerseits eine starke identifikatorische Kraft hinsichtlich ihres Vaters und strebte in einer Art Wiederholungszwang der Tat entgegen:

> He [Essex] would find that she was indeed the daughter of a father who had known how to rule a kingdom and how to punish the perfidy of those he had loved the most. Yes, indeed, she felt her father's spirit within her; and an extraordinary passion moved the obscure profundities of her being, as she condemned her lover to her mother's death. In all that had happened there was a dark inevitability, a ghastly satisfaction; her father's destiny, by some intimate dispensation, was repeated in hers; it was supremely fitting that Robert Devereux should follow Anne Boleyn to the block. Her father! (*EE* 258)

Andererseits spürte sie gleichzeitig das Bedürfnis, den sinnlosen Tod der wehrlosen Mutter zu rächen, indem sie nachträglich und stellvertretend die männliche Dominanz des Vaters über die Mutter – und damit die Männlichkeit an sich – vernichtete:

> ... but in a still remoter depth there were still stranger stirrings. There was a difference as well as a likeness; after all, she was no man, but a woman; and was this, perhaps, not a repetition but a revenge? After all the long years of her life-time, and in his appalling consummation, was it her murdered mother who had finally emerged? The wheel had come full circle. Manhood – the fascinating, detestable entity, which had first come upon her concealed in yellow magnificence in her father's lap – manhood was overthrown at last, and in the person of that traitor it should be rooted out. (*EE* 258)

Die Untersuchung der beschriebenen Figuren der drei biographischen Hauptwerke *Eminent Victorians*, *Queen Victoria* und *Elizabeth & Essex* hat gezeigt, dass Strachey sowohl die sexuelle Konstituierung der Person als auch deren Kindheitserinnerungen als Zugang zum Seelenleben der zu porträtierenden Person nutzt.

Strachey wendet eindeutig bestimmte tiefenpsychologische Erkenntnisse an, um sich einer Darstellung des seelischen Innenlebens seiner Figuren zu nähern. Dabei konzentriert er sich auf die ambivalenten Wünsche und Triebe der zu Porträtierenden und deckt die Strukturen, die das Persönlichkeitsprofil der Menschen prägen, auf. In Ansatz und Methode ähnelt Stracheys Vorgehensweise dabei der eines Psychoanalytikers.

Zu Stracheys Konzept gehört es, die äußere Erscheinung und die konträr dazu stehende Innenwelt einer Person darzustellen. Dadurch wird einerseits die Wichtigkeit einer psychologischen oder psychoanalytischen Analyse der Charaktere betont. Andererseits kann die maskenhafte, oft heuchlerische Erscheinung der unantastbaren Genie-Gestalt entlarvt werden. Man darf nicht vergessen, dass es Strachey nicht nur um eine möglichst objektive Analyse seiner Figuren ging, sondern dass er beabsichtigte, die Differenz zwischen dem idealisierten Bild und der wirklichen Person aufzuzeigen.

Lytton Stracheys biographische Studien sind geprägt von den Erkenntnissen der Freud'schen Tiefenpsychologie. Strachey hatte verinnerlicht, dass psychische Merkmale essentiell sind für ein Verständnis der geheimen Motive, die im Unterbewussten der Person ruhen und die Persönlichkeit eines Menschen bestimmen. Dass die sexuelle Konstitution eines Menschen und seine frühkindlichen Erfahrungen in diesem Zusammenhang von großer Bedeutung sind, hat Strachey erkannt und dieses Wissen in seinen Studien zur Anwendung gebracht.

Schlusswort

Nach einer umfassenden Darstellung der Geschichte der Bloomsbury Group, des im Laufe der Jahre entstandenen Mythos und der Stellung der Gruppe in der britischen Kulturlandschaft, die sie zum Interessensmittelpunkt der vorliegenden Studie gemacht hat, wurde das komplexe und wechselseitige Verhältniss zwischen der Bloomsbury Group und der Psychoanalyse aufgezeigt.

Neben den veröffentlichten (auto)biographischen Texten der Beteiligten wurde die umfangreiche Sammlung unveröffentlichter Manuskripte, Schriften und Korrespondenz der Bloomsbury Group – die in der *British Library* in London aufbewahrten *Strachey Papers* – gesichtet und ausgewertet. Anhand dieser Materialien, die hier zum großen Teil erstmalig veröffentlicht werden, wurde eine Neubewertung etablierter Urteile und Betrachtungen ermöglicht.

Dabei wurde einerseits deutlich, welche bedeutende Rolle die Bloomsbury Group bei der Verbreitung der Psychoanalyse in Großbritannien spielte und die diesbezügliche bis dato dominante Vorstellung innerhalb der Historie der Psychoanalyse konnte korrigiert werden. Andererseits wurde zum ersten Mal die vielschichtige Beziehung der Gruppe zur Psychoanalyse ausführlich dargestellt, wobei den zentralen Figuren Virginia Woolf und Lytton Strachey eine detaillierte Betrachtung gewidmet wurde.

Annahme und Ablehnung der Psychoanalyse wurde dabei als Wechselspiel zwischen Kooperation und Konkurrenz verstanden.[742] Mit der Darstellung der ambivalenten Haltung und deren zugrunde liegenden Mechanismen, ist ein Erklärungsmodell geschaffen worden, das über die beschriebenen Fälle hinaus Allgemeingültigkeit hinsichtlich der Bloomsbury Group und deren Nachkommen besitzt, und immer wieder Anwendung finden kann. Als jüngstes Beispiel kann hier die Kontroverse um die posthume Veröffentlichung von Virginia Woolfs erstem Romanprojekt angeführt werden.

Im Juni 2002 erschien *Melymbrosia* (1912/2002)[743], eine Rekonstruktion des ersten Romans von Virginia Woolf. Das Buch handelt von einer jungen Britin und deren emotionaler und sexueller Reifung auf einer längeren Reise fern von ihrem Heimatland; dabei werden unter anderem Inhalte wie Homosexualität, sexueller Missbrauch, Kampf für das Frauenwahlrecht und Kolonialismus behandelt. Woolf stellte ihr erstes literarisches Werk mit dem Arbeitstitel *Melymbrosia* 1912 fertig, überarbeitete es jedoch auf Anraten einiger Freunde, die ihre zukünftige Karriere als Schriftstellerin durch die Brisanz der sexuellen und politischen Themen in Gefahr sahen. Nach einer gründlichen Revision und thematischen Entschärfung des Werks erschien es 1915 unter dem Titel *The Voyage Out*.[744]

Die Virginia-Woolf-Expertin Louise DeSalvo verbrachte sieben Jahre damit, die ursprüngliche Fassung aus den Manuskripten Woolfs, die sich in der *Berg Collection of The New York Public Library* befinden, zu rekonstruieren. Die Herausgeberin führt in ihrer Einleitung den (homo)sexuellen Subtext des Romans und Woolfs lebenslange Beschäftigung mit inzestuösem Kindesmissbrauch auf Woolfs eigene traumatische Kindheitserfahrungen zurück.[745]

Zu der bevorstehenden Publikation des Werks und hinsichtlich DeSalvos Interpretation der homosexuellen und (kindheits-) traumatischen Thematik äußerte sich Virginia Woolfs Großneffe Julian Bell wie folgt: "This kind of thing is crude Freudianism. It's banal."[746] Damit legt er die gleichen vorschnellen Abwehrmechanismen an den Tag, die bereits seine Vorfahren und deren direktes soziales Umfeld kennzeichneten, sobald sie in die Nähe der Psychoanalyse gerückt wurden, sei es in Form einer potentiellen psychoanalytischen Untersuchung der eigenen Person oder einer möglichen kreativen Prägung durch Freuds Wissenschaft, wie im Rahmen dieser Arbeit gezeigt wurde.

Es konnte zudem ein Beitrag zur Erforschung des individuellen Verhältnisses Freuds zur Biographie im Allgemeinen und der literarischen Lebensbeschreibung im Besonderen geleistet werden, indem zunächst die biographische Fundierung der Psychoanalyse herausgearbeitet wurde und anschließend durch die gebündelte Darstellung der zahlreichen schriftlichen wie mündlichen Äußerungen Freuds zum ersten Mal konzentriert verdeutlicht werden konnte, welche Bedeutung Freud der Biographik beimaß bzw. welche Wichtigkeit sie für sein Werk besaß. Eine Untersuchung der Leonardo-Studie hat einen Einblick in die charakteristische Vorgehensweise Freuds vermittelt und jene Grundprinzipien herausgefiltert, die sich auch in Stracheys Werk wieder finden.

Die anschließende detaillierte Analyse des Stils und der Methodik Stracheys bildete zum einen eine Basis für die Offenlegung des psychoanalytischen Gehalts seiner biographischen Studien und gab zum anderen Aufschluss über die praktische Umsetzung der beschriebenen Ziele Stracheys und die Grundstrukturen seines Werks, das trotz seiner prominenten Stellung innerhalb der Geschichte der literarischen Lebensbeschreibung im deutschsprachigen Raum bis heute nur geringen Bekanntheitsgrad erlangt hat.

Durch die Erörterung der Analogien in biographischer Theorie und Praxis hinsichtlich Geisteshaltung, Intention und Methodik zwischen Sigmund Freud, dem Schöpfer der Psychoanalyse, und Lytton Strachey, dem Begründer einer neuen Art der literarischen Lebensbeschreibung, konnte die Kooperation von Psychoanalyse und Biographik aufgezeigt und die Grundthese des Projekts belegt werden: Sigmund Freud nahm indirekt – das heißt durch seine Wirkung auf Lytton Strachey – maßgeblichen Einfluss auf die Entwicklung der Biographik im 20. Jahrhundert.

Längst sind die beschriebenen Elemente, die Freud und Strachey in die Biographik einführten bzw. weiterentwickelten fester Bestandteil literarischer Biographik, die an einer psychologischen Darstellung des seelischen Innenlebens und dessen Motivierung interessiert ist.

Dass sowohl Freud als auch Strachey die literarische Lebensbeschreibung nachhaltig verändern sollten, zeichnete sich schon zu deren Lebzeiten ab und wurde von aufmerksamen Zeitgenossen wahrgenommen. André Maurois klassifizierte Strachey bereits 1928 als "the father and master of modern biography [by common agreement]"[747] und Stefan Zweig stellte im gleichen Zeitraum fest, "[...] daß heute keine psychologische Biographie mehr ohne einen Tropfen Freudschen Öles geschrieben werden kann, ohne die mitleidslose, bis zu den physischen Organen niederblickende Psychoanalyse [...]."[748]

Nach der Darstellung und Analyse der für Freud und Strachey Biographie-relevanten Charakteristika konnte letztendlich die notwendige Verbindung hergestellt werden, die die wechselseitige Beziehung und die Interdependenzen zwischen der Psychoanalyse und der Bloomsbury Group – und konkret der Wissenschaft Sigmund Freuds und dem biographischen Werk Lytton Stracheys – offenbarte: jene Beziehung, die eine richtungsweisende Erneuerung der literarischen Lebensbeschreibung initiierte.

Es hat sich gezeigt, dass die Psychoanalyse dem Strachey'schen Werk immanent ist, ohne durch die Verwendung spezifischer Terminologie explizit an der Oberfläche aufzutreten. Lytton Strachey war zu individualistisch und der eigenen Geistesfreiheit zu stark verpflichtet, um sich einer bestimmten Bewegung oder programmatisch arbeitenden Gruppe anzuschließen. Er reihte sich nicht ein in die Gemeinschaft jener selbst ernannten psychoanalytischen Biographen, deren Ziel es war, die wissenschaftliche Theorie Freuds direkt in die literarische Praxis umzusetzen. Dennoch war er vom Geist der Psychoanalyse durchtränkt, wie ihm Freud höchstpersönlich attestierte.[749] Strachey nahm Impulse der Psychoanalyse (wie zum Beispiel die Konzentration auf Kindheitserinnerungen und -erlebnisse) auf bzw. wendete psychoanalytische Erklärungsmodelle an und integrierte diese in seine eigene biographische Vorgehensweise. Er trug auf diese Weise das Interesse an dem seelischen Innenleben einer Person und dessen Motivierung in eine breite Leserschaft und ebnete somit den Boden für ein tieferes Interesse an der Psychoanalyse.

Hier lässt sich der beschriebene Zwiespalt zwischen dem Anspruch, einerseits genuin originär zu sein und sich andererseits moderner Techniken der Kompetenzerweiterung bedienen zu wollen, konstatieren, der sich in einer kreativ fruchtbaren Kooperation- und Konkurrenzsituation offenbart.

Elizabeth and Essex (1928) war Lytton Stracheys letztes größeres biographisches Werk und gleichzeitig das am stärksten von der Psychoanalyse geprägte. Wäre Strachey nicht bereits im Alter von 52 Jahren gestorben und hätte er die Möglichkeit gehabt, seine Kunst der literarischen Lebensbeschreibung in späteren biographischen Studien weiterzuentwickeln, hätte er dies vermutlich auch mit Hilfe seiner Kenntnisse der Psychoanalyse getan.

Zum potentiellen Zukunftswerk Stracheys äußerte Virginia Woolf in ihrem Essay "The Art of Biography" sieben Jahre nach seinem Tod die folgenden Gedanken: "Had he lived, Lytton Strachey would no doubt himself have explored the vein that he had opened. As it is, he has shown us the way in which others may advance."[750]

Anmerkungen

[1] Freud, Sigmund: "Studien über Hysterien" (1895). In: *Gesammelte Werke*, Band I; Seite 75-312, Seite 227.

[2] Vgl. Gay, Peter: *Freud. Eine Biographie für unsere Zeit*. Frankfurt am Main: Fischer Taschenbuch Verlag, 2000; Seite 58.

[3] Vgl. Trosman, Harry und Simmons, Roger Dennis: "The Freud Library". In: *Journal of the American Psychoanalytic Association*, 23 (1973); Seite 646-687.

[4] Jones, Ernest: *Sigmund Freud – Leben und Werk. Band I-III.* München: Deutscher Taschenbuch Verlag, 1984; Band I, Seite 40 und Band III, Seite 485.

[5] Jones: *Freud*, Band III, Seite 495. Vgl. auch Band I, Seite 208-211.

[6] Ebenda, Seite 495.

[7] Vgl. zum Beispiel die folgenden Publikationen:

- Auden, W.H.: "Psychology and Art today". In: Kurzweil, Edith und Phillips, William (Hrsg.): *Literature and Psychoanalysis*. New York: Columbia University Press, 1983; Seite 119-131.
- Bergler, Edmund: *The Writer and Psycho-Analysis*. New York: Doublesday & Company, 1950.
- Edel, Leon: *The Modern Psychological Novel*. Gloucester, Mass: Peter Smith, 1972.
- Gekoski, R.A.: "Freud and the English Literature 1900-1930". In: Bell, Michael (Hrsg.): *The Context of English Literature*, 1900-1930. New York: Holmes and Meyer, 1980; Seite 186-217.
- Hesse, Hermann: "Künstler und Psychoanalyse". In: *Almanach der Psychoanalyse*. Wien: Internationaler Psychoanalytischer Verlag, 1926.
- Hodgart, M.: "Psychology and Literary Criticism". In: *The Listener* (11. September 1952); Seite 420.
- Hoffman, Frederick J.: *Freudianism and the Literary Mind*. Louisiana: Louisiana State University Press, 1957.
- Holland, Norman N.: "Freud, Physics, and Literature". In: *Journal of the American Psychoanalytic Association*, 12 (1984); Seite 301-320.
- Hoops, Reinald: *Der Einfluß der Psychoanalyse auf die englische Literatur*. Heidelberg: Carl Winters Universitätsbuchhandlung, 1934.
- Kris, Ernst: "Psychoanalysis and the Study of Creative Imagination". In: *Bulletin of the New York Academy of Medicine*, 29 (April 1953).
- Langbaum, Robert: The Word from Below. Essays on Modern Literature and Culture. Madison: University Wisconsin Press, 1987.

- Muschg, Walter: *Psychoanalyse und Literaturwissenschaft.* Berlin: Junker und Dünnhaupt Verlag, 1930.
- Selander, S.: "The Influence of Psycho-Analysis in Modern Literature". In: *Dagens Nyheter* (5./6. Dezember 1931).
- Smith, Joseph H. (Hrsg.): *The Literary Freud: Mechanisms of Defence and the Poetic Will.* New Haven, CT: Yale University Press, 1980.
- Trilling, Lionel: "Freud and Literature". In: *Psychoanalysis and Literature.* Hrsg. von H. Ruitenback. New York: E.P. Dutton and Co, 1966.
- Wegeler, Adalbert: "Der Einfluß Freuds auf die Literatur". In: *Wort und Zeit*, 2 (1950); Seite 1-6.

[8] Michael Titzmann hebt die Bedeutung der Psychoanalyse für die Literatur hervor, indem er betont, dass "keine psychologische Teiltheorie jemals zuvor eine vergleichbare Relevanz für das Kultursystem im Allgemeinen und das Literatursystem im Besonderen, zumal in der Epoche der Frühen (oder: Klassischen) Moderne erlangt und zudem selbst von Anfang an Textinterpretationen, durchaus mit modellhaftem Anspruch, geliefert hat". (Titzmann, Michael: "Psychoanalytisches Wissen und literarische Darstellungsformen des Unbewußten in der Frühen Moderne". In: *Psychoanalyse in der modernen Literatur. Kooperation und Konkurrenz.* Hrsg. von Thomas Anz in Zusammenarbeit mit Christine Kanz. Würzburg: Königshausen & Neumann, 1999; Seite 183-217, Seite 183.)

[9] Vgl. hierzu die Ausführungen und exemplarischen Literaturangaben in:
- Anz, Thomas: "Psychoanalyse in der literarischen Moderne. Ein Forschungsbericht und Projektentwurf". In: *Die Literatur und die Wissenschaften 1770-1930.* Hrsg. von Karl Richter, Jörg Schönert, Michael Titzmann. Stuttgart: Metzler und Poeschel, 1997; Seite 377-413, Seite 381ff.

[10] Michael Worbs hat mit seiner Dissertation (Worbs, Michael: *Nervenkunst. Literatur und Psychoanalyse im Wien der Jahrhundertwende.* Frankfurt am Main: Athenäum Verlag, 1988) einen ersten Schritt zur Aufarbeitung des Themas geleistet. Er konzentriert sich dabei auf die früheste Phase der Psychoanalyse-Rezeption innerhalb der Wiener Moderne bis 1910. Das Projekt "Psychoanalyse in der literarischen Moderne (1910-1933)", das Prof. Dr. Thomas Anz mit seinen Mitarbeitern seit März 1995 durchführt, hat sich zum Ziel gesetzt, dieses Thema in einer Monographie mit umfassendem biobibliographischen und dokumentarischen Anhang darzustellen.
Ausgehend von den Prämissen, dass die Literaturgeschichte des 20. Jahrhunderts nicht ohne die Rezeptionsgeschichte der Psychoanalyse angemessen zu begreifen ist und dass es kaum einen Autor aus dem Umkreis der literarischen Moderne gibt, der sich nicht mit der Psychoanalyse auseinander gesetzt hätte, geht es dem Projekt in erster Linie um die Rekonstruktion des psychoanalytischen Wissens, das sich die Autoren aus diesem Umkreis angeeignet und in ihren Texten verarbeitet haben.

Vgl. dazu und zu den weiteren Zielen des Projektes: Anz 1997.

[11] "Ich lese englische Gedichte, schreibe englische Briefe, deklamiere englische Verse, horche auf Beschreibungen von England und dürste danach, englische Ansichten zu sehen." (Brief von Sigmund Freud an Eduard Silberstein vom 6. August 1873. In: *Freud Collection*, D2, LC. Zitiert nach Gay 2000, Seite 42.)

[12] Brief von Sigmund Freud an Martha Bernays vom 16. August 1882. In: Jones: *Freud*, Band I, Seite 215.

[13] Freud, Sigmund: "Zur Geschichte der psychoanalytischen Bewegung" (1914). In: Freud, Sigmund: *"Selbstdarstellung". Schriften zur Geschichte der Psychoanalyse.* Hrsg. von Ilse Grubrich-Simitis. Frankfurt am Main: Fischer Taschenbuch Verlag, 1971; Seite 141-201, Seite 168.

[14] Ebenda, Seite 169 (Anmerkung 60).

[15] Hoops 1934.

[16] Hoffman 1957.

[17] "Biographical reconstruction is an inherent aim of the psycho-analytic process, and psycho-analysis as a genetic psychology is in essence a science of biography." (Beres, David: "The Contribution of Psycho-Analysis to the Biography of the Artist". In: *International Journal of Psycho-Analysis*, 40 (1959); Seite 26-37, Seite 26.)

[18] Grubrich-Simitis, Ilse: "Einleitung: Sigmund Freuds Lebensgeschichte und die Anfänge der Psychoanalyse". In: *Sigmund Freud: "Selbstdarstellung". Schriften zur Geschichte der Psychoanalyse.* Hrsg. von Ilse Grubrich-Simitis. Frankfurt am Main: Fischer Taschenbuch Verlag, 1971; Seite 7-33, Seite 16.

[19] Zusammengestellt veröffentlicht in:

- Freud, Sigmund: *"Selbstdarstellung". Schriften zur Geschichte der Psychoanalyse.* Hrsg. von Ilse Grubrich-Simitis. Frankfurt am Main: Fischer Taschenbuch Verlag, 1971.

[20] Jones: *Freud*, Band I-III.

[21] Neueste und umfangreichste Ausgabe ist:

- Freud, Sigmund: *The Complete Correspondence of Sigmund Freud and Ernest Jones 1908-1939*. Hrsg. von R. Andrew Paskauskas. Frankfurt: Fischer Taschenbuch Verlag, 1999 [im Weitern zitiert als *Briefe Freud–Jones*].

[22] Der Begriff "Bloomsbury" wird im Folgenden analog zu der üblichen Verwendung in der Anglistik synonym für die Bloomsbury Group gebraucht. Die Ausführungen des ersten Kapitels werden die umfassende Bedeutung dieses Terminus deutlich machen, der sowohl die Mitglieder der Gruppe als auch deren Werk und Geisteshaltung beinhaltet und ihnen den Charakter einer kulturellen Bewegung zuschreibt.

[23] Anz, Thomas: "Psychoanalyse der literarischen Moderne. Überlegungen zu einem Problem". In: *Freiburger literaturpsychologische Gespräche* (Band 14): *Psychoanalyse und die Geschichtlichkeit von Texten*, Hrsg. von Johannes Cremerius u.a. Würzburg: Königshausen und Neumann, 1995; Seite 307-317, Seite 310f.

Für den deutschsprachigen Raum führt Thomas Anz mit Thomas Mann, Alfred Döblin, Robert Musil, Bertolt Brecht, Hugo von Hofmannsthal und Karl Kraus einige Autorenbeispiele an. (Vgl. Anz 1995, Seite 310f., 315 und Anz 1997, Seite 383-389.)

[24] Hier lässt sich das Phänomen des Kooperations- und Konkurrenzverhältnisses zwischen Psychoanalyse und Literatur erkennen, das Thomas Anz bereits für die literarische Moderne im deutschsprachigen Raum konstatiert hat: "Die Beziehung zwischen literarischer Moderne und Psychoanalyse ist nicht angemessen mit Kategorien wie 'Einfluß' oder 'Wirkung' zu beschreiben, sondern als ein Interaktionsdrama, das durch starke Rivalitäten, Prioritätsansprüche, aber auch gegenseitigen Respekt gekennzeichnet ist. [...] Psychoanalyse und Literatur kooperierten und konkurrierten dabei miteinander." (Anz 1997, Seite 394)

Wenn innerhalb der vorliegenden Studie Begriffe wie "Einfluss", "Wirkung", oder "Prägung" verwendet werden, sind diese nicht im Sinne einer potentiellen Indoktrinierung oder als Ausdruck eines Abhängigkeitsverhältnisses zu verstehen. Vielmehr ist deren Verwendung der Versuch, das wechselseitige Interesse und die gewonnenen Anregungen und Impulse für die jeweils eigene Arbeit und Vorgehensweise zu beschreiben.

[25] Meisel, Perry und Walter Kendrick (Hrsg.): *Bloomsbury/Freud. The Letters of James and Alix Strachey 1924-1925*. New York: Basic Books, 1985.

[26] Freud, Sigmund: *Gesammelte Schriften*. Zwölf Bände. Wien: Psychoanalytischer Verlag, 1924-1934.

[27] Brief von Sigmund Freud an C.G. Jung vom 17. Oktober 1909. In: McGuire, William und Wolfgang Sauerländer (Hrsg.): *Sigmund Freud – Carl Gustav Jung. Briefwechsel*. Frankfurt am Main: S. Fischer Verlag, 1979; Seite 280.

[28] Vgl. Freuds biographische Studien zu Goethe, Dostojewski und Leonardo da Vinci:

- Freud, Sigmund: "Eine Kindheitserinnerung aus 'Dichtung und Wahrheit'" (1917). In: *Gesammelte Werke*, Band XII, Seite 15-26.
- Freud, Sigmund: "Dostojewski und die Vatertötung" (1928). In: *Gesammelte Werke*, Band XIV, Seite 399-418.
- Freud, Sigmund: "Eine Kindheitserinnerung des Leonardo da Vinci" (1910). In: *Gesammelte Werke*, Band VIII, Seite 128-211.

[29] Vgl. unter anderem Antor, Heinz: *The Bloomsbury Group: Its Philosophy, Aesthetics, and Literary Achievement.* Heidelberg: Winter, 1986; Seite 129.

[30] Todd, Pamela: *Die Welt von Bloomsbury.* Berlin: Nicolai, 1999; Seite 19.

[31] Vgl. zum Beispiel:

- Guiguet, Jean: *Virginia Woolf and her Works.* London: Hogarth Press, 1965.

- Rantavaara, Irma: *Virginia Woolf and Bloomsbury.* Helsinki: Suomalaisen Tiedeakatemian Toimituksia Annales Academiae Scientiarum Fennicae, 1953.

- Harrod, Sir Roy F.: "John Maynard Keynes and the Bloomsbury Group". In: Harrod, Sir Roy F.: *The Life of John Maynard Keynes.* London: Macmillan, 1951.

- Holroyd, Michael: *Lytton Strachey and the Bloomsbury Group: His Work, Their Influence.* Harmondsworth: Penguin, 1971.

[32] Johnstone, J.K.: *The Bloomsbury Group: A Study of E.M. Forster, Lytton Strachey, Virginia Woolf, and Their Circle.* London: Secker & Warburg, 1954.

[33] Holroyd, Michael: *Lytton Strachey. A Critical Biography. Volume I: The Unknown Years (1880-1910).* London: Heinemann, 1967; Seite 416.

[34] Bell, Quentin: *Virginia Woolf. A Biography. Volume One: Virginia Stephen 1882-1912.* London: The Hogarth Press, 1973; Seite 123.

[35] Edel, Leon: *Bloomsbury. A House of Lions.* New York: J.B. Lippincott Company, 1979; Seite 12.

[36] Guiguet 1965, Seite 48f.

[37] Bell, Vanessa: "Notes on Bloomsbury" (1951). In: Rosenbaum, S.P. (Hrsg.): *The Bloomsbury Group. A Collection of Memoirs, Commentary, and Criticism.* London: Croom Helm, 1975; Seite 73-84, Seite 74.

[38] Holroyd 1967, Seite 410.

[39] Vgl. Nicolson, Nigel: "Bloomsbury: the Myth and the Reality". In: Marcus, Jane (Hrsg.): *Virginia Woolf and Bloomsbury. A Centenary Celebration.* London: The Macmillan Press, 1987; Seite 7-22, Seite 15.

[40] Strachey, Lytton: *Lytton Strachey by Himself. A Self Portrait.* Hrsg. von Michael Holroyd. London: Vintage, 1994; Seite 124.

[41] Keynes, Geoffrey (Hrsg.): *The Letters of Rupert Brooke.* London: 1968; Seite 440.

Vgl. auch: Hale, Keith (Hrsg.): *Friends and Apostles: The Correspondence of Rupert Brooke and James Strachey, 1905-1914.* London: Yale University Press, 1998.

[42] Woolf, Leonard: *Beginning Again. An Autobiography of the Years 1911-1918.* London: Hogarth Press, 1964; Seite 21.

[43] Spender hatte Woolf ein Exemplar seines Buches *The Destructive Element* (1935) geschickt (Spender, Stephen: *The Destructive Element. A Study of Modern Writers and Beliefs*. London: Jonathan Cape, 1935).
[44] Brief von Virginia Woolf an Vita Sackville-West vom 20. August 1936. In: Woolf, Virginia: *The Letters of Virginia Woolf. Volume VI: Leave the Letters Till We're Dead, 1936-1941*. Hrsg. von Nigel Nicolson. London: Hogarth Press, 1980; Seite 64.
[45] Woolf, Leonard: *Beginning Again*, Seite 22.
[46] Woolf, Leonard: *Downhill All The Way. An Autobiography of the Years 1919-1939*. London: Hogarth Press, 1967; Seite 114f.
[47] 1954 unter dem Titel "What was Bloomsbury" in *The Twentieth Century* erschienen und später als "Bloomsbury" abgedruckt in: Bell, Clive: *Old Friends. Personal Recollections*. London: Chatto & Windus, 1956; Seite 126-137.
[48] Clive Bell: "Bloomsbury", Seite 25f.
[49] Ebenda, Seite 129.
[50] Zehn der von ihm genannten dreizehn Mitglieder von "Old Bloomsbury" seien Männer gewesen, von denen neun in Cambridge studiert hätten und dort enge Freunde wurden. Von den zehn Freunden in Cambridge seien außer Clive Bell, Adrian Stephen und Duncan Grant alle Mitglied der *Apostles* gewesen.
[51] Woolf, Leonard: *Sowing. An Autobiography of the Years 1880-1904*. London: Hogarth Press, 1961; Seite 129.
[52] Zitiert in Leonard Woolf: *Sowing*, Seite 150.
[53] Vgl. die näheren Ausführungen zu Stracheys Wirken und Auftreten in Cambridge in Woolfs Nachruf: Woolf, Leonard: "Lytton Strachey". In: *New Statesman and Nation* (30. Januar 1932); Seite 118f.

und Holroyd, Michael: *Lytton Strachey. The New Biography*. London: Vintage, 1995; Seite 82.
[54] Vgl. Virginias Ausführungen in ihrem Beitrag "Old Bloomsbury" von 1922 für den Memoir Club. Veröffentlicht in: *Moments of Being. Unpublished Autobiographical Writings*. Hrsg. von Jeanne Schulkind. Sussex: The University Press, 1976; Seite 157-179, Seite 165.

In einem Brief vom 6. Juli 1922 an Carrington schreibt Lytton über den Vortrag: "A most amusing paper by Virginia at the *Memoir Club*, on Bloomsbury from 1904 to 1914." In: *Dora Carrington*, Add 62893 (unnummeriert).
[55] Leonard Woolf: *Sowing*, Seite 182f.
[56] Ebenda, Seite 186.

Dort heißt es: "The Strachey and Stephen families both belonged to a social class or caste of a remarkable and peculiar kind which established itself as a powerful section of the ruling class in Britain in the nineteenth century."

[57] Leonard Woolf: *Sowing*, Seite 190.

Vgl. auch Lytton Stracheys Beschreibung der Familie und deren Londoner Wohnsitz in seinem Paper "Lancaster Gate" von 1922 für den *Memoir Club*, veröffentlicht in Strachey, Lytton: *Lytton Strachey by Himself. A Self Portrait*. Hrsg. von Michael Holroyd. London: Vintage, 1994; Seite 16-29.

[58] Detaillierte Studien zur Strachey-Familie und den einzelnen Mitgliedern befinden sich in:

- Boyd, Elizabeth F.: *Bloomsbury Heritage. Their Mothers and Their Aunts.* London: Hamilton, 1976.
- Holroyd 1967.
- Askwith, Betty: *Two Victorian Families*. London: Chatto & Windus, 1971.

[59] Vgl. dazu die Darstellungen Stracheys in "Lancaster Gate" (1922) in Lytton Strachey: *The Shorter Strachey* und Virginia Woolfs in "Old Bloomsbury" (1922) in Virginia Woolf: *Moments of Being*.

[60] Für eine detailliertere Beschreibung der Stephen-Familie siehe:

- Boyd, Elizabeth F.: *Bloomsbury Heritage. Their Mothers and Their Aunts.* London: Methuen & Co, 1976.
- Bell: *Virginia Woolf*, Band I/II.
- Annan, Noel: *Leslie Stephen. The Godless Victorian.* London: Weidenfeld and Nicolson, 1984.
- Bell, Alan: *Sir Leslie Stephen's Mausoleum Book*. Oxford: Claredon, 1977.

[61] Vgl. unter anderem:

- Hyman, Virginia R.: "Reflections in the Looking Glass: Leslie Stephen and Virginia Woolf". In: *Journal of Modern Literature*, 10:2 (Juni 1983); Seite 197-216.
- Dahl, Christopher C.: "Virginia Woolf's *Moments of Being* and Autobiographical Tradition in the Stephen Family". In: *Journal of Modern Literature*, 10:2 (Juni 1983); Seite 175-196.
- Hill, Katherine C.: "Virginia Woolf and Leslie Stephen: History and Literary Revolution". In: *Publication of Modern Language Association*, 96 (Mai 1981); Seite 351-362.
- Rosenbaum, S.P.: "An Educated Man's Daughter: Leslie Stephen, Virginia Woolf and the Bloomsbury Group". In: Clements, Patricia und Isobel Grundy (Hrsg.): *Virginia Woolf: New Critical Essays*. London: Vision Barnes & Noble, 1983.
- Bond, Alma H.: "Virginia Woolf and Leslie Stephen: a Father's Contribution to Psychosis and Genius." In: *Journal of the American Academy of Psychoanalysis*, 14 (1986); Seite 507-524.

- Annan, Noel: Leslie Stephen: His Thought and Character in Relation to His Time. London: Mac Gibbon and Kee, 1951.
- Annan, Noel: *Leslie Stephen. The Godless Victorian*. London: Weidenfeld and Nicolson, 1984.

[62] Leonard Woolf: *Sowing*, Seite 182.

[63] Leonard Woolf: *Beginning Again*, Seite 74.

[64] Siehe Vanessa Bell: "Notes on Bloomsbury", Seite 75: "Yet many of the rooms were pitch dark, Virginia Creeper hung down in a thick curtain over the back drawing room window, the kitchen and other basement rooms could only be seen by candle or lamp light and most of the paint was black. Not until quite a short time before my father's death did we have electric light and even then not everywhere."

[65] Vgl. ihre Ausführungen in "22 Hyde Park Gate" in Virginia Woolf: *Moments of Being*.

[66] Woolf, Virginia: *A Room of One's Own*. New York: Harcourt, Brace & Co, 1929.

[67] Virginia Woolf: "Old Bloomsbury", Seite 169.

[68] Vanessa Bell: "Notes on Bloomsbury", Seite 76.

[69] Clive Bell: "Bloomsbury", Seite 129.

[70] Virginia Woolf: "Old Bloomsbury", Seite 169.

[71] Vanessa Bell: "Notes on Bloomsbury", Seite 76.

[72] Virginia Woolf: "Old Bloomsbury", Seite 167.

[73] Ebenda, Seite 168.
In einem Brief an Madge Vaughan von Juli 1906 schreibt Woolf: "Also we have our Thursday evenings – and talk a great deal about Style, and various geniuses, whom we discover – but the world doesn't recognise them!" In: Woolf, Virginia: *The Letters of Virginia Woolf. Volume I: The Flight of the Mind, 1888-1912*. Hrsg. von Nigel Nicolson. London: Hogarth Press, 1975; Seite 229.

[74] Brief von Lytton Strachey an G.E. Moore vom 11. Oktober 1903. Abgedruckt in Holroyd 1995, Seite 89f.

[75] Keynes, John Maynard: "My Early Beliefs" (1938). In: Keynes, John Maynard: *Two Memoirs*. London: Rupert Hart-Davis, 1949; Seite 78-106, Seite 83.

[76] Leonard Woolf: *Sowing*, Seite 147.

[77] Moore, G.E.: *Principia Ethica*. Cambridge: Cambridge University Press, 1982; Seite 189.

[78] Vgl. dazu auch: Lang, Berel: "Intuition in Bloomsbury". In: *Journal of the History of Ideas*, 25 (1964); Seite 292-302.

[79] Keynes: "My Early Beliefs", Seite 103.

[80] Leonard Woolf: *Sowing*, Seite 156.
[81] In einem Brief an Vanessa Bell vom 29. August 1908 schreibt sie: "I finished Moore last night; he has a fine flare of arrogance at the end – and no wonder, I am not so dumb foundered as I was, but the more I understand, the more I admire. He is so humane in spite of his desire to know the truth; and I believe I can disagree with him, over one matter." In: Virginia Woolf: *Letters*, Band I, Seite 364.
[82] Bell: *Virginia Woolf*, Band I, Seite 113.
Vgl. auch: Vanessa Bell: "Notes on Bloomsbury", Seite 78.
[83] Vanessa Bell: "Notes on Bloomsbury", Seite 78f.
[84] Grant, Duncan: "Virginia Woolf" (1941). In: *Horizon*, 3:18 (Juni 1941); Seite 402-406, Seite 404.
[85] Ottoline Morrell wurde eine Art Mäzen der Gruppe. Sie war den Bloomsbury-Mitgliedern Gastgeberin in ihrem Londoner Haus am Bedford Square und lud sie auf ihrem Landsitz Garsington zu Treffen und Feiern ein. Während der Kriegszeit arbeiteten einige dort auf dem Land, um nicht in den Krieg ziehen zu müssen. Sie war trotzdem eher eine Randfigur und durch ihr exzentrisches Auftreten und Benehmen sogar in Bloomsbury als schrill verschrien. In ihrem Beitrag für den *Memoir Club* "Old Bloomsbury" schlug Virginia Woolf vor, Lytton Strachey solle als Nächstes ein Buch über die Geschichte Bloomsburys schreiben und Lady Ottoline ein Kapitel widmen. (Vgl. Virginia Woolf: "Old Bloomsbury", Seite 177.)
[86] Morrell, Lady Ottoline: *The Early Memoirs of Lady Ottoline Morrell.* Hrsg. von Robert Gathorne-Hardy. London: Faber and Faber, 1964; Seite 178.
[87] Woolf, Virginia: "Old Bloomsbury", Seite 174.
[88] Quentin Bell datiert die Begebenheit auf 1908, in: Bell: *Virginia Woolf*, Band I, Seite 124 (Fußnote).
[89] Virginia Woolf: "Old Bloomsbury", Seite 173f.
[90] Ebenda, Seite 176.
[91] Spotts, Frederic (Hrsg.): *Letters of Leonard Woolf.* London: Weidenfeld and Nicolson, 1989; Seite 497.
[92] Vanessa Bell: "Notes on Bloomsbury", Seite 82.
[93] Ebenda, Seite 74.
[94] Vanessa Bell: "Notes on Bloomsbury".
[95] Clive Bell: "Bloomsbury", Seite 131.
[96] Vgl. auch die Ausführungen in Bell: *Virginia Woolf*, Band I, Seite 180.
[97] Clive Bell: "Bloomsbury", Seite 128.
[98] Ebenda, Seite 130.
[99] Vanessa Bell: "Notes on Bloomsbury", Seite 80.

[100] Williams, Raymond: "The Significance of 'Bloomsbury' as a Social and Cultural Group". In: Crabtree, Derek und A.P. Thirlwall (Hrsg.): *Keynes and the Bloomsbury Group*. London: MacMillan Press, 1980; Seite 40-67, Seite 67.
[101] Leonard Woolf: *Beginning Again*, Seite 25.
[102] Ebenda, Seite 36.
[103] Leonard Woolf: *Sowing*, Seite 160f.
[104] Brief von Virginia Woolf an Vanessa Bell vom 11. April 1932. In: Virginia Woolf: *Letters*, Band V, Seite 45.
[105] MacCarthy, Desmond: "Bloomsbury. An Unfinished Memoir". In: *Memories*. London: MacGibbon & Kee, 1953; Seite 173.
[106] Rosenbaum 1975, Seite 329.
[107] Brief von Virginia Woolf an Gwen Raverat vom 1. Mai 1925. In: Woolf, Virginia: *The Letters of Virginia Woolf. Volume III: A Change in Perspective, 1923-1928*. Hrsg. von Nigel Nicolson. London: Hogarth Press, 1977; Seite 180.
[108] S.P. Rosenbaum zählt zum erweiterten Kreis der Bloomsbury Group unter anderem: "H.T.J. Norton, Gerald Shove, Sydney Waterlow, and innumerable Stracheys, especially James and Marjorie. War-time Bloomsbury saw the advent of a second generation, chief of whom was David Garnett; but also closely associated with the Group were Francis Birrell, Mary St John Hutchinson, Karin Costelloe, Barbara Hiles, Arthur Waley, Alix Sargant-Florence, Dora Carrington, and Ralph Partridge. Raymond Mortimer, George Rylands, Angus Davidson, Stephen Tomlin, Frances Marshall, Roger Senhouse, and Lydia Lopokova, among others, were all involved with Bloomsbury in one way or another during the twenties, and by the thirties the Bell children Julian, Quentin, and Angelica were active in the Group along with friends such as John Lehmann and Jane Bussy." (Rosenbaum 1975, Seite iii)
[109] Ein Tagebucheintrag von Adrian Stephen vom 1. Juli 1916 belegt dies für Lyttons Bruder: "[...] Saxon as usual came in first but was quickly followed by Norton and he by James and Lytton. […]" Zitiert in: Bell: *Virginia Woolf*, Band I, Seite 146.
[110] Leonard Woolf: *Beginning Again*, Seite 25.
[111] Aus dem Programm der *The Original London Walks*-Gesellschaft zum *Literary London Pub Walk "Old Bloomsbury"*.
[112] Brief von Carrington an Alix Strachey vom 9. Oktober 1920. In: *Dora Carrington Correspondence*, Add 65158 (unnummeriert).
[113] Mortimer, Raymond: "London Letter". In: *The Dial*, 84 (Februar 1928); Seite 238-240.
[114] Vgl. unter anderem Clive Bell: "Bloomsbury", Seite 131.

[115] Mortimer 1928, Seite 238.
[116] Vgl. Clive Bell: "Bloomsbury", Seite 130.
[117] *The Oxford English Dictionary: A Supplement to the Oxford English Dictionary*. Hrsg. von R.W. Burchfield. Oxford: Blackwell, 1972.
[118] Rosenbaum 1975, Seite i.
[119] Clive Bell: "Bloomsbury", Seite 128.
[120] Ebenda, Seite 13.
[121] Vanessa Bell: "Notes on Bloomsbury", Seite 77.
[122] Vgl. insbesondere Holroyd 1971, Seite 38-43, und Antor 1986, Seite 104f.
Folgende Werke geben einen zusammenfassenden Überblick über die Geschichte der Bloomsbury-Kritik und deren Hauptelemente:
- Antor 1986, Seite 104-129.
- Simon, Irène: "Bloomsbury and Its Critics". In: *Revue des Langues Vivantes*, 23:5 (1957); Seite 385-414.
- O'Connor, William van: "Towards a History of Bloomsbury". In: *Southwest Review*, 40 (Winter 1955); Seite 36-52.
- Halperin, John: "Bloomsbury and Virginia Woolf: Another View". In: *Dalhousie Review*, 59 (Herbst 1979); Seite 426-442.
- Fiedler, Leslie: "Class War in British Literature". In: *Esquire*, 49 (April 1958); Seite 79-81.
- Annan, Noel: "Bloomsbury and the Leavies". In: Jane Marcus (Hrsg.): *Virginia Woolf and Bloomsbury. A Centenary Celebration*. London: Macmillan Press, 1987; Seite 23-38.
Einen exemplarischen Eindruck der hitzigen Auseinandersetzung können die Debatten in den folgenden Zeitschriften geben:
- Raymond, John: "Strachey's Eminent Victorians". In: *New Statesman and Nation*, 49 (16. April 1955); Seite 545-546.
- Lambert, Gavin: "Strachey and Bloomsbury". In: *New Statesman and Nation*, 49 (23. April 1955); Seite 578.
- Binns, Harold: "Strachey and Bloomsbury". In: *New Statesman and Nation*, 49 (23. April 1955); Seite 578.
- John-Stevas, St.: "Eminent Victorians". In: *New Statesman and Nation*, 49 (30. April 1955); Seite 616.
Und:
- Wagner, Geoffrey: "Bloomsbury revisited". In: *Commonweal*, 65 (8. März 1957); Seite 589-590.
- Wagner, Geoffrey: "Bloomsbury revisited". In: *Books and Bookman*, 2 (Juli 1957); Seite 12.

- Roche, Paul: "Bloomsbury Revisited". In: *Commonweal*, 66 (5. April 1957); Seite 17-18.

[123] Regina Marler hat versucht, diese Entwicklung nachzuzeichnen in ihrem Buch *Bloomsbury Pie. The Making of the Bloomsbury Boom.* New York: Henry Holt and Company, 1997.

Vgl. auch: Richardson, Betty: "Beleaguered Bloomsbury: Virginia Woolf, Her Friends, and Their Critics". In: *Papers on Language and Literature: A Journal for Scholars and Critics of Language and Literature*, 10 (1974); Seite 207-221.

[124] Spender, Stephen: *World within World*, London: Hamilton, 1951; Seite 140.

[125] Forster, E.M.: "Bloomsbury, An Early Note" (Februar 1929). In: *Pawn*, (November 1956). Abgedruckt in Rosenbaum 1975, Seite 24-26.

[126] Vgl. unter anderem

- Heinz 1986, Seite 129.

- Todd 1999, Seite 19.

- De Clerk, Rotraut: "'Der Traum von einer bess'ren Welt:' Psychoanalyse und Kultur in der Mitte der zwanziger Jahre in Berlin und London". In: Meisel, Perry und Walter Kendrick (Hrsg.): *Kultur und Psychoanalyse in Bloomsbury und Berlin. Die Briefe von James und Alix Strachey 1924-1925.* Stuttgart: Verlag Internationale Psychoanalyse, 1995; Seite 9-40, Seite 11.

[127] "[...] in certain fields, notably those of sexual equalisation and tolerance, of attitudes to the arts and especially the visual arts, and of some private and semi-public informalities, the Bloomsbury Group was a forerunner in a more general mutation within the professional and highly-educated sector, and to some extent in the English upper class more generally. A fraction, it can be said, often performs this service for its class." (Williams 1980, Seite 59)

[128] Moore, Geoffrey: "The Significance of Bloomsbury". In: *The Kenyon Review*, 17 (1955); Seite 119-129, Seite 121, 123.

[129] Meisel und Kendrick 1995.

[130] Hoops, Reinald: *Der Einfluß der Psychoanalyse auf die englische Literatur*. Heidelberg: Carl Winters Universitätsbuchhandlung, 1934.

[131] Hoops 1934, Seite 141.

[132] Ebenda, Seite 141f.

[133] Hoffman, Frederick J.: *Freudianism and the Literary Mind.* Louisiana: Louisiana State University Press, 1957.

[134] Hoffman 1957, Seite 129.

[135] Ebenda, Seite 90.

[136] Vgl. De Clerck 1995.

Über die Anfänge der Psychoanalyse in England geben die folgenden Werke Auskunft:
- Brome, Victor: *Ernest Jones: Freud's Alter Ego*. New York: W.W.Norton, 1983.
- Jones, Ernest: *Free Associations: Memories of a Psycho-Analyst*. New York: Basic Books, 1959.
- Glover, Edward: "Psychoanalysis in England". In: *Psychoanalytical Pioneers*. Hrsg. von Franz Alexander, Samuel Eisenstein und Martin Grotjahn. New York: Basic Books, 1966.
- Girard, Claude: "La psychanalyse en Grande-Bretagne". In: *Histoire de la psychanalyse*. Hrsg. von Roland Jaccard. Paris: Hachette, 1982. Seite 313-361.

[137] Jones, Ernest: *The Life and Work of Sigmund Freud*. Band I-III. New York: Basic Books Inc, 1955.
Deutsche Ausgabe: Jones, Ernest: *Sigmund Freud – Leben und Werk*. Band I-III. München: Deutscher Taschenbuch Verlag, 1984. [Eine erste Übersetzung erschien 1962 im Verlag Hans Huber, Bern]

[138] Vgl. unter anderem:
- Grubrich-Simitis, Ilse: "Einleitung". In: *Nachtragsband der Gesammelten Werke Freuds. Texte aus den Jahren 1885-1938*. Hrsg. von Angela Richards. Frankfurt am Main: S. Fischer Verlag, 1985; Seite 15-28, Seite 18f.

[139] Jones: *Freud*, Band I, Seite 53.

[140] Meisel und Kendrick 1985, Seite 41.

[141] Gay 2000, Seite 212.

[142] Kurzweil, Edith: *Freud und die Freudianer. Geschichte und Gegenwart der Psychoanalyse in Deutschland, Frankreich, England, Österreich und den USA*. Stuttgart: Verlag Internationale Psychoanalyse, 1993; Seite 54.

[143] Kohon, Gregorio (Hrsg.): *The British School of Psychoanalysis. The Independent Tradition*. London: Free Association Books, 1986; Seite 27.

[144] Kohon 1986, Seite 46.

[145] Ebenda, Seite 46.

[146] Vgl. Anna Freud in ihrem Nachruf auf James Strachey: Freud, Anna: "James Strachey". In: *International Journal of Psycho-Analysis*, 50 (1969); Seite 131-132.

[147] Aus James Stracheys Vorwort zu Band I der *Standard Edition*. Zitiert in Kohon 1986, Seite 47.

[148] Vgl. auch Rosenthal, Michael: *Virginia Woolf*. New York: Columbia University Press, 1979; Seite 25f.

[149] Kohon 1986, Seite 48.

[150] Kurzweil 1993; siehe besonders Seite 51-54.

[151] Ebenda, Seite 52.
[152] Ebenda, Seite 321f.
[153] Vgl. *Strachey Papers* 60706-60712.
[154] Brief von James Strachey an Rupert Brooke vom 28. Juni 1909. In: Keynes, G.: *The Letters of Rupert Brooke*. London: Faber & Faber, 1968.
[155] James Strachey entwickelte sich im Laufe der Jahre zu einem angesehenen Musikkritiker und einer Autorität auf dem Gebiet der Musik von Haydn, Mozart und Wagner (Holroyd 1995, Seite xv). Später wurde er Berater des alljährlich stattfindenden Musikfestivals in Glyndebourne und schrieb Artikel für dessen Programm (Meisel und Kendrick 1995, Seite 450).
[156] Freud, Sigmund und Josef Breuer: "Über den psychischen Mechanismus hysterischer Phänomene. Vorläufige Mitteilung". In: *Gesammelte Werke*, Band I, Seite 81-98.
[157] Neben Myers gehören Michelle Clark, Havelock Ellis und Wilfried Trotter zu den ersten Personen, die mit dem Ursprung der psychoanalytischen Bewegung in Großbritannien in Verbindung gebracht werden. (Jones: *Freud*, Band II, Seite 43f.)
[158] F.W.H. Myers: *Human Personality and its Survival of Bodily Death. Zwei Bände. London: Longmans & Co, 1903.*
[159] Winnicott, D.W.: "James Strachey: 1887-1967". In: *International Journal of Psycho-Analysis*, 50 (1969); Seite 129. Winnicott schreibt irrtümlicherweise "C.G.S. Meyer" anstatt "F.W.H. Myers".
[160] Vgl. Hinshelwood, R.D.: "Psychoanalysis in Britain: Points of Cultural Access, 1893-1918". In: *International Journal of Psycho-Analysis*, 76 (1995); Seite 135-151, Seite 142.
[161] Brief von Leonard Woolf an Miss White (Vorsitzende und Schatzmeisterin des *Churches' Fellowship for Psychical and Spiritual Studies*) vom 14. April 1967. In: Leonard Woolf: *Letters*, Seite 556.
[162] Holroyd 1995, Seite 99: "Compulsory reading that autumn for all Apostles were the posthumously selected essays of Henry Sidgwick who, half a century before, had refertilized the spirit of the Society [the Apostles] in a fashion similar to Moore's by moving its debate from Christianity to ethics. From these miscellaneous papers Lytton returned to Sidgwick's *Methods of Ethics*. 'He [Sidgwick] seems to make hardly any false propositions, and the whole thing seems to be extraordinarily weighty and interesting', he told Leonard Woolf (September 1904)."
[163] Brief von James an Lytton Strachey vom 10. Juli 1908, In: *Strachey Papers*, Add 60707, no. 7.
[164] Brief vom 6. November 1920 von James an Lytton Strachey. In: *Strachey Papers*, Add 60712, no. 43 (meine Hervorhebung).

[165] Strachey, James: "The Progress of Psychical Research". In: *Spectator* (15. Oktober 1910).
[166] Brief von James Strachey an John Maynard Keynes vom 17. Juli 1912. In: *Strachey Papers*, Add 60713, no. 132.
[167] Freud, Sigmund: "A Note on the Unconscious in Psychoanalysis". In: *Standard Edition*, Band XII, Seite 257-266.
[168] Zitiert in Steiner, Ricardo: "'To Explain our Point of View to English Readers in English Words'". In: *International Review for Psycho-Analysis*, 18 (1991); Seite 351-392, Seite 353.
[169] Zitiert in Steiner 1991, Seite 353.
[170] Leonard Woolf: *Downhill*, Seite 164.
[171] Woolf, Leonard: "Psychopathology of Everyday's Life" (1914). In: *New Weekly*, (Juni 1914). Abgedruckt in: Rosenbaum, Stanford Patrick: *A Bloomsbury Group Reader*. Oxford: Blackwell, 1993; Seite 189-191.
[172] Fry, Roger: *The Artist and Psycho-Analysis: A Paper Read to the British Psychological Society*. London: Hogarth Press, 1924.
[173] Bell, Clive: "Dr Freud on Art" (1922). In: *Nation and Athenaeum*, 35 (6. September 1922); Seite 690f.
[174] Brief von Virginia Woolf an Roger Fry vom 22. September 1924. In: Virginia Woolf: *Letters*, Band III, Seite 132.
[175] Brief von Carrington an Lytton Strachey vom 19. November 1918. In: Carrington, Dora: *Carrington: Letters and Extracts from her Diary*. Hrsg. von David Garnett. London: Jonathan Cape, 1970; Seite 117.
[176] Woolf, Virginia: *The Diary of Virginia Woolf. Volume I: 1915-1919*. Hrsg. von Anne Olivier Bell. London: Hogarth Press, 1977; Seite 110.
[177] Leonard Woolf hatte James in den Club eingeführt. Der 1917-Club wurde von Woolf und Oliver Strachey im Jahr der russischen Oktoberrevolution gegründet (daher der Name) und diente vielen diskutierfreudigen jungen Leuten als Treffpunkt. Über weite Strecken war er ein "Bloomsbury Hauptquartier" (vgl. Meisel und Kendrick 1985, Seite 22).
[178] Brief von James an Lytton Strachey im April 1918. In: *Strachey Papers*, Add 60711, no. 110.
[179] Brief von Lytton an James Strachey vom 25. April 1918. In: *Strachey Papers*, Add 60711, no. 115.
[180] Brief von Lytton an James Strachey vom 25. April 1918. In: *Strachey Papers*, Add 60711, no. 115-118.
[181] In: Virginia Woolf: *Diary*, Band I, Seite 221. Eintrag vom 21. November 1918.
[182] Brief von Ernest Jones an James Strachey vom 19. Mai 1920. In: *Strachey Papers*, Add 60672, no. 58.

[183] Brief von Ernest Jones an James Strachey vom 28. Mai 1920. In: *Strachey Papers*, Add 60672, no. 60.
[184] Brief von James Strachey an Sigmund Freud vom 31. Mai 1920. In: *Strachey Papers*, Add 60713, no. 152.
[185] Brief von Sigmund Freud an James Strachey vom 4. Juni 1920. In: *Strachey Papers*, Add 60667, no. 3.
[186] Brief vom 28. Juli 1919 von Sigmund Freud an Ernest Jones. In: *Briefe Freud–Jones*, Seite 353 (im Original englisch).
[187] Sigmund Freud in einem Brief an Ernest Jones vom 28. Januar 1921. In: *Briefe Jones–Freud*, Seite 405: "So I have 4 free hours now and would not like to feed on *Mittelmächte-patients* having got the taste of western *valuta*." (Im Original englisch, Hervorhebungen im Original.)
[188] Sigmund Freud in einem Brief an Leonard Blumgart vom 10. April 1921. *A.A. Brill Library*, New York, *Psychoanalytic Institute*. Zitiert nach Gay 2000, Seite 437.
[189] Sigmund Freud in einem Brief an Abraham Kardiner vom 10. April 1921. Im Original englisch. Zitiert in Kardiner, Abram: *My Analysis with Freud: Reminiscenes*. New York: Norton, 1977; Seite 15. Zitiert nach Gay 2000, Seite 437.
[190] Brief von Sigmund an Samuel Freud vom 25. Juli 1921. Im Original englisch. *Rylands University*, Manchester. Zitiert nach Gay 2000, Seite 437.
[191] Meisel und Kendrick 1985, Seite 11.
[192] Brief von Sigmund Freud an James Strachey vom 1. Oktober 1920. In: *Strachey Papers*, Add 60667, no. 5.
[193] Brief von James an Lytton Strachey vom 6. November 1920. In: *Strachey Papers*, Add 60712, no. 43.
[194] Postkarte von Carrington an Lytton Strachey vom 3. November 1920. In: *Dora Carrington*, Add 62892 (unnummeriert).
[195] Brief von Carrington an Lytton Strachey vom 3. November 1920. In: *Dora Carrington*, Add 62892 (unnummeriert).
[196] Brief von Lytton Strachey an Carrington vom 17. November 1920. In: *Dora Carrington*, Add 62892 (unnummeriert).
[197] Brief von Carrington an Alix Strachey vom 9. Oktober 1920, In: *Dora Carrington Correspondence*, Add 65158 (unnummeriert).
[198] Brief von Carrington an Lytton Strachey vom 3. November 1920. In: *Dora Carrington*, Add 62892 (unnummeriert).
[199] Brief von Carrington an Alix Strachey vom 25. November 1924. In: *Dora Carrington Correspondence*, Add 65158 (unnummeriert).
[200] Brief von Carrington an Alix Strachey vom 24. September 1924. In: *Dora Carrington Correspondence*, Add 65158 (unnummeriert).

[201] "I envied Alix her independence from human beings and her concentrated interest in her work." In einem Brief von Carrington an Gerald Brenan vom 21. Juli 1925. In: Carrington: *Letters*, Seite 324.
[202] "Alix made the greatest impression on me. She is a terrific character – I believe she'll end by becoming a Madame Curé [sic]." Brief von Carrington an Lytton Strachey vom 20. Juli 1925. In: *Dora Carrington*, Add 62894 (unnummeriert).
[203] Brief von Carrington an Gerald Brenan vom 31. Mai 1923. In: Carrington: *Letters*, Seite 250.
[204] Brief von Carrington an Gerald Brenan vom 19. Juli 1925. In: Carrington: *Letters*, Seite 323.
[205] Brief von James an Alix Strachey vom 27. September 1924. In: Meisel und Kendrick 1985, Seite 70.
[206] Brief von Ernest Jones an James Strachey vom 28. Mai 1920. In: *Strachey Papers*, Add 60672, no. 60.
[207] Brief von Lytton an Miss Strachey vom 1. Dezember 1921. In: *Strachey Papers*, Add 60721, no. 67.
[208] Die Sätze in Klammern sind an den oberen Rand des Briefs geschrieben und verweisen mit einem Pfeil quer über den Text an diese Stelle.
[209] Brief von Carrington an Lytton Strachey vom 2. November 1920. In: *Dora Carrington*, Add 62892 (unnummeriert). Hierbei muss man wieder bedenken, dass dieser stichwortartige Bericht zwischen Menschen, die sich mehrmals die Woche sehen, später sicher noch durch eine ausführliche Beschreibung ergänzt wird.
[210] In: Virginia Woolf: *Diary*, Band I, Seite 282. Eintrag vom 18. Juni 1919.
[211] Woolf, Virginia: *The Diary of Virginia Woolf. Volume II: 1920-1924.* Hrsg. von Anne Olivier Bell. London: Hogarth Press, 1978; Seite 242. Eintrag vom 12. Mai 1923.
[212] Woolf, Virginia: "Freudian Fiction" (1920). In: Woolf, Virginia: *Contemporary Writers*. Hrsg. von Jean Guiguet. London: Hogarth Press, 1965; Seite 152-154.
[213] Beresford, J.D.: *An Imperfect Mother*. London: W. Collins, Sons & Co, 1920.
[214] Virginia Woolf: "Freudian Fiction", Seite 153.
[215] Freud, Sigmund: "A Child is Being Beaten". In der Übersetzung von James und Alix Strachey erschienen in: *International Journal of Psycho-Analysis*, 1 (1920), Seite 371-395. Später abgedruckt in: Freud, Sigmund: *The Standard Edition of the Complete Prose Works of Sigmund Freud.* 24 Bände. Hrsg. von James Strachey. London: Hogarth Press and the Institute of Psychoanalysis, 1953-1966; Band XVII, Seite 177-204.

[216] Freud, Sigmund: "Massenpsychologie und Ich-Analyse" (1921). In: *Gesammelte Werke*, Band XIII; Seite 71-161.
[217] Brief von James an Lady Strachey vom 9. März 1921. Zitiert nach: Holroyd, Michael: *Lytton Strachey. A Critical Biography. Volume II: The Years of Achievement (1910-1932)*. London: Heinemann, 1968; Seite 442 (Fußnote 1).
[218] Brief von James an Lytton vom 16. Februar 1922. In: *Strachey Papers*, Add 60712, no. 86.
[219] Brief von Lytton Strachey an Carrington im Februar 1922. In: *Dora Carrington*, Add 62893 (unnummeriert).
[220] Brief von James an Lytton Strachey von Anfang 1922. In: *Strachey Papers*, Add 60712, no. 101.
[221] Freud, Sigmund: "Bruchstück einer Hysterie-Analyse" (1901). In: *Gesammelte Werke*, Band V, Seite 163-286.
[222] In: *Collected Papers*, Seite 21. In: *Gesammelte Schriften*, Band VIII, Seite 11.
[223] Brief von Sigmund Freud an James Strachey vom 23. November 1927. In: *Strachey Papers*, Add 60667, no. 10.
[224] Vgl. dazu die Ausführungen Jones' in seinem Brief an Sigmund Freud vom 4. Januar 1924. In: *Briefe Freud–Jones*, Seite 534.
[225] Brief von Sigmund Freud an Ernest Jones vom 15. Januar 1924. In: Meyer-Palmedo, Ingeborg: *Briefwechsel Sigmund Freud – Ernest Jones 1908-1939. Originalwortlaut der in Deutsch verfaßten Briefe Freuds.* Frankfurt: S. Fischer Verlag, 1993; Seite 26f.
Vgl. auch: *Briefe Freud–Jones*, Seite 535.
[226] Leonard Woolf: *Downhill*, Seite 164.
[227] Vgl. Leonard Woolf: *Downhill*, Seite 165, und Bell: *Virginia Woolf*, Band II, Seite 103.
[228] Virginia Woolf: *Diary*, Band II, Seite 302. Tagebucheintrag vom 26. Mai 1924.
[229] Brief von Sigmund Freud an Ernest Jones vom 16. November 1924. In: Meyer-Palmedo, Ingeborg: *Briefwechsel Sigmund Freud – Ernest Jones 1908-1939. Originalwortlaut der in Deutsch verfaßten Briefe Freuds.* Frankfurt: S. Fischer Verlag, 1993; Seite 32.
Vgl. auch: *Briefe Freud–Jones*, Seite 562.
[230] Siehe die diesbezüglichen Ausführungen oben.
[231] Vgl. De Clerck 1985, Seite 28.
[232] Vgl.: Roazen, Paul: *Freud and His Followers*. London: Allen Lane, 1976; Seite 338.
[233] Jones: *Freud*, Band III, Seite 68.

[234] Vgl. Brief vom 14. April 1931 von Leonard Woolf an Sigmund Freud. In: Leonard Woolf: *Letters*, Seite 304.
[235] Virginia Woolf: *Diary*, Band II, Seite 322. Eintrag vom 18. November 1924.
[236] Brief von Virginia Woolf an Molly McCarthy vom 2. Oktober 1924. In: Virginia Woolf: *Letters*, Band III, Seite 134f.
[237] Brief von Leonard Woolf an Lyn Irvine Newman vom 1. August 1957. In: Leonard Woolf: *Letters*, Seite 359.
[238] Brief von Leonard Woolf an Minna Green vom 26. Oktober 1960. In: Leonard Woolf: *Letters*, Seite 515.
[239] Vgl. die Ausführungen John Lehmanns, der mit den Woolfs in diesen Jahren zusammen im Verlag arbeitete, in: Lehmann, John: *I am my Brother*. London: Longmans, 1960; Seite 153.
[240] Leonard Woolf: *Downhill*, Seite 64.
[241] Woolf, Leonard: *Growing. An Autobiography of the Years 1904-1911*. London: Hogarth Press, 1977; Seite 12.
[242] Leonard Woolf: *Growing*, Seite 18ff.
Vgl. auch die Ausführungen in Kapitel I.1 zu Woolfs Verwendung Freudscher Terminologie bei der Schilderung, in welcher Weise die Bloomsbury Group von dem Philosophen G.E. Moore beeinflusst war.
[243] Vgl. Woolmer, Howard J.: *A Checklist of the Hogarth Press, 1917-1938*. New York: Woolmer and Brotherson, 1976.
[244] Brief von Lytton an James Strachey vom 25. Juli 1922. In: *Strachey Papers*, Add 60712, no. 104.
[245] Brief von Sigmund Freud an Ernest Jones vom 25. Juli 1925. In: *Briefe Freud–Jones*, Seite 579 (im Original englisch).
[246] Vgl. Gay 2000, Seite 526f.
Die vielschichtige Rolle, die Klein in der britischen Psychoanalyse spielen sollte, wird detailliert beschrieben in:
- Steiner, Ricardo: "Some Thoughts about Tradition and Change Arising from an Examination of the British Psycho-Analytical Society's Controversial Discussions (1943-1944). In: *International Review of Psycho-Analysis*, 12:27 (1985).
- Grosskurth, Phyllis: *Melanie Klein. Her World and Her Work.* Toronto: McClelland and Stewart, 1986.
- King, Pearl H.M.: "The Life and Work of Melanie Klein in the British Psycho-Analytical Society". In: *International Journal of Psycho-Analysis* 64 (1983); Seite 251-60.
- Segal, Hannah: *Melanie Klein*. Harmondsworth: Penguin, 1979.
[247] Freud, Sigmund: *"Selbstdarstellung"*, Seite 96.

[248] Vgl. Abel, Elizabeth: *Virginia Woolf and the Fictions of Psychoanalysis*. Chicago: The University of Chicago Press, 1989; Seite 13.
[249] M.N. Searl: "Symposium on Child Analysis". In: *International Journal of Psycho-Analysis*, 8 (1927). Zitiert nach Meisel und Kendrick 1985; Seite 43.
[250] Brief von James an Alix Strachey vom 27. September 1924. In: Meisel und Kendrick 1985, Seite 71.
[251] Stephen, Karin: *Psychoanalysis and Medicine: A Study of the Wish to Fall Ill*. Cambridge: Cambridge University Press, 1933.
[252] "Except for Freud's 'Introductory lectures on psycho-analysis', Karin's book was probably the best introduction to psychoanalysis in English. For some purposes it was superior to Freud in directing itself to the particular resistances of a medical audience and in explicating the use of free association and transference phenomena in the psychoanalytical process itself." (Orr, Douglas, W.: "Virginia Woolf and Psychoanalysis". In: *International Review for Psycho-Analysis*, 16 (1989); Seite 151-161, Seite 155)
[253] Vgl. Abel 1989, Seite 20.
[254] Vgl. Roazen 1976, Seite 341.
[255] Vgl. unter anderem:
- Strachey, James: "Some Unconscious Factors in Reading. In: *International Journal of Psycho-Analysis*, 11 (1930); Seite 322-331.
- Strachey, James: "The Nature of the Therapeutic Action of Psychoanalysis. In: *International Journal of Psycho-Analysis*, 15 (1934); Seite 127-159.
- Strachey, James: "Preliminary Notes upon the Problem of Akhenaten. In: *International Journal of Psycho-Analysis*, 20 (1939); Seite 33-42.
[256] Vgl.:
- Bergmann, M.S. und F.R. Hartman (Hrsg.): *The Evolution of Psychoanalytic Technique*. New York: Basic Books, 1976.
- Langs, Robert (Hrsg.): *Classics in Psychoanalytic Technique*. New York: Jason Aronson, 1981.
[257] Ein Exemplar des Schreibens befindet sich als Beilage eines Briefes von James an Pernel Strachey vom 5. Juni 1948. In: *Strachey Papers*, Add 60716, no. 59.
[258] Brief von Ernst Freud an Leonard Woolf vom 26. Juli 1946. In: *Hogarth Press Archiv*, zitiert in Meisel und Kendrick 1985, Seite 313.
[259] Ein lebhaftes Bild der Stracheys und deren Wohn- und Arbeitssituation während dieser Jahre geben Ilse Grubrich-Simitis in ihrer Einleitung zum Nachtragsband der *Gesammelten Werke* Freuds (1985) und Michael Holroyds Einleitung zu seiner Lytton Strachey-Biographie (1995).
[260] Meisel und Kendrick 1985, Seite 313.
[261] Grubrich-Simitis 1985, Seite 15f.

Vgl. auch Ernest Jones' Einschätzung: "Diese Arbeitsweise wurde seither unter James Stracheys sachverständiger Leitung fortgesetzt – mit dem bemerkenswerten Ergebnis, daß die englische Übersetzung von Freuds Werken, die *Standard Edition*, herausgeberisch bei weitem zuverlässiger ist als jede deutsche Ausgabe. (Jones, Ernest: *Sigmund Freud. Leben und Werk.* Gekürzte, einbändige Ausgabe. Frankfurt am Main: Fischer Verlag, 1969; Seite 522)

[262] Die beschriebene Debatte hat vorrangig in den psychoanalytischen Fachzeitschriften stattgefunden. Im Folgenden findet sich ein Überblick der wichtigsten Veröffentlichungen zum Thema:

- Spence, Donald P. Spence: "The Metaphorical Nature of Psychoanalytic Theory". In: Berman, Emanuel (Hrsg.): *Essential Papers on Literature and Psychoanalysis*. New York: New York University Press, 1993.
- Steiner, Ricardo: "'To Explain our Point of View to English Readers in English Words'". In: *International Review for Psycho-Analysis*, 18 (1991); Seite 351-392.
- Leupold-Löwenthal, Harald: "The Impossibility of Making Freud English. Some Remarks on the Strachey Translation of the Works of Sigmund Freud". In: *International Review for Psycho-Analysis*, 18 (1991); Seite 345-350.
- Pines, Malcolm: "Once more the Question of Revising the Standard Edition". In: *International Review for Psycho-Analysis*, 18 (1991); Seite 325-330.
- Laplanche, Jean: "Specificity of Terminological Problems in the Translation of Freud". In: *International Review for Psycho-Analysis*, 18 (1991); Seite 401-405.
- Likierman, Meira: "'Translation in Transition': Some Issues Surrounding the Strachey Translation of Freud´s Works". In: *International Review for Psycho-Analysis*, 17 (1990); Seite 115-120.
- Hoffer, Axel: "Can there be Translation without Interpretation? 'in other words ...'" In: *International Review for Psycho-Analysis*, 16 (1989); Seite 207-212.
- Wilson, Emmet: "Did Strachey Invent Freud?" In: *International Review for Psycho-Analysis*, 14 (1987); Seite 299-315.
- Steiner, Ricardo: "A World Wide International Trade Mark of Genuineness? Some Observations on the History of the English Translation of the Work of Sigmund Freud, focusing mainly on his Technical Terms". In: *International Review for Psycho-Analysis*, 14 (1987); Seite 33-102.
- Ornston, D.: Freud's Conception is Different from Strachey's. In: *Journal of the American Psychoanalytical Association,* 33 (1985); Seite 379-412.

[263] Brief von James an Lytton Strachey vom 16. Februar 1921. In: *Strachey Papers*, Add 60712, no. 65.
[264] Keynes, John Maynard: *The Economic Consequences of the Peace*. London: MacMillan and Co, 1920.
[265] Keynes, John Maynard: *Die wirtschaftlichen Folgen des Friedensvertrags*. München und Leipzig: Duncker & Humblot, 1921.
[266] Keynes 1920, Seite 54f.
[267] Siehe Gay 2000, Seite 512f.
[268] Ein aufgebrachter Kritiker zählte mindestens elf direkte oder indirekte Anspielungen auf die Sexualorgane des Menschen in *Elizabeth & Essex* (1928) und machte seinem Unmut über Stracheys angebliche sexuelle Obsession wie folgt Luft: "In *Elizabeth and Essex* the author shows himself preoccupied with the sexual organs to a degree that seems almost pathological." (Smyth, Charles: "A Note on Historical Biography and Mr. Strachey". In: *Criterion*, 8 (Juli 1929); Seite 658f.)
[269] Freud, Sigmund: "Kurzer Abriß zur Psychoanalyse" (1924/28). In: Freud, Sigmund: *"Selbstdarstellung"*; Seite 202-222.
[270] Freud, Sigmund: "Kurzer Abriß zur Psychoanalyse", Seite 216.
[271] Kallich, Martin: *The Psychological Milieu of Lytton Strachey*. New York: Bookman Associates, 1961.
[272] Abgedruckt in Kallich, Martin: "Psychoanalysis, Sexuality, and Lytton Strachey's Theory of Biography". In: *American Imago*, 15:4 (Winter 1958); Seite 331-368, Seite 359f.
[273] Virginia Woolf schrieb am 11. April 1932 an ihre Schwester Vanessa: "James is Lytton's executor, and has found masses of poems and plays, mostly unfinished, also box upon box of letters. We advised him to have the letters typed and circulated among us. He says Lytton said very unpleasant things about us all. But as we all do that, I don't see that it matters. Ott[oline Morrell] and Roger Senhouse needn't be included, if it hurts their feelings. Our letters aren't there – it was an earlier series." Brief von Virginia Woolf an Vanessa Bell vom 11. April 1932. In: Woolf, Virginia: *The Letters of Virginia Woolf. Volume V: The Sickle Side of the Moon, 1932-1935*. Hrsg. von Nigel Nicolson. London: Hogarth Press, 1979; Seite 45f.
[274] D.W. Winnicott, langjähriger Analysepatient Stracheys, nimmt auf diesen Umstand in seinem Nachruf auf James Bezug: "It happened that a biography of Lytton was in preparation, and during these twelve years of concentration on Freud's writings James was at the same time much concerned with getting the facts right in this biography which he was not really happy about." (Winnicott 1969, Seite 129)
[275] Holroyd 1995, Seite xx [sic].

[276] - Holroyd, Michael: *Lytton Strachey. A Critical Biography. Volume I: The Unknown Years (1880-1910)*. London: Heinemann, 1967.
- Holroyd, Michael: *Lytton Strachey. A Critical Biography. Volume II: The Years of Achievement (1910-1932)*. London: Heinemann, 1968.
1971 wurde die Biographie in gekürzter Form als Taschenbuch in zwei gesonderten Teilen veröffentlicht, wobei der biographische Teil von dem literaturkritischen innerhalb des Werks getrennt wurde:
- Holroyd, Michael: *Lytton Strachey and the Bloomsbury Group: His Work, Their Influence*. Harmondsworth: Penguin, 1971.
1995 erschienen erneut beide Originalteile in überarbeiteter Form als Taschenbuch:
- Holroyd, Michael: *Lytton Strachey. The New Biography*. London: Vintage, 1995.
[277] Holroyd 1971, Seite 299.
[278] Kallich 1958, Seite 359.
[279] Holroyd 1995, Seite 609f.
[280] Spurr, Barry: *A literary-critical Analysis of the Complete Prose Works of Lytton Strachey (1880-1932): A Re-assassment of his Achievement and Career*. Lewiston: The Edwin Mellen Press, 1995.
[281] Spurr 1995, Seite xiv.
[282] Ebenda, Seite xvi.
[283] Ebenda, Seite 33.
[284] Kallich 1961, Seite 32f.
[285] "[...] This of course was why he dedicated the book to us." Vgl. den oben zitierten Brief von James Strachey an Martin Kallich vom 2. Oktober 1956. In: Kallich 1958, Seite 359.
[286] Brief von Sigmund Freud an Lytton Strachey vom 25. Dezember 1928. Im Original deutsch. In: *Strachey Papers*, Add 60667, no. 1. Erstmals abgedruckt in: Freud: *Briefe 1873-1939* (1968, erweiterte Ausgabe); Seite 399-401. Auch abgedruckt in *Gesammelte Werke*, Nachtragsband; Seite 665-667.
Zitiert in Spurr 1995, Seite 33 nach: Meisel und Kendrick 1985, Seite 332.
[287] Brief von Sigmund Freud an Lytton Strachey vom 25. Dezember 1928. In: *Strachey Papers*, Add 60667, no. 1.
[288] Woolf, Virginia: *The Diary of Virginia Woolf. Volume IV: 1931-1935*. Hrsg. von Anne Olivier Bell. London: Hogarth Press, 1982; Seite 89. Eintrag vom 11. April 1932.
[289] Strachey, Lytton: *The Shorter Strachey*. Hrsg. von Michael Holroyd und Paul Levy. New York: Oxford University Press, 1972.
Strachey, Lytton: *Lytton Strachey By Himself. A Self-Portrait*. Hrsg. von Michael Holroyd. London: Vintage, 1994.

[290] Lytton Strachey: *According to Freud*. Posthum veröffentlicht in Holroyd und Levy 1972, Seite 111-120.
[291] Lytton Strachey: *According to Freud*, Seite 113f.
[292] Vgl. die Ausführungen in Kapitel II.2.
[293] Auch in der Reaktion auf vermeintlich bedrohliche Situationen zeigt sich bei Lytton Strachey immer noch der Schalk im Nacken bzw. in der Feder. Als James ihm in einem Brief vom 4. April 1916 berichtet, dass sich zwei Polizeibeamte nach seinem Aufenthaltsort erkundigt hätten, um ihn wegen seiner Einberufung zum Kriegsdienst vorzuladen, fragt Lytton in seiner Antwort lediglich, ob die "Bobbies" attraktiv gewesen seien. (Vgl. Brief von James an Lytton Strachey vom 4. April 1916. In: *Strachey Papers*, Add 60711, no. 35f., und Brief von Lytton an James Strachey vom 5. April 1916. In: *Strachey Papers*, Add 60711, no. 37f.)
[294] Vgl. auch Nicolson 1987, Seite 12.
[295] Brief von Lytton an James Strachey vom 10. September 1920: "[...] I got at last perfectly paralysed by Victoria. My brain span round & round, and I thought I was going to sink into imbecility. So it became necessary to have a rest. [...]". In: *Strachey Papers*, Add 60712, no. 38.
[296] Brief von Lytton an James Strachey vom 24. November 1920. In: *Strachey Papers*, Add 60712, no. 50.
[297] Vgl James' Aussagen zur Mitarbeit von James und Alix an Lyttons *Elizabeth & Essex* in seinem Brief an Kallich (Kallich 1958, Seite 359).
[298] Postkarte von James an Lytton vom 15. Oktober 1920. In: *Strachey Papers*, Add 60712, no. 42.
[299] Brief von James an Lytton Strachey vom 6. November 1920. In: *Strachey Papers*, Add 60712, no 43.
[300] Vgl. Kallich 1958, Seite 359.
[301] Brief von James an Lytton Strachey vom 6. November 1920. In: *Strachey Papers*, Add 60712, no 43.
[302] Brief von Lytton an James Strachey vom 27. Januar 1921. In: *Strachey Papers*, Add 60712, no. 57.
[303] Brief von James an Lytton Strachey vom 16. Februar 1921. In: *Strachey Papers*, Add 60712, no. 64f.
[304] Vgl. Tagebucheintrag von Virginia Woolf vom 12. September 1921. In: Virginia Woolf: *Diary*, Band II, Seite 135.

[305] Vgl. dazu die Ausführungen im vorigen Kapitel. Freud schätzte die Gesellschaft der Stracheys auch nach ihrem Aufenthalt in Wien und freute sich über jede Gelegenheit zum persönlichen Austausch. In einem Brief vom 13. August 1927 erwiderte Freud auf Stracheys Anfrage, ob sie sich nach dem Kongress in Wien treffen sollten: "Dear Mr Strachey, you are right, there might be a lot of visitors after the congress coming to the Semmering, but I will enjoy it especially if you and your wife are among them. We may not have many chances more to meet." In: *Strachey Papers*, Add 60667, no. 11.

[306] Postkarte von James an Lytton Strachey vom 29. März 1921. In: *Strachey Papers*, Add 60712, no. 66.

Das wöchentliche Magazin *The New Republic* veröffentlichte Stracheys *Queen Victoria* ab dem 30. März 1921 in Auszügen als Fortsetzungspublikation in elf Teilen. Des Weiteren erschien eine exklusive Sonderausgabe des Werks in einer *New Republic Edition* ab Juni 1921, die nur in Verbindung mit einem einjährigen Abonnement des Magazins erhältlich war. Vor Stracheys *Queen Victoria* publizierte *The New Republic* zu den gleichen Konditionen eine Sonderausgabe von H.G. Wells *The Outline of History* (1921), einem zweibändigen Geschichtswerk, das von der Kritik in den höchsten Tönen gelobt wurde. Die hohe Nachfrage seitens der *New Republic*-Leser erforderte mehrere Neuauflagen des Werks in der Sonderedition. Im Juni 1921 erschienen Wells *Outline of History* und Stracheys *Queen Victoria* zusätzlich gemeinsam in einer gebundenen Sonderausgabe.

In der Ankündigung der seriellen Veröffentlichung von *Queen Victoria* in *The New Republic* wird Stracheys biographisches Werk mit dem geschichtlichen Werk Wells verglichen. Vermutlich bezieht sich James Stracheys Aussage auf diese Passage: "The New Republic has pleasure in announcing the serial publication commencing in its issue of March thirtieth of THE LIFE OF QUEEN VICTORIA by Lytton Strachey AUTHOR OF EMINENT VICTORIANS. No one who read that astonishing book needs introduction to this one. Like its predecessor, The Life of Queen Victoria is, in form at least, a biography. But it is as different from most biographies as the Wells Outline is from most histories. And, as it happens, different in much the same way. For, like the Outline, it starts from within. It is not a surface narrative, but a spiritual portrait; a portrait not alone of the woman by whose name her era has come to be known, but of the Victorian Era itself – that era from which we have at once inherited so much – and so little. [...]" (*The New Republic*, 26:328 (16. März 1921)).

[307] Brief von James an Lytton Strachey vom 22. April 1921. In: *Strachey Papers*, 60712, no. 73.

[308] Brief von Sigmund Freud an Lytton Strachey vom 25. Dezember 1928. In: *Strachey Papers*, Add 60667, no. 1.

[309] Brief von Lytton an James Strachey vom 15. Februar 1922. In: *Strachey Papers*, Add 60712, no. 81f.
[310] Brief von Sigmund Freud an Lytton Strachey vom 25. Dezember 1928. In: *Strachey Papers*, Add 60667, no. 1.
[311] Brief von Alix an Lytton Strachey vom 1. Dezember 1925. In: *Strachey Papers*, Add 60704, no. 40.
[312] Trosman, Harry und Simmons, Roger Dennis: "The Freud Library". In: *Journal of the American Psychoanalytic Association*, 23 (1973); Seite 646-687, Seite 675.
[313] Seine Tochter Anna Freud bewohnte das Anwesen *20, Maresfield Gardens* im Londoner Stadtteil Hampstead bis zu ihrem Tod 1982, worauf es in das Londoner Freud Museum umgewandelt wurde und seit 1986 der Öffentlichkeit zugänglich ist.
[314] Es befinden sich keine Anstreichungen oder Bemerkungen im Buch selbst. Michael Molnar, Bibliothekar und Hauptverantwortlicher des Freud-Archivs des Londoner Freud Museums, erklärte mir im Gespräch, dass Sigmund Freud gewöhnlich Bemerkungen und Notizen auf einem separaten Blatt vornahm. Zu *Elizabeth & Essex* sind diese jedoch nicht erhalten.
[315] Brief von Sigmund Freud an Lytton Strachey vom 25. Dezember 1928. In: *Strachey Papers*, Add 60667, no. 1.
[316] Ebenda.
[317] Ebenda.
[318] Vgl. "Introduction" und "Epilog" in Meisel und Kendrick 1985.
Vgl. außerdem Holroyd 1995.
[319] Brief von James an Lytton Strachey vom 16. Februar 1922. In: *Strachey Papers*, Add 60712, no. 86.
[320] Brief von Sigmund Freud an James Strachey vom 23. November 1927. In: *Strachey Papers*, Add 60667, no. 10.
[321] Brief von Carrington an Lytton Strachey vom 3. März 1922. In: *Dora Carrington*, Add 62893 (unnummeriert).
[322] Holroyd 1995, Seite 519.
[323] Brief von Carrington an Alix vom 19. Juni 1922. In: *Dora Carrington Correspondence*, Add 65158 (unnummeriert).
[324] Brief von Virginia Woolf an Ethel Smyth vom 1. April 1931. In: Woolf, Virginia: *The Letters of Virginia Woolf. Volume IV: A Reflection on the Other Person, 1929-1931*. Hrsg. von Nigel Nicolson. London: Hogarth Press, 1978; Seite 302f.
[325] Vgl. die Ausführungen weiter oben.
[326] Siehe die Ausführungen im Kapitel IV. zu:

- Virginia Woolf: "A Sketch of the Past". In: *Moments of Being. Unpublished Autobiographical Writings*. Hrsg. von Jeanne Schulkind. Sussex: The University Press, 1976; Seite 94, 108.
- Virginia Woolf: "Character in Fiction". In: Woolf, Virginia: *The Essays of Virginia Woolf*. Hrsg. von Andrew McNeillie. Drei Bände. London: Hogarth Press, 1986-88; Band III, Seite 502-517 (Woolfs Manuskript).

[327] Woolf, Virginia: *A Room of One's Own*. New York: Harcourt, Brace & Co, 1929; Seite 52f.

[328] Ein Beispiel:
"I had a fearful nightmare last night, one feature of which was that you & Ralph, for some mysterious reason or other, made off together – without saying goodbye – for ever! – I suppose I had been overdoing it – staying up talking to Clive & Nessa till past one; the result is that today I am rather a wreck." (In einem Brief von Lytton Strachey an Carrington Anfang 1922. In: *Dora Carrington*, Add 62897 (unnummeriert))
Auch Virginia Woolf erwähnt in ihren Briefen immer wieder Träume und macht gelegentlich Versuche, diese zu interpretieren. Vgl. dazu Orr 1989, Seite 152.

[329] Brief von Carrington an Lytton Strachey vom November 1924. In: *Dora Carrington*, Add 62894 (unnummeriert). Carrington fügt dem Brief ein separates Blatt bei, auf dem sich eine Zeichnung befindet, die die Szene illustriert. Darüber steht das folgende Gedicht:

"There was a young man of Ham Skizzard
Who dreamt that the Ball-eating Lizard
In a bag half concealed
His blood quite conjealed [sic]
By eating his B_s in a Blizzard"

[330] Brief von Lytton Strachey an Carrington vom 10. April 1928. In: *Dora Carrington*, Add 62895 (unnummeriert).

[331] Brief von James an Lytton Strachey vom 23. April 1924. In: *Strachey Papers*, Add 60712, no. 126.

[332] Vgl. die Ausführungen in Kapitel III.1.

[333] Clive Bell: "Bloomsbury", Seite 137.

[334] Vgl. Holroyd 1967, Seite 143.

[335] Brief von Lytton Strachey an Edmund Gosse vom 30. Dezember 1922. In: *Strachey Papers*, Add 60721, no 91.

[336] Vgl. zum Beispiel:

- Richter, Harvena: *The Inward Voyage*. Princeton: Princeton University Press, 1970.
- Hafley, James: *The Glass Roof. Virginia Woolf as Novelist.* New York: Russell & Russell, 1963.

[337] Vgl. die Ausführungen weiter unten.

[338] Vgl. die Aufsätze von:
- Steinberg, Erwin R.: "Freudian Symbolism and Communication". In: *Literature & Psychology,* 3:2 (April 1953); Seite 2-5.
- Wyatt, Frederick: "Some Comments on the Use of Symbols in the Novel". In: *Literature & Psychology*, 4:2 (April 1954); Seite 15-23.
- Steinberg, Erwin R.: "Note on a Novelist too Quickly Freudened". In: *Literature & Psychology*, 4:2 (April 1954); Seite 23-35.
- Lesser, Simon O.: "Arbitration and Conciliation". In: *Literature & Psychology*, 4:2 (April 1954); Seite 25-27.
- Steinberg, Erwin R.: "Note on a Note". In: *Literature & Psychology*, 4:4 (September 1954); Seite 64f.

[339] Vgl. Steinberg, Erwin R.: "Note on a Note". In: *Literature & Psychology*, 4:4 (September 1954); Seite 64f.
Spätere Untersuchungen des Werks unter freudianischen Gesichtspunkten finden sich in:
- Hollingworth, Keith: "Freud and the Riddle of Mrs. Dalloway". In: *Studies in Honour of John Wilcox*. Hrsg. von Dayle Wallace und Woodburn O. Ross. Detroit: Wayne State University Press, 1958; Seite 239-250.
- Schlack, Beverly Ann: "A Freudian Look at Mrs. Dalloway". In: *Literature & Psychology*, 23 (1973); Seite 49-58.

[340] Hungerford, Edward A.: "Mrs. Woolf, Freud, and J.D. Beresford". In: *Literature & Psychology*, 5:3 (August 1955); Seite 49-51.

[341] Mitchells, Juliet: *Psychoanalysis and Feminism*. Harmondsworth: Penguin, 1973.

[342] Vgl. Bowlby, Rachel: "Introduction". In: Bowlby, Rachel (Hrsg.): *Virginia Woolf.* London: Longman, 1992.

[343] Abel, Elizabeth: *Virginia Woolf and the fictions of psychoanalysis*. Chicago: The University of Chicago Press, 1989.

[344] Abel 1989, Seite xvi, 3ff.

[345] Robbins, Dorothy Dodge: "Virginia Woolf and Sigmund Freud Diverge on What a Woman Wants". In: *The Centennial Review*, 39:1 (Winter 1995); Seite 129-145.

[346] Freud, Sigmund: "Bruchstück einer Hysterie-Analyse" (1901). In: *Gesammelte Werke*, Band V, Seite 163-286.

[347] Lutzer, Judith: "Woolf and Freud: An Analysis of Invisible Presences." In: *Virginia Woolf Miscellanies: Proceedings of the First Annual Conference on Virginia Woolf.* Hrsg. von Mark Hussey und Vara Neverov-Turk. New York: Pace University Press, 1992; Seite 148-154.

[348] Jacobus, Mary: "'The Third Stroke': Reading Woolf with Freud". In: Susan Sheridan (Hrsg.): *Grafts: Feminist Cultural Criticism*. London: Verso, 1988; Seite 93-110.

[349] Moran, Patricia L. "Finding the Hunger in Hysteria: Freud, Klein, Woolf". In: *Virginia Woolf: Themes and Variations*. Hrsg. von Vara Neverow-Turk und Mark Hussey. New York: Pace University Press, 1993; Seite 142-150.

[350] Robbins 1995, Seite 129.

[351] "Il n'y a pas de crises dans le livre; il n'y a aucune action ne de refoulements, point de ces ombres noires et masquées qui rôdent aux aguets dans la pénombre du subconscient – tout cet attirail mélodramatique du roman psychologique ultra-moderne; il n'y a pas d'analyse ou de suranalyse de motifs obscures; il n'y a pas de motifs du tout." In: Mayoux, J.J.: "Sur un livre récent de Virginia Woolf". In: *Revue Anglo-Américaine* 5 (1927/28); Seite 424.

Mayoux ist einer der Autoren, die Hoops in seiner Studie von 1934 heranzieht, um zu belegen, dass Woolf kein "mit der Erfahrung fortschreitendes Wachstum ihrer Charaktere" darstellt. Vielmehr reihe sie "ein Augenblicksempfinden aus dem Seelenleben ihrer Personen gleichwertig an das andere, wobei sie sich um eine Entwicklung der Motive nicht kümmert". (Hoops 1934, Seite 142)

[352] Schlack 1973.

[353] Hollingsworth, Keith: "Freud and the Riddle of Mrs. Dalloway". In: *Studies in Honour of John Wilcox*. Hrsg. von Dayle Wallace und Woodburn O. Ross. Detroit: Wayne State University Press, 1958; Seite 239-50.

[354] DiBattista, Maria: "To the Lighthouse: Virginia Woolf's Winter's Tale". In: *Virginia Woolf. Revelation and Continuity.* Hrsg. von Ralph Freedman. Berkley: University of California Press, 1979; Seite 161-188.

[355] Grünewald-Huber, Elisabeth: *Virginia Woolf: The Waves. Eine textorientierte psychoanalytische Interpretation*. Bern: Franke, 1979.

[356] Poresky, Louise A.: *The Elusive Self: Psyche and Spirit in Virginia Woolf's Novels*. Newark: University Delaware Press, 1981.

[357] Vgl. auch:

- Minow-Pinkney, Makiko: "'How then does light return to the world after the eclipse of the sun? Miraculously frailly?': A Psychoanalytic Interpretation of Woolf's Mysticism". In: *Virginia Woolf and the Arts. Selected Papers from the Sixth Annual Conference on Virginia Woolf.* Hrsg. von Diane F. Gillespie und Leslie K. Hankins. New York: Pace University Press, 1997; Seite 90-98.
- Yokas, Elizabeth: "Beyond Therapy: Ramsay's Journey Through Psychoanalysis". In: Gillespie and Hankins 1997; Seite 228-236.
- Swanson, Diana L.: "An Antigone Complex? Psychology and Politics in The Years and Three Guineas". In: *Virginia Woolf: Texts and Contexts. Selected Papers from the Fifth Annual Conference on Virginia Woolf.* Hrsg. von Beth Rigel Daugherty und Eileen Barrett. New York: Pace University Press, 1996; Seite 35-39.

[358] Rantavaara, Irma: *Virginia Woolf and Bloomsbury.* Helsinki: Suomalaisen Tiedeakatemian Toimituksia Annales Academiae Scientiarum Fennicae, 1953.

[359] Rantavaara 1953, Seite 114f.

[360] Panken, Shirley: *Virginia Woolf and the "lust of creation" – A Psychoanalytical Exploration.* New York: State University of New York Press, 1987.

[361] Kushen, Betty: "Virginia Woolf: Metaphor of the Inverted Birth". In: *American Imago*, 38/39 (1981); Seite 279-304.

[362] Rosenman, Ellen: "The 'Invisible Presence' in the Creative Process of Virginia Woolf". In: *American Imago*, 43:2 (Summer 1986); Seite 133-150; Seite 149.

[363] Strouse, F. Louise: "Virginia Woolf – Her Voyage Back". In: *American Imago*, 38:2 (Summer 1981); Seite 185-202, Seite 202.

[364] Bond, Alma H.: *Who killed Virginia Woolf? A Psychobiography.* New York: Human Sciences Press, 1989.
Vgl. dazu auch:
- Bond, Alma H.: "Virginia Woolf: manic-depressive Psychosis and Genius: an Illustration of Separation-Individuation Theory". In: *Journal of the American Academy of Psychoanalysis*, 13 (1985); Seite 191-210.
- Bond, Alma H.: "Virginia Woolf and Leslie Stephen: a Father's Contribution to Psychosis and Genius." In: *Journal of the American Academy of Psychoanalysis*, 14 (1986); Seite 507-524.

[365] Vgl. die Ausführungen Alix Stracheys:: "She [Virginia Woolf] was so much part of the Bloomsbury scene when I was living in Bloomsbury – indeed, one felt she was the centre of it – that hardly a day went by in which I did not meet her, or hear her talked about by my friends and by almost everyone I met." (Strachey, Alix: "Virginia Woolf". In: Noble, Joan Russell: *Recollections of Virginia Woolf.* New York: William Morrow & Co, 1972; Seite 111-118; Seite 111)

[366] Vgl. die Ausführungen zu *Freudian Fiction* (1920) im vorigen Kapitel.

[367] Brief von Virginia Woolf an Saxon Sydney-Turner vom 3. Februar 1917. In: Woolf, Virginia: *The Letters of Virginia Woolf. Volume II: The Question of Things Happening, 1912-1922.* Hrsg. von Nigel Nicolson. London: Hogarth Press, 1976; Seite 141.

[368] Brief von Virginia Woolf an Ethel Smyth vom 29. November 1930. In: Virginia Woolf: *Letters*, Band IV, Seite 259.

[369] Brief von James an Alix Strachey vom 14. Mai 1925. In: Meisel und Kendrick 1985, Seite 264.

[370] In: Virginia Woolf: *Diary*, Band I, Seite 60, 92.

Vgl. auch die Ausführungen Holroyds in Holroyd 1995, Seite 385.

[371] Brief von Virginia Woolf an James Strachey vom 17. Juni 1916, *Strachey Papers*, Add 60734, no. 135.

[372] Postkarte von Virginia Woolf an James Strachey von 1918. *Strachey Papers*, Add 60734, no. 146.

[373] Siehe Francis Marshalls Bericht in Noble 1972; Seite 74-77, Seite 75.

[374] Alix Strachey: "Virginia Woolf". In: Noble 1972, Seite 112f.

[375] Virginia Woolf: *Diary*, Band II, Seite 221. Eintrag vom 21. November 1918.

[376] In einem Brief an Gwen Raverat vom 1. Mai 1925 schreibt Virginia in Bezug auf den Wahnsinn und Suizid ihrer Figur Septimus Smith in *Mrs. Dalloway*: "[...] It was a subject that I have kept cooling in my mind until I felt I could touch it without bursting into flame all over. You can't think what a raging furnance it is still to me – madness and doctors and being forced." (Virginia Woolf: *Letters*, Band III, Seite 180)

[377] Jones 1959; Seite 123.

Vgl. auch Goldstein, Jan Ellen: "The Woolf's Response to Freud: Waterspiders, Singing Canaries, and the Second Apple." In: *Psychoanalytical Quarterly*, 43 (1974); Seite 438-476, Seite 444f.

[378] Für eine ausführliche Behandlung der Erörterung der Erfahrung Woolfs mit ihren behandelnden Ärzten, siehe:

- Marcus, Jane: *Virginia Woolf and the Languages of Patriarchy.* Bloomington and Indianapolis: Indiana University Press, 1987.

- Marcus, Jane: "On Dr. George Savage". In: *Virginia Woolf Miscellany*, 17 (1981); Seite 3f.
- Marcus, Jane: "Virginia Woolf and Her Violin". In: Ruth Perry (Hrsg.): *Mothering the Mind.* New York: Holmes & Meir, 1984; Seite 180-201.
- Showalter, Elaine: *The Female Malady: Women, Madness and English Culture 1830-1980*. London: Virago, 1987.

[379] Virginia Woolf: *Diary*, Band II, Seite 135. Eintrag vom 12. September 1921.

[380] Brief an Janet Case vom 2. September 1921. In: Virginia Woolf: *Letters*, Band II, Seite 482.
Auch Carrington richtete ihren Groll auf Freud über die zehrende Krankheit ihrer besten Freundin, jedoch spaßhaft im Gegensatz zu Virginia Woolf: "Well, How fares it with my ghostly love? Oh Freud. I could pour maledictions on your head that would burn your hairs [sic] into nothingness, & dissolve your glass spectacles. Why did you take my Alix from me and consume her so utterly. Really I lament not once but twenty times a day that Freud ever darkened our horizons. Well, little do <u>you</u> care Madorine [sic] for my avowals of affection so I'll be fraud & not plead + + + + + [sic]" (Brief von Carrington an Alix vom 22. Januar 1922. In: *Dora Carrington Correspondence*, Add 65158, (unnummeriert))

[381] Virginia Woolf: *Diary*, Band I, Seite 282. Tagebucheintrag vom 18. Juni 1919.

[382] Brief von Virginia Woolf an Vanessa Bell vom 18. Juni 1919. In: Virginia Woolf: *Letters*, Band II, Seite 369.

[383] Brief von Virginia Woolf an Molly McCarthy vom 2. Oktober 1924. In: Virginia Woolf: *Letters*, Band III, Seite 134f.

[384] Zitiert nach Abel 1989, Seite 18f. (Fußnote).

[385] Vgl. die Ausführungen zu den Gesprächen innerhalb der Bloomsbury Group über Sex in Kapitel I.1.

[386] Brief von Virginia Woolf an Katharine Cox vom 4. September 1912. In: Virginia Woolf: *Letters*, Band II, Seite 6.
Vgl. auch Abel 1989, Seite 18f.

[387] Brief von Virginia Woolf an Vanessa Bell. In: Virginia Woolf: *Letters*, Band III, Seite 381.

[388] Brief von Freud an Schnitzler vom 14. Mai 1922. In: Jones: *Freud*, Band III, Seite 514.

[389] Brief von Freud an Schnitzler vom 14. Mai 1922. In: Jones: *Freud*, Band III, Seite 514 (meine Hervorhebung).

Thomas Anz vermutet in diesem Zusammenhang, dass Freud diesen Brief verfasste, um Prioritätstreitigkeiten zwischen dem vorrangig wissenschaftlich Tätigen und dem vorrangig literarisch Tätigen zu vermeiden. Freud sei es sehr wohl bekannt gewesen, dass Schnitzler sein psychologisches Wissen neben Intuition und Selbstbeobachtung vor allem durch sein Studium an jener Wiener medizinischen Schule erworben hatte, die auch Freud selbst besucht hatte. Schnitzler habe sich während seines Studiums auf Nervenkrankheiten, insbesondere auf Hysterie und Neurasthenie spezialisiert. (Vgl. Anz 1995, Seite 312f.)

[390] Vgl. beispielsweise:

- Ellenberger, Henri: *The Discovery of the Unconscious. The History and Evolution of Dynamic Psychiatry*. New York: Basic, 1970, Seite 274: Ellenberg behauptet, Freud habe Gedankengut von Nietzsche übernommen, als er das Konzept der sexuellen und aggressiven Triebe entwickelte.
- Kofman, Sarah: *The Enigma of Woman: Woman in Freud's Writing*. Ithaca: Cornell University Press, 1980. Kofman behauptet, Freud habe sein Modell der narzisstischen Frau in "On Narcism" von Nietzsches Konzept der dritten Frau hergeleitet. [Zitiert in Jones, Ellen Carol: "Figural Desire in Orlando". In: *Selected Papers from the Third Annual Conference on Virginia Woolf.* Hrsg. von Mark Hussey und Vara Neverow. New York: Pace University Press, 1994; Seite 108-114, Seite 113.]

Vgl. auch die Ausführungen dazu in:

- Gay 2000, Seite 149f., 413.
- Jones: *Freud*, Band III, Seite 333, 335f.

[391] Vgl. Gay 2000, Seite 58 und Jones: *Freud*, Band III, Seite 489ff.

[392] Sigmund Freud an Fließ vom 1. Februar 1900. In: *Briefwechsel Fließ–Freud*, Seite 438.

[393] Ebenda, Seite 438.

[394] Brief von Sigmund Freud an Lothar Bickel vom 28. Juni 1931. Maschinengeschriebene Kopie, Sigmund Freud Copyrights, Wivenhoe. Zitiert in Gay 2000, Seite 58.

[395] Diese Ausführungen macht Freud in der Psychologischen Mittwoch-Gesellschaft am 1. April 1908. Siehe *Protokolle*, Band I, Seite 338. Zitiert nach Gay 2000, Seite 58

[396] Hoops 1934, Vorwortseite (nicht nummeriert).

[397] Ebenda, Seite 147: Hoops zitiert aus einem Brief von Virginia Woolf vom 7. Dezember 1931.

[398] Ebenda, Seite 141.

[399] Trautmann und Nicolson geben an, dass Goldstone von diesem Vorhaben zurückgetreten ist, nachdem er erfahren habe, dass Winifred Holtby und Floris Delattre bereits Bücher über Woolf veröffentlicht hatten.

Dabei handelt es sich um die folgenden Werke:
- Holtby, Winifred: *Virginia Woolf: A Portrait*. London: Academy Press, 1932.
- Delattre, Floris: *Le Roman psychologique de Virginia Woolf*. Paris: Librairie Philosophique J. Vrin, 1932. Virginia Woolf urteilte über das Werk: "I can't find it lively reading, [...]" in einem Brief an William Plomer vom 20. März 1932. In: *Letters*, Band V, Seite 37.

[400] Brief von Virginia Woolf an Harmon H. Goldstone vom 19. März 1932. In: Virginia Woolf: *Letters*, Band V, Seite 36.

[401] Brief von Virginia Woolf an Harmon H. Goldstone vom 16. August 1932. In: Virginia Woolf: *Letters*, Band V, Seite 90.

[402] Vgl. Virginia Woolf: *Letters*, Band V, Seite 91 (Fußnote 2).

[403] Virginia Woolf: *Diary*, Band II, Seite 326. Eintrag vom 21. Dezember 1924.

[404] "A young man the other day sent me a book in which he perpetually used 'Bloomsbury' as a convenient hold all for everything silly, cheap, indecent, conceited and so on. Upon which I wrote to him: All the people I most respect and admire have been what you call 'Bloomsbury'. Thus, though you have every right to despise and dislike them, you can't expect me to agree. Moreover, to use a general term like this, without giving instances and names, so that the people you sneer at can defend themselves, seems to me a cowardly subterfuge, of which you ought to be ashamed. Anyhow, never come and see me, who live in Bloomsbury, again." (Brief von Virginia Woolf an Ethel Smyth vom 13. August 1936. In: Virginia Woolf: *Letters*, Band VI, Seite 63)

[405] Brief von Virginia Woolf an Ethel Smyth vom 22. August 1936. In: Virginia Woolf: *Letters*, Band VI, Seite 66.

[406] Brief von Virginia Woolf an Harmon H. Goldstone vom 16. August 1932. In: Virginia Woolf: *Letters*, Band V, Seite 91.

[407] "[...] and may I request that you will consider this letter as private?" In ihrem Brief an Goldstone vom 19. März 1932. In: Virginia Woolf: *Letters*, Band V, Seite 36.

[408] Hoffman 1957, Seite ix.

[409] Clive Bell hatte 1922 einen Artikel zum gleichen Thema in *Nation and Athenaeum* veröffentlicht: Bell, Clive: "Dr Freud on Art" (1922). In: *Nation and Athenaeum*, 35 (6. September 1922); Seite 690f.

[410] Brief von Virginia Woolf an Roger Fry vom 22. September 1924. In: Virginia Woolf: *Letters*, Band III, Seite 133.

In den 1930er Jahren wird den Neuerscheinungen Freuds in der *Hogarth Press* die gleiche Aufmerksamkeit zuteil. Woolf liest Freuds *Moses and Monotheism*, das die Woolfs 1939 in der Übersetzung von Katherine John veröffentlichten: "My nose is not among the flowers, but on the grindstone. Moses had a very good show – I'm reading it." (Virginia Woolf: *Letters*, Band VI, Seite 346. Eintrag vom 15. Juli 1939)

[411] "[We] talked of cancer." In: Woolf, Virginia*: The Letters of Virginia Woolf. Volume III: A Change in Perspective, 1923-1928*. Hrsg. von Nigel Nicolson. London: Hogarth Press, 1977; Seite 36. Eintrag vom 20. Juli 1925.

[412] Abel 1989, Seite 13 und Fußnote 52.

[413] Virginia Woolf: *Diary*, Band III, Seite 141. Eintrag vom 23. Juni 1927.

[414] Vgl. Kushen 1989, Seite 41.

Der Freud'sche Ursprung dieser Ausdrücke ist ziemlich eindeutig: "A glossary of Freudian terms popular at the end of the second and the beginning of the third decade must include the *unconscious* and the *libido* (*id* and the moral censor *superego* became popular later in the twenties), *repression*, *complex* (especially the *Oedipus complex* and *inferiority complex*), and *sublimation*." (Kallich 1961, Seite 147 (Fußnote 3))

[415] Virginia Woolf: "Character in Fiction". In: Woolf, Virginia: *The Essays of Virginia Woolf*. Hrsg. von Andrew McNeillie. Drei Bände. London: Hogarth Press, 1986-88; Band III, Seite 502-517 (Woolfs Manuskript).

[416] Virginia Woolf: "Character in Fiction", Seite 504.

[417] Woolf, Virginia: *The Diary of Virginia Woolf. Volume V: 1936-1941*. Hrsg. von Anne Olivier Bell. London: Hogarth Press, 1984; Seite 32. Eintrag vom 11. November 1936.

[418] Virginia Woolf: *Diary*, Band V, Seite 32. Eintrag vom 11. November 1936.

[419] Vgl. Gay 2000, Seite 687.

[420] Die Grußadresse ist abgedruckt in: Cremerius, Johannes: *Freud und die Dichter*. Freiburg i. Br.: Kore, 1995; Seite 9f.

Vgl. auch Jones, Ernest: *The Life and Work of Sigmund Freud*. Band I-III. New York: Basic Books Inc, 1955-57; Band III, Seite 206.

[421] Virginia Woolf: *Diary*, Band V, Seite 202. Eintrag vom 29. Januar 1939. In ihrer typischen telegrammartigen Weise dokumentiert Woolf die Eindrücke und Gesprächsthemen ihres Treffens mit Freud:

"Dr Freud gave me a narcissus. Was sitting in a great library with little statues at a large scrupulously tidy shiny table. We like patients on chairs. A screwed up shrunk old man: with monkeys' light eyes, paralysed spasmodic movements, inarticulate: but alert. On Hitler. Generation before the poison will worked out. About his books. Fame? I was infamous rather than famous. Didn't make £50 by his first book. Difficult talk. An interview. Daughter & Martin helped. Immense potential, I mean an old fire now flickering. […]"

[422] Leonard Woolf: *Downhill*, Seite 168.

[423] Virginia Woolf: *Diary*, Band V, Seite 266f. Eintrag vom 11. Februar 1940.

[424] Virginia Woolf: "A Sketch of the Past". In: *Moments of Being. Unpublished Autobiographical Writings*. Hrsg. von Jeanne Schulkind. Sussex: The University Press, 1976.

[425] Virginia Woolf: "A Sketch of the Past", Seite 94.

[426] Ebenda, Seite 108.

[427] Virginia Woolf: *Diary*, Band V, Seite 248. Eintrag vom 2. Dezember 1939.

[428] Virginia Woolf: *Diary*, Band V, Seite 249. Eintrag vom 8. Dezember 1939.

[429] "[…] I read Freud on Groups; […]." (Virginia Woolf: *Diary*, Band V, Seite 252. Eintrag vom 17. Dezember 1939)

[430] Virginia Woolf: *Diary*, Band V, Seite 250. Eintrag vom 9. Dezember 1939.

[431] Vgl. unter anderem Roazen 1976, Rosenthal 1979, Kohon 1986.

[432] Woolf, Virginia: *A Writer's Diary: Being Extracts from the Diary of Virginia Woolf.* Hrsg. von Leonard Woolf. New York: Harcourt, Brace & Co, 1953; Seite 143.

Die beiden Angaben *Lighthouse* und *Moths* beziehen sich auf Woolfs Werk *To the Lighthouse* (1927) und die posthum erschienene Essay-Sammlung *Death of a Moth and Other Essays* (1942).

[433] Brief von Virginia Woolf an Ethel Smyth vom 22. Juni 1930. In: Virginia Woolf: *Letters*, Band IV, Seite 180.

[434] Leonard Woolf: *Beginning Again*, Seite 80.

[435] Vgl. auch die Einschätzung Quentin Bells in Bell, Quentin: *Virginia Woolf. A Biography. Volume Two: Mrs. Woolf 1913-1941*. London: The Hogarth Press, 1973; Seite 19 (Fußnote).

[436] Alix Strachey: "Virginia Woolf". In: Noble 1972, Seite 116f.

[437] Ellmann, Richard: "Freud and Literary Biography". In: *American Scholar*, 53 (1984); Seite 465-478, Seite 468.

[438] Wolff, Charlotte: *Hindsight: An Autobiography*. London: Quartet Books, 1980.
[439] Vanderbosch, Jane: "Virginia Woolf and Psychoanalysis. In: *Virginia Woolf Miscellany*, 19 (Herbst 1982), Seite 4.
[440] Wolff 1980, Seite 144-148.
[441] Grubrich-Simitis 1971, Seite 16.
[442] Stephen, Leslie: *Samuel Johnson*. London: MacMillan, 1878.
Stephen, Leslie: *Alexander Pope*. London: MacMillan, 1880.
Stephen, Leslie: *Jonathan Swift*. London: MacMillan, 1882.
Stephen, Leslie: *George Eliot*. London: MacMillan, 1902.
[443] *The Dictionary of National Biography*. Hrsg. von Leslie Stephen und Sidney Lee. London: Smith, Elder & Co, 1885-1900.
[444] Brief von Lytton Strachey an Sidney Lee vom 31. Dezember 1918. In: *Lee Papers*, Add 56087A, no. 114 (meine Hervorhebung).
[445] Siehe unter anderem:
- John Maynard Keynes: "Two Memoirs".
- Desmond MacCarthy: "Bloomsbury" in *Memoirs* (1953).
- Desmond MacCarthy : "A Memoir of Youth" in *Memoirs* (1953).
- Vanessa Bell: "Notes on Bloomsbury".
- Virginia Woolf: "Old Bloomsbury".
- Lytton Strachey: "Lancaster Gate".
- Duncan Grant: "Virginia Woolf".
- Alix Strachey: "Virginia Woolf". In: Noble 1972.
- Francis Marshall: "Virginia Woolf". In: Noble 1972.
- Clive Bell: "Virginia Woolf". In: Noble 1972.
- Angelica Garnett: "Virginia Woolf". In: Noble 1972.
[446] Fry, Roger: *Cézanne. A Study of His Development*. London: Hogarth Press, 1927.
[447] Keynes, John Maynard: *Essays in Biography*. London: MacMillan, 1933.
[448] Forster, E.M.: *Goldsworthy Lowes Dickinson*. London: E. Arnold & Co, 1934.
[449] Woolf, Virginia: *Roger Fry. A Biography*. London: Hogarth Press, 1940.
[450] Die folgenden Werke zeichnen die Entwicklung der Biographie-Geschichte nach und beleuchten unter anderem auch die durch Lytton Strachey initiierte Wende innerhalb der literarischen Lebensbeschreibung:
- Nicolson, Harold: *The Development of English Biography*. London: Hogarth Press, 1927.
- Maurois, André: *Aspects de la biographie*. Paris, 1928.
- Bowerman, George F.: "The New Biography" (Part I). In: *Wilson Bulletin. A Magazine for Librarians*. 4:3 (November 1929); Seite 107-111.

- Bowerman, George F.: "The New Biography" (Part II). In: *Wilson Bulletin. A Magazine for Librarians*. 4:4 (Dezember 1929); Seite 153-159.
- Stauffer, O.: *The Art of Biography in 18th Century England*. Princeton, N.J., 1941.
- Romein, Jan: *Die Biographie. Einführung in ihre Geschichte und ihre Problematik*. Bern: A. Francke Verlag, 1948.
- Johnson, Edgar: *One Mighty Tower*. New York: 1955.
- Edel, Leon: *Literary Biography: The Alexander Lectures 1955-1956*. London: Rupert Hart-Davis, 1957.
- Altick, Richard: *Lives and Letters: A History of Literary Biography*. New York: Alfred A. Knopf, 1965; Seite 281-300.
- Scheuer, Helmut: *Biographie. Studien zur Funktion und zum Wandel einer literarischen Gattung vom 18. Jahrhundert bis zur Gegenwart*. Stuttgart: Metzler, 1979.

[451] *Eminent Victorians*, Seite 9.

[452] Leon Edel klassifizierte Strachey als "the father of this kind of biography in our time". (Edel, Leon: *Literary Biography. The Alexander Lectures 1955-56*. London: Rupert Hart-Davis, 1957; Seite 88)
Vgl. auch:
- Altick, Richard: *Lives and Letters: A History of Literary Biography*. New York: Alfred A. Knopf, 1956; Seite 283.
- Sanders, Charles Richard: *Lytton Strachey: His Mind and Art*. New Haven: Yale University Press, 1957; Seite 215.
- Bower-Shore, Clifford: *Lytton Strachey: An Essay*. London: Fenland Press, 1933; Seite 35.
- Tindall, William Y.: *Forces in Modern British Literature*. New York: Alfred A. Knopf, 1956; Seite 129.
- Ward, A. C.: *Twentieth Century Literature 1901-1950*. London: Methuen & Co, 1956; Seite 232.
- MacCarthy, Desmond: "Lytton Strachey as a Biographer". In: *Life and Letters*, 7 (März 1932); Seite 90-102, Seite 96.
- Woolf, Virginia: "The Art of Biography". In: *Atlantic Monthly*, CLXIII (April 1939); Seite 506-510, Seite 507.
- Garraty, John A.: *The Nature of Biography*. New York: Garland, 1957; Seite 22.
- Scott-James, R. A.: *Fifty Years of English Literature 1900-1950*. London: Longmans, Green & Co, 1956; Seite 14.

[453] Altick 1956, Seite 283.

[454] Butler, Samuel: *The Way of All Flesh*. London: Grant Richards, 1903.
- Gosse, Edmund: *Father and Son*. London: Heinemann, 1907.

Vgl. auch:
- Maurois 1928, Seite 228.
- Scott-James 1955, Seite 19.
- Tindall 1956, Seite 131.
- Garraty 1957, Seite 107.
- Fuess, Claude M.: "Debunkery and Biography". In: *Atlantic Monthly*, CLI (März 1933); Seite 347-357, Seite 350.
[455] Vgl. Maurois 1928, Seite 228ff.
[456] Köntges, Günther: *Die Sprache in der Biographie Lytton Stracheys.* Marburg: 1938; Seite 2. Vgl. hierzu auch:
- Scott-James 1955, Seite 19.
- Garraty 1957, Seite 122.
- Nicolson, Harold: *The Development of English Biography.* London: Hogarth Press, 1927; Seite 150.
[457] Vgl. Edel 1957, Seite 81-89.
[458] Nicolson 1927, Seite 140.
[459] Boswell, James: *The Life of Samuel Johnson, LL.D.* London: Charles Dilly, 1791.
[460] Edel 1957, Seite 83.
[461] Scott, Geoffrey: *The Portrait of Zélide.* London: Constable & Co, 1925. Eine zusammenfassende Beschreibung der beiden herkömmlichen Arten der Lebensbeschreibung mit Beispielen liefert Edel 1957, Seite 81-89. Eine ausführlichere Darstellung bietet Nicolson 1927, Seite 87-132.
[462] Ludwig, Emil: *Goethe – Geschichte eines Menschen.* Berlin: Rowohlt, 1920.
- Ludwig, Emil: *Napoleon.* Berlin: Rowohlt, 1925.
- Ludwig, Emil: *Kaiser Wilhelm II.* Berlin: Rowohlt, 1926.
[463] Maurois, André: *Ariel, ou la vie de Shelley.* Paris: Grasset, 1923.
- Maurois, André: *La vie de Disraëli.* Paris: Gallimard, 1927.
- Maurois, André: *Byron.* Paris: Grasset, 1930.
[464] Vgl. hierzu die Darstellung der "New Biography"-Bewegung anhand der drei genannten Biographen in - Fuess 1933.
- Johnston, George Alexander: "The New Biography – Ludwig, Maurois and Strachey". In: *Atlantic Monthly*, CXLIII (März 1929); Seite 333-342.
- Maurois 1928.
[465] Edel 1957, Seite 88.
[466] Field, Louise Maunsell: "Biography Boom". In: *North American Review* (Oktober 1930); Seite 433-440, Seite 433.
Vgl. auch: Altick 1956, Seite 292ff.
[467] Fuess 1933, Seite 352.

[468] "His method, to be used effectively, must fall into the hands of a writer who is more than an imitator, a writer who possesses both literary talent and freedom of mind and spirit." (Sanders 1957, Seite 215)
Vgl. auch:
- Boas, Guy: *Lytton Strachey*. London: Oxford University Press, 1935; Seite 15.
- Maurois 1928, Seite 237.
[469] O'Neill, Edward H.: "Modern American Biography". In: *The North American Review*, CCXL (Dezember 1935); Seite 488-497, Seite 489.
[470] Guedalla, Philip: *Palmerston*. London: Ernest Benn, 1926.
- Guedalla, Philip: *Bonnet and Shawl – An Album*. London: Hodder & Stoughton, 1928.
- Guedalla, Philip: *The Duke*. London: Hodder & Stoughton, 1931.
- Guedalla, Philip (Hrsg.): *The Queen and Mr. Gladstone*. Zwei Bände. London: Hodder & Stoughton, 1933.
[471] Vgl. auch:
- Scott James 1956, Seite 202.
- Altick 1956, Seite 289.
- Ward 1956, Seite 234ff.
[472] Kingsmill, Hugh: *Matthew Arnold*. London: Duckworth, 1928.
[473] Hughes, Rupert: *George Washington – The Human Being and the Hero, 1732-1762*. New York: W. Morrow & Co, 1926.
Vgl. auch Field 1930, Seite 436.
[474] Cooper, Duff: *Talleyrand*. London: Jonathan Cape, 1932.
Vgl. Ward 1956, Seite 236.
[475] Cecil, David: *The Stricken Deer. The Life of Cowper*. London: Constable & Co, 1929.
- Cecil, David: *The Young Melbourne, and the Story of His Marriage with Caroline Lamb*. London: Constable & Co, 1939.
Vgl. Ward 1956, Seite 236.
[476] Nicolson, Harold: *Tennyson. Aspects of His Life, Character, Poetry*. London: Constable & Co, 1922.
- Nicolson, Harold: *Byron: the Last Journey. April 1823-1824*. London: Constable & Co, 1924.
- Nicolson, Harold: *Swinburne*. London: MacMillan, 1926.
- Nicolson, Harold: *Curzon: The Last Phase, 1919-1925. A Study in Post-War Diplomacy*. London: Constable & Co, 1934.
Vgl.:
- Scott 1956, Seite 203.
- Boas 1935, Seite 15.

- Tindall 1956, Seite 324.
[477] Hackett, Francis: *Henry the Eighth*. London: Jonathan Cape, 1929.
Vgl.:
- Boas 1935, Seite 15.
- Sanders 1957, Seite 344.
[478] Wedgwood, Veronica: *Strafford*. 1593-1641. London: Jonathan Cape, 1935.
- Wedgwood, Veronica: *William the Silent. William of Nassau, Prince of Orange, 1533-1584*. London: Jonathan Cape, 1944.
Vgl.:
- Scott 1956, Seite 203.
- Dobrée, Bonamy (Hrsg.): *Introduction to English Literature: The Present Age*. London: Cresset Press, 1958; Seite 145.
[479] Vgl.:
- Altick 1956, Seite 292.
- Clive 1958, Seite 24.
- Kallich 1961, Seite 9, 13ff., 31ff.
[480] Altick 1956, Seite 298.
[481] Sanders 1957, Seite 349.
[482] Clive, John: "More or Less Eminent Victorians: Some Trends in Recent Victorian Biography". In: *Victorian Studies*, 2 (September 1958); Seite 5-28.
[483] "[...] there is still much that we can learn: his genius for squeezing into a single phrase certain aspects of a person; his capacity for combing great masses of documents to find the substance of that phrase; the skill with which he captures incident and detail in order to light up a whole scene or to bring a personality into relief; above all the dazzling qualities in his prose by which he lifted biography from plodding narrative to the realm of literary art." (Edel 1957, Seite 88f.)
[484] Brief von Sigmund Freud an C.G. Jung vom 17. Oktober 1909. In: *Briefe Freud–Jung,* Seite 280.
[485] Freud, Sigmund: "Eine Kindheitserinnerung des Leonardo da Vinci" (1910). In: *Gesammelte Werke*, Band VIII, Seite 128-211.
[486] Smith, Preserved: *The Life and Letters of Martin Luther*. Boston & New York: Houghton Mittlen Co, 1911.
[487] Vgl. Garraty 1957; Seite 133f.
[488] Edel 1957.
[489] Edel 1957, Seite 58.
[490] Harlow, Ralph Volney: *Samuel Adams. Promoter on the American Revolution. A Study in Psychology and Politics*. New York: Holt & Co, 1923.

[491] Preserved Smith 1911.
[492] Vgl. Garraty 1957, Seite 134.
[493] Hitschmann, Eduard: "Die Bedeutung der Psychoanalyse für die Biographik". In: *Psychoanalytische Bewegung*, 2:4 (Juli/August 1930); Seite 305-313, Seite 313.
[494] Freud, Sigmund: "Eine Kindheitserinnerung aus 'Dichtung und Wahrheit'" (1917). In: *Gesammelte Werke*, Band XII, Seite 15-26. Erster Abdruck in Band 5 (1917) der Zeitschrift *Imago*.
[495] Freud, Sigmund: "Dostojewski und die Vatertötung" (1928). In: *Gesammelte Werke*, Band XIV, Seite 399-418. Erstmals veröffentlicht als einleitende Studie des Bandes *Die Urgestalt der Brüder Karamasoff*, hrsg. von Fritz Eckstein und René Fülöp-Miller. Verlag R. Piper & Co. München: 1928.
[496] Freud, Sigmund: "Eine Kindheitserinnerung des Leonardo da Vinci" (1910). In: *Gesammelte Werke*, Band VIII, Seite 128-211. Erstmals veröffentlicht als Heft 7 der "Schriften zur angewandten Seelenkunde". Leipzig, Wien: Verlag Franz Denticke, 1910. In englischer Sprache zum ersten Mal 1916 erschienen in der Übersetzung von A.A. Brill, New York: Moffat, Yard & Co, 1916.
[497] Freud, Sigmund: *Leonardo*, Seite 153.
[498] Vgl. die Ausführungen James Stracheys in seinem Brief an Lytton Strachey vom 16. Februar 1921. In: *Strachey Papers*, Add 60712, no. 64f. in Kapitel III.2.
[499] Freud, Sigmund: "Über 'wilde' Psychoanalyse" (1910). In: *Gesammelte Werke*, Band VIII, Seite 118-125; Seite 124. Erstmals erschienen im "Zentralblatt für Psychoanalyse", Band I, Wiesbaden: Verlag Bergmann, 1910.
[500] Sigmund Freud: "Ansprache im Frankfurter Goethe-Haus" (1930). In: *Gesammelte Werke*, Band XIV, Seite 547-550; Seite 550.
[501] Sigmund Freud: "Ansprache im Frankfurter Goethe-Haus", Seite 550.
[502] Sachs, Hanns: *Freud: Master and Friend.* London: Imago Publishing Company, 1945; Seite 108.
[503] Sigmund Freud: *Leonardo*, Seite 202f.
[504] Brief von Sigmund Freud an C.G. Jung vom 30. Juni 1909. In: *Briefe Freud–Jung*, Seite 263.
[505] Vgl. Grubrich-Simitis: "Einleitung". In: Grubrich-Simitis 1971, Seite 18f.
[506] Brief von Sigmund Freud an Arnold Zweig vom 31. Mai 1936. In: Freud, Ernst (Hrsg.): *Sigmund Freud–Arnold Zweig. Briefwechsel.* Frankfurt am Main: S. Fischer Verlag, 1968; Seite 137.

[507] Freud, Sigmund: "Libidoentwicklung und Sexualorganisation" (1917). In: *Vorlesungen zur Einführung in die Psychoanalyse*. Frankfurt am Main: Fischer Taschenbuch, 1997; Seite 306-323, Seite 321.
[508] Grubrich-Simitis: "Einleitung". In: Grubrich-Simitis 1971, Seite 16.
[509] Sigmund Freud: *Leonardo*, Seite 128.
[510] Brief von Sigmund Freud an C.G. Jung vom 17. Oktober 1909. In: *Briefe Freud–Jung*, Seite 280.
[511] Ebenda, Seite 280.
[512] Brief von Sigmund Freud an Dr. Alfons Paquet vom 5. August 1930. In: *Gesammelte Werke*, Band XIV, Seite 546.
[513] Sigmund Freud: *Leonardo*, Seite 135.
[514] Brief von Sigmund Freud an Arnold Zweig vom 15. Juli 1934. In: Freud, Ernst (Hrsg.): *Sigmund Freud –Arnold Zweig. Briefwechsel.* Frankfurt am Main: S. Fischer Verlag, 1968; Seite 96.
[515] Sigmund Freud: *Leonardo*, Seite 153.
[516] "[...] my choice of subjects has been determined by no desire to construct a system or to prove a theory, [...]." (*EV* 9)
[517] Später gesammelt veröffentlicht in:
- Strachey, Lytton: *Books and Characters*. London: Chatto & Windus, 1922.
- Strachey, Lytton: *Characters and Commentaries*. London: Chatto & Windus, 1933.
- Strachey, Lytton: *Spectatorial Essays*. London: Chatto & Windus , 1964.
[518] Strachey, Lytton: *Portraits in Miniature*. London: 1931.
[519] Strachey, Lytton: "A New History of Rome". In: *Spectator*, CII (2. Januar 1909); Seite 20f. Posthum veröffentlicht in *Spectatorial Essays*, Seite 13-17, Seite 13.
[520] Lytton Strachey: *Eminent Victorians*, Seite 9f.
[521] Ebenda, Seite 10.
[522] Lytton Strachey: "Gibbon" in *Portraits in Miniature*, Seite 160.
[523] Lytton Strachey: *Eminent Victorians*, Seite 10.
[524] Ebenda, Seite 10.
[525] Ebenda, Seite 10.
[526] Vgl. Spurr 1995, Seite 100.
[527] In einem Brief an seinen Bruder James vom 23. Juli 1908 schreibt Lytton Strachey von seiner Arbeit an dem Essay *Voltaire's Tragedies*: "It occurered to me that I might make one of my well-known pseudo-quotations." (Holroyd 1995, Seite 420)

[528] Der Versuch Professor Merles, den Verfasser des "zitierten" Vorsatzes und die Originalquelle zu finden, musste scheitern: "Nous interrogeâmes les spécialistes de littérature française, mais sans succès [...]. Le mystère reste entier." (Merle, Gabriel: *Lytton Strachey 1880-1932*. Lille: Université de Lille, 1980; Band II, Seite 33, 813f.)

[529] Vgl. Holroyd 1995, Seite 420f., und Spurr 1995, Seite 100.

In dem Vorwort zu *Eminent Victorians* verstecken sich zwei weitere Anspielungen auf Aussprüche anderer, die nicht als Zitate gekennzeichnet sind. Stracheys Bemerkung, dass es vielleicht schwieriger sei, ein gutes Leben zu (be)schreiben als eines zu leben (Lytton Strachey: *Eminent Victorians*, Seite 10) ist die Umformulierung eines Satzes von Carlyle: "a well-written life is almost as rare as a well-spent one" (vgl. Maurois 1928, Seite 245), und der bildmächtige Vergleich der großbändigen Standard-Biographien mit der Gefolgschaft eines Totengräbers ist einem Artikel über Biographie von Edmund Gosse entnommen (in: *Anglo-Saxon Reviews*, VIII (1901); Seite 195-208. Vgl. Holroyd 1995, Seite 730, Anmerkung 5).

[530] Lytton Strachey: *Eminent Victorians*, Seite 10.

[531] Ebenda, Seite 10.

[532] Lytton Strachey: "Maucalay" in *Portraits in Miniature*, Seite 169f.

[533] Vgl. Holroyd 1995, Seite 441f., und Stratford, Jenny: "Eminent Victorians". In: *British Museum Quarterly*, 38 (1968); Seite 93-96.

[534] Aufzeichnung von Ralph Partridge vom 8. Oktober 1946. Zitiert in Holroyd 1995, Seite 442.

[535] Spurr 1995, Seite154.

[536] Boas 1935, Seite 19.

[537] Vgl. hierzu die näheren Ausführungen in Kapitel VIII.1.

[538] Zitiert in Köntges 1938; Seite 2.

[539] Diese Verfahrensweise hat Strachey den Ruf eines Ikonoklasten oder "debunkers" beschert. Holroyd weist nach, dass der Ursprung dieses Begriffes in US-amerikanischer Umgangssprache bedeutet: "[...] someone who took the bunkum or humbug out of a subject – not such a bad thing after all." Zitiert aus "Introduction" (*EV* x).

[540] Lytton Strachey: *Eminent Victorians*, Seite 9.

[541] Ebenda, Seite 9.

[542] Woolf, Virginia: "The Art of Biography". In: *Atlantic Monthly*, CLXIII (April 1939); Seite 506-510, Seite 509. Dort führt Woolf aus, dass es Strachey entgegenkam, mit vorhandenem Material zu arbeiten und dieses auf seine Weise zu bearbeiten, da es ihm an schöpferischer Kraft zum Schreiben von *fiction* gemangelt habe: "To recreate them [Victorian figures], to show them as they really were, was a task that called for gifts analogous to the poet's or the novelist's, yet did not ask that inventive power in which he [Lytton Strachey] found himself lacking" (Woolf 1939, Seite 507).

[543] Im Vorwort zu *Eminent Victorians* heißt es: "It has been my purpose to illustrate rather than to explain." (*EV* 9)

[544] "[...] none ever practised with a more consummate success the divine art of impartiality." (Lytton Strachey: "Hume" in *Portraits in Miniature*, Seite 141)

[545] Rochefoucauld ist für Lytton Strachey ein Beispiel für "supreme detachment": "When he speaks of love he is as icy as when he speaks of death." Zitiert nach Scott-James, R. A.: *Lytton Strachey*. London: Longmans, Green & Co, 1955; Seite 15.

[546] Lytton Strachey: "Gibbon" in *Portraits in Miniature*, Seite 161.

[547] "It [Gibbon´s style] makes sympathy impossible, it takes no cognisance of passion, [...]". (Lytton Strachey: "Gibbon" in *Portraits in Miniature*, Seite 163)

[548] Lytton Strachey: "Gibbon" in *Portraits in Miniature*, Seite 164.

[549] Lytton Strachey: "Racine" in Strachey, Lytton: *Books and Characters*. London: 1922.

[550] Vgl. hierzu die Ausführungen bei:

- Sanders 1957, 193ff.
- Spurr 1995, Seite 113.
- Mirsky, D. S.: "Mr. Lytton Strachey". In: *London Mercury*, VII (Juni 1923); Seite 175-184, Seite 176, 179.

[551] Lytton Strachey: *Eminent Victorians*, Seite 10.

[552] Spurr 1995, Seite 122.

[553] Lytton Strachey: "Gibbon" in *Portraits in Miniature*, Seite 163f. Dort heißt es auch: "The style once fixed, everything else followed."

[554] "[...]; but, like all irony, it is the product of style." (Lytton Strachey: "Gibbon" in *Portraits in Miniature*, Seite 165)

[555] "Strachey´s historical significance and his intrinsic worth to biography and literature can be traced directly to his style." (Longaker, Marc: *Contemporary Biography*. Philadelphia: University of Pennsylvania Press, 1934; Seite 32)

[556] In einem Brief von Sigmund Freud an Lytton Strachey vom 25. Dezember 1928. In: *Strachey Papers*, Add 60667, no. 1.

[557] Sigmund Freud: *Leonardo*, Seite 128.
[558] Sigmund Freud: "Ansprache im Frankfurter Goethe-Haus.", Seite 550.
[559] Vgl. Holroyd 1995, Seite 419.
[560] Brief von Sigmund Freud an C.G. Jung vom 17. Oktober 1909. In: *Briefe Freud–Jung*, Seite 281.
[561] Ebenda, Seite 280f.
[562] Aufzeichnung von Ralph Partridge vom 8. Oktober 1946. Zitiert in Holroyd 1995, Seite 442.
Vgl. auch Boas 1955, Seite 19: "He [Strachey] does not start on a protracted passage till the destination and the whole of the intervening country, however undulating, are fixed in his mind. He is a shining example of the adage that easy reading is only to be accomplished by hard writing."
[563] Lytton Strachey: *Eminent Victorians*, Seite 9.
[564] Siehe auch Gay 2000, Seite 309ff.
[565] Sigmund Freud: *Leonardo*, Seite 153.
[566] Reiks Rezension erschien in Band 15 (1929) der Zeitschrift *Imago*, Seite 232-242.
[567] Brief von Sigmund Freud an Theodor Reik vom 14. April 1929. In: *Gesammelte Werke*, Nachtragsband, Seite 668.
[568] Ebenda, Seite 669.
[569] In dem Schreiben, mit dem Freud von der Verleihung des *Goethe-Preises* an ihn in Kenntnis gesetzt wurde, heißt es: "Die Ihnen zugedachte Ehrung gilt in gleichem Maße dem Gelehrten wie auch dem Schriftsteller und dem Kämpfer, der in unserer, von brennenden Fragen bewegten Zeit dasteht als ein Hinweis auf eine der lebendigsten Seiten des Goetheschen Wesens." (Brief von Dr. Alfons Paquet an Sigmund Freud vom 26. Juli 1930. In Auszügen abgedruckt in: *Gesammelte Werke*, Band XIV, Seite 546 (Fußnote))
[570] Eppelsheimer, Hanns W.: "Bericht der Präsidenten". In: *Jahrbuch 1964 der Deutschen Akademie für Sprache und Dichtung in Darmstadt.* Heidelberg/Darmstadt: Lambert Schneider, 1965; Seite 99.
[571] Vgl. auch die Zusammenstellung von Zitaten über Freuds Stil in Schönau, Walter: *Sigmund Freuds Prosa. Literarische Elemente seines Stils.* Stuttgart: Metzler, 1968; Seite 257-275.
[572] Zitiert nach Jones: *Freud*, Band III, Seite 287.
[573] Döblin, Alfred: "Zum siebzigsten Geburtstag Sigmund Freuds". In: *Almanach für das Jahr 1927.* Wien: Internationaler Psychoanalytischer Verlag, 1927; Seite 28-39, Seite 33.
[574] Reik, Theodor: "From Thirty Years with Freud". In: *The Search Within. The Inner Experience of a Psychoanalyst.* Hrsg. von Theodor Reik. New York: Grove Press, 1958; Seite 3-79, Seite 6.

[575] Wittels, Fritz: *Sigmund Freud. Der Mann, die Lehre, die Schule*. Leipzig: Tal, 1924; Seite 62.
[576] Jones, Ernest: *Sigmund Freud. Four Centenary Addresses*. New York: Basic Books, 1956; Seite 117-156, Seite 131f.
Weitere Einschätzungen der Freud'schen Sprachkunst von Hermann Hesse, Hugo Ignotus und Werner Achelis finden sich in: "Freuds Sprache". In: *Psychoanalytische Bewegung*, 2:5 (Juli/August 1930); Seite 510f.
[577] Am 1. April 1884 schreibt Freud an seine Verlobte: "Zu wiederholten Malen sind mir – und ich weiß nicht wieso – mehrere Geschichten in den Kopf gekommen, von denen sich unlängst eine – eine Erzählung in orientalischem Gewand – ziemlich bestimmt herausgearbeitet hat. Du wirst doch erstaunt sein zu hören, daß ich dichterische Regungen verspüre, nachdem ich selbst nichts ferner von mir geglaubt habe." (Brief von Sigmund Freud an Martha Bernays vom 1. April 1884. Zitiert in Jones: *Freud*, Band III, Seite 485)
[578] Sigmund Freud: "Studien über Hysterien" (1895). In: *Gesammelte Werke*, Band I; Seite 75-312, Seite 227.
[579] Brief von Sigmund Freud an Hermann Struck vom 7. November 1914. In: Freud: *Briefe 1873-1939*, Seite 317f.
[580] Freud: *Leonardo*, Seite 207.
[581] Muschg, Walter: "Freud als Schriftsteller". In: *Die Zerstörung der deutschen Literatur*. Bern: Francke Verlag, 1956.
[582] Schönau, Walter: *Sigmund Freuds Prosa. Literarische Elemente seines Stils*. Stuttgart: Metzlersche Verlagsbuchhandlung, 1968. Vgl. auch die hohe Wertschätzung von Schönaus Stilanalyse durch die Kritik:
- Mayer, Hans: "Walter Schönau: Sigmund Freuds Prosa". In: *Psyche*, 23 (1969); Seite 951f.
- Niederland, William: "Freud's Literary Style: Some Observations". In: *American Imago*, 28 (1971); Seite 17-23.
[583] Roustang, François: "Du Chapitre VII". In: *Nouvelle Revue de Psychanalyse*, 16 (1977); Seite 65-95.
[584] Mahony, Patrick: *Freud as a Writer*. New York: International University Press, 1981. In deutscher Übersetzung erschienen als: Mahony, Patrick: *Der Schriftsteller Sigmund Freud*. Frankfurt: Suhrkamp Verlag, 1989.
[585] Muschg 1956, Seite 16.
[586] Ebenda, Seite 16.
[587] Mahony 1989, Seite 10.
[588] Schönau 1968, Seite 251.
[589] Vgl. Roustang 1977, Seite 78.
[590] Vgl. unter anderem:

- Grotjahn, Martin: "Sigmund Freud as Dreamer, Writer and Friend". In: *Voices*, 5 (1969); Seite 70-73.
- Grotjahn, Martin: "Sigmund Freud and the Art of Letter Writing". In: *Journal of the American Medical Association*, 200 (1967); Seite 13-18.
- Holt, Robert: "Freud's Cognitive Style". In: *American Imago*, 22 (1965).
- Holt, Robert: "On Reading Freud". In: *Abstracts of the Standard Edition of the Complete Psychological Works of Sigmund Freud.* Hrsg. von Carrie Lee Rothgeb. London: Jason Aronson, 1973.
- Langer, Detlef: *Freud und "der Dichter"*. Frankfurt am Main: Peter Lange, 1992.
- Muschg, Walter: *Psychoanalyse und Literaturwissenschaft.* Berlin: Junker und Dünnhaupt Verlag, 1930.
- Mahony, Patrick: "Further Reflections on Freud and his Writing". In: *Journal of the American Psychoanalytical Association*, (32) 1984; Seite 847-864.
- Schotte, Jean-Claude: "La Lecture de Freud écrivain". In: *La Psychanalyse*, 5 (1959); Seite 51-68.
- Smith, Joseph H. (Hrsg.): *The Literary Freud: Mechanisms of Defence and the Poetic Will.* New Haven, CT: Yale University Press, 1980.
- Steinbauer, Herta: *Die Psychoanalyse und ihre geistesgeschichtlichen Zusammenhänge mit besonderer Berücksichtigung von Freuds Theorie der Literatur und seiner Deutung dichterischer Werke.* Basel und Boston: Birkhäuser Verlag, 1987.

[591] Vgl. zum Beispiel:
- Pederson-Krag, Geraldine: "The Use of Metaphor in Analytic Thinking". In: *Psychoanalytic Quarterly*, 25 (1956); Seite 66-71.
- Rubinstein, P: "On Metaphor and Related Phenomena". In: *Psychoanalysis and Contemporary Science.* Hrsg. von Robert Holt und E. Peterfreund. New York: 1972.

[592] Vgl. Zum Beispiel:
- Benveniste, Emile: "Remarques sur la Fonction du Langage dans la Découverte Freudienne". In: *Psychanalyse*, 1 (1956); Seite 15.
- Trilling, Lionel: *The Liberal Imagination*. New York: Viking Press, 1950.

[593] Vgl. die Ausführungen in Kapitel VI.3.

[594] Vgl. die Ausführungen in Kapitel VI.1.

[595] Brief von Sigmund Freud an Ernest Jones vom 15. April 1910. In: *Briefe Freud–Jones*, Seite 51 (im Original englisch).

[596] Sigmund Freud: *Leonardo*, Seite 207.

[597] Ebenda, Seite 207.

[598] Brief von Sigmund Freud an Lou Andreas-Salomé vom 9. Februar 1919. In: Pfeiffer, Ernst: *Sigmund Freud – Lou Andreas Salomé. Briefwechsel.* Frankfurt am Main: S. Fischer Verlag, 1966; Seite 100.
Gegenüber Sándor Ferenczi bezeichnete er seinen biographischen Versuch als "das einzig Hübsche", das er je geschrieben habe. Brief von Sigmund Freud an Sándor Ferenczi vom 13. Februar 1919. In: Falzeder, Ernst u.a. (Hrsg.): *Sigmund Freud – Sándor Ferenczi. Briefwechsel: 1908-1919.* (Zwei Bände). Wien u.a.: Böhlau Verlag, 1993/1996; Band II/2, Seite 211.
[599] Brief von Sigmund Freud an Karl Abraham vom 3. Juli 1910. In: Abraham, Hilda und Ernst Freud (Hrsg.): *Sigmund Freud – Karl Abraham. Briefe 1907-1926.* Frankfurt am Main: S. Fischer Verlag, 1965; Seite 97.
[600] Brief von Sigmund Freud an Sándor Ferenczi vom 7. Juni 1910. In: *Briefe Freud–Ferenczi*; Band I/1, Seite 263.
[601] Brief von Sigmund Freud an C.G. Jung vom 17. Oktober 1909. In: *Briefe Freud–Jung*, Seite 280f.
[602] Scognamiglio, Smiraglia N.: *Ricerche e Documenti sulla Giovinezza di Leonardo da Vinci (1452-1482).* Neapel: Riccardo Marghieri di Gius, 1900.
[603] Vgl. Jones: *Freud*, Band II, Seite 408.
[604] Mereschkowski, Dmitry: *Leonardo da Vinci. Historischer Roman aus der Wende des 15. Jahrhunderts*. Leipzig: Schutze & Co, 1903.
[605] Freud, Sigmund: "Antwort auf eine Rundfrage: Vom Lesen und von guten Büchern". In: *Gesammelte Werke*, Nachtragsband, Seite 662-664.
[606] Vgl. Strachey James: "Editor's Note: Eine Kindheitserinnerung des Leonardo da Vinci". In: *The Standard Edition of the Complete Psychological Works of Sigmund Freud.* Band XI; Seite 59-62, Seite 61.
[607] Mereschkowski 1903, Seite 382.
[608] Brief von Sigmund Freud an C.G. Jung vom 17. Oktober 1909. In: *Briefe Freud–Jung*, Seite 280f.
[609] Vgl. Brief von Sigmund Freud an C.G. Jung vom 17. Oktober 1909. In: *Briefe Freud–Jung*, Seite 281. Vgl. auch die Ausführungen in Kapitel VI.3.
[610] Freud: *Leonardo*, Seite 148.
[611] Ebenda, Seite 148f.
[612] Ebenda, Seite 148.
[613] "Da wir nun in den psychoanalytischen Techniken vortreffliche Hilfsmittel besitzen, um dies Verborgene ans Licht zu ziehen, wird uns der Versuch gestattet sein, die Lücke in Leonardos Lebensgeschichte durch die Analyse seiner Kindheitsphantasie auszufüllen." (Freud: *Leonardo*, Seite 153)
[614] Freud: *Leonardo*, Seite 150.
[615] Ebenda, Seite 153.

[616] "[...]; die in der Phantasie enthaltenen Situation, daß ein Geier den Mund des Kindes öffnet und mit dem Schwanz tüchtig darin herumarbeitet, entspricht der Vorstellung einer Fellatio, eines sexuellen Aktes, bei dem das Glied in den Mund der gebrauchten Person eingeführt wird." (Freud: *Leonardo*, Seite 154)

[617] Freud: *Leonardo*, Seite 155.

[618] Ebenda, Seite 159.

[619] Ebenda, Seite 160.

[620] Ebenda, Seite 186-188.

[621] Ebenda, Seite 170.

[622] Ebenda, Seite 179.

[623] Ebenda, Seite 145.

[624] Ebenda, Seite 161.

[625] Ebenda, Seite 194.

[626] Ebenda, Seite 193f.

[627] Ebenda, Seite 192f.

[628] Maclagan, Eric: "Leonardo in the Consulting Room". In: Burlington Magazine for Connoisseurs, 42 (1923); Seite 54-57.

Später erschienen weitere Abhandlungen, die den Freud'schen Übersetzungsfehler thematisierten. Vgl. unter anderem:

- Stites, Raymond: "A Criticism of Freud's Leonardo". In: *College Art Journal*, 7 (1948); Seite 257-267.

- Richter, Irma A.: *Selections from the Notebooks of Leonardo da Vinci.* London: Oxford University Press, 1952.

- Wohl, R. Richard und Harry Trosman: "A Retrospect of Freud's Leonardo: An Assessment of a Psychoanalytical Classic". In: *Psychiatry: Journal for the Study of Interpersonal Processes*, 18 (1955); Seite 27-39.

- Schapiro, Meyer: "Leonardo and Freud: An Art-Historical Study". In: *Journal of the History of Ideas*, 17 (1956); Seite 147-178.

- Eissler, K.R.: *Leonardo da Vinci: Psychoanalytical Notes on an Enigma.* New York: International Universities Press, 1961.

Eine Zusammenstellung der Veröffentlichungen zu Freuds Studie des Leonardo da Vinci bis Anfang der 1960er Jahre bietet:

- Rosalato, G.: "Léonard et la psychanalyse". In: *Critique*, 20 (1964); Seite 139-163.

Eine Auswahl neuerer Veröffentlichungen zu Freuds Leonardo-Studie:

- Farrell, B.: "On Freud's Study of Leonardo". In: *Leonardo da Vinci. Aspects of the Renaissance Genius.* New York: 1966; Seite 224-283.

- Barande, Ilse: *Le maternel singulier. Freud et Léonard de Vinci.* Paris: Aubier Montaigne, 1977.

- Aaraon, P.G. und Clouse, R.G.: "Freud's Psychohistory of Leonardo da Vinci: A Matter of Being Right or Left". In: *Journal of Interdisciplinary History*, 13 (1982); Seite 1-16.
- Summers, D.: "Intentions in the History of Art". In: *New Literary History*, 18 (1985); Seite 312.
- Bersani, Leo: *The Freudian Body. Psychoanalysis and Art*. New York: Guildford, 1986.
- Maïdani-Gérard, Jean Pierre: *Léonard de Vinci. Mythologie ou Théologie?* Paris: Presses universitaires de France, 1994.
- Schneider-Adams, Laurie: *Art and Psychoanalysis*. New York: IconEditions, 1993.
- Davis, Whitney: "Freuds Leonardo und die Kultur der Homosexualität". In: *Texte zur Kunst* 17:5 (1995); Seite 57-73.
- Reemtsma, Jan Philipp: "'Forsche nicht nach, wenn die Freiheit dir lieb ist; denn mein Gesicht ist ein Kerker der Liebe'. Philologische Anmerkungen zu Sigmund Freuds und Kurt Eisslers 'Leonardo'". In: *Psyche*, 9/10:51 (1997); Seite 820-834.
- Collins, Bradley I.: *Leonardo, Psychoanalysis, and Art History. A Critical Study of Psychobiographical Approaches to Leonardo da Vinci.* Evanston/Illinois: Northwestern University Press, 1997. (Dissertation)
- Eissler, Kurt R.: "Freuds 'Leonardo' – Trauma oder Idylle? Entgegnung auf Jan Philipp Reemtsma. In: *Psyche*, 5:52 (1998); Seite 405-414.
- Herding, Klaus: *Freuds* Leonardo. *Eine Auseinandersetzung mit psychoanalytischen Theorien der Gegenwart.* München: Carl Friederich von Siemens Stiftung, 1998.

[629] Zu den von Freud intensiv genutzten Werken gehören:
- Herzfeld, Marie: *Leonardo da Vinci: Der Denker, Forscher und Poet. Nach den veröffentlichten Handschriften*. Zweite vermehrte Auflage. Jena: Eugen Diederichs Verlag, 1906.
- Seidlitz, Woldemar von: *Leonardo da Vinci: Der Wendepunkt der Renaissance*. Berlin: Julius Bard, 1909.

Darüber hinaus finden sich in Freuds Bibliothek die folgenden Werke zu Leonardos Leben und Werk, die vor 1910 veröffentlicht wurden:
- Burckhardt, Jacob: *Geschichte der Renaissance in Italien*. Stuttgart: Ebner & Seubert, 1891.
- Burckhardt, Jacob: *Der Cicerone. Eine Anleitung zum Genuss der Kunstwerke Italiens*. Vier Bände. Leipzig: E.A. Seemann, 1898.
- Rosenberg, Adolf: *Leonardo da Vinci*. Bielefeld: Velhagen & Klasing, 1898.
- Scognamiglio, Smiraglia N.: *Ricerche e Documenti sulla Giovinezza di Leonardo da Vinci (1452-1482)*. Neapel: Riccardo Marghieri di Gius, 1900.

- Muther, Richard: Die Kunst von Leonardo da Vinci. Berlin: Marquardt, 1903.
- Solmi, Edmondo: *Leonardo da Vinci*. Berlin: E. Hofmann, 1908.
- Herzfeld, Marie (Hrsg.): *Leonardos Traktat von der Malerei*. Jena: E. Diederichs, 1909.
- Péladan, Joséphin: La philosophie de Léonard da Vinci d'après ses manuscripts. Paris: F. Alcan, 1910.

[630] Mereschkowski, Dmitry: *Leonardo da Vinci. Historischer Roman aus der Wende des 15. Jahrhunderts*. Leipzig: Schutze & Co, 1903.

[631] Solmi, Edmund: *Leonardo da Vinci*. Berlin: Ernst Hofmann & Co., 1908.

[632] Israëls, Han: "Freuds Phantasien über Leonardo da Vinci". In: *Luzifer-Amor. Zeitschrift zur Geschichte der Psychoanalyse*, 10:5 (1992); Seite 8-41.

[633] Im russischen Original verwendet Mereschkowski den korrekten Begriff "korshun" für Milan. Vgl. Strachey James: "Editor's Note: Eine Kindheitserinnerung des Leonardo da Vinci". In: *The Standard Edition of the Complete Psychological Works of Sigmund Freud.* Band XI; Seite 59-62, Seite 61.

[634] Freud: *Leonardo*, Seite 143 (Fußnote 2).

[635] Aus dem 89. Protokoll des Vortragsabends am 1. Dezember 1909. In: Nunberg, Herman und Ernst Federn (Hrsg.): *Protokolle der Wiener Psychoanalytischen Vereinigung. Band II: 1908-1910.* Frankfurt am Main: S. Fischer, 1977; Seite 306-319.

[636] Vgl. auch Israëli 1992, Seite 17.

[637] Freud: *Leonardo*, Seite 160.

[638] Ebenda, Seite 160.

[639] Ebenda, Seite 187.

[640] Ebenda, Seite 149.

[641] Scognamiglio 1900, Seite 15; darauf verwiesen in Freud: *Leonardo*, Seite 149.

[642] Zitiert nach von Seidlitz 1909, Seite 5.

[643] Herzfeld 1906, Seite V; von Seidlitz 1909, Seite 4f.

[644] Nunberg und Federn 1977, Seite 314.

[645] Vgl. Freud: *Leonardo*, Seite 190ff.

[646] Brief von Sigmund Freud an Sándor Ferenczi vom 10. November 1909. In: *Briefe Freud–Ferenczi*, Seite 166.

Peter Gay zitiert die Aussage Freuds unter Verwendung des Ausdrucks "erlauchten Analysanden" in seiner Biographie Freuds (Gay 2000, Seite 304).

[647] "Paradoxerweise resultiert es [das Konfliktpotential] gerade aus [dem] intensiven Interesse [der Psychoanalyse] an Literatur. Denn dieses suchte in literarischen Texten nicht nur Anregung oder Bestätigung, der Schriftsteller war ihr nicht nur "Bundesgenosse", die Beziehung zu ihm folgte nicht nur dem Modell der Kooperation, der gegenseitigen Bestätigung oder auch Konkurrenz im gemeinsamen Projekt der Erkundung des Seelenlebens. Freud und seine Schüler entwickelten vielmehr daneben auch eine ganz andere Umgangsform mit Literatur. Sie folgte dem von Michael Rutschky so benannten "Therapiemodell" (Rutschky, Michael: *Lektüre der Seele. Eine historische Studie über die Psychoanalyse der Literatur*. Frankfurt am Main: Ullstein, 1981). Hier legt der Psychoanalytiker den Autor gleichsam auf die Couch, analysiert ihn und seine literarischen Äußerungen und dessen Phantasien wie einen Patienten, sucht hinter ihnen nach einer geheimen Lebensgeschichte, die dem Autor selbst verborgen ist. Freuds Dostojewski-Studie ist hierfür ein Musterbeispiel." (Anz 1995, Seite 313)

[648] Beres, David: "The Contribution of Psycho-Analysis to the Biography of the Artist". In: *International Journal of Psycho-Analysis*, 40 (1959); Seite 26-37, Seite 35.

[649] Reik, Theodor: *Dreißig Jahre mit Freud*. München: Kindler, 1976; Seite 14f.

[650] Jones: *Freud*, Band II, Seite 402.

[651] Brief von Sigmund Freud an Oskar Pfister vom 6. März 1910. In: *Sigmund Freud – Oskar Pfister: Briefe 1909-1939*. Hrsg. von Ernst L. Freud und Heinrich Meng. Frankfurt am Main: Fischer Verlag, 1963; Seite 32f.

[652] Brief von Sigmund Freud an C.G. Jung vom 17. Oktober 1909. In: *Briefe Freud–Jung*, Seite 280f.

[653] Dass sich Freud bewusst war, welcher Gefahr er die Psychoanalyse als Wissenschaft durch diesen gewagten biographischen Versuch aussetzte, wird gegen Ende der Studie deutlich, wenn er möglichen Kritikern wie folgt vorgreift: "Wenn ein solches Unternehmen, wie vielleicht im Falle Leonardos, keine gesicherten Resultate ergibt, so liegt die Schuld nicht an der fehlerhaften oder unzulänglichen Methodik der Psychoanalyse, sondern an der Unsicherheit und Lückenhaftigkeit des Materials, welches die Überlieferung für diese Person beistellt.

Für das Mißglücken ist also nur der Autor verantwortlich zu machen, der die Psychoanalyse genötigt hat, auf so unzureichendes Material hin ein Gutachten abzugeben." (Freud: *Leonardo*, Seite 208)

[654] Vgl. zum Beispiel:

- Freud, Sigmund: Vorlesungen zur Einführung in die Psychoanalyse (1916-1917). In: Gesammelte Werke, Band XI.

- Freud, Sigmund: Neue Folge der Vorlesungen zur Einführung in die Psychoanalyse (1932). In: *Gesammelte Werke*, Band XV.
- Freud, Sigmund: "Über Deckerinnerungen" (1899). In: Gesammelte Werke, Band I; Seite 529-554.
- Freud, Sigmund: "Bruchstück einer Hysterie-Analyse" (1905). In: *Gesammelte Werke*, Band V; Seite 161-286.
- Freud, Sigmund: "Die Frage der Laienanalyse. Unterredung mit einem Unparteiischen" (1926). In: *Gesammelte Werke*, Band XIV; Seite 207-296.
- Freud, Sigmund: "Die Zukunft einer Illusion" (1927). In: *Gesammelte Werke*, Band XIV; Seite 323-389.
- Freud, Sigmund: "Das Unbehagen in der Kultur" (1930). In: *Gesammelte Werke*, Band XIV; Seite 419-506.
- Freud, Sigmund: "Ein Wort zum Antisemitismus" (1938). In: *Gesammelte Werke*, Nachtragsband; Seite 777-781.

Vgl. dazu: Mahony 1989, Seite 75-78 und Schönau 1968, Seite 30-35.

[655] Vgl. hierzu auch: Schönau 1968, Seite 30-35; Mahony 1989, Seite 75-80, und Muschg 1956, Seite 172.

[656] Freud: *Leonardo*, Seite 129.

[657] Ebenda, Seite 156.

[658] Ebenda, Seite 197.

[659] Reik, Theodor: *Dreißig Jahre mit Freud*. München: Kindler, 1976; Seite 14f.

[660] Freud, Sigmund: "Die Zukunft einer Illusion" (1927). In: *Gesammelte Werke*, Band XIV; Seite 323-389, Seite 342.

[661] Freud, Sigmund: "XVI. Psychoanalyse und Psychiatrie". In: *Gesammelte Werke*, Band XI; Seite 250.

[662] Freud: *Leonardo*, Seite 152.

[663] Ebenda, Seite 154.

[664] Ebenda, Seite 154.

[665] Ebenda, Seite 141.

[666] Freud, Sigmund: "Die Zukunft einer Illusion" (1927). In: *Gesammelte Werke*, Band XIV; Seite 323-389, Seite 342.

[667] Freud: *Leonardo*, Seite 153.

[668] Ebenda, Seite 128 (meine Hervorhebung).

[669] Ebenda, Seite 162f.

[670] Ebenda, Seite 155.

[671] Ebenda, Seite 155.

[672] Ebenda, Seite 156.

[673] Ebenda, Seite 157.

[674] Ebenda, Seite 195.

[675] Ebenda, Seite 144.
[676] Ebenda, Seite 172.
[677] Zweig, Stefan: *Baumeister der Welt. Versuch einer Typologie des Geistes. Band 1: Drei Meister. Balzac, Dickens, Dostojewski.* Leipzig: Herbert Reichner, 1920-1928.
[678] Brief von Sigmund Freud an Stefan Zweig vom 19. Oktober 1920. In: Freud: *Briefe*, Seite 348.
[679] Vgl. Sanders 1957, Seite 302: "From first to last Strachey's style was clearly marked, recognizably individual, and, in almost every sentence, impressive."
[680] Brief von Lytton Strachey an Lady Strachey vom 15. Februar 1897. Zitiert in Sanders 1957, Seite 286.
[681] Die in diesem Kapitel zitierten Textbeispiele aus den Werken Stracheys werden durchnummeriert, um Querverweise innerhalb der Arbeit zu ermöglichen.
[682] Zitiert nach Holroyd 1995, Seite 39.
[683] Strachey, Lytton: "The Prose Style of Men in Action". In: *Spectator*, C (25. Januar 1908), Seite 18f.
[684] Spurr 1995, Seite 133.
[685] Dyson, A. E.: "The Technique of Debunking". In: *Twentieth Century Studies* (März 1955); Seite 244-256, Seite 245.
[686] An dieser Stelle sei auf die Studie Günther Köntges' *Die Sprache in der Biographie Lytton Stracheys* (Marburg, 1938) hingewiesen, die den nachfolgenden Ausführungen einige wertvolle Anregungen gegeben hat.
[687] Strachey, Lytton: *Landmarks in French Literature*. London: Williams and Norgate, 1912; Seite 29.
[688] Vgl. Spurr 1995, Seite 157: "Most typically, his paragraphs are structures in which argument and *exempla* accumulate to a decisive close." Vgl. auch Sanders 1957, Seite 307.
[689] Brief von Lytton Strachey an Virginia Woolf vom 8. November 1912. In: *Virginia Woolf and Lytton Strachey. Letters*. Hrsg. von Leonard Woolf und James Strachey. London: Hogarth Press, 1956; Seite 43.
[690] Sanders 1957, Seite 307.
[691] Hervorhebungen in den einzelnen Textbeispielen werden durchweg anhand von Unterstreichung kenntlich gemacht. Kursivschrift entspricht generell dem Original.
[692] Engel definiert dieses grammatische Phänomen als "lineare Progression" oder "funktionale Satzperspektive". (Engel, Ulrich: *Deutsche Grammatik*. Heidelberg: Groos, 1996; Seite 98, 73)

[693] "Die funktionale Satzperspektive kann viele Wortstellungserscheinungen erklären: allgemein wird das weniger Wichtige zuerst genannt, das Wichtige steht stets am Ende. Vor allem für die Abfolge mehrerer Ergänzungen ist dieses Prinzip wichtig." (Engel 1996, Seite 73)

[694] Neubert definiert erlebte Rede (ER) wie folgt: "1. Rede wird weder in direkter noch indirekter Form angeführt, sondern erscheint als ER in einer Zwischenform, die von der direkten Rede (D) die Intonation und bestimmte hauptsächlich gefühlsmäßige Elemente übernimmt, sich dagegen der indirekten Rede (I) durch die Verwendung der dritten Person und die Umsetzung der Zeiten aus der Gegenwart in die Vergangenheit annähert. 2. Gedanken, Gefühle, Eindrücke werden weder in "fingierter direkter Rede" (D+) dargestellt noch durch ein einleitendes Verbum oder einen anderen Ausdruck des Denkens, Fühlens beziehungsweise der sinnlichen Wahrnehmung vom Autor berichtet. Ebenso tritt Pronominal- und Tempusverschiebung ein." (Neubert, Albrecht: *Die Stilformen der "Erlebten Rede" im neueren englischen Roman*. Halle: Max Niemeyer Verlag, 1957; Seite 6.)

Vgl. auch Steinberg, Günther: *Erlebte Rede. Ihre Eigenart und ihre Formen in neuerer deutscher, französischer und englischer Erzählliteratur.* Göppingen: Kümmerle, 1971.

[695] Maurois beschreibt dieses Phänomen in seiner Würdigung von Stracheys Einsatz der Gedankenrede: "One cannot admire too much the skill of the artist and the way in which the description of a mind slowly becomes a monologue of the mind itself. The stream of consciousness, so often alluded to by the modern novelist, is described in the work of Strachey and also in the work of his followers." (Maurois 1928, Seite 234)

[696] Vgl. Altick 1956, Seite 284; Spurr 1995, Seite 176ff.; Sanders 1957, Seite 232ff. und Dyson 1955, Seite 252.

[697] Dyson 1955, Seite 252ff. gibt eine detaillierte Klassifizierung des Status der Nebenfiguren.

[698] Vgl. Spurr 1995, Seite 173: "His [Strachey's] several miniatures of the various characters in her [Queen Victoria's] life [...] are portraits, possessing at once a degree of autonomy and carefully integrated into the panorama of her biography, which present a series of antithesis with the principal subject designed for the precise definition of her character."

[699] Vgl. hierzu auch die Analyse ihres Verhältnisses zu Sidney Herbert in Beispiel Nr. 2.

[700] Vgl. Dyson 1955, Seite 254: "There is, of course, a historic truth in what he has to say, and Newman was, undoubtably, treated disgracefully. But Strachey subordinates history to fiction, as always, and magnifies his semi-witted Newman into a figure of pure pathos."

[701] Der bewusste Einsatz der Spitznamen ist von Stracheys Imitatoren als eines der Hauptmerkmale übernommen worden, jedoch mit weniger Erfolg: "But many of Strachey's imitators have got in trouble as they have attempted to follow him in the use of nicknames and of other stylistic devices which suggest informality." (Sanders 1957, Seite 330)

[702] "Brickbat" bedeutet Backsteinbrocken und wird als Beschimpfung benutzt. Vgl. *Collins German Dictionary*. New York: HarperCollins Publishers, 1995.

[703] Vgl. Lucas 1932, Seite 5: "He [Lytton Strachey] did not denounce his characters; he let them speak by themselves. The resulting laughter was usually deserved." (Lucas, F.L.: "Lytton Strachey: An Artist in History". In: *Observer* (24. Januar 1932))

Vgl. dazu auch: Dyson 1955, Seite 244; Maurois 1928, Seite 232 und Clive 1958, Seite 6.

[704] Sanders 1957, Seite 200.

[705] Maurois 1928, Seite 236.

[706] Vgl. Köntges 1938, Seite 69; Boas 1935, Seite 18 und Dyson 1955, Seite 247f.

[707] Diese Vorgehensweise hat erneut Gibbon als Vorbild: "He [Gibbon] succeeds, with the least possible emphasis, merely by the combination of those two alliterative epithets with that particular substantive, in making the whole affair ridiculous." (Lytton Strachey: "Gibbon". In: *Portraits in Miniature*, Seite 164f.)

[708] Vgl. Boas 1935, Seite16f; Spurr 1995, Seite 157f.; Köntges 1938, Seite 12f. und Scott-James, Seite 31f.

[709] Boas 1935, Seite 16.

[710] Sanders 1957, Seite 219.

[711] Beerbohm, Max: *Lytton Strachey: The Rede Lecture for 1943*. Cambridge: Cambridge University Press, 1943; Seite 7.

[712] Spurr 1995, Seite 132.

[713] Evans, Benjamin Ifor: *English Literature between the Wars*. London: Methuen & Co, 1951; Seite 77.

[714] Scott-James 1955, Seite 31.

[715] Vgl. hierzu auch die Ausführungen in Kapitel VIII.2.

[716] Lytton Strachey: "Froude". In: *Portraits in Miniature*, Seite 203.

[717] Holroyd 1995, Seite 681.

[718] Vgl. Spurr 1995, Seite 134: "In marked contrast with the originality of the Stracheyan epigram is his occasional recourse to cliché and colloquialism. This, too, is part of the entertainment. In prose so obviously refined and replete with idiosyncratic perceptions, the hackneyed phrase and the

plebeian sayings or proverbial wisdom are surprising grace notes embellishing the carefully sustained stylistic lines of his composition."

[719] Lytton Strachey: "Hume". In: *Portraits in Miniature*, Seite 148.

[720] Lytton Strachey: "Pope". In: Strachey, Lytton: *Characters and Commentary*. London: Chatto & Windus, 1933; Seite 279-296, Seite 290.

[721] Bruce Nadel sieht in Stracheys Gebrauch von Metaphern den Schlüssel seiner kompakten Schreibweise und Prägnanz: "Its [*Eminent Victorians'*] most important contribution was its proof that compressing a life did not detract from the quality of a biography . And the most and direct form of compression Strachey used was metaphor, which dramatically illustrated rather than explained the character of his subjects." (Nadel, Ira Bruce: "Strachey's 'Subtle Strategy': Metaphor in *Eminent Victorians*". In: *Prose Studies*, 4 (April 1981); Seite 146-152, Seite 146)

[722] "Manning found himself face to face with Newman, [...]. It was the meeting of the eagle and the dove." (*EV* 75f.)

[723] Boas 1935, Seite 14.

[724] Vgl. die Ausführungen in Kapitel III.2.

[725] An dieser Stelle sei noch einmal auf Kallich 1961 verwiesen, der als Erster einen ersten Vorstoß zur Untersuchung des psychoanalytischen Gehalts in Lytton Stracheys Werk gewagt hatte.

[726] *Eminent Victorians*, Seite 9.

[727] Die ursprünglichen, durchgestrichenen Worte sind kursiv gedruckt. In Klammern finden sich die ergänzten Worte. Meine Hervorhebung durch Fettdruck.

[728] In: *Eminent Victorians (Manuscript)*, Add 54219, no. 107.

[729] Freud, Sigmund: *The Psychopathology of Everyday Life*. Translated by A.A. Brill. New York: MacMillan, 1914.

[730] Vgl. Holroyd 1995, Seite 490. Dort erwähnt Holroyd Stracheys "psychosexual insights".

[731] Meine kursive Hervorhebung hier sowie in allen kommenden Textbeispielen.

[732] Weitere Beispiele finden sich in *Queen Victoria*, Seite 96, 125, 172, und *Eminent Victorians*, Seite 25.

[733] E.M. Forster: "English Prose Between 1918 and 1939" (1944). In: Forster, E.M.: *Two Cheers for Democracy*. London: Edward Arnold, 1972; Seite 266-277, Seite 276.

Interessant ist, dass mit dieser Einschätzung ein Mitglied des erweiterten Bloomsbury-Kreises entgegen der Meinung James Stracheys zu einer ganz anderen Beurteilung über Lytton Stracheys Kenntnisstand der Psychoanalyse zum Zeitpunkt des Verfassens von *Queen Victoria* kommt.

[734] Cross, Wilbur: "From Plutarch to Strachey". In: *Yale Review*, 11 (Oktober 1921); Seite 140-157, Seite 157.
Vgl. auch Kallich 1961, Seite 35.
[735] Vgl. auch die Ausführungen in Kapitel VIII.2.
[736] Vgl. die Ausführungen in Kapitel VIII.2.
[737] Martin, Theodore: *The Life of His Royal Highness the Prince Consort.* Fünf Bände. London: 1875-1880.
[738] Brief von Lytton an James Strachey vom 24. November 1920. In: *Strachey Papers*, Add 60712, no. 50. Vgl. auch die Ausführungen in Kapitel III.2.
[739] Zitiert wird im Folgenden nach dieser Ausgabe: Strachey, Lytton: *Elizabeth & Essex. A Tragic History*. London: Penguin, 2000.
[740] Brief von Alix Strachey an Lytton Strachey vom 1. Dezember 1925. In: *Strachey Papers*, Add 60704, no. 40. Vgl. auch die Ausführungen in Kapitel III.2.
[741] In einem Brief von James Strachey an Martin Kallich vom 2. Oktober 1956. In: Kallich 1958, Seite 359.
[742] Vgl. dazu die grundlegenden Ausführungen in Anz 1995 und Anz 1997.
[743] Woolf, Virginia: *Melymbrosia*. Hrg. von Louise DeSalvo. San Francisco: Cleis Press, 2002.
[744] Woolf, Virginia: *The Voyage Out*. London: Duckworth & Co, 1915.
[745] Vgl. auch die bisherigen Veröffentlichungen DeSalvos zu Virginia Woolf:
- DeSalvo, Louise: *Virginia Woolf: The Impact of Childhood Sexual Abuse on Her Life and Work*. London: Women's Press, 1989.
- DeSalvo, Louise: *Writing As a Way of Healing: How Telling Our Stories Transforms Our Lives*. San Francisco: Harper, 1999.
[746] Zitiert in: Morrison, James: "Anger over 'lesbian' Woolf novel". In: *The Independent on Sunday* (28. April 2002), Seite 9.
[747] Maurois, André: "The Modern Biographer". In: *The Yale Review*, 27 (Januar 1928); Seite 227-245, Seite 231.
[748] Zitiert nach: Hitschmann, Eduard: "Die Bedeutung der Psychoanalyse für die Biographik". In: *Psychoanalytische Bewegung*, 2:4 (Juli/August 1930); Seite 305-313, Seite 305.
[749] In einem Brief von Sigmund Freud an Lytton Strachey vom 25. Dezember 1928. In: *Strachey Papers*, Add 60667, no. 1.
[750] Woolf, Virginia: "The Art of Biography". In: *Atlantic Monthly*, 163 (April 1939); Seite 506-510, Seite 509.

Bibliographie

I. Primärliteratur

Ungedrucktes

In der Manuscripts-Sektion der British Library in London befindet sich ein Großteil der Korrespondenz der Familie Strachey und ein Teil der Korrespondenz anderer Mitglieder der Bloomsbury Group.

Aus folgenden Sammlungen wurde in dieser Arbeit zitiert:

- *Strachey Papers*, Add 60655-Add 60734.
- *Dora Carrington Correspondence*, Add 65158.
- *Dora Carrington*, Add 62888-62897.
- *Eminent Victorians (Manuscript)*, Add 54219-54223.
- *Lee Papers*, Add 56087A.

Sigmund Freud

Gesamtausgaben

Freud, Sigmund: *Gesammelte Schriften.* Zwölf Bände. Wien: Psychoanalytischer Verlag, 1924-1934.

Freud, Sigmund: *Collected Papers.* London: Hogarth Press, 1924-1950.

Freud, Sigmund: *Gesammelte Werke.* Hrsg. von Anna Freud u.a. 18 Bände, chronologisch geordnet. Frankfurt am Main: S. Fischer Verlag, 1940-1968.

Freud, Sigmund: *The Standard Edition of the Complete Prose Works of Sigmund Freud.* Hrsg. von James Strachey. 24 Bände. London: Hogarth Press and the Institute of Psychoanalysis, 1953-1966.

Freud, Sigmund: *"Selbstdarstellung". Schriften zur Geschichte der Psychoanalyse.* Hrsg. von Ilse Grubrich-Simitis. Frankfurt am Main: Fischer Taschenbuch Verlag, 1971.

Freud, Sigmund: *Gesammelte Werke. Nachtragsband.* Hrsg. von Angela Richards und Ilse Grubrich-Simitis. Frankfurt am Main: S. Fischer Verlag, 1987.

Einzelwerke

Freud, Sigmund: "Über Deckerinnerungen" (1899). In: *Gesammelte Werke*, Band I; Seite 529-554.

Freud, Sigmund: *Zur Psychopathologie des Alltagslebens* (1904). In: *Gesammelte Werke*, Band IV.

Freud, Sigmund: *The Psychopathology of Everyday Life* (1904). Translated by A.A. Brill. New York: MacMillan, 1914.

Freud, Sigmund: "Bruchstück einer Hysterie-Analyse" (1905). In: *Gesammelte Werke*, Band V; Seite 161-286.

Freud, Sigmund: "Antwort auf eine Rundfrage: Vom Lesen und von guten Büchern" (1906). In: *Gesammelte Werke*, Nachtragsband; Seite 662-664.

Freud, Sigmund: "Der Wahn und die Träume in W. Jensens 'Gradiva'" (1907). In: *Gesammelte Werke*, Band VII; Seite 29-114.

Freud, Sigmund: *Der Wahn und die Träume in W. Jensens "Gradiva"* (1907). Hrsg. von Bernd Urban. Frankfurt am Main: Fischer, 1995.

Freud, Sigmund: "Eine Kindheitserinnerung des Leonardo da Vinci" (1910). In: *Gesammelte Werke*, Band VIII; Seite 128-211.

Freud, Sigmund: *Eine Kindheitserinnerung des Leonardo da Vinci* (1910). Frankfurt am Main: Fischer Taschenbuch Verlag, 2000.

Freud, Sigmund: "Über 'wilde' Psychoanalyse" (1910). In: *Gesammelte Werke*, Band VIII; Seite 118-125.

Freud, Sigmund: *Totem und Tabu* (1912). In: *Gesammelte Werke*, Band IX.

Freud, Sigmund: "Zur Geschichte der psychoanalytischen Bewegung" (1914). In: Freud, Sigmund: *"Selbstdarstellung". Schriften zur Geschichte der Psychoanalyse*. Hrsg. von Ilse Grubrich-Simitis. Frankfurt am Main: Fischer Taschenbuch Verlag, 1971; Seite 141-201.

Freud, Sigmund: *Vorlesungen zur Einführung in die Psychoanalyse* (1916-1917). In: *Gesammelte Werke*, Band XI.

Freud, Sigmund: "Eine Kindheitserinnerung aus 'Dichtung und Wahrheit'" (1917). In: *Gesammelte Werke*, Band XII; Seite 15-26.

Freud, Sigmund: "Libidoentwicklung und Sexualorganisation" (1917). In: *Vorlesungen zur Einführung in die Psychoanalyse*. Frankfurt am Main: Fischer Taschenbuch, 1997; Seite 306-323, Seite 321.

Freud, Sigmund: "A Child is Being Beaten" (1919). In: *International Journal of Psycho-Analysis*, 1 (1920), Seite 371-395.

Freud, Sigmund: "Jenseits des Lustprinzips" (1920). In: *Gesammelte Werke*, Band XIII; Seite 1-69.

Freud, Sigmund: "Massenpsychologie und Ich-Analyse" (1921). In: *Gesammelte Werke*, Band XIII; Seite 71-161.

Freud, Sigmund: "Kurzer Abriß zur Psychoanalyse" (1923). In: Freud, Sigmund: *"Selbstdarstellung". Schriften zur Geschichte der Psychoanalyse*. Hrsg. von Ilse Grubrich-Simitis. Frankfurt am Main: Fischer Taschenbuch Verlag, 1971; Seite 202-222.

Freud, Sigmund: "Die Frage der Laienanalyse. Unterredung mit einem Unparteiischen" (1926). In: *Gesammelte Werke*, Band XIV; Seite 207-296.

Freud, Sigmund: "Die Zukunft einer Illusion" (1927). In: *Gesammelte Werke*, Band XV; Seite 323-389.

Freud, Sigmund: "Dostojewski und die Vatertötung" (1928). In: *Gesammelte Werke*, Band XIV; Seite 399-418.

Freud, Sigmund: "Ansprache im Frankfurter Goethe-Haus" (1930). In: *Gesammelte Werke*, Band XIV; Seite 547-550.

Freud, Sigmund: "Das Unbehagen in der Kultur" (1930). In: *Gesammelte Werke*, Band XIV; Seite 419-506.

Freud, Sigmund: *Neue Folge der Vorlesungen zur Einführung in die Psychoanalyse* (1932). In: *Gesammelte Werke*, Band XV.

Freud, Sigmund: "Ein Wort zum Antisemitismus" (1938). In: *Gesammelte Werke*, Nachtragsband; Seite 777-781.

Briefe

Abraham, Hilda und Ernst Freud (Hrsg.): *Sigmund Freud – Karl Abraham. Briefe 1907-1926*. Frankfurt am Main: S. Fischer Verlag, 1965.

Falzeder, Ernst u.a. (Hrsg.): *Sigmund Freud – Sándor Ferenczi. Briefwechsel: 1908-1919.* (Zwei Bände). Wien u.a.: Böhlau Verlag, 1993/1996.

Freud, Ernst L. (Hrsg.): *Sigmund Freud – Arnold Zweig. Briefwechsel.* Frankfurt am Main: S. Fischer Verlag, 1968.

Freud, Ernst L. (Hrsg.): *Sigmund Freud: Briefe 1873-1939.* Frankfurt am Main: S. Fischer Verlag, 1968 (zweite, erweiterte Auflage).

Freud, Ernst L. und Heinrich Meng (Hrsg.): *Sigmund Freud – Oskar Pfister: Briefe 1909 – 1939.* Frankfurt am Main: Fischer Verlag, 1963.

McGuire, William und Wolfgang Sauerländer (Hrsg.): *Sigmund Freud – Carl Gustav Jung. Briefwechsel.* Frankfurt am Main: S. Fischer Verlag, 1979.

Paskauskas, R. Andrew (Hrsg.): *The Complete Correspondence of Sigmund Freud and Ernest Jones 1908-1939.* London and Cambridge (Massachusetts): The Belknap Press of Harvard University, 1993.

Pfeiffer, Ernst (Hrsg.): *Sigmund Freud – Lou Andreas Salomé. Briefwechsel.* Frankfurt am Main: S. Fischer Verlag, 1966.

Lytton Strachey

Werke und Schriften

Strachey, Lytton: "The Prose Style of Men in Action" (1908). In: *Spectator*, C (25. Januar 1908); Seite 18f.

Strachey, Lytton: "A New History of Rome" (1909). In: *Spectator*, CII (2. Januar 1909); S. 20f.

Strachey, Lytton: "According to Freud" (1914). In: Lytton Strachey: *The Shorter Strachey*. Hrsg. von Michael Holroyd und Paul Levy. New York: Oxford University Press, 1972; Seite 111-120.

Strachey, Lytton: *Landmarks in French Literature.* London: Williams and Norgate, 1912.

Strachey, Lytton: *Eminent Victorians.* London: Chatto & Windus, 1918.

Strachey, Lytton: *Eminent Victorians* (1918). London: Penguin Books, 1986.
Strachey, Lytton: *Queen Victoria*. London: Chatto & Windus, 1921.
Strachey, Lytton: *Queen Victoria* (1921). London: Penguin Books, 1971.
Strachey, Lytton: "Lancaster Gate" (1922). In: Strachey, Lytton: *Lytton Strachey by Himself. A Self Portrait*. Hrsg. von Michael Holroyd. London: Vintage, 1994, Seite 16-29.
Strachey, Lytton: *Books and Characters*. London: Chatto & Windus, 1922.
Strachey, Lytton: *Elizabeth & Essex. A Tragic History*. London: Chatto & Windus, 1928.
Strachey, Lytton: *Elizabeth & Essex. A Tragic History* (1928). London: Penguin, 2000.
Strachey, Lytton: *Portraits in Miniature*. London: Chatto & Windus, 1931.
Strachey, Lytton: *Characters and Commentaries*. London: Chatto & Windus, 1933.
Strachey, Lytton: *Spectatorial Essays*. London: Chatto & Windus, 1964.
Strachey, Lytton: *The Shorter Strachey*. Hrsg. von Michael Holroyd und Paul Levy. New York: Oxford University Press, 1972.
Strachey, Lytton: *Lytton Strachey by Himself. A Self Portrait*. Hrsg. von Michael Holroyd. London: Vintage, 1994.

Virginia Woolf

Werke und Schriften

Woolf, Virginia: *Melymbrosia* (1912). Hrg. von Louise DeSalvo. San Francisco: Cleis Press, 2002.
Woolf, Virginia: *The Voyage Out*. London: Duckworth & Co, 1915.
Woolf, Virginia: *Night and Day*. London: Duckworth & Co, 1919.
Woolf, Virginia: "Freudian Fiction" (1920). In: Woolf, Virginia: *Contemporary Writers*. Hrsg. von Jean Guiguet. London: Hogarth Press, 1965; Seite 152-154.

Woolf, Virginia: *Jacob's Room*. London: Hogarth Press, 1922.
Woolf, Virginia: "Character in Fiction" (1924). In: Woolf, Virginia: *The Essays of Virginia Woolf*. Hrsg. von Andrew McNeillie. Drei Bände. London: Hogarth Press, 1986-88.
Woolf, Virginia: *Mrs. Dalloway*. London: Hogarth Press, 1925.
Woolf, Virginia: *The Common Reader*. London: Hogarth Press, 1925.
Woolf, Virginia: *Orlando. A Biography*. London: Hogarth Press, 1928.
Woolf, Virginia: *A Room of One's Own*. New York: Harcourt, Brace & Co, 1929.
Woolf, Virginia: *The Common Reader: Second Series*. London: Hogarth Press, 1932.
Woolf, Virginia: *Flush. A Biography*. Hogarth Press, 1933.
Woolf, Virginia: *Three Guineas*. London: Hogarth Press, 1938.
Woolf, Virginia: "The Art of Biography" (1939). In: *Atlantic Monthly*, 163 (April 1939); Seite 506-510.
Woolf, Virginia: *Roger Fry. A Biography*. London: Hogarth Press, 1940.
Woolf, Virginia: *Death of a Moth and Other Essays*. Hrsg. von Leonard Woolf. London: Hogarth Press, 1942.

Autobiographische Werke und Briefe

Woolf, Virginia: "Old Bloomsbury" (1922). In: *Moments of Being. Unpublished Autobiographical Writings*. Hrsg. von Jeanne Schulkind. Sussex: The University Press, 1976; Seite 157-179.
Woolf, Virginia: "A Sketch of the Past" (1940). In: *Moments of Being. Unpublished Autobiographical Writings*. Hrsg. von Jeanne Schulkind. Sussex: The University Press, 1976.
Woolf, Virginia: *A Writer's Diary: Being Extracts from the Diary of Virginia Woolf*. Hrsg. von Leonard Woolf. New York: Harcourt, Brace & Co, 1953.
Woolf, Leonard und James Strachey (Hrsg.): *Virginia Woolf and Lytton Strachey. Letters*. London: Hogarth Press, 1956.
Woolf, Virginia: *The Diary of Virginia Woolf. Volume I: 1915-1919*. Hrsg. von Anne Olivier Bell. London: Hogarth Press, 1977.

Woolf, Virginia: *The Diary of Virginia Woolf. Volume II: 1920-1924*. Hrsg. von Anne Olivier Bell. London: Hogarth Press, 1978.
Woolf, Virginia: *The Diary of Virginia Woolf. Volume III: 1925-1930*. Hrsg. von Anne Olivier Bell. London: Hogarth Press, 1980.
Woolf, Virginia: *The Diary of Virginia Woolf. Volume IV: 1931-1935*. Hrsg. von Anne Olivier Bell. London: Hogarth Press, 1982.
Woolf, Virginia: *The Diary of Virginia Woolf. Volume V: 1936-1941*. Hrsg. von Anne Olivier Bell. London: Hogarth Press, 1984.
Woolf, Virginia: *The Letters of Virginia Woolf. Volume I: The Flight of the Mind, 1888-1912*. Hrsg. von Nigel Nicolson. London: Hogarth Press, 1975.
Woolf, Virginia: *The Letters of Virginia Woolf. Volume II: The Question of Things Happening, 1912-1922*. Hrsg. von Nigel Nicolson. London: Hogarth Press, 1976.
Woolf, Virginia: *The Letters of Virginia Woolf. Volume III: A Change in Perspective, 1923-1928*. Hrsg. von Nigel Nicolson. London: Hogarth Press, 1977
Woolf, Virginia: *The Letters of Virginia Woolf. Volume IV: A Reflection on the Other Person, 1929-1931*. Hrsg. von Nigel Nicolson. London: Hogarth Press, 1978.
Woolf, Virginia: *The Letters of Virginia Woolf. Volume V: The Sickle Side of the Moon, 1932-1935*. Hrsg. von Nigel Nicolson. London: Hogarth Press, 1979.
Woolf, Virginia: *The Letters of Virginia Woolf. Volume VI: Leave the Letters Till We're Dead, 1936-1941*. Hrsg. von Nigel Nicolson. London: Hogarth Press, 1980.

Bloomsbury

Werke und Schriften

Bell, Clive: *Art*. London: Chatto & Windus, 1914.
Bell, Clive: "Dr Freud on Art" (1922). In: *Nation and Athenaeum*, 35 (6. September 1922); Seite 690f.
Bell, Clive: *Since Cézanne*. London: Chatto & Windus, 1923.

Bell, Clive: *Landmarks in Nineteenth Century Painting*. London: Chatto & Windus, 1927.
Bell, Clive: *Civilization*. London: Chatto & Windus, 1928.
Bell, Clive: *An Account of French Painting*. London: Chatto & Windus, 1931.
Bell, Vanessa: "Notes on Bloomsbury" (1951). In: Rosenbaum, S.P. (Hrsg.): *The Bloomsbury Group. A Collection of Memoirs, Commentary, and Criticism*. London: Croom Helm, 1975; Seite 73-84.
Forster, E.M.: *Goldsworthy Lowes Dickinson*. London: E. Arnold & Co, 1934.
Forster, E.M.: "English Prose Between 1918 and 1939" (1944). In: Forster, E.M.: *Two Cheers for Democracy*. London: Edward Arnold, 1972; Seite 266-277.
Fry, Roger: *Vision and Design*. London: Chatto & Windus, 1920.
Fry, Roger: *The Artist and Psycho-Analysis: A Paper Read to the British Psychological Society*. London: Hogarth Press, 1924.
Fry, Roger: *Cézanne. A Study of His Development*. London: Hogarth Press, 1927.
Keynes, John Maynard: *The Economic Consequences of the Peace*. London: MacMillan and Co, 1920.
Keynes, John Maynard: *Die wirtschaftlichen Folgen des Friedensvertrags*. München und Leipzig: Duncker & Humblot, 1921.
Keynes, John Maynard: *Essays in Biography*. London: MacMillan, 1933.
MacCarthy, Desmond: "Lytton Strachey as a Biographer". In: *Life and Letters*, 7 (März 1932); Seite 90-102.
Stephen, Karin: *Psychoanalysis and Medicine: A Study of the Wish to Fall Ill*. Cambridge: Cambridge University Press, 1933.
Strachey, James: "The Progress of Psychical Research" (1910). In: *Spectator*, (15. Oktober 1910).
Strachey, James: "Some Unconscious Factors in Reading. In: *International Journal of Psycho-Analysis*, 11 (1930); Seite 322-331.
Strachey, James: "The Nature of the Therapeutic Action of Psychoanalysis. In: *International Journal of Psycho-Analysis*, 15 (1934); Seite 127-159.

Strachey, James: "Preliminary Notes upon the Problem of Akhenaten. In: *International Journal of Psycho-Analysis*, 20 (1939); Seite 33-42.
Strachey James: "Editor's Note: Eine Kindheitserinnerung des Leonardo da Vinci". In: *The Standard Edition of the Complete Psychological Works of Sigmund Freud.* Band XI; Seite 59-62.
Woolf, Leonard: *Village in the Jungle*. London: Edward Arnold, 1913.
Woolf, Leonard: *The Wise Virgins*. London: Edward Arnold, 1914.
Woolf, Leonard: "Psychopathology of Everyday's Life" (1914). In: Rosenbaum, Stanford Patrick (Hrsg.): *A Bloomsbury Group Reader*. Oxford: Blackwell, 1993; Seite 189-191.
Woolf, Leonard: *After the Deluge*. London: Hogarth Press, 1931.
Woolf, Leonard: *Principia Politica*. London: Hogarth Press, 1939.
Woolf, Leonard: "Lytton Strachey". In: *New Statesman and Nation* (30. Januar 1932); Seite 118f.

Autobiographische Werke und Briefe

Bell, Clive: "Bloomsbury" (1954). In: *Old Friends. Personal Recollections*. London: Chatto & Windus, 1956; Seite 126-137.
Carrington, Dora: *Carrington: Letters and Extracts from her Diary*. Hrsg. von David Garnett. London: Jonathan Cape, 1970.
Forster, E.M.: "Bloomsbury, An Early Note" (1929). In: *Pawn*, (November 1956).
Grant, Duncan: "Virginia Woolf" (1941). In: *Horizon*, 3:18 (Juni 1941); Seite 402-406.
Keynes, John Maynard: "My Early Beliefs" (1938). In: Keynes, John Maynard: *Two Memoirs*. London: Rupert Hart-Davis, 1949; Seite 78-106.
MacCarthy, Desmond: "Bloomsbury. An Unfinished Memoir". In: *Memories*. London: MacGibbon & Kee, 1953.
Meisel, Perry und Walter Kendrick (Hrsg.): *Bloomsbury/Freud. The Letters of James and Alix Strachey 1924-1925*. New York: Basic Books, 1985.

Meisel, Perry und Walter Kendrick (Hrsg.): *Kultur und Psychoanalyse in Bloomsbury und Berlin. Die Briefe von James und Alix Strachey 1924-1925*. Stuttgart: Verlag Internationale Psychoanalyse, 1995.
Woolf, Leonard: *Beginning Again. An Autobiography of the Years 1911-1918*. London: Hogarth Press, 1964.
Woolf, Leonard: *Downhill All The Way. An Autobiography of the Years 1919-1939*. London: Hogarth Press, 1967.
Woolf, Leonard: *Growing. An Autobiography of the Years 1904-1911*. London: Hogarth Press, 1977.
Woolf, Leonard: *Sowing. An Autobiography of the Years 1880-1904*. London: Hogarth Press, 1961.

Sonstige Primärliteratur

Beresford, J.D.: *An Imperfect Mother*. London: W. Collins, Sons & Co, 1920.
Boswell, James: *The Life of Samuel Johnson, LL.D*. London: Charles Dilly, 1791.
Butler, Samuel: *The Way of All Flesh*. London: Grant Richards, 1903.
Cecil, David: *The Stricken Deer. The Life of Cowper*. London: Constable, 1929.
Cooper, Duff: *Talleyrand*. London: Jonathan Cape, 1932.
Gosse, Edmund: *Father and Son*. London: Heinemann, 1907.
Guedalla, Philip: *Palmerston*. London: Ernest Benn, 1926.
Guedalla, Philip: *Bonnet and Shawl – An Album*. London: Hodder & Stoughton, 1928.
Guedalla, Philip: *The Duke*. London: Hodder & Stoughton, 1931.
Guedalla, Philip (Hrsg.): *The Queen and Mr. Gladstone*. Zwei Bände. London: Hodder & Stoughton, 1933.
Hackett, Francis: *Henry the Eighth*. London: Jonathan Cape, 1929.
Kingsmill, Hugh: *Matthew Arnold*. London: Duckworth, 1928.
Lehmann, John: *I am my Brother*. London: Longmans, 1960.
Ludwig, Emil: *Kaiser Wilhelm II*. Berlin: Rowohlt, 1926.
Ludwig, Emil: *Napoleon*. Berlin: Rowohlt, 1925.

Ludwig, Emil: *Goethe – Geschichte eines Menschen*. Berlin: Rowohlt, 1920.
Maurois, André: *Ariel, ou la vie de Shelley*. Paris: Grasset, 1923.
Maurois, André: *La vie de Disraëli*. Paris: Gallimard, 1927.
Maurois, André: *Byron*. Paris: Grasset, 1930.
Nicolson, Harold: *Tennyson. Aspects of His Life, Character, Poetry*. London: Constable & Co, 1922.
Nicolson, Harold: *Byron: The Last Journey, April 1823-1824*. London: Constable & Co, 1924.
Nicolson, Harold: *Swinburne*. London: MacMillan, 1926.
Nicolson, Harold: *Curzon: The Last Phase, 1919-1925. A Study in Post-War Diplomacy*. London: Constable & Co, 1934.
Scott, Geoffrey: *The Portrait of Zélide*. London: Constable & Co, 1925.
Smith, Preserved: *The Life and Letters of Martin Luther*. Boston & New York: Houghton Mittlen Co, 1911.
Spender, Stephen: *The Destructive Element. A Study of Modern Writers and Beliefs*. London: Jonathan Cape, 1935.
Spender, Stephen: *World within World*, London: Hamilton, 1951.
Stephen, Leslie: *Alexander Pope*. London: MacMillan, 1880.
Stephen, Leslie: *George Eliot*. London: MacMillan, 1902.
Stephen, Leslie: *Jonathan Swift*. London: MacMillan, 1882.
Stephen, Leslie: *Samuel Johnson*. London: MacMillan, 1878.
Wedgwood, Veronica: *Strafford 1593-1641*. London: Jonathan Cape, 1935.
Wedgwood, Veronica: *William the Silent. William of Nassau, Prince of Orange, 1533-1584*. London: Jonathan Cape, 1944.
Zweig, Stefan: *Baumeister der Welt. Versuch einer Typologie des Geistes. Band 1: Drei Meister. Balzac, Dickens, Dostojewski*. Leipzig: Herbert Reichner, 1920-1928.

II. Sekundärliteratur

Aaraon, P.G. und Clouse, R.G.: "Freud's Psychohistory of Leonardo da Vinci: A Matter of Being Right or Left". In: *Journal of Interdisciplinary History*, 13 (1982); Seite 1-16.

Abel, Elizabeth: *Virginia Woolf and the Fictions of Psychoanalysis*. Chicago: The University of Chicago Press, 1989.

Abraham, Karl: *Selected Papers of Karl Abaraham*. London: Hogarth Press, 1927.

Altick, Richard: *Lives and Letters: A History of Literary Biography*. New York: Alfred A. Knopf, 1956.

Annan, Noel: "Bloomsbury and the Leavies". In: Jane Marcus (Hrsg.): *Virginia Woolf and Bloomsbury. A Centenary Celebration*. London: MacMillan Press, 1987; Seite 23-38.

Annan, Noel: *Leslie Stephen. The Godless Victorian*. London: Weidenfeld and Nicolson, 1984.

Annan, Noel: *Leslie Stephen: His Thought and Character in Relation to His Time*. London: Mac Gibbon and Kee, 1951.

Anonym: "Freuds Sprache". In: *Psychoanalytische Bewegung*, 2:5 (Juli/August 1930); Seite 510f.

Antor, Heinz: *The Bloomsbury Group: Its Philosophy, Aesthetics, and Literary Achievement*. Heidelberg: Winter, 1986.

Anz, Thomas: "Psychoanalyse in der literarischen Moderne. Ein Forschungsbericht und Projektentwurf". In: *Die Literatur und die Wissenschaften 1770-1930*. Hrsg. von Karl Richter, Jörg Schönert, Michael Titzmann. Stuttgart: Metzler und Poeschel, 1997; Seite 377-413.

Anz, Thomas: "Psychoanalyse der literarischen Moderne. Überlegungen zu einem Problem". In: *Freiburger literaturpsychologische Gespräche (Band 14): Psychoanalyse und die Geschichtlichkeit von Texten*. Hrsg. von Johannes Cremerius u.a. Würzburg: Königshausen und Neumann, 1995; Seite 307-317.

Askwith, Betty: *Two Victorian Families*. London: Chatto & Windus, 1971.

Auden, W.H.: "Psychology and Art today". In: Kurzweil, Edith und Phillips, William (Hrsg.): *Literature and Psychoanalysis*. New York: Columbia University Press, 1983; Seite 119-131.

Barande, Ilse: *Le maternel singulier. Freud et Léonard de Vinci.* Paris: Aubier Montaigne, 1977.

Beerbohm, Max: *Lytton Strachey: The Rede Lecture for 1943.* Cambridge: Cambridge University Press, 1943.

Bell, Alan: *Sir Leslie Stephen's Mausoleum Book.* Oxford: Claredon, 1977.

Bell, Quentin: *Virginia Woolf. A Biography. Volume One: Virginia Stephen 1882-1912.* London: The Hogarth Press, 1973.

Bell, Quentin: *Virginia Woolf. A Biography. Volume Two: Mrs. Woolf 1913-1941.* London: The Hogarth Press, 1973.

Benveniste, Emile: "Remarques sur la Fonction du Langage dans la Découverte Freudienne". In: *Psychanalyse*, 1 (1956); Seite 15.

Beres, David: "The Contribution of Psycho-Analysis to the Biography of the Artist". In: *International Journal of Psycho-Analysis*, 40 (1959); Seite 26-37.

Bergler, Edmund: *The Writer and Psycho-Analysis.* New York: Doublesday & Company, 1950.

Bergmann, M.S. und F.R. Hartman (Hrsg.): *The Evolution of Psychoanalytic Technique.* New York: Basic Books, 1976.

Bersani, Leo: *The Freudian Body. Psychoanalysis and Art.* New York: Guildford, 1986.

Binns, Harold: "Strachey and Bloomsbury". In: *New Statesman and Nation*, 49 (23. April 1955); Seite 578.

Boas, Guy: *Lytton Strachey.* London: Oxford University Press, 1935.

Bond, Alma H.: "Virginia Woolf and Leslie Stephen: a Father's Contribution to Psychosis and Genius." In: *Journal of the American Academy of Psychoanalysis*, 14 (1986), S. 507-524.

Bond, Alma H.: "Virginia Woolf: manic-depressive Psychosis and Genius: an Illustration of Separation-Individuation Theory". In: *Journal of the American Academy of Psychoanalysis*, 13 (1985), S. 191-210.

Bond, Alma H.: *Who killed Virginia Woolf? A Psychobiography.* New York: Human Sciences Press, 1989.

Bowerman, George F.: "The New Biography" (Part I). In: *Wilson Bulletin. A Magazine for Librarians.* 4:3 (November 1929); Seite 107-111.

Bowerman, George F.: "The New Biography" (Part II). In: *Wilson Bulletin. A Magazine for Librarians*. 4:4 (Dezember 1929); Seite 153-159.

Bower-Shore, Clifford: *Lytton Strachey: An Essay*. London: Fenland Press, 1933.

Bowlby, Rachel: "Introduction". In: Bowlby, Rachel (Hrsg.): *Virginia Woolf.* London: Longman, 1992.

Boyd, Elizabeth F.: *Bloomsbury Heritage. Their Mothers and Their Aunts*. London: Hamilton, 1976.

Brome, Victor: *Ernest Jones: Freud's Alter Ego*. New York: W.W. Norton, 1983.

Burckhardt, Jacob: *Der Cicerone. Eine Anleitung zum Genuss der Kunstwerke Italiens*. Vier Bände. Leipzig: E.A. Seemann, 1898.

Burckhardt, Jacob: *Geschichte der Renaissance in Italien*. Stuttgart: Ebner & Seubert, 1891.

Cecil, David: *The Young Melbourne, and the Story of His Marriage with Caroline Lamb.* London: Constable & Co, 1939.

Clive, John: "More or Less Eminent Victorians: Some Trends in Recent Victorian Biography". In: *Victorian Studies*, 2 (September 1958); Seite 5-28.

Collins German Dictionary. New York: HarperCollins Publishers, 1995.

Collins, Bradley I.: *Leonardo, Psychoanalysis, and Art History. A Critical Study of Psychobiographical Approaches to Leonardo da Vinci.* Evanston/Illinois: Northwestern University Press, 1997.

Crabtree, Derek und A.P. Thirlwall (Hrsg.): *Keynes and the Bloomsbury Group*. London: MacMillan Press, 1980.

Cremerius, Johannes: *Freud und die Dichter*. Freiburg i. Br.: Kore, 1995.

Cross, Wilbur: "From Plutarch to Strachey". In: *Yale Review*, 11 (Oktober 1921); Seite 140-157.

Dahl, Christopher C.: "Virginia Woolf's *Moments of Being* and Autobiographical Tradition in the Stephen Family". In: *Journal of Modern Literature*, 10:2 (Juni 1983); Seite 175-196.

Daugherty, Beth Rigel und Eileen Barrett (Hrsg.): *Virginia Woolf: Texts and Contexts. Selected Papers from the Fifth Annual Conference on Virginia Woolf.* New York: Pace University Press, 1996.

Davis, Whitney: "Freuds Leonardo und die Kultur der Homosexualität". In: *Texte zur Kunst*, 17:5 (1995); Seite 57-73.

De Clerk, Rotraut: "'Der Traum von einer bess'ren Welt:' Psychoanalyse und Kultur in der Mitte der zwanziger Jahre in Berlin und London". In: Meisel, Perry und Walter Kendrick (Hrsg.): *Kultur und Psychoanalyse in Bloomsbury und Berlin. Die Briefe von James und Alix Strachey 1924-1925*. Stuttgart: Verlag Internationale Psychoanalyse, 1995; Seite 9-40.

Delattre, Floris: *Le Roman psychologique de Virginia Woolf.* Paris: Librairie philosophique J. Vrin, 1932.

DeSalvo, Louise: *Virginia Woolf: The Impact of Childhood Sexual Abuse on Her Life and Work*. London: Women's Press, 1989.

DeSalvo, Louise: *Writing As a Way of Healing: How Telling Our Stories Transforms Our Lives*. San Francisco: Harper, 1999.

Deutsch, Helene: *Psycho-Analysis of the Neuroses*. London: Hogarth Press, 1932.

DiBattista, Maria: "To the Lighthouse: Virginia Woolf's Winter's Tale". In: *Virginia Woolf. Revelation and Continuity.* Hrsg. von Ralph Freedman. Berkley: University of California Press, 1979; Seite 161-188.

Döblin, Alfred: "Zum siebzigsten Geburtstag Sigmund Freuds". In: *Almanach für das Jahr 1927*. Wien: Internationaler Psychoanalytischer Verlag, 1927; Seite 28-39.

Dobrée, Bonamy (Hrsg.): *Introduction to English Literature: The Present Age*. London: Cresset Press, 1958.

Dyson, A. E.: "The Technique of Debunking". In: *Twentieth Century Studies*, (März 1955); Seite 244-256.

Edel, Leon: *Bloomsbury. A House of Lions*. New York: J.B. Lippincott Company, 1979.

Edel, Leon: *Literary Biography. The Alexander Lectures 1955-56.* London: Rupert Hart-Davis, 1957.

Edel, Leon: *The Modern Psychological Novel*. Gloucester, Mass: Peter Smith, 1972.

Eissler, K.R.: *Leonardo da Vinci: Psychoanalytical Notes on an Enigma*. New York: International Universities Press, 1961.
Eissler, Kurt R.: "Freuds 'Leonardo' – Trauma oder Idylle? Entgegnung auf Jan Philipp Reemtsma". In: *Psyche*, 5:52 (1998); Seite 405-414.
Ellenberger, Henri: *The Discovery of the Unconscious. The History and Evolution of Dynamic Psychiatry*. New York: Basic, 1970.
Ellmann, Richard: "Freud and Literary Biography". In: *American Scholar*, 53 (1984); Seite 465-478.
Engel, Ulrich: *Deutsche Grammatik*. Heidelberg: Groos, 1996.
Eppelsheimer, Hanns W.: "Bericht der Präsidenten". In: *Jahrbuch 1964 der Deutschen Akademie für Sprache und Dichtung in Darmstadt*. Heidelberg/Darmstadt: Lambert Schneider, 1965.
Evans, Benjamin Ifor: *English Literature between the Wars*. London: Methuen & Co, 1951.
Farrell, B.: "On Freud's Study of Leonardo". In: *Leonardo da Vinci. Aspects of the Renaissance Genius*. New York: 1966; Seite 224-283.
Ferenczi, Sándor: *Further Contributions to the Theory and Technique of Psycho-Analysis*. London: Hogarth Press, 1926.
Fiedler, Leslie: "Class War in British Literature". In: *Esquire*, 49 (April 1958); Seite 79-81.
Field, Louise Maunsell: "Biography Boom". In: *North American Review*, (Oktober 1930); S. 433-440.
Flügel, J.C.: *The Psycho-Analytical Study of the Family*. London: Hogarth Press, 1921.
Freeman Sharpe, Ella: *Dream Analysis*. London: Hogarth Press, 1937.
Freud, Anna: *The Ego and the Defence Mechanism*. London: Hogarth Press, 1937.
Freud, Anna: "James Strachey". In: *International Journal of Psycho-Analysis*, 50 (1969); Seite 131f.
Fuess, Claude M.: "Debunkery and Biography". In: *Atlantic Monthly*, CLI (März 1933); Seite 347-357.
Garraty, John A.: *The Nature of Biography*. New York: Garland, 1957.

Gay, Peter: *Freud. Eine Biographie für unsere Zeit.* Frankfurt am Main: Fischer Taschenbuch Verlag, 2000.

Gekoski, R.A.: "Freud and the English literature 1900-1930". In: Bell, Michael (Hrsg.): *The Context of English Literature*, 1900-1930. New York: Holmes and Meyer, 1980; Seite 186-217.

Gillespie, Diane F. und Leslie K. Hankins (Hrsg.): *Virginia Woolf and the Arts. Selected Papers from the Sixth Annual Conference on Virginia Woolf.* New York: Pace University Press, 1997.

Girard, Claude: "La Psychanalyse en Grande-Bretagne". In: *Histoire de la psychanalyse*. Hrsg. von Roland Jaccard. Paris: Hachette, 1982. Seite 313-361.

Glover, Edward: "Psychoanalysis in England". In: *Psychoanalytical Pioneers*. Hrsg. von Franz Alexander, Samuel Eisenstein und Martin Grotjahn. New York: Basic Books, 1966.

Goldstein, Jan Ellen: "The Woolf's Response to Freud: Waterspiders, Singing Canaries, and the Second Apple." In: *Psychoanalytical Quarterly*, 43 (1974); S. 438-476.

Grosskurth, Phyllis: *Melanie Klein. Her World and Her Work.* Toronto: McClelland and Stewart, 1986.

Grotjahn, Martin: "Sigmund Freud and the Art of Letter Writing". In: *Journal of the American Medical Association*, 200 (1967); Seite 13-18.

Grotjahn, Martin: "Sigmund Freud as Dreamer, Writer and Friend". In: *Voices*, 5 (1969); Seite 70-73.

Grubrich-Simitis, Ilse: "Einleitung". In: *Nachtragsband der Gesammelten Werke Freuds. Texte aus den Jahren 1885-1938*. Hrsg. von Angela Richards und Ilse Grubrich-Simitis. Frankfurt am Main: S. Fischer Verlag, 1985, Seite 15-28.

Grubrich-Simitis, Ilse: "Einleitung: Sigmund Freuds Lebensgeschichte und die Anfänge der Psychoanalyse". In: *Sigmund Freud: "Selbstdarstellung". Schriften zur Geschichte der Psychoanalyse*. Hrsg. von Ilse Grubrich-Simitis. Frankfurt am Main: Fischer Taschenbuch Verlag, 1971; Seite 7-33.

Grünewald-Huber, Elisabeth: *Virginia Woolf: The Waves. Eine textorientierte psychoanalytische Interpretation.* Bern: A. Francke Verlag, 1979.

Guiguet, Jean: *Virginia Woolf and her Works*. London: Hogarth Press, 1965.

Hafley, James: *The Glass Roof. Virginia Woolf as Novelist*. New York: Russell & Russell, 1963.

Hale, Keith (Hrsg.): *Friends and Apostles: The Correspondence of Rupert Brooke and James Strachey, 1905-1914*. London: Yale University Press, 1998.

Halperin, John: "Bloomsbury and Virginia Woolf: Another View". In: *Dalhousie Review*, 59 (Herbst 1979); Seite 426-442.

Harlow, Ralph Volney: *Samuel Adams. Promoter on the American Revolution. A Study in Psychology and Politics*. New York: Holt & Co, 1923.

Harrod, Sir Roy F.: "John Maynard Keynes and the Bloomsbury Group". In: Harrod, Sir Roy F.: *The Life of John Maynard Keynes*. London: MacMillan, 1951.

Herding, Klaus: *Freuds* Leonardo. *Eine Auseinandersetzung mit psychoanalytischen Theorien der Gegenwart*. München: Carl Friederich von Siemens Stiftung, 1998.

Herzfeld, Marie (Hrsg.): *Leonardos Traktat von der Malerei*. Jena: E. Diederichs, 1909.

Herzfeld, Marie: *Leonardo da Vinci: Der Denker, Forscher und Poet. Nach den veröffentlichten Handschriften*. Zweite vermehrte Auflage. Jena: Eugen Diederichs Verlag, 1906.

Hesse, Hermann: "Künstler und Psychoanalyse". In: *Almanach der Psychoanalyse*. Wien: Internationaler Psychoanalytischer Verlag, 1926.

Hill, Katherine C.: "Virginia Woolf and Leslie Stephen: History and Literary Revolution". In: *Publication of Modern Language Association*, 96 (Mai 1981); Seite 351-362.

Hinshelwood, R.D.: "Psychoanalysis in Britain: Points of Cultural Access, 1893-1918". In: *International Journal of Psycho-Analysis*, 76 (1995); Seite 135-151.

Hitschmann, Eduard: "Die Bedeutung der Psychoanalyse für die Biographik". In: *Psychoanalytische Bewegung*, 2:4 (Juli/August 1930); Seite 305-313.

Hodgart, M.: "Psychology and Literary Criticism". In: *The Listener* (11. September 1952); Seite 420.

Hoffer, Axel: "Can there be Translation without Interpretation? 'in other words ...'" In: *International Review for Psycho-Analysis*, 16 (1989), Seite 207-212.
Hoffman, Frederick J.: *Freudianism and the Literary Mind.* Louisiana: Louisiana State University Press, 1957.
Holland, Norman N.: "Freud, Physics, and Literature". In: *Journal of the American Psychoanalytic Association*, 12 (1984); Seite 301-320.
Hollingsworth, Keith: "Freud and the Riddle of Mrs. Dalloway". In: *Studies in Honour of John Wilcox*. Hrsg. von Dayle Wallace und Woodburn O. Ross. Detroit: Wayne State University Press, 1958; Seite 239-50.
Holroyd, Michael: *Lytton Strachey. A Critical Biography. Volume I: The Unknown Years (1880-1910)*. London: Heinemann, 1967.
Holroyd, Michael: *Lytton Strachey. A Critical Biography. Volume II: The Years of Achievement (1910-1932).* London: Heinemann, 1968.
Holroyd, Michael: *Lytton Strachey and the Bloomsbury Group: His Work, Their Influence*. Harmondsworth: Penguin, 1971.
Holroyd, Michael: *Lytton Strachey. The New Biography.* London: Vintage, 1995.
Holt, Robert: "Freud's Cognitive Style". In: *American Imago*, 22 (1965).
Holt, Robert: "Introduction". In: *Abstracts of the Standard Edition of the Complete Psychological Works of Sigmund Freud.* Hrsg. von Carrie Lee Rothgeb. London: Jason Aronson, 1973.
Holtby, Winifred: *Virginia Woolf: A Portrait.* London: Academy Press, 1932.
Hoops, Reinald: *Der Einfluß der Psychoanalyse auf die englische Literatur.* Heidelberg: Carl Winters Universitätsbuchhandlung, 1934.
Hughes, Rupert: *George Washington – The Human Being and the Hero, 1732-1762*. New York: William Morrow & Co, 1926.
Hungerford, Edward A.: "Mrs. Woolf, Freud, and J.D. Beresford". In: *Literature & Psychology*, 5:3 (August 1955); Seite 49-51.

Hussey, Mark und Vara Neverow (Hrsg.): *Selected Papers from the Third Annual Conference on Virginia Woolf.* New York: Pace University Press, 1994.

Hussey, Mark und Vara Neverov-Turk (Hrsg.): *Virginia Woolf Miscellanies: Proceedings of the First Annual Conference on Virginia Woolf.* New York: Pace University Press, 1992.

Hyman, Virginia R.: "Reflections in the Looking Glass: Leslie Stephen and Virginia Woolf". In: *Journal of Modern Literature*, 10:2 (Juni 1983); Seite 197-216.

Israëls, Han: "Freuds Phantasien über Leonardo da Vinci". In: Luzifer-Amor. Zeitschrift zur Geschichte der Psychoanalyse, 10:5 (1992); Seite 8-41.

Jacobus, Mary: "'The Third Stroke': Reading Woolf with Freud". In: Susan Sheridan (Hrsg.): *Grafts: Feminist Cultural Criticism.* London: Verso, 1988; Seite 93-110.

John-Stevas, St.: "Eminent Victorians". In: *New Statesman and Nation*, 49 (30. April 1955); Seite 616.

Johnson, Edgar: *One Mighty Tower.* New York: 1955.

Johnston, George Alexander: "The New Biography – Ludwig, Maurois and Strachey". In: *Atlantic Monthly*, CXLIII (März 1929); S. 333-342.

Johnstone, J.K.: *The Bloomsbury Group: A Study of E.M. Forster, Lytton Strachey, Virginia Woolf, and Their Circle.* London: Secker & Warburg, 1954.

Jones, Ellen Carol: "Figural Desire in Orlando". In: *Selected Papers from the Third Annual Conference on Virginia Woolf.* Hrsg. von Mark Hussey und Vara Neverow. New York: Pace University Press, 1994; Seite 108-114.

Jones, Ernest: *Free Associations: Memories of a Psycho-Analyst.* New York: Basic Books, 1959.

Jones, Ernest: *Sigmund Freud – Leben und Werk. Band I: Die Entwicklung zur Persönlichkeit und die großen Entdeckungen 1856-1900.* München: Deutscher Taschenbuch Verlag, 1984.

Jones, Ernest: *Sigmund Freud – Leben und Werk. Band II: Jahre der Reife 1901-1919.* München: Deutscher Taschenbuch Verlag, 1984.

Jones, Ernest: *Sigmund Freud – Leben und Werk. Band III: Die letzte Phase 1919-1939.* München: Deutscher Taschenbuch Verlag, 1984.

Jones, Ernest: *Sigmund Freud. Four Centenary Addresses*. New York: Basic Books, 1956.

Jones, Ernest: *Sigmund Freud. Leben und Werk*. Gekürzte, einbändige Ausgabe. Frankfurt am Main: Fischer Verlag, 1969.

Jones, Ernest: *The Life and Work of Sigmund Freud*. Band I-III. New York: Basic Books Inc, 1955.

Kallich, Martin: "Psychoanalysis, Sexuality, and Lytton Strachey's Theory of Biography". In: *American Imago*, 15:4 (Winter 1958); Seite 331-368.

Kallich, Martin: *The Psychological Milieu of Lytton Strachey*. New York: Bookman Associates, 1961.

Kardiner, Abram: *My Analysis with Freud: Reminiscenes*. New York: Norton, 1977.

Kayser, Rudolf: "Das Unbehagen in der Kultur". In: *Die Neue Rundschau*, 41 (1930); Seite 567.

Keynes, Geoffrey (Hrsg.): *The Letters of Rupert Brooke*. London: Faber & Faber, 1968.

King, Pearl H.M.: "The Life and Work of Melanie Klein in the British Psycho-Analytical Society." In: *International Journal of Psycho-Analysis*, 64 (1983); Seite 251-60.

Klein, Melanie: *The Psycho-Analysis of Children*. London: Hogarth Press, 1932.

Klein, Melanie: "Early Stages of the Oedipus Complex" (1928). In: *Love, Guilt and Reparation and Other Works, 1921-1945*. London: Hogarth Press, 1985; Seite 186-198.

Kofman, Sarah: *The Enigma of Woman: Woman in Freud's Writing*. Ithaca: Cornell University Press, 1980.

Kohon, Gregorio (Hrsg.): *The British School of Psychoanalysis. The Independent Tradition*. London: Free Association Books, 1986.

Köntges, Günther: *Die Sprache in der Biographie Lytton Stracheys*. Marburg: 1938.

Kris, Ernst: "Psychoanalysis and the Study of Creative Imagination". In: *Bulletin of the New York Academy of Medicine*, 29 (April 1953).

Kurzweil, Edith und Phillips, William (Hrsg.): *Literature and Psychoanalysis*. New York: Columbia University Press, 1983
Kurzweil, Edith: *Freud und die Freudianer. Geschichte und Gegenwart der Psychoanalyse in Deutschland, Frankreich, England, Österreich und den USA*. Stuttgart: Verlag Internationale Psychoanalyse, 1993.
Kushen, Betty: "Virginia Woolf: Metaphor of the Inverted Birth". In: *American Imago*, 38/39 (1981); Seite 279-304.
Lambert, Gavin: "Strachey and Bloomsbury". In: *New Statesman and Nation*, 49 (23. April 1955); Seite 578.
Lang, Berel: "Intuition in Bloomsbury". In: *Journal of the History of Ideas*, 25 (1964); Seite 292-302.
Langbaum, Robert: *The Word from Below. Essays on Modern Literature and Culture*. Madison: University Wisconsin Press, 1987.
Langer, Detlef: *Freud und "der Dichter"*. Frankfurt am Main: Peter Lange, 1992.
Langs, Robert (Hrsg.): *Classics in Psychoanalytic Technique*. New York: Jason Aronson, 1981.
Laplanche, Jean: "Specificity of terminological Problems in the translation of Freud". In: *International Review for Psycho-Analysis*, 18 (1991); Seite 401-405.
Lesser, Simon O.: "Arbitration and Conciliation". In: *Literature & Psychology*, 4:2 (April 1954); Seite 25-27.
Leupold-Löwenthal, Harald: "The Impossibility of Making Freud English. Some Remarks on the Strachey Translation of the Works of Sigmund Freud". In: *International Review for Psycho-Analysis*, 18 (1991); Seite 345-350.
Likierman, Meira: "'Translation in Transition': Some Issues Surrounding the Strachey Translation of Freud's Works". In: *International Review for Psycho-Analysis*, 17 (1990); Seite 115-120.
Longaker, Marc: *Contemporary Biography*. Philadelphia: University of Pennsylvania Press, 1934.
Lucas, F.L.: "Lytton Strachey: An Artist in History". In: *Observer* (24. Januar 1932); Seite 5.

Lutzer, Judith: "Woolf and Freud: An Analysis of Invisible Presences." In: *Virginia Woolf Miscellanies: Proceedings of the First Annual Conference on Virginia Woolf.* Hrsg. von Mark Hussey und Vara Neverov-Turk. New York: Pace University Press, 1992; Seite 148-154.

Maclagan, Eric: "Leonardo in the Consulting Room". In: *Burlington Magazine for Connoisseurs*, 42 (1923); Seite 54-57.

Mahony, Patrick: *Der Schriftsteller Sigmund Freud.* Frankfurt: Suhrkamp Verlag, 1989.

Mahony, Patrick: "Further Reflections on Freud and his Writing". In: *Journal of the American Psychoanalytical Association*, 32 (1984); Seite 847-864.

Mahony, Patrick: *Freud as a Writer.* New York: International University Press, 1981.

Maïdani-Gérard, Jean Pierre: *Léonard de Vinci. Mythologie ou Théologie?* Paris: Presses universitaires de France, 1994.

Marcus, Jane: "On Dr. George Savage". In: *Virginia Woolf Miscellany*, 17 (1981); Seite 3f.

Marcus, Jane: "Virginia Woolf and Her Violin". In: Ruth Perry (Hrsg.): *Mothering the Mind.* New York: Holmes & Meir, 1984; Seite 180-201.

Marcus, Jane: *Virginia Woolf and the Languages of Patriarchy.* Bloomington and Indianapolis: Indiana University Press, 1987.

Marler, Regina: *Bloomsbury Pie. The Making of the Bloomsbury Boom.* New York: Henry Holt and Company, 1997.

Martin, Theodore: *The Life of His Royal Highness the Prince Consort.* Fünf Bände. London: 1875-1880.

Maurois, André: *Aspects de la biographie.* Paris: 1928.

Maurois, André: "The Modern Biographer". In: *The Yale Review*, 17 (Januar 1928); Seite 227-245.

Mayer, Hans: "Walter Schönau: Sigmund Freuds Prosa". In: *Psyche*, 23 (1969); Seite 951f.

Mayoux, J.J.: "Sur un livre récent de Virginia Woolf". In: *Revue Anglo-Américaine*, 5 (1927/28).

Mereschkowski, Dmitry: *Leonardo da Vinci. Historischer Roman aus der Wende des 15. Jahrhunderts.* Leipzig: Schutze & Co, 1903.

Merle, Gabriel: *Lytton Strachey 1880-1932*. Zwei Bände. Lille: Université de Lille, 1980.

Minow-Pinkney, Makiko: "'How then does light return to the world after the eclipse of the sun? Miraculously frailly?': A Psychoanalytic Interpretation of Woolf's Mysticism". In: *Virginia Woolf and the Arts. Selected Papers from the Sixth Annual Conference on Virginia Woolf.* Hrsg. von Diane F. Gillespie und Leslie K. Hankins. New York: Pace University Press, 1997; Seite 90-98.

Mirsky, D. S.: "Mr. Lytton Strachey". In: *London Mercury*, VII (Juni 1923); S. 175-184.

Mitchells, Juliet: *Psychoanalysis and Feminism*. Harmondsworth: Penguin, 1973.

Moore, G.E.: *Principia Ethica*. Cambridge: Cambridge University Press, 1982.

Moore, Geoffrey: "The Significance of Bloomsbury". In: *The Kenyon Review*, 17 (1955); Seite 119-129.

Moran, Patricia L. "Finding the Hunger in Hysteria: Freud, Klein, Woolf". In: *Virginia Woolf: Themes and Variations*. Hrsg. von Vara Neverow-Turk and Mark Hussey. New York: Pace University Press, 1993; Seite 142-150.

Morrell, Lady Ottoline: *The Early Memoirs of Lady Ottoline Morrell*. Hrsg. von Robert Gathorne-Hardy. London: Faber and Faber, 1964; Seite 178.

Morrison, James: "Anger over 'lesbian' Woolf novel". In: *The Independent on Sunday* (28. April 2002), Seite 9.

Mortimer, Raymond: "London Letter". In: *The Dial*, 84 (Februar 1928); Seite 238-240.

Muschg, Walter: "Freud als Schriftsteller". In: *Die Zerstörung der deutschen Literatur*. Bern: Francke Verlag, 1956.

Muschg, Walter: *Psychoanalyse und Literaturwissenschaft*. Berlin: Junker und Dünnhaupt Verlag, 1930.

Muther, Richard: *Die Kunst von Leonardo da Vinci*. Berlin: Marquardt, 1903.

Myers, F.W.H.: *Human Personality and its Survival of Bodily Death*. Zwei Bände. London: Longmans & Co, 1903.

Nadel, Ira Bruce: "Strachey's 'Subtle Strategy': Metaphor in *Eminent Victorians*". In: *Prose Studies*, 4 (April 1981); Seite 146-152.

Neubert, Albrecht: *Die Stilformen der "Erlebten Rede" im neueren englischen Roman*. Halle: Max Niemeyer Verlag, 1957.

Neverow-Turk, Vara und Mark Hussey (Hrsg.): *Virginia Woolf: Themes and Variations*. New York: Pace University Press, 1993.

Nicolson, Harold: *The Development of English Biography*. London: Hogarth Press, 1927.

Nicolson, Nigel: "Bloomsbury: the Myth and the Reality". In: Marcus, Jane (Hrsg.): *Virginia Woolf and Bloomsbury. A Centenary Celebration*. London: The MacMillan Press, 1987; Seite 7-22, Seite 15.

Niederland, William: "Freud's Literary Style: Some Observations". In: *American Imago*, 28 (1971); Seite 17-23.

Noble, Joan Russell: *Recollections of Virginia Woolf*. New York: William Morrow & Company, 1972.

Nunberg, Herman und Ernst Federn (Hrsg.): *Protokolle der Wiener Psychoanalytischen Vereinigung. Band II: 1908-1910*. Frankfurt am Main: S. Fischer, 1977.

O´Neill, Edward H.: "Modern American Biography". In: *The North American Review*, 240 (Dezember 1935); S. 488-497.

O'Connor, William van: "Towards a History of Bloomsbury". In: *Southwest Review*, 40 (Winter 1955); Seite 36-52.

Ornston, D.: Freud's Conception is Different from Strachey's. In: *Journal of the American Psychoanalytical Association,* 33 (1985); Seite 379-412.

Orr, Douglas, W.: "Virginia Woolf and Psychoanalysis". In: *International Review for Psycho-Analysis*, 16 (1989); Seite 151-161.

Panken, Shirley: *Virginia Woolf and the "lust of creation" – A Psychoanalytical Exploration*. New York: State University of New York Press, 1987.

Pederson-Krag, Geraldine: "The Use of Metaphor in Analytic Thinking". In: *Psychoanalytic Quarterly*, 25 (1956); Seite 66-71.

Péladan, Joséphin: *La Philosophie de Léonard da Vinci d'après ses Manuscripts*. Paris: F. Alcan, 1910.

Pines, Malcolm: "Once more the Question of Revising the Standard Edition". In: *International Review for Psycho-Analysis*, 18 (1991); Seite 325-330.

Poresky, Louise A.: *The Elusive Self: Psyche and Spirit in Virginia Woolf's Novels*. Newark: University Delaware Press, 1981.

Rantavaara, Irma: *Virginia Woolf and Bloomsbury*. Helsinki: Suomalaisen Tiedeakatemian Toimituksia Annales Academiae Scientiarum Fennicae, 1953.

Raymond, John: "Strachey's Eminent Victorians". In: *New Statesman and Nation*, 49 (16. April 1955); Seite 545-546.

Reemtsma, Jan Philipp: "'Forsche nicht nach, wenn die Freiheit dir lieb ist; denn mein Gesicht ist ein Kerker der Liebe'. Philologische Anmerkungen zu Sigmund Freuds und Kurt Eisslers 'Leonardo'". In: *Psyche*, 9/10:51 (1997); Seite 820-834.

Reik, Theodor: *Ritual Psycho-Analytical Studies*. London: Hogarth Press, 1931.

Reik, Theodor: "From Thirty Years with Freud". In: *The Search Within. The Inner Experience of a Psychoanalyst*. Hrsg. von Theodor Reik. New York: Grove Press, 1958; Seite 3-79.

Reik, Theodor: *Dreißig Jahre mit Freud*. München: Kindler, 1976.

Richardson, Betty: "Beleaguered Bloomsbury: Virginia Woolf, Her Friends, and Their Critics". In: *Papers on Language and Literature: A Journal for Scholars and Critics of Language and Literature*, 10 (1974); Seite 207-221.

Richter, Harvena: *The Inward Voyage*. Princeton: Princeton University Press, 1970.

Richter, Irma A.: *Selections from the Notebooks of Leonardo da Vinci*. London: Oxford University Press, 1952.

Roazen, Paul: *Freud and His Followers*. London: Allen Lane, 1976.

Robbins, Dorothy Dodge: "Virginia Woolf and Sigmund Freud Diverge on What a Woman Wants". In: *The Centennial Review*, 39:1 (Winter 1995); Seite 129-145.

Roche, Paul: "Bloomsbury Revisited". In: *Commonweal*, 66 (5. April 1957); Seite 17f.

Romein, Jan: *Die Biographie. Einführung in ihre Geschichte und ihre Problematik*. Bern: A. Francke Verlag, 1948.

Rosalato, G.: "Léonard et la psychanalyse". In: *Critique*, 20 (1964); Seite 139-163.

Rosenbaum, Stanford Patrick (Hrsg.): *A Bloomsbury Group Reader*. Oxford: Blackwell, 1993.

Rosenbaum, Stanford Patrick (Hrsg.): *The Bloomsbury Group. A Collection of Memoirs, Commentary, and Criticism.* London: Croom Helm, 1975.
Rosenbaum, Stanford Patrick: "An Educated Man's Daughter: Leslie Stephen, Virginia Woolf and the Bloomsbury Group". In: Clements, Patricia und Isobel Grundy (Hrsg.): *Virginia Woolf: New Critical Essays*. London: Vision Barnes & Noble, 1983.
Rosenberg, Adolf: *Leonardo da Vinci*. Bielefeld: Velhagen & Klasing, 1898.
Rosenman, Ellen: "The 'Invisible Presence' in the Creative Process of Virginia Woolf". In: *American Imago*, 43:2 (Summer 1986); Seite 133-150.
Rosenthal, Michael: *Virginia Woolf.* New York: Columbia University Press, 1979.
Roustang, François: "Du Chapitre VII". In: *Nouvelle Revue de Psychanalyse*, 16 (1977); Seite 65-95.
Rubinstein, P: "On Metaphor and Related Phenomena". In: *Psychoanalysis and Contemporary Science*. Hrsg. von Robert Holt und E. Peterfreund. New York: 1972.
Rutschky, Michael: *Lektüre der Seele. Eine historische Studie über die Psychoanalyse der Literatur*. Frankfurt am Main: Ullstein, 1981.
Sachs, Hanns: *Freud: Master and Friend.* London: Imago Publishing Company, 1945.
Sanders, Charles Richard: *Lytton Strachey: His Mind and Art*. New Haven: Yale University Press, 1957.
Schapiro, Meyer: "Leonardo and Freud: An Art-Historical Study". In: *Journal of the History of Ideas*, 17 (1956); Seite 147-178.
Scheuer, Helmut: *Biographie. Studien zur Funktion und zum Wandel einer literarischen Gattung vom 18. Jahrhundert bis zur Gegenwart*. Stuttgart: Metzler, 1979.
Schlack, Beverly Ann: "A Freudian Look at Mrs. Dalloway". In: *Literature & Psychology*, 23 (1973); Seite 49-58.
Schneider-Adams, Laurie: *Art and Psychoanalysis*. New York: IconEditions, 1993.

Schönau, Walter: "Die Bedeutung psychoanalytischen Wissens für den kreativen Prozess literarischen Schreibens". In: Anz, Thomas (Hrsg.): *Psychoanalyse in der modernen Literatur. Kooperation und Konkurrenz*. Würzburg: Königshausen & Neumann, 1999; Seite 219-231.

Schönau, Walter: *Sigmund Freuds Prosa. Literarische Elemente seines Stils*. Stuttgart: Metzler, 1968

Schotte, Jean Claude: "La Lecture de Freud écrivain". In: *La Psychanalyse*, 5 (1959); Seite 51-68.

Scognamiglio, Smiraglia N.: *Ricerche e Documenti sulla Giovinezza di Leonardo da Vinci (1452-1482)*. Neapel: Riccardo Marghieri di Gius, 1900.

Scott-James, R. A.: *Fifty Years of English Literature 1900-1950*. London: Longmans, Green & Co, 1956.

Scott-James, R. A.: *Lytton Strachey*. London: Longmans, Green & Co, 1955.

Searl, M.N.: "Symposium on Child Analysis". In: *International Journal of Psycho-Analysis*, 8 (1927).

Segal, Hannah: *Melanie Klein*. Harmondsworth: Penguin, 1979.

Seidlitz, Woldemar von: *Leonardo da Vinci: Der Wendepunkt der Renaissance*. Berlin: Julius Bard, 1909.

Selander, S.: "The Influence of Psycho-Analysis in Modern Literature". In: *Dagens Nyheter* (5./6. Dezember 1931).

Showalter, Elaine: *The Female Malady: Women, Madness and English Culture 1830-1980*. London: Virago, 1987.

Simon, Irène: "Bloomsbury and Its Critics". In: *Revue des Langues Vivantes*, 23:5 (1957); Seite 385-414.

Smith, Joseph H. (Hrsg.): *The Literary Freud: Mechanisms of Defence and the Poetic Will*. New Haven, CT: Yale University Press, 1980.

Solmi, Edmondo: *Leonardo da Vinci*. Berlin: Ernst Hofmann & Co., 1908.

Spence, Donald P. Spence: "The Metaphorical Nature of Psychoanalytic Theory". In: Berman, Emanuel (Hrsg.): *Essential Papers on Literature and Psychoanalysis*. New York: New York University Press, 1993.

Spotts, Frederic (Hrsg.): *Letters of Leonard Woolf.* London: Weidenfeld and Nicolson, 1989.

Spurr, Barry: *A literary-critical Analysis of the Complete Prose Works of Lytton Strachey (1880-1932): A Re-assassment of his Achievement and Career.* Lewiston: The Edwin Mellen Press, 1995.

Stauffer, O.: *The Art of Biography in 18th Century England.* Princeton, N.J., 1941.

Steinbauer, Herta: *Die Psychoanalyse und ihre geistesgeschichtlichen Zusammenhänge mit besonderer Berücksichtigung von Freuds Theorie der Literatur und seiner Deutung dichterischer Werke.* Basel und Boston: Birkhäuser Verlag, 1987.

Steinberg, Erwin R.: "Freudian Symbolism and Communication". In: *Literature & Psychology,* 3:2 (April 1953); Seite 2-5.

Steinberg, Erwin R.: "Note on a Note". In: *Literature & Psychology,* 4:4 (September 1954); Seite 64f.

Steinberg, Erwin R.: "Note on a Novelist too Quickly Freudened". In: *Literature & Psychology,* 4:2 (April 1954); Seite 23-35.

Steinberg, Günther: *Erlebte Rede. Ihre Eigenart und ihre Formen in neuerer deutscher, französischer und englischer Erzählliteratur.* Göppingen: Kümmerle, 1971.

Steiner, Ricardo: "A World Wide International Trade Mark of Genuineness? Some Observations on the History of the English Translation of the Work of Sigmund Freud, focusing mainly on his Technical Terms". In: *International Review for Psycho-Analysis,* 14 (1987); Seite 33-102.

Steiner, Ricardo: "Some Thoughts about Tradition and Change Arising from an Examination of the British Psycho-Analytical Society's Controversial Discussions (1943-1944). In: *International Review of Psycho-Analysis,* 12:27 (1985).

Steiner, Ricardo: "'To Explain our Point of View to English Readers in English Words'". In: *International Review for Psycho-Analysis,* 18 (1991); Seite 351-392.

Stites, Raymond: "A Criticism of Freud's Leonardo". In: *College Art Journal,* 7 (1948); Seite 257-267.

Stratford, Jenny: "Eminent Victorians". In: *British Museum Quarterly,* 38 (1968); S. 93-96.

Strouse, F. Louise: "Virginia Woolf – Her Voyage Back". In: *American Imago*, 38:2 (Summer 1981); Seite 185-202.

Summers, D.: "Intentions in the History of Art". In: *New Literary History*, 18 (1985); Seite 312.

Swanson, Diana L.: "An Antigone Complex? Psychology and Politics in The Years and Three Guineas". In: *Virginia Woolf: Texts and Contexts. Selected Papers from the Fith Annual Conference on Virginia Woolf.* Hrsg. von Beth Rigel Daugherty und Eileen Barrett. New York: Pace University Press, 1996; Seite 35-39.

The Oxford English Dictionary: A Supplement to the Oxford English Dictionary. Hrsg. von R.W. Burchfield. Oxford: Blackwell, 1972.

Tindall, William Y.: *Forces in Modern British Literature*. New York: Alfred A. Knopf, 1956.

Titzmann, Michael: "Psychoanalytisches Wissen und literarische Darstellungsformen des Unbewußten in der Frühen Moderne". In: *Psychoanalyse in der modernen Literatur. Kooperation und Konkurrenz*. Hrsg. von Thomas Anz in Zusammenarbeit mit Christine Kanz. Würzburg: Königshausen & Neumann, 1999; Seite 183-217.

Todd, Pamela: *Die Welt von Bloomsbury*. Berlin: Nicolai, 1999.

Trilling, Lionel: "Freud and Literature". In: *Psychoanalysis and Literature*. Hrsg. von H. Ruitenback. New York: E.P. Dutton and Co, 1966.

Trilling, Lionel: *The Liberal Imagination*. New York: Viking Press, 1950.

Trosman, Harry und Simmons, Roger Dennis: "The Freud Library". In: *Journal of the American Psychoanalytic Association*, 23 (1973); Seite 646-687.

Vanderbosch, Jane: "Virginia Woolf and Psychoanalysis. In: *Virginia Woolf Miscellany*, 19 (Herbst 1982); Seite 4.

Wagner, Geoffrey: "Bloomsbury Revisited". In: *Books and Bookman*, 2 (Juli 1957); Seite 12.

Wagner, Geoffrey: "Bloomsbury Revisited". In: *Commonweal*, 65 (8. März 1957); Seite 589f.

Ward, A. C.: *Twentieth Century Literature 1901-1950*. London: Methuen & Co, 1956.

Wegeler, Adalbert: "Der Einfluß Freuds auf die Literatur". In: *Wort und Zeit*, 2 (1950); Seite 1-6.

Williams, Raymond: "The Significance of 'Bloomsbury' as a Social and Cultural Group". In: Crabtree, Derek und A.P. Thirlwall (Hrsg.): *Keynes and the Bloomsbury Group*. London: MacMillan Press, 1980; Seite 40-67.

Wilson, Emmet: "Did Strachey Invent Freud?" In: *International Review for Psycho-Analysis*, 14 (1987); Seite 299-315.

Winnicott, D.W.: "Obituaries: James Strachey 1887-1967". In: *International Journal of Psycho-Analysis*, 50 (1969); Seite 129.

Wittels, Fritz: *Sigmund Freud. Der Mann, die Lehre, die Schule*. Leipzig: Tal Verlag, 1924.

Wohl, R. Richard und Harry Trosman: "A Retrospect of Freud's Leonardo: An Assessment of a Psychoanalytical Classic". In: *Psychiatry: Journal for the Study of Interpersonal Processes*, 18 (1955); Seite 27-39.

Wolff, Charlotte: *Hindsight: An Autobiography*. London: Quartet Books, 1980.

Woolmer, Howard J.: *A Checklist of the Hogarth Press, 1917-1938*. New York: Woolmer and Brotherson, 1976.

Worbs, Michael: *Nervenkunst. Literatur und Psychoanalyse im Wien der Jahrhundertwende*. Frankfurt am Main: Athenäum Verlag, 1988.

Wells, Herbert George: *The Outline of History. Being a Plain History of Life and Mankind*. New Republic Edition. New York: Macmillan, 1920.

Wyatt, Frederick: "Some Comments on the Use of Symbols in the Novel". In: *Literature & Psychology*, 4:2 (April 1954); Seite 15-23.

Yokas, Elizabeth: "Beyond Therapy: Ramsay's Journey Through Psychoanalysis". In: *Virginia Woolf and the Arts. Selected Papers from the Sixth Annual Conference on Virginia Woolf*. Hrsg. von Diane F. Gillespie und Leslie K. Hankins. New York: Pace University Press, 1997; Seite 228-236.